Transnationale Informationsgewinnung durch Nachrichtendienste und Polizei

AF733502

Europäische Hochschulschriften

European University Studies

Publications Universitaires Européennes

Reihe II **Rechtswissenschaft**

Series II Law

Série II Droit

Band/Volume **5873**

Carsten Bormann

Transnationale Informationsgewinnung durch Nachrichtendienste und Polizei

Eine Untersuchung von Zulässigkeit und Verwertbarkeit

PL ACADEMIC RESEARCH

Bibliografische Information der Deutschen Nationalbibliothek
Die Deutsche Nationalbibliothek verzeichnet diese Publikation in der Deutschen Nationalbibliografie; detaillierte bibliografische Daten sind im Internet über http://dnb.d-nb.de abrufbar.

Zugl.: Bonn, Univ., Diss., 2016

D 5
ISSN 0531-7312
ISBN 978-3-631-67922-7 (Print)
E-ISBN 978-3-653-07141-2 (E-PDF)
E-ISBN 978-3-653-95577-4 (EPUB)
E-ISBN 978-3-653-95576-7 (MOBI)
DOI 10.3726/978-3-653-07141-2

© Peter Lang GmbH
Internationaler Verlag der Wissenschaften
Frankfurt am Main 2016
Alle Rechte vorbehalten.
PL Academic Research ist ein Imprint der Peter Lang GmbH.
Peter Lang – Frankfurt am Main · Bern · Bruxelles · New York · Oxford · Warszawa · Wien

Das Werk einschließlich aller seiner Teile ist urheberrechtlich geschützt.
Jede Verwertung außerhalb der engen Grenzen des Urheberrechtsgesetzes ist ohne Zustimmung des Verlages unzulässig und strafbar.
Das gilt insbesondere für Vervielfältigungen, Übersetzungen, Mikroverfilmungen und die Einspeicherung und Verarbeitung in elektronischen Systemen.

Diese Publikation wurde begutachtet.

www.peterlang.com

Dem Gedenken an meine Mutter

Vorwort

Vorliegende Arbeit wurde im Sommersemester 2016 vom Fachbereich Rechtswissenschaften der Rheinischen Friedrich-Wilhelms-Universität Bonn als Dissertation angenommen.

Mein herzlicher Dank gilt meinem Doktorvater, Herrn Prof. Dr. Martin Böse, an dessen Lehrstuhl ich zunächst als studentische Hilfskraft, später als wissenschaftlicher Mitarbeiter tätig war. Eine bessere Betreuung meiner Arbeit, auch und gerade während meiner Zeit in Oxford, hätte ich mir nicht wünschen können. Das gewährte Vertrauen und die angenehme Atmosphäre am Lehrstuhl weiß ich sehr zu schätzen.

Herrn Prof. Dr. Carl-Friedrich Stuckenberg, LL.M. (Harvard) danke ich für die zügige Erstellung des Zweitgutachtens.

Meinem Vater, Dr. rer. nat. Ulrich Bormann, danke ich neben aller finanziellen Unterstützung, ganz besonders für die stetige und begeisternde Motivation. Der enorme Rückhalt meiner Familie hat mir die Verwirklichung dieses Vorhabens ermöglicht.

Herrn Dipl. Jur. Patrick Abel, M.Jur. (Oxford) und Frau Dr. Anne Schneider, LL.M. (U.W.E.) danke ich für die große Bereitschaft über inhaltliche Fragen der Dissertation zu diskutieren. Hieraus sind viele wertvolle Denkanstöße entstanden.

Pia danke ich für die starke moralische Unterstützung während der gemeinsamen Zeit.

Bonn, im Mai 2016 *Carsten Bormann*

Inhaltsverzeichnis

Einleitung

A) Einführung in die Problematik

I) Grenzüberschreitende Kriminalität als Herausforderung

Mit Beginn des 21. Jahrhunderts zeigen sich die herausfordernden Folgen einer fortschreitenden Globalisierung nicht nur in wirtschaftlichen Zusammenhängen, wie dem Ausbruch einer weltweiten Finanzkrise im Jahr 2007 oder dem stetig wachsenden Anstrom von Flüchtlingen nach Europa. Vielmehr haben terroristische Anschläge wie die von New York und Washington 2001, Madrid 2004, London 2005 und Paris 2015 der Welt in dramatischer Weise vor Augen geführt, dass auch die Bedrohung durch Terrorismus und andere Formen der Gewalt längst nicht mehr vor Landesgrenzen haltmacht. Global agierende Terrornetzwerke weiten ihren Einfluss in vielen Gebieten aus und drohen immer wieder mit Anschlägen, auch in Deutschland.[1]

Darüber hinaus lässt sich auch bei der organisierten Kriminalität sowie im Bereich des Wirtschafts- und Steuerstrafrechts eine zunehmende internationale Vernetzung feststellen.[2]

Mit der Internationalisierung der Kriminalität wachsen zugleich die Schwierigkeiten für das Ermittlungsverfahren. Deutsche Behörden sind vielfach auf die Übermittlung von Informationen aus dem Ausland im Rahmen der Rechtshilfe und andere Formen der grenzüberschreitenden Zusammenarbeit angewiesen.[3] Hierbei muss jedoch zugleich in angemessener Weise auf die enorme Flexibilität international agierender Täter reagiert werden.[4]

Ausgangspunkt dieser Untersuchung ist daher die Frage, ob das bestehende System der Rechtshilfe eine hinreichend effektive Lösung für die Bekämpfung global operierender Kriminalitätsstrukturen darstellt, oder ob nicht bereits neue Ermittlungswege beschritten werden. Diese gilt es sodann im Hinblick auf ihre Voraussetzungen und Grenzen rechtlich zu bewerten.

---

1 BMI (Hrsg.), Verfassungsschutzbericht 2012, S. 229.

2 BKA (Hrsg.), Bundeslagebild Organisierte Kriminalität 2012, S. 24; *Sieber*, ZRP 2000, 186 (187).

3 Vgl. hierzu *Schädel*, Die Bewilligung internationaler Rechtshilfe in Strafsachen in der EU, S. 27.

4 *Krüßmann*, in: Böse (Hrsg.), Europäisches Strafrecht, § 18 Rn. 1.

II) Aktuelle Entwicklungen und Probleme

Zur Beantwortung der aufgeworfenen Frage bedarf es zunächst einiger Anhaltspunkte für mögliche Grenzen des bestehenden Systems. Diese verdeutlichen mitunter die praktische Notwendigkeit für dessen Ausweitung. Hierfür sollen zur Einführung zwei jüngere Entwicklungen im Bereich der Bekämpfung des internationalen Terrorismus sowie des Steuerstrafrechts betrachtet werden.

1) § 129 b StGB und Herausforderungen für die Strafverfolgung

Unter dem Eindruck der Terroranschläge des 11. September 2001 und der darauf folgenden Anschläge wie etwa auf der Ferieninsel Djerba 2002, entschied sich der Gesetzgeber mit dem 34. StrÄndG vom 22.8.2002 zur Einführung des § 129 b StGB.[5] Dies diente der Umsetzung einer Gemeinsamen Maßnahme des Rates der EU vom 21.12.1998[6] sowie des Rahmenbeschlusses des Rates vom 13.06.2002[7]. Der Gesetzgeber erkannte hierbei die besondere Gefährlichkeit von außereuropäischen terroristischen Vereinigungen und ging mit der Erstreckung des Anwendungsbereiches von § 129 b StGB auf eben solche Vereinigungen über die Vorgaben der Gemeinsamen Maßnahme hinaus.[8] Die Bedeutung der Norm zeigt sich in der seit 2002 anhaltend vergleichsweise hohen Zahl der geführten Ermittlungsverfahren.[9] So wurden nach Angaben der Bundesregierung im Jahr 2011 145, im Jahr 2012 45 und im Jahr 2013 47 Ermittlungsverfahren durchgeführt.[10] Diese Zahlen entsprechen in etwa denen der Vorjahre.[11] Allerdings erscheint im Rahmen dieser Verfahren sowohl der Prozess der Erkenntnisgewinnung als auch die Frage der anschließenden Verwertung problematisch, was sich letztlich auch in einer verschwindend geringen Verurteilungsquote zeigt.[12]

Schwierigkeiten ergeben sich zunächst für die Strafverfolgungsorgane, die im Rahmen ihrer Ermittlungen etwa das Vorliegen einer Vereinigung nach §§ 129, 129 a

---

5 Vgl. zu den Hintergründen der Einführung auch *Kindhäuser*, LPK-StGB, § 129 b Rn. 1.

6 Amtsblatt EG 1998 L 351, 1 f.

7 Amtsblatt Nr. 1 164 v. 22.06.2002, 3, 5.

8 Siehe hierzu bereits den Gesetzentwurf BT-Drs. 14/7025, 6; *Kindhäuser*, LPK-StGB, § 129 b Rn. 1; *Fischer*, StGB, § 129 b Rn. 1 f.

9 Ebenso *Krauß*, in: LK, § 129 b Rn. 6.

10 Siehe hierzu die Antworten der Bundesregierung auf Kleine Anfragen BT-Drs. 17/8994; BT-Drs. 17/12946; BT-Drs. 18/759.

11 Siehe hierzu die Antworten der Bundesregierung auf Kleine Anfragen BT-Drs. 16/49; BT-Drs. 16/4007; BT-Drs. 16/5696; BT-Drs. 16/10045.

12 Im Jahr 2012 führten die 45 Ermittlungsverfahren nur zu 2 Verurteilungen, vgl. die Tabelle 3.1 der vom Statistischen Bundesamt in der Fachserie 10 (Rechtspflege) als Reihe 3 herausgegebenen Strafverfolgungsstatistik für 2012; nach Auffassung von *Schäfer*, in: Joecks/Miebach (Hrsg.), MüKo-StGB, § 129 b Rn. 4, spricht dies eher für eine geringe kriminalpolitische Bedeutung der Norm.

StGB nachweisen müssen.[13] Ausgehend von der territorialen Souveränität der Staaten sind die deutschen Behörden hierbei auf die Leistung von Rechtshilfe durch den Staat angewiesen, in dem die Vereinigung besteht.[14] Hierfür kann innerhalb der Europäischen Union auf ein komplexes System der Beweisrechtshilfe zurückgegriffen werden.[15] Allerdings stellt sich bereits die Frage, inwieweit die hierdurch geschaffenen Aufklärungsmöglichkeiten eines grundsätzlich reaktiv ausgelegten Systems[16], den Anforderungen der Praxis genügen.[17]

Der Hauptanwendungsfall des § 129 b StGB betrifft jedoch Vereinigungen in Drittstaaten.[18] Hier ist die Bereitschaft zur Leistung von Rechtshilfe oftmals deutlich geringer[19], zumal eine dem § 129 b StGB vergleichbare Vorfeldstrafbarkeit vielen Staaten nicht bekannt ist[20]. Hinzu kommt eine mitunter bestehende Pflicht, von einem Ersuchen ganz oder zum Teil abzusehen, sofern bei der Durchführung der Rechtshilfemaßnahme in dem Drittstaat die Anwendung von Folter oder anderer unzulässiger Ermittlungsmaßnahmen nicht ausgeschlossen werden kann.[21] Damit können Strafverfolgungsbehörden ihrem Auftrag im Bereich des Terrorismusstrafrechts oftmals schon aus praktischen Erwägungen nicht oder nur unzureichend nachkommen.[22]

Denkbar wäre eine Schließung dieser Lücke etwa durch nachrichtendienstliche Informationsgewinnung, deren Aufgabe auch in der Vorfeldbeobachtung bei Katalogtaten besteht und die mitunter in größerem Umfang ohne Kenntnis des Gebietsstaates vollzogen wird. Dadurch entstehen jedoch neue weitreichende Fragen für die anschließende Verwertbarkeit der Erkenntnisse im Strafprozess.[23]

2) Ankauf von Steuerdaten-CDs zur Strafverfolgung

Ein weiterer Anhaltspunkt für die Begrenztheit des bestehenden Systems der Beweisrechtshilfe findet sich im Bereich der Steuerstrafsachen. Hier steht die Rechtshilfe regelmäßig in einem Spannungsverhältnis zu nationalen Interessen wie dem

---

13 Siehe zu dem Problem *Krauß*, in: LK, § 129 b Rn. 7.

14 *Gleß*, NStZ 2000, 57.

15 Siehe für einen Überblick zu den verschiedenen Instrumenten *Gleß*, in: Böse (Hrsg.), Europäisches Strafrecht, § 16 Rn. 19 ff; Eingehend zudem unten 3. Kapitel B).

16 Siehe zum Begriff der reaktiven Rechtshilfe *Krüßmann*, in: Böse (Hrsg.), Europäisches Strafrecht, § 18 Rn. 5.

17 Vgl. hierzu *Kindhäuser*, LPK-StGB, § 129 b Rn. 3; für eine andere Einschätzung *Krauß*, in: LK, § 129 b Rn. 7.

18 Antwort der Bundesregierung auf eine Kleine Anfrage BT-Drs. 18/759.

19 Siehe etwa zur Auskunftsbereitschaft Pakistans die Antwort der Bundesregierung auf eine Kleine Anfrage BT-Drs. 17/13381; *Krauß*, in: LK, § 129 b Rn. 7.

20 *Valerius*, GA 2011, 696 (705); *Zöller*, Terrorismusstrafrecht, S. 341 f.

21 Vgl. BGH NStZ 1999, 634; *Krauß*, in: LK, § 129 b Rn. 7.

22 *Rebmann*, NStZ 1986, 289 (291) wies schon früh auf die Problematik unzureichender Ermittlungsmöglichkeiten vor Ort hin.

23 Vgl. nur *Zöller*, JZ 2007, 763 (770 f.); *Soiné*, NStZ 2007, 247.

Schutz des Bankgeheimnisses in der Schweiz und in Liechtenstein.[24] Im Bereich der Fiskaldelikte[25] sehen beide Länder den Schutz des Bankgeheimnisses als vorrangig an und leisten grundsätzlich keine oder nur in eingeschränktem Umfang Rechtshilfe.[26] Auch insoweit kommt es mithin zu einem Konflikt zwischen der Strafverfolgungspflicht deutscher Behörden und dem tatsächlichen Umfang ihrer Ermittlungsmöglichkeiten.[27] Nichtsdestotrotz kaufte der BND seit 2007 mehrfach von ehemaligen Bankmitarbeitern CDs mit Daten von Steuerhinterziehern und leitete diese an die Finanz- und Strafverfolgungsbehörden in Deutschland weiter.[28] Dadurch stellen sich erneut Fragen hinsichtlich der Rechtmäßigkeit der Erkenntnisgewinnung sowie der anschließenden Verwertung. Beide Problemkreise wurden in der Folge intensiv diskutiert und nur hinsichtlich der Verwertbarkeit durch eine Entscheidung des BVerfG abschließend entschieden.[29] Die Frage der Rechtmäßigkeit der Erkenntnisgewinnung bleibt dagegen umstritten.[30]

III) Folge: Neue Wege der Informationsgewinnung?

Innerhalb der Europäischen Union besteht ein ausdifferenziertes System der „klassischen" reaktiven Rechtshilfe, die bei grenzüberschreitenden Sachverhalten die internationale Zusammenarbeit zur Verfolgung von Straftaten regelt.[31] Die angesprochenen Beispiele deuten jedoch an, dass insbesondere im Verhältnis zu Drittstaaten das System der Rechtshilfe dort an seine Grenzen stößt, wo unterschiedliche Auffassungen über das Erfordernis von Strafverfolgung und entgegenstehende nationale Interessen bestehen. Hier scheint den deutschen Behörden jede Möglichkeit

---

24 *Heine*, in: Triffterer (Hrsg.), Gedächtnisschrift für Theo Vogler, S. 69; *Spriegel/Wiese*, wistra 2000, 409.

25 Siehe für die Schweiz Art 3 Abs. 3 IRSG, wonach einem Rechtshilfeersuchen nicht entsprochen wird, wenn „(...) *Gegenstand des Verfahrens eine Tat ist, die auf eine Verkürzung fiskalischer Abgaben gerichtet erscheint* (...)".

26 *Heine*, in: Triffterer (Hrsg.), Gedächtnisschrift für Theo Vogler, S. 79; Siehe für Liechtenstein *Hackner*, in: Wabnitz/Janovsky, Handbuch des Wirtschafts- und Steuerstrafrechts, 24. Kapitel Rn. 171 ff.; Liechtenstein hat 2009 zwar ein Abkommen mit der BRD über die Zusammenarbeit und den Informationsaustausch in Steuersachen geschlossen, welches jedoch in der Folge wieder erheblich eingeschränkt wurde, siehe hierzu einen Bericht der SZ abrufbar unter: http://www.sueddeutsche.de/geld/datenklau-liechtenstein-hoehlt-steuerabkommen-aus-1.360 (letzter Abruf: 26.03. 2014).

27 *Pawlik*, JZ 2010, 693 (694).

28 Siehe zum Sachverhalt nur *Pawlik*, JZ 2010, 693; *Sieber*, NJW 2008, 881.

29 BVerfG Beschl. v. 9. 11. 2010, NStZ 2011, 103 ff; vgl. nur *Pawlik*, JZ 2010, 693; *Ignor/Jahn*, JuS 2010, 390; *Kauffmann*, JA 2010, 597; *Trüg/Habetha*, NJW 2008, 887.

30 Vgl. nur *Kaiser*, NStZ 2011, 383.

31 Siehe zu den Rechtsquellen nur *Gleß*, in: Böse (Hrsg.), Europäisches Strafrecht, § 16 Rn. 19 ff.; *Hackner/Schierholt*, Internationale Rechtshilfe in Strafsachen, S. 8 ff.; *Schädel*, Die Bewilligung internationaler Rechtshilfe in Strafsachen in der EU, S. 66 ff.

genommen, ihrem Auftrag zur Verfolgung von Straftaten oder zur Abwehr von Gefahren nachzukommen.

Hinzu kommen faktische Vorteile, die eine unmittelbare Informationsgewinnung durch deutsche Ermittlungsbehörden im Ausland bietet. So müssen Ermittlungsmaßnahmen bei kurzfristigen Grenzübertritten der Beschuldigten nicht mitunter zeitaufwendig durch die Einholung von Rechtshilfeersuchen unterbrochen werden. Stattdessen können im Eilfall Ermittlungsmaßnahmen auf dem Gebiet eines anderen Staates fortgeführt werden. Hierdurch besteht zudem der Vorteil, dass in einem späteren Strafverfahren auf die beteiligten Ermittlungspersonen ohne größere Schwierigkeiten als Zeugen zurückgegriffen werden kann.

1) Informationsgewinnung jenseits der Rechtshilfe

Als Alternative zur klassischen Informationsgewinnung über den Rechtshilfeweg könnte sich die selbstständige Vornahme von Ermittlungen ohne vorherige Kenntnis und Zustimmung des Gebietsstaates anbieten. Lehnt man allerdings mit *Nagel*[32] jegliche Form dieser „*wilden Beweisaufnahme*"[33] aufgrund ihrer Völkerrechtswidrigkeit ab, bleibt nur die Frage der Verwertbarkeit entsprechend erlangter Beweise einer weiteren Untersuchung zugänglich[34]. Unterstellt man jedoch – ohne dies freilich empirisch belegen zu können –, dass grenzüberschreitende selbstständige Ermittlungsmaßnahmen in Zeiten des weltweiten Kampfes gegen den Terror stetig zunehmen, so erscheint eine differenzierte Betrachtung erforderlich.[35] Mitunter ist nämlich die oftmals aus der medialen Wahrnehmung getroffene Schlussfolgerung der „Rechtswidrigkeit von grenzüberschreitende Spionage" nicht so eindeutig, wie es auf den ersten Blick erscheint. So könnte etwa bei der Prüfung der Völkerrechtswidrigkeit entsprechender selbstständiger Ermittlungsmaßnahmen insbesondere eine Unterscheidung nach Art der Maßnahme und deren Ziel erforderlich sein.[36] Hierbei ist, nicht zuletzt vor dem Hintergrund des bereits geschilderten Steuerdaten-CD Ankaufs, die Rolle der Nachrichtendienste bei der verdeckten Informationsgewinnung und ihre Zusammenarbeit mit den Strafverfolgungsbehörden und anderen Diensten von besonderem Interesse.

---

32 *Nagel*, Beweisaufnahme im Ausland; ebenso wohl auch *Gleß*, NStZ 2000, 57; *Schädel*, Die Bewilligung internationaler Rechtshilfe in Strafsachen in der EU, S. 44.

33 *Nagel*, Beweisaufnahme im Ausland, S. 4, 6.

34 Siehe dazu bereits *Tiedemann*, in: Kaufmann/Bemmann/Krauss/Volk (Hrsg.), FS für Paul Bockelmann, S. 819 (825 ff.).

35 Eine unzureichende Berücksichtigung der Praxis im Rahmen der polizeilichen Kooperation kritisiert auch *Fijnaut*, in: Walker (Hrsg.), Europe's Area of Freedom, Security and Justice, S. 241 (273); entsprechende Fragen wirft auch *Gleß*, in: Böse (Hrsg.), Europäisches Strafrecht, § 16 Rn. 52 auf.

36 Ausgehend vom Sinn und Zweck der Rechtshilfe argumentiert *Pawlik*, JZ 2010, 693 (694).

Soweit hierfür ein rechtliches Fundament bereitet ist, stellen sich sodann für eine selbstständige Tätigkeit deutscher Behörden die wichtigen Folgefragen des anzuwendenden Rechts und die Grenzen der Verwertbarkeit von auf diesem Wege erlangter Informationen.

2) Neue Formen der grenzüberschreitenden Zusammenarbeit

Doch auch wenn ein Staat bei einem grenzüberschreitenden Sachverhalt grundsätzlich zur Leistung von Rechtshilfe bereit ist, kann eine selbstständige Ermittlungstätigkeit deutscher Behörden im Ausland sinnvoll[37] oder sogar unumgänglich[38] sein. Für diese Fälle der selbstständigen Informationsgewinnung bestehen innerhalb des europäischen Rechtshilfesystems vereinzelte Regelungen.[39]

Eine Möglichkeit ist etwa die Teilnahme deutscher Ermittler an einer gemeinsamen Ermittlungsgruppe (GEG) gemäß Art. 13 EU-RhÜbk[40]. Die Norm regelt die Voraussetzungen für den Einsatz einer GEG und das anzuwendende Recht.[41] Unklar bleibt dagegen die Frage der Verwertbarkeit, insbesondere bei rechtswidrig erlangten Informationen.[42] Diese richtet sich vielmehr nach nationalem Recht, sodass es für den Erfolg einer GEG maßgeblich sein kann, in welchem beteiligten Staat letztlich Anklage erhoben wird. Dadurch entstehen nicht unerhebliche Schwierigkeiten für die Praxis, die im Vorfeld den Tätigkeitsschwerpunkt der Zielperson(en) vorhersagen muss.[43]

Weiterhin besteht nach Art. 14 EU-RhÜbk die Möglichkeit des grenzüberschreitenden Einsatzes verdeckter Ermittler. Allerdings bleibt auch hier die Frage der Verwertbarkeit erlangter Erkenntnisse unbeantwortet.[44] Zudem trifft die Norm keinerlei Regelung für die praktisch sehr relevanten Fälle, dass ein verdeckter Ermittler im Ausland unvorhergesehene Maßnahmen, etwa zum Schutze seiner Legende

---

37 Siehe zu Vorteilen einer selbstständigen Beweisaufnahme etwa *Nagel*, Beweisaufnahme im Ausland, S. 192 ff.

38 Dies ist etwa bei besonderer Dringlichkeit einer grenzüberschreitenden Observation der Fall, siehe hierzu *Hackner/Schierholt*, Internationale Rechtshilfe in Strafsachen, S. 216.

39 Einen guten Überblick über entsprechende Rechtsgrundlagen gibt *Gleß*, NStZ 2000, 57 (58 ff.).

40 Aufgrund der zunächst schleppenden Umsetzung des EU-RhÜbk erließ zudem der Rat im Jahre 2002 den Rahmenbeschluss 2002/465/JI über gemeinsame Ermittlungsgruppen, siehe *Kugelmann*, in: Böse (Hrsg.), Europäisches Strafrecht, § 17 Rn. 134.

41 Siehe hierzu auch *Krüßmann*, in: Böse (Hrsg.), Europäisches Strafrecht, § 18 Rn. 20 ff.

42 *Gleß/Schomburg*, in: Schomburg/Lagodny/Gleß/Hackner (Hrsg.), Internationale Rechtshilfe, Art. 13 EU-RhÜbk Rn. 11.

43 *Krüßmann*, in: Böse (Hrsg.), Europäisches Strafrecht, § 18 Rn. 30.

44 *Gleß/Schomburg*, in: Schomburg/Lagodny/Gleß/Hackner (Hrsg.), Internationale Rechtshilfe, Art. 14 EU-RhÜbk Rn. 6.

vorzunehmen hat, oder im Rahmen einer zunächst national ausgerichteten Operation kurzfristig die Grenze überqueren muss.[45]

Es zeigt sich also, dass auch die geltenden Regelungen für den selbstständigen Einsatz deutscher Ermittler im Ausland weitreichende Fragen für die Praxis aufwerfen.

B) Ziel der Arbeit und Abgrenzung

Ziel einer Untersuchung der aufgeworfenen Fragen ist eine Verringerung der bisher bestehenden Grauzonen für deutsche Ermittlungen im Ausland. Gegenstand der Betrachtung ist hierbei sowohl die selbstständige verdeckte Informationsgewinnung im Rahmen der neu entwickelten „pro-aktiven" Rechtshilfe[46] als auch jenseits der Rechtshilferegelungen. Dies erfordert freilich zugleich eine Darstellung über die bereits bestehenden Instrumente der klassischen Rechtshilfe, um die Unterschiede zu den neuen Formen deutlich zu machen.

Herausgearbeitet werden soll schließlich ein rechtlicher Rahmen, welcher durch die Entscheidung über das anwendbare Recht für den Ermittler vor Ort Klarheit über Zulässigkeit und Grenzen seiner Tätigkeit schafft und auch für den weiteren Verlauf die Möglichkeiten zur Erkenntnisverwertung umschreibt.

Dieses Ziel macht eine neue Untersuchung nötig, die über bestehende Arbeiten zu dem Themengebiet hinausgeht, beziehungsweise andere Schwerpunkte setzt.

Die Arbeiten von *Nagel* aus dem Jahre 1988, von *Schädel* aus 2004 und von *Gleß* aus 2006 schließen zunächst die Betrachtung einer „wilden Beweisaufnahme", sprich Informationsgewinnung jenseits des Rechtshilferahmens, aus.[47] *Rehbein* kommt in ihrer Arbeit aus dem Jahre 2011 im Falle der nachrichtendienstlichen Ermittlung ohne vorheriges Ersuchen ebenfalls zur Völkerrechtswidrigkeit der Maßnahme und unter gewissen Umständen zur Annahme eines Verwertungsverbotes.[48]

Wie bereits angedeutet, erscheinen jedoch sowohl die unterstellte generelle Völkerrechtswidrigkeit entsprechender Ermittlungsmaßnahmen als auch die regelmäßige Annahme eines Verwertungsverbotes, in dieser Pauschalität zumindest zweifelhaft und mithin untersuchungswürdig. Die Rechtmäßigkeit selbstständiger Informationsgewinnung soll daher differenziert betrachtet werden.

Weiterhin spricht *Nagel* zwar Möglichkeiten zur selbstständigen Beweisaufnahme an, beschränkt sich aber auf offene Ermittlungen, wie die Vernehmung eines Zeugen im Ausland durch den ersuchenden Staat.[49] Naturgemäß konnte *Nagel*

---

45 *Hackner/Schierholt*, Internationale Rechtshilfe in Strafsachen, S. 221; *Krüßmann*, in: Böse (Hrsg.), Europäisches Strafrecht, § 18 Rn. 49.

46 *Krüßmann*, in: Böse (Hrsg.), Europäisches Strafrecht, § 18 Rn. 5.

47 *Nagel*, Beweisaufnahme im Ausland, S. 6; *Schädel*, Die Bewilligung internationaler Rechtshilfe in Strafsachen in der EU, S. 44; *Gleß*, Beweisrechtsgrundsätze einer grenzüberschreitenden Strafverfolgung, S. 121.

48 *Rehbein*, Verwertbarkeit von nachrichtendienstlichen Erkenntnissen, S. 322, 329 f.

49 *Nagel*, Beweisaufnahme im Ausland, S. 192 ff.

hierbei nicht den neuen rechtlichen Rahmen untersuchen, der durch das Schengener Durchführungsübereinkommen (SDÜ) aus dem Jahre 1990 und das EU-RhÜbk aus dem Jahre 2000 geschaffen wurde. Bei der Frage der Verwertung der erlangten Erkenntnisse beschränkt sich *Nagel* auf die Feststellung, dass etwaige Defizite einer selbstständigen Beweisaufnahme nach deutschem Recht im Rahmen der Beweiswürdigung zu berücksichtigen sind.[50] Es stellt sich allerdings die Frage, ob damit dem Bedürfnis nach der Gewinnung von zuverlässigen und fairen Beweismitteln genüge getan ist, oder ob hierfür nicht vielmehr besondere Vorkehrungen getroffen werden müssen.

Die Arbeit von *Schädel* klammert Einzelfragen zu bestimmten Formen der Rechtshilfe aus und konzentriert sich auf *„die Entwicklung einer reformierten Rechtsordnung für das Bewilligungsverfahren der sonstigen internationalen Rechtshilfe in Strafsachen in der EU“*[51].

Gleß spricht die Voraussetzungen von SDÜ und EU-RhÜbk an, unter denen eine selbstständige Informationsgewinnung möglich ist.[52] Schwerpunkt der Arbeit ist sodann die Entwicklung von Grundsätzen für eine Regelung des grenzüberschreitenden Beweistransfers, ausgehend von der Feststellung allgemein geltender Bedingungen zur Verwertung von Beweismitteln in den Mitgliedsstaaten.[53] Offen bleibt hierbei allerdings die Frage der Verwertbarkeit von völkerrechtswidrig erlangten Beweisen. Untersuchungswürdig ist jedoch sicherlich die Übertragbarkeit des von *Gleß* entwickelten Konzepts mit Blick auf die praktischen Probleme der „pro-aktiven“ Rechtshilfe und den wachsenden Einfluss der Nachrichtendienste bei der Informationsgewinnung.

In Abgrenzung zur Arbeit von *Rehbein*, die sich bei der Untersuchung der Verwertbarkeit von Auslandserkenntnissen ausschließlich auf die nachrichtendienstliche Tätigkeit konzentriert[54], soll hier versucht werden, ein Gesamtbild der Ermittlungstätigkeit deutscher Behörden im Ausland zu zeichnen. Zudem soll sich die Untersuchung der Verwertbarkeit nicht auf den Strafprozess beschränken, sondern auch andere Möglichkeiten zur Erkenntnisverwertung betrachten.

C) Gang der Darstellung

Die Arbeit gliedert sich in zwei Teile. Ausgangspunkt des ersten Teils ist eine Betrachtung der nach deutschem Recht mit Auslandsermittlungen beauftragten Behörden und ihrer Methoden. Hierbei liegt der Schwerpunkt der Betrachtung auf der Bedeutung des Trennungsprinzips für die Zusammenarbeit von Nachrichtendiensten

50 *Nagel*, Beweisaufnahme im Ausland, S. 314, gibt etwa das Beispiel fehlender Autorität eines deutschen Richters bei einer Vernehmung im Ausland.

51 *Schädel*, Die Bewilligung internationaler Rechtshilfe in Strafsachen in der EU, S. 36.

52 *Gleß*, Beweisrechtsgrundsätze einer grenzüberschreitenden Strafverfolgung, S. 123 ff.

53 *Gleß*, a.a.O., S. 413 ff.

54 *Rehbein*, Verwertbarkeit von nachrichtendienstlichen Erkenntnissen, S. 287.

und Polizei. Daran anschließend wird die Zulässigkeit von selbstständigen Ermittlungen innerhalb der EU und in Drittstaaten untersucht. Hierbei werden sowohl die Möglichkeiten und Grenzen der selbstständigen Informationsgewinnung im Rahmen der Rechtshilfe als auch die völkerrechtlichen Vorgaben zu Maßnahmen außerhalb der Rechtshilfe dargestellt. Sodann werden die Bedeutung und das Verhältnis der jeweils bei transnationalen Ermittlungsmaßnahmen beteiligten Rechtsordnungen untersucht.

Der zweite Teil befasst sich sodann mit der Verwertung der gewonnenen Erkenntnisse. Hierbei wird die Untersuchung nicht auf die Verwertung im Strafprozess beschränkt, sondern auch auf andere Formen der Informationsverwertung ausgedehnt. Es gilt insbesondere zu überprüfen, welche Bedeutung jeweils der Einhaltung der Vorgaben des deutschen Rechts, des Völkerrechts und der Garantien zum Schutze der subjektiven Rechte des Beschuldigten für die Verwertung zukommt.

Teil Eins

1. Kapitel: Ermittlungen deutscher Behörden im Ausland

Ausgangspunkt einer Untersuchung der Rechtmäßigkeit von verdeckter Informationsgewinnung im Ausland muss die Frage sein, welche Akteure nach dem geltenden Recht überhaupt zu einer Auslandstätigkeit befugt sind. Betrachtet werden hierzu zum einen die Rolle der Polizei und zum anderen die der deutschen Nachrichtendienste. Das erste Kapitel konzentriert sich dabei auf eine isolierte Darstellung der verschiedenen Akteure und ihrer Aufgaben sowie der Bedeutung des Trennungsgebotes in diesem Zusammenhang.

A) Auslandsermittlungen der Polizei

Gegenstand der Betrachtung ist vorliegend eine Ermittlungstätigkeit im Rahmen der internationalen Rechtshilfe im Sinne des § 59 Abs. 2 IRG. Diese ist abzugrenzen von Unterstützungshandlungen im Bereich der zwischenstaatlichen Amtshilfe.[1] Letztere liegt vor, wenn einer ausländischen Behörde Unterstützung bei der Erfüllung von Aufgaben im Bereich der öffentlichen Verwaltung gewährt wird. Demgegenüber handelt es sich um eine Rechtshilfetätigkeit, wenn die Unterstützungsleistung im Bereich der Rechtspflege erfolgt.[2]

I) Ermittlungen durch die Landespolizei

1) Gesetzliche Grundlagen

Die Aufgaben der Gefahrenabwehr sowie der Verhütung und Verfolgung von Straftaten obliegen nach dem Kompetenzgefüge des Grundgesetzes grundsätzlich den Ländern.[3] Diese allgemeine Kompetenzregelung beantwortet allerdings nicht die Frage, ob damit der Landespolizei zugleich die Aufgabe zum Tätigwerden im Ausland zugeschrieben wird. Vielmehr ist hierfür auf die Regelung des Art. 32 GG zurückzugreifen, wonach die Pflege der auswärtigen Beziehungen und mithin auch die Ausgestaltung und Vornahme der Internationalen Rechtshilfe, Sache des Bundes

---

1 Siehe zur Notwendigkeit einer entsprechenden Abgrenzung *Schädel,* Die Bewilligung internationaler Rechtshilfe in Strafsachen in der EU, S. 51; Siehe ferner zur Abgrenzung unten S. 97.

2 *Schädel,* Die Bewilligung internationaler Rechtshilfe in Strafsachen in der EU, S. 51 m.w.N.

3 Siehe zur einfachgesetzlichen Ausgestaltung die Subsidiaritätsklausel des § 1 Abs. 3 BKAG; Eingehend zu den Aufgaben der Polizei etwa *Schenke,* in: Kube et al. (Hrsg.), Leitgedanken des Rechts, S. 807 (809 ff.); *Zähle,* JuS 2014, 315.

ist.[4] Gemäß § 74 Abs. 2 IRG kann die Bundesregierung jedoch ihre Befugnis zur Stellung eines Rechtshilfeersuchens auf die Landesregierungen übertragen.[5] Eine entsprechende Vorgabe findet sich heute in Nr. 124 der Richtlinien für den Verkehr mit dem Ausland in strafrechtlichen Angelegenheiten (RiVASt[6]).[7] Demnach können *„andere Polizeibehörden"* regelmäßig eigene Ersuchen stellen und somit grenzüberschreitend im Rahmen der Rechtshilfe tätig werden. Der Begriff der anderen Polizeibehörde meint hierbei mit Blick auf die vorangehende Zuständigkeitsregelung in Nr. 123 RiVASt für das BKA, die Landeskriminalämter.[8]

Letzteren kommt nach dem einschlägigen Landesrecht oftmals eine Doppelfunktion zu. So ist etwa das Landeskriminalamt NRW gemäß § 7 Abs. 1 der Verordnung über weitere Aufgaben des LKA NRW[9] einerseits zentrale Prüfungs- und Bewilligungsbehörde für ein- und ausgehende Ersuchen. Soweit also nachgeordnete Polizeibehörden im Ausland tätig werden wollen, bedarf es der Stellung eines entsprechenden Rechtshilfeersuchens durch das LKA.[10] Der Rechtshilfeverkehr mit dem Ausland erfolgt dabei nach Nr. 124 RiVASt „über das Bundeskriminalamt", womit dieses zumindest durch das LKA zu unterrichten ist.

Andererseits wird dem LKA NRW für bestimme Sachverhalte mit überregionalem oder grenzüberschreitenden Bezug gemäß § 3 Abs. 1 der genannten Verordnung auch eine selbstständige Ermittlungsbefugnis zugesprochen, soweit eine zentrale Aufgabenwahrnehmung erforderlich ist.[11]

Die Norm enthält einen nicht abschließenden Katalog von Delikten, wonach eine selbstständige Ermittlungstätigkeit durch das LKA insbesondere im Rahmen der Bekämpfung des internationalen Terrorismus, der organisierten Kriminalität und anderen vergleichbar komplexen Kriminalitätsfeldern in Betracht kommt. Im Umkehrschluss handeln bei weniger schwerwiegenden, oder jedenfalls weniger komplexen Delikten, die nachgeordneten Polizeibehörden, sofern ihr Ersuchen über

4 Vgl. auch die einfachgesetzliche Ausgestaltung in § 74 Abs. 1 IRG.

5 Siehe zur alten Regelung des § 44 Abs. 2 DAG und der getroffenen Zuständigkeitsvereinbarung *Singer*, Der polizeiliche Rechtshilfeverkehr mit dem Ausland, S. 7 f.

6 Siehe hierzu auch *Hackner/Schierholt*, Internationale Rechtshilfe in Strafsachen, S. 7 f.

7 Siehe ausführlich zu der Entwicklung der Zuständigkeitsverteilung zwischen den Landeskriminalämtern und dem BKA *Abbühl*, Der Aufgabenwandel des BKA, S. 195 ff.

8 Ebenso *Abbühl*, Der Aufgabenwandel des BKA, S. 199.

9 NRW Verordnung über weitere polizeiliche Aufgaben des Landeskriminalamts bei der Gefahrenabwehr sowie der Erforschung und Verfolgung von Straftaten vom 2. Juli 2007

10 Vergleichbare Regelungen finden sich auch in anderen Bundesländern wie etwa für Niedersachsen RdErl. d. MI v. 28. 11. 2012 Nr. 4.2.1 e); für Hessen § 6 Abs. 1 Nr. 2 HSOG-DVO; für Bayern § 8 ZustVRh; für Sachsen § 8 Rh-ZuVO.

11 Vergleichbare Regelungen finden sich auch in anderen Bundesländern wie etwa für Bayern Art. 7 Abs. 3 POG; Rheinland-Pfalz § 79 Abs. 3 POG; Schleswig-Holstein § 3 Abs. 2 POG; Thüringen § 3 Abs. 5 POG.

das LKA an die ausländische Stelle weitergeleitet wurde.[12] Schwerpunktmäßig handelt es sich in diesen Fällen um Maßnahmen zur Bekämpfung grenzüberschreitender Betäubungsmittelkriminalität, Betrugsdelikte und Menschenhandel.[13]

2) Praktische Schwierigkeiten

Soweit hier im Regelfall die Kreispolizeibehörden im Rahmen der Rechtshilfe im Ausland ermitteln, bestehen allerdings trotz der Koordinierungsaufgabe der Landeskriminalämter oftmals Schwierigkeiten im praktischen Ablauf. So führt insbesondere die parallele Stellung von Ersuchen durch mehrere Kreispolizeibehörden ohne vorherige Absprache und mitunter unzureichender Prüfung durch die Landeskriminalämter teilweise zu erheblichem Mehraufwand bei den Kooperationspartnern.[14]

Diese Nachteile bestehen offenbar nicht, wenn das LKA selbstständig ermittelt. In diesen Fällen wird das operative und technische Know-How bei einer Behörde gebündelt und kann für komplexe grenzüberschreitende Ermittlungsmaßnahmen nutzbar gemacht werden, ohne dass eine vorherige Abstimmung zwischen verschiedenen Behörden erfolgen muss.[15]

3) Ergebnis

Es bleibt im Ergebnis festzuhalten, dass die Durchführung von verdeckten Ermittlungsmaßnahmen im Rahmen der Rechtshilfe grundsätzlich in den Zuständigkeitsbereich der Länder fällt.[16] Dort kommt es nach den einschlägigen Landesgesetzen regelmäßig zu einer Aufteilung der Kompetenzausübung zwischen den Kreispolizeibehörden und den Landeskriminalämtern. Letztere führen selbstständige verdeckte Ermittlungen im Ausland insbesondere zur Verfolgung schwerer grenzüberschreitender Kriminalität durch.[17]

---

12 Vgl. nur § 7 Abs. 1 der Verordnung über weitere Aufgaben des LKA NRW; Entsprechendes dürfte auch in anderen Bundesländern die Regel sein.

13 BMI (Hrsg.), Schengenerfahrungsbericht 2009, S. 35 ff.

14 *Bruinsma et al.*, Grensoverschrijdend politie-werk in de Euregio Rijn-Maas-Noord, S. 162 ff.

15 Vgl. *Mohr*, Die Kriminalpolizei 2005, Ausgabe 2, 55 (57 f.), der für einen verstärkten Einsatz von spezialisierten Ermittlern plädiert.

16 Siehe hierzu auch die Antwort der Bundesregierung auf eine Kleine Anfrage BT-Drs. 17/4333, Antwort zu Frage 4.

17 Siehe zu Fallbeispielen auch *Mohr*, Die Kriminalpolizei 2005, Ausgabe 2, 55 (56).

II) Ermittlungen durch die Bundespolizei

1) *Entwicklung der Bundespolizei*

Vorgänger der heutigen Bundespolizei war der 1951[18] gegründete Bundesgrenzschutz (BGS). Die dem BGS ursprünglich übertragenen grenzpolizeilichen Aufgaben unterlagen mit der Wiedervereinigung Deutschlands und dem Wegfall der Binnengrenzen durch das Schengener Übereinkommen allerdings einem erheblichen Wandel. Darauf hat der Gesetzgeber seit 1994[19] mit der Übertragung neuer Aufgaben wie dem Schutz der Bahn- und Luftsicherheit und bestimmter Kompetenzen zur Strafverfolgung reagiert. Diesbezüglich hat das BVerfG festgestellt, dass die fortschreitende Aufgabenübertragung auf die Bundespolizei nicht zu einer Angleichung an die Kompetenzen der Polizei der Länder führen darf. Die Bundespolizei muss vielmehr auch künftig den Charakter einer Sonderpolizei mit begrenzten Aufgaben tragen.[20] Diese Anforderung wird durch das derzeitige Bundespolizeigesetz gewahrt.[21]

2) *Gesetzliche Grundlagen*

Die Möglichkeiten der Bundespolizei zur Ermittlung im Ausland werden durch das Bundespolizeigesetz geregelt. Dieses sieht an zwei Stellen eine Auslandstätigkeit von Beamten der Bundespolizei vor.

a) Internationale Polizeimissionen

Zunächst ist gemäß § 8 Abs. 1 Nr. 1, 2 BPolG eine Auslandsverwendung im Rahmen internationaler Polizeimissionen möglich. Derzeit beteiligt sich die Bundespolizei an 13 international oder bilateral mandatierten Missionen.[22] Allerdings kommen den Beamten im Rahmen dieser Einsätze zumeist keine Exekutivbefugnisse zu.[23] Schwerpunktmäßig handelt es sich vielmehr um Einsätze zur Beratung, Unterstützung und Ausbildung der nationalen Polizei und nicht zur selbstständigen Ermittlung von Sachverhalten.[24]

---

18 Gesetz über den Bundesgrenzschutz und die Einrichtung von Bundesgrenzschutzbehörden vom 16. März 1951.

19 Bundespolizeigesetz vom 19. Oktober 1994, zuletzt geändert durch Art. 4 G. v. 20.6.2013 I 1602.

20 BVerfGE 97, 198 (1. und 2. Leitsatz).

21 Ebenso *Streiß*, Das Trennungsgebot zwischen Polizei und Nachrichtendiensten, S. 53.

22 Bundespolizei (Hrsg.), Deutsche Beteiligung an internationalen Polizeimissionen, Stand: 12. Juli 2015.

23 *Peilert*, in: Heesen/Hönle/Peilert/Martens (Hrsg.), Bundespolizeigesetz, § 8 Rn. 1.

24 Bundespolizei (Hrsg.), Deutsche Beteiligung an internationalen Polizeimissionen, Stand: 12. Juli 2015.

Weiterhin können Beamte der Bundespolizei gemäß § 8 Abs. 1 Nr. 3 BPolG etwa als sogenannte Grenzpolizeiliche Unterstützungsbeamte Ausland (GUA) tätig werden. Hauptanwendungsfall dieser Kooperationsform ist der Auslandseinsatz im Rahmen von FRONTEX[25]. Hier stehen klassische grenzpolizeiliche Maßnahmen anstelle von verdeckten Ermittlungseingriffen im Vordergrund.[26]

§ 8 Abs. 1 BPolG kann folglich als eine mögliche Ermächtigungsgrundlage für eine Auslandstätigkeit der Bundespolizei herangezogen werden. Allerdings handelt es sich bei den polizeilichen Operationen, die dem Anwendungsbereich der Norm unterfallen, regelmäßig nicht um verdeckte Ermittlungsmaßnahmen zur Verfolgung von grenzüberschreitenden Straftaten, sondern um offene Polizeiarbeit.

b) § 65 Abs. 2 BPolG und das SDÜ

Eine weitere Möglichkeit für eine grenzüberschreitende polizeiliche Tätigkeit ist in § 65 Abs. 2 BPolG vorgesehen. Demnach kann die Bundespolizei im Ausland tätig werden, soweit dies durch völkerrechtliche Vereinbarungen vorgesehen ist, oder eine entsprechende Kooperationsvereinbarung für den Einzelfall getroffen wurde. Anders als § 8 Abs. 1 regelt § 65 Abs. 2 BPolG nicht eine Auslandsverwendung der Bundespolizei als Organisation, sondern die Entsendung einzelner Polizeivollzugsbeamter zu polizeilichen Zwecken.[27] Der Bezug zu den völkerrechtlichen Vereinbarungen hat insbesondere durch das Schengener Durchführungsübereinkommen eine erhebliche Relevanz für die Auslandstätigkeit der Bundespolizei. Diese kann zur Erfüllung ihrer gesetzlichen Aufgaben, wie etwa der Verfolgung von Straftaten im Zusammenhang mit Grenzübertritten gemäß § 12 BPolG, auf Ermittlungsmöglichkeiten nach dem SDÜ zurückgreifen. So besteht gemäß Art. 40 SDÜ die Möglichkeit zur grenzüberschreitenden Observation, von der die Bundespolizei im Jahre 2008 36 Mal Gebrauch gemacht hat.[28] Das Instrument der grenzüberschreitenden Nacheile wurde von der Bundespolizei im gleichen Zeitraum 14 Mal in Anspruch genommen.[29]

Maßgeblich für eine verdeckte Informationsgewinnung ist jedoch die grenzüberschreitende Observation, da bei der Nacheile der Verfolgte in der Regel von den nacheilenden Polizeibeamten Kenntnis haben dürfte.[30] Zur Anwendung

---

25 Frontex ist die durch EG Verordnung Nr. 2007/2004 vom 26.10.2004 eingerichtete europäische Grenzschutzagentur zur Koordination der operativen Zusammenarbeit der Mitgliedstaaten im Bereich des Schutzes der Außengrenzen der EU; Eingehend zum Rechtsrahmen von Frontex siehe *Fischer-Lescano/Tohidipur*, ZaöRV 2007, 1219.

26 *Peilert*, in: Heesen/Hönle/Peilert/Martens (Hrsg.), Bundespolizeigesetz, § 8 Rn. 9.

27 *Peilert*, in: Heesen/Hönle/Peilert/Martens (Hrsg.), Bundespolizeigesetz, § 65 Rn. 4.

28 BMI (Hrsg.), Schengenerfahrungsbericht 2009, S. 15.

29 BMI (Hrsg.), Schengenerfahrungsbericht 2009, S. 16.

30 Ebenso *Krüßmann*, in: Böse (Hrsg.), Europäisches Strafrecht, § 18 Rn. 32.

kommen hierbei sowohl satellitengestützte Verfahren als auch die klassische Sichtobservation.[31]

Damit findet sich in § 65 Abs. 2 BPolG in Verbindung mit den einschlägigen völkerrechtlichen Verträgen eine taugliche Grundlage für eine verdeckte Informationsgewinnung durch Beamte der Bundespolizei.

3) Ergebnis

Aufgrund der mit § 12 BPolG nur eingeschränkt bestehenden Strafverfolgungskompetenz, wird eine grenzüberschreitende Ermittlung durch die Bundespolizei eher die Ausnahme als die Regel darstellen. Dies bestätigt sich in dem Verhältnis zu den von den Ländern geführten grenzüberschreitenden Ermittlungen. Allein Nordrhein-Westfalen hat im Jahre 2008 43 grenzüberschreitende Observationen nach Art. 40 SDÜ durchgeführt[32], wozu noch Maßnahmen aufgrund anderer rechtshilferechtlicher Verträge hinzukommen[33]. Nichtsdestotrotz ist auch die Bundespolizei ein wichtiger Akteur bei Maßnahmen deutscher Beamte im Ausland.

Innerstaatlich bleibt zu beachten, dass die Bundespolizei nicht zu einer mit den Landespolizeien konkurrierenden Behörde ausgebaut werden darf.[34]

III) Ermittlungen durch das BKA

1) Die Behörde Bundeskriminalamt

a) Überblick und Entwicklung

Im Jahre 1951 beschloss der Deutsche Bundestag mit Gesetz vom 8. März die Einrichtung eines Bundeskriminalpolizeiamtes auf Grundlage der Gesetzgebungskompetenz des Art. 73 Abs. 1 Nr. 10 GG.[35]

Im Hinblick auf die Rolle des BKA als Akteur bei Auslandsermittlungen stellt das zweite Änderungsgesetz zum BKA-Gesetz vom 28.06.1973 einen Meilenstein in der Geschichte des BKA dar.[36] Durch dieses Gesetz wurde das BKA zur zentralen

---

31 BMI (Hrsg.), Schengenerfahrungsbericht 2009, S. 13.

32 BMI (Hrsg.), Schengenerfahrungsbericht 2009, S. 14.

33 Maßgeblich ist für die Praxis der Polizei in NRW hierbei insbesondere der Deutsch-Niederländische Polizei- und Justizvertrag vom 2.3.2005, welcher in den Art. 12 ff. besondere Formen der grenzüberschreitenden operativen Zusammenarbeit vorsieht.

34 BVerfGE 97, 198 (1. und 2. Leitsatz); *Streiß*, Das Trennungsgebot zwischen Polizei und Nachrichtendiensten, S. 52 f.

35 BGBl. 1951 I, S. 165; Aktuell gilt das BKAG vom 07. Juli 1997, BGBl. 1997 I, S. 1659 in seiner zuletzt geänderten Fassung durch Artikel 3 des Gesetzes zur Änderung des Telekommunikationsgesetzes und zur Neuregelung der Bestandsdatenauskunft vom 20. Juni 2013, BGBl. 2013 I, S. 1602.

36 BGBl. 1973 I, S. 701.

Informations- und Kommunikationsbehörde der deutschen Polizei.[37] In § 4 des neuen BKA-Gesetzes wurde insbesondere im Bereich der internationalen organisierten Kriminalität eine originäre Strafverfolgungskompetenz für das BKA begründet.[38] Damit war zugleich das Fundament für die künftige Rolle des BKA als wichtiger Kooperationspartner im Rahmen der sich zunehmend entwickelnden internationalen Rechtshilfe gelegt.[39] Allerdings waren die Möglichkeiten des BKA zur grenzüberschreitenden Zusammenarbeit Ende der 1970er Jahre noch vergleichsweise beschränkt. Einige Jahre später wurde jedoch mit dem Schengener Abkommen vom 14. Juni 1985[40] die Ausweitung der internationalen Rechtshilfe dringend erforderlich. Ein wichtiger Schritt war daher der Abschluss des Schengener Durchführungsübereinkommens vom 19. Juni 1990[41], wodurch Kompensationsmaßnahmen zum Ausgleich der weggefallenden Grenzkontrollen geschaffen wurden. Der nationalen Kompetenz des BKA zur Strafverfolgung im Bereich der internationalen organisierten Kriminalität stand damit erstmalig ein entsprechendes völkerrechtliches Handlungsinstrument gegenüber. Mit der Forcierung der polizeilichen Zusammenarbeit durch den Vertrag von Amsterdam aus dem Jahre 1999[42] stieg die Bedeutung des BKA als zuständige nationale Zentralstelle.[43] Zu Beginn des neuen Jahrtausends wurde die Entwicklung des BKA dann maßgeblich durch die Bedrohung des internationalen Terrorismus bestimmt.[44] Unmittelbar im Anschluss an die Anschläge vom 11. September 2001 richtete das BKA die Besondere Aufbauorganisation (BAO) USA zur Ermittlung von Tatbezügen nach Deutschland ein.[45] Im Rahmen der BAO kam es zu intensiver Ermittlungszusammenarbeit und verstärktem

37 *Zachert*, in: BKA (Hrsg.), 60 Jahre Staatsschutz im Spannungsfeld zwischen Freiheit und Sicherheit, S. 9.

38 BGBl. 1973 I, S. 702.

39 *Zachert*, in: BKA (Hrsg.), 60 Jahre Staatsschutz im Spannungsfeld zwischen Freiheit und Sicherheit, S. 9.

40 Übereinkommen zwischen den Regierungen der Staaten der Benelux-Wirtschaftsunion, der Bundesrepublik Deutschland und der Französischen Republik betreffend den schrittweisen Abbau der Kontrollen an den gemeinsamen Grenzen, veröffentlicht im GMBl. 1986, S. 79.

41 Übereinkommen zur Durchführung des Übereinkommens von Schengen vom 14. Juni 1985 zwischen den Regierungen der Staaten der Benelux-Wirtschaftsunion, der Bundesrepublik Deutschland und der Französischen Republik betreffend den schrittweisen Abbau der Kontrollen an den gemeinsamen Grenzen, ABl. EG L 239 vom 22.9.2000, S. 19 (BGBl. 1993 II, S. 1010).

42 ABl. EG C 340/1 vom 10.11.1997, In Kraft getreten am 1. Mai 1999, BGBl. 1999 II, S. 296.

43 *Kersten*, in: BKA (Hrsg.), Kriminalitätsbekämpfung im zusammenwachsenden Europa, S. 1 (2); *Abbühl*, Der Aufgabenwandel des BKA, S. 200 ff.

44 *Klink*, in: BKA (Hrsg.), 60 Jahre Staatsschutz im Spannungsfeld zwischen Freiheit und Sicherheit, 2011, S. 12 ff.

45 *Klink*, a.a.O., S. 13.

Informationsaustausch mit den USA.[46] Die Ermittlungen konnten sich in der Folge allerdings nicht auf die Aufklärung der Hintergründe der Anschläge in den USA beschränken, sondern vielmehr musste das BKA zunehmend auch auf die neue terroristische Bedrohungslage in Deutschland reagieren. Die hierfür zuständige Gruppe ST 3 der Abteilung Polizeilicher Staatsschutz wurde personell aufgestockt und nach Berlin verlagert.[47] In Kooperation mit anderen Behörden gelang so die Vereitelung einiger in Deutschland geplanter Anschläge, wie etwa durch die Sauerland-Gruppe.[48]

Ausgehend von dem unvermindert fortbestehenden Bedrohungspotenzial und der Aufdeckung immer neuer Anschlagsversuche, erkannte die Bundesregierung die Notwendigkeit einer Anpassung der deutschen Sicherheitsarchitektur.[49] Nach Maßgabe des 2006 eingefügten Art. 73 Abs. 1 Nr. 9a GG[50], verabschiedete der Bundestag im Jahre 2008 das Gesetz zur Abwehr von Gefahren des internationalen Terrorismus durch das BKA.[51] Die hierdurch begründete originäre Zuständigkeit zur Gefahrenabwehr stellt einen Quantensprung in der Entwicklung des BKA dar.[52]

Zur Bewältigung dieser neuen Aufgaben stehen dem BKA heute über 5500 Bedienstete und ein Haushaltsetat von rund 400 Millionen Euro zur Verfügung.[53]

b) Aufgabenspektrum

aa) Zentralstelle

Gemäß § 2 Abs. 1 BKAG ist Aufgabe des BKA die Unterstützung der *„Polizeien des Bundes und der Länder bei der Verhütung und Verfolgung von Straftaten mit länderübergreifender, internationaler oder erheblicher Bedeutung"*. Der konkrete Inhalt dieser Aufgabe als Zentralstelle und die mit ihr verbundenen Befugnisse ergeben sich aus den §§ 7–13 BKAG, wonach im Mittelpunkt die Sammlung und Auswertung von Informationen steht.[54]

---

46 *Klink*, a.a.O., S. 13.

47 *Zachert*, in: BKA (Hrsg.), 60 Jahre Staatsschutz im Spannungsfeld zwischen Freiheit und Sicherheit, S. 16.

48 Siehe hierzu BMI (Hrsg.), Verfassungsschutzbericht 2007, S. 162 f., 167.

49 Gesetzentwurf der Bundesregierung zum BKA-Gesetz, BT.-Drs. 16/10121, S. 17.

50 Die Änderung erfolgte im Zuge der Föderalismusreform 2006, BGBl. 2006 I, S. 2034.

51 BGBl. 2008 I, S. 3083.

52 Vgl. aber zur Kritik an dieser Entwicklung nur *Roggan*, NJW 2009, 257; *Baum/Schantz*, ZRP 2008, 137; *Denkowski*, Kriminalistik 2008, S. 410; Ders., Neue Kriminalpolitik 2008, 82.

53 *Zachert*, in: BKA (Hrsg.), 60 Jahre Staatsschutz im Spannungsfeld zwischen Freiheit und Sicherheit, S. 17; Siehe auch unter „Fakten und Zahlen" auf http://www.bka.de (letzter Abruf: 15.04.2014).

54 Ausführlich hierzu *Streiß*, Das Trennungsgebot zwischen Polizei und Nachrichtendiensten, S. 46 f.

bb) Strafverfolgung

Weiterhin wird das BKA gemäß § 4 Abs. 1 BKAG in bestimmten Fällen auch zur Strafverfolgung tätig. Die Norm enthält einen Katalog bestimmter schwerer Straftaten, deren Aufklärung meist eine besondere Sachkunde und zentrale Durchführung erfordert.

cc) Terrorismusabwehr

Auf Grundlage des neuen § 4 a BKAG kann das BKA erstmals präventiv-polizeilich tätig werden. Im Bereich des internationalen Terrorismus erhält das BKA unter bestimmten Voraussetzungen[55] die Kompetenz zur Gefahrenabwehr und zur Straftatenverhütung. Hierzu erhält das BKA in den §§ 20 a-x BKAG weitreichende Ermittlungsbefugnisse.[56]

c) Im Ausland tätige Beamte des BKA

Für die vorliegende Untersuchung ist die Frage von besonderem Interesse, inwieweit die dargestellten Entwicklungen Einfluss auf eine mögliche Auslandstätigkeit des BKA haben. So zeigt sich, dass die fortschreitende Internationalisierung der Kriminalität im Laufe der Zeit, Strukturanpassungen für das BKA erforderlich machte.

aa) Verbindungsbeamte

Diese Notwendigkeit wurde zunächst im Bereich der organisierten Betäubungsmittelkriminalität erkennbar. Hier erschien Anfang der 1980er Jahre eine effektive Bekämpfung der Überflutung des deutschen Marktes mit Rauschgift aus dem Ausland durch rein nationale Maßnahmen aussichtslos.[57] Vielmehr wurde eine Vorverlagerungsstrategie entwickelt, die bereits im Herkunftsland mit polizeilichen Maßnahmen ansetzt, um so die Lieferströme nach Deutschland zu unterbrechen und eine strafrechtliche Verfolgung der Hintermänner zu gewährleisten.[58] Hierzu wurde 1983 mit der Entsendung von sog. Rauschgiftverbindungsbeamten begonnen. Diese „*Vorposten der Polizei*"[59] sind regelmäßig an die deutschen Auslandsvertretungen angegliedert und werden vor Ort sowohl ermittlungsinitiierend als auch ermittlungsunterstützend tätig.[60] Im Einvernehmen mit den Behörden des Gastlandes unterstützen die heute 66 im Ausland stationierten Verbindungsbeamte das

---

55 Siehe hierzu S. 26 ff.

56 Diese neuen Befugnisse des BKA wurden allerdings durch das BVerfG per Urteil v. 20.04.2016 (1 BvR 966/09, 1 BvR 1140/09) für teilweise verfassungswidrig erklärt.

57 *Gutedel*, Kriminalistik 1994, 231.

58 *Schuster*, in: BKA (Hrsg.), Kriminalitätsbekämpfung im zusammenwachsenden Europa, S. 117 (131).

59 *Gutedel*, Kriminalistik 1994, 231.

60 Siehe dazu unter „Verbindungsbeamte" auf http://www.bka.de (letzter Abruf: 17.04.2014); Siehe ferner *Hwang*, Transnationale Strafverfolgung, S. 158.

deutsche Ermittlungsverfahren insbesondere durch die Gewinnung und Weitergabe von Informationen zu Kriminalitätsstrukturen.[61] Federführend ist bei derartigen Auslandsermittlungen immer die jeweils zuständige Behörde des Gastlandes, an dessen Vorgaben sich die Beamten des BKA zu halten haben.[62] Die Tätigkeitsfelder der Verbindungsbeamten sind hierbei nicht länger auf den Bereich der Betäubungsmittelkriminalität beschränkt, sondern vielmehr werden diese heute auch zur Bekämpfung der allgemeinen organisierten Kriminalität und des internationalen Terrorismus eingesetzt.[63] Zur Erreichung dieser Ziele nehmen Verbindungsbeamte oftmals auch an verdeckten Ermittlungsmaßnahmen der nationalen Behörden teil, ohne dabei selbst eine hoheitliche Tätigkeit auszuüben.[64] Hinzu kommen zahlreiche offene Maßnahmen, wie etwa die strategische Beobachtung der allgemeinen Kriminalitätsentwicklung im Gastland oder der Informationsaustausch.[65]

Die Einführung des Verbindungsbeamtenwesens ist eine strukturelle Entwicklung, die den Anforderungen an eine grenzüberschreitende Kriminalitätsbekämpfung geschuldet ist. Die Tätigkeit von Verbindungsbeamten des BKA im Ausland ist ein wesentliches Element in der Bekämpfungsstrategie gegen die internationale Kriminalität.[66]

bb) Abteilung Internationalen Koordinierung

Ein wichtiges Zeichen für die expandierende internationale Ausrichtung des BKA stellt die Einrichtung der Abteilung Internationale Koordinierung (IK) im Jahre 2005 dar. Diese in Berlin angesiedelte Abteilung mit rund 265 Beschäftigen nimmt vor allem Grundsatz- und Querschnittsaufgaben im Rahmen der internationalen Zusammenarbeit war.[67] Die Abteilung IK besteht aus den Gruppen Eins „Strategie und Frühaufklärung“ und Zwei „Internationale Unterstützung“.[68] Gruppe Eins beschäftigt sich schwerpunktmäßig mit der Verarbeitung von Informationen aus verschiedenen nationalen und internationalen Quellen zur strategischen Frühaufklärung. Hinzu kommen die Koordination der Verbindungsbeamten und die Zusammenarbeit des BKA mit internationalen Partnern.[69] Gruppe Zwei befasst sich mit

61 Siehe hierzu unter „Verbindungsbeamte“ auf http://www.bka.de (letzter Abruf: 17.04.2014); *Gutedel*, Kriminalistik, 231 (233).

62 Vgl. Antwort der Bundesregierung auf eine Kleine Anfrage, BT-Drs. 17/5354 S. 15.

63 *Gutedel*, Kriminalistik 1994, 231 (232).

64 *Gutedel*, Kriminalistik, 231 (233); *Abbühl*, Der Aufgabenwandel des BKA, S. 205.

65 *Schuster*, in: BKA (Hrsg.), Kriminalitätsbekämpfung im zusammenwachsenden Europa, S. 117 (132).

66 Ebenso *Schuster*, in: BKA (Hrsg.), Kriminalitätsbekämpfung im zusammenwachsenden Europa, S. 117 (132).

67 *Kubica*, Kriminalistik 2006, 167.

68 Vgl. die Organisationsübersicht des BKA abrufbar unter: http://www.bka.de (letzter Abruf: 17.04.2014).

69 *Kubica*, Kriminalistik 2006, 167 (168); *Abbühl*, Der Aufgabenwandel des BKA, S. 249 f.; *Kerner/Stierle/Tiedtke*, Kriminalistik 2006, 292 (299).

internationaler Zusammenarbeit etwa im Rahmen von EU-Programmen oder Auslandseinsätzen des BKA, wie zum Beispiel in Afghanistan.[70] Für die aufgeworfene Fragestellung, welche Akteure konkret im Ausland tätig werden, ist die Abteilung IK allerdings eher von indirekter Bedeutung. Sie belegt zwar den ungebrochenen Trend zur Internationalisierung der Kriminalität und dessen Auswirkungen auf die deutsche Sicherheitsarchitektur. Allerdings wird die praktische Ermittlungsarbeit des BKA im Ausland nachwievor von den Verbindungsbeamten oder direkt von den zuständigen Organisationseinheiten wahrgenommen.[71] Die Arbeit der Abteilung IK besteht demgegenüber vor allem in der Koordinierung und Fortentwicklung der grenzüberschreitenden Tätigkeit des BKA.[72]

2) *Gesetzliche Grundlagen für Ermittlungen des BKA*

Gesetzliche Grundlage für jede Tätigkeit des BKA ist das BKA-Gesetz (BKAG). Im Folgenden soll untersucht werden, in welchen Fällen eine Auslandstätigkeit des BKA nach dem BKAG überhaupt in Betracht kommt. Dies ist wichtig vor dem Hintergrund der Subsidiaritätsklausel des § 1 Abs. 3 BKAG, wonach die Aufgabe der Verfolgung und Verhütung von Straftaten, sowie der Gefahrenabwehr grundsätzlich Sache der Länder ist.[73] Für ein Tätigwerden des BKA ist mithin von dem Erfordernis einer besonderen Ermächtigung auszugehen. Die Betrachtung beschränkt sich hierbei auf Ermächtigungen, welche zugleich die Notwendigkeit von Auslandsermittlungen indizieren.

a) Auslandsermittlungen zur Strafverfolgung

Das BKAG unterscheidet in § 4 zwischen einer originären und einer Auftragszuständigkeit des BKA. In der Praxis ist die Beauftragung durch den Generalbundesanwalt (GBA) von besonderer Bedeutung.[74]

aa) Originäre Zuständigkeit nach § 4 Abs. 1 Nr. 1, Nr. 3 und Nr. 4

(1) Voraussetzungen

Eine originäre Zuständigkeit des BKA zur Strafverfolgung kommt nach Nr. 1 zunächst im Bereich des organisierten Handels mit Waffen, Betäubungsmitteln und anderen unerlaubten Gegenständen sowie der damit im Zusammenhang stehenden Taten in Betracht.

---

70 *Kubica*, Kriminalistik 2006, 167 (168).

71 *Kubica*, Kriminalistik 2006, 167.

72 Vgl. auch die Übersicht unter BKA, Organisation/Aufbau, Internationale Koordinierung unter: http://www.bka.de (letzter Abruf: 17.04.2014).

73 Angesichts der im Grundgesetz angelegten Aufgabenverteilung spricht *Papsthart*, in: Erbs/Kohlhaas (Hrsg.), Strafrechtliche Nebengesetze, 200. EL 2014, § 1 BKAG Rn. 14 von einer *„deklaratorische*(n) *Subsidiaritätsklausel"*.

74 *Graulich*, Die Zusammenarbeit von GBA und BKA, S. 572.

Diese Kompetenz im Bereich der organisierten Kriminalität wurde durch die Neufassung des BKAG von 1997 erheblich erweitert.[75] Nunmehr dienen Nr. 3 und Nr. 4 in Verbindung mit den §§ 129 a, b StGB[76] als wichtige Anknüpfungspunkte für die Bekämpfung des Terrorismus.

Mit Blick auf die vorrangigen Kompetenzen der Länder im Bereich der Strafverfolgung sind diese Aufgabenzuweisungen an das BKA allerdings restriktiv auszulegen. Notwendiges Begrenzungsmittel ist für beide Deliktsgruppen das Erfordernis der internationalen Organisation der Straftat.[77] Hierfür müssen zumindest ein Land von der Tatbegehung und ein weiteres Land von der Tatplanung betroffen sein.[78] Die Zuständigkeit des BKA ist folglich im Bereich der Bekämpfung der organisierten Kriminalität und des Terrorismus zum einen an den grenzüberschreitenden Charakter der Straftaten geknüpft. Zudem scheiden durch das Organisationserfordernis Einzelfälle oder Dauerdelikte von Einzelpersonen aus.[79] Es bedarf somit vielmehr einer planmäßigen Begehung von Straftaten von mehreren Tätern oder Teilnehmern, die auf einen organisatorisch festen Zusammenhang von einigem Bestand und einigermaßen fester Kommunikation beruhen und eine Sachaufklärung im Ausland erforderlich machen.[80] Im Bereich der Strafverfolgung wegen Taten nach § 129 a, b StGB dürfte dem Organisationserfordernis des § 4 Abs. 1 BKAG allerdings aufgrund der tatbestandlichen Voraussetzung der Vereinigung in den §§ 129 ff. StGB nur noch eine untergeordnete Bedeutung zukommen.[81] Vereinigung im Sinne der §§ 129 ff. StGB ist nach herrschender Auffassung in Rechtsprechung und Literatur ein auf gewisse Dauer angelegter Zusammenschluss von mindestens drei Personen, in dem bei Unterordnung des Willens des Einzelnen unter den Willen der Gesamtheit gemeinsame kriminelle Zwecke verfolgt werden und die Personen derart in Beziehung stehen, dass sie sich als einheitlicher Verband fühlen.[82] Die notwendige Organisation ist damit regelmäßig bereits gegeben.

---

75 BKAG vom 07. Juli 1997, BGBl. 1997 I, S. 1659.

76 Die Einfügung von § 129 b StGB erfolgte erst durch das 34. Strafrechtsänderungsgesetz vom 22.08.2002.

77 Siehe hierzu *Graulich*, Die Zusammenarbeit von GBA und BKA, S. 133 f.

78 *Lersch*, in: Ahlf/Daub/Lersch/Störzer (Hrsg.), BKAG, § 4 Rn. 8, 13.

79 *Papsthart*, in: Erbs/Kohlhaas (Hrsg.), Strafrechtliche Nebengesetze, 195. EL 2013, § 4 BKAG Rn. 8.

80 *Lersch*, in: Ahlf/Daub/Lersch/Störzer (Hrsg.), BKAG, § 4 Rn. 8; *Papsthart*, in: Erbs/Kohlhaas (Hrsg.), Strafrechtliche Nebengesetze, 195. EL 2013, § 4 BKAG Rn. 8; Siehe auch die Gesetzesbegründung zum heutigen § 4 Abs. 1 Nr. 1 BAKG, BT-Drs. 7/178, S. 10 f., wonach einfache Fälle des grenzüberschreitenden Handels nicht genügen, sondern eine hinreichende Organisation bestehen muss.

81 Ebenso *Graulich*, Die Zusammenarbeit von GBA und BKA, S. 133.

82 Ständige Rechtsprechung vgl. nur BGH NStZ 2008, 146, 148; NStZ-RR 2008, 305 m.w.N.; *von Heintschel-Heinegg*, in: Ders. (Hrsg.), Beck-OK StGB, § 129 Rn. 4; eingehend auch *Ostendorf*, in: Kindhäuser/Neumann/Paeffgen (Hrsg.), Nomos-StGB, § 129 Rn. 10 ff.

(2) Auslegung des Merkmals „international"

Entscheidendes Kriterium für die Zuständigkeit des BKA ist somit das Vorliegen einer internationalen Straftat. Offen bleibt freilich, welches Maß an Internationalität tatsächlich erforderlich ist. Insoweit besteht durchaus ein gewisser Interpretationsspielraum.[83] In der Gesetzesbegründung zu § 4 Abs. 1 Nr. 1 BKAG wurde von dem Erfordernis einer Sachaufklärung im Ausland ausgegangen.[84] Eine solche kann mitunter aber schon erforderlich sein, um Hintergrundinformationen über eine ausländische terroristische Vereinigung zu erlangen, ohne dass der Ort der Tatplanung oder Tatbegehung im Inland liegt. Nach der Begründung zu Nr. 3 aus dem Jahre 1997 ist Internationalität dagegen erst gegeben, wenn „zureichende tatsächliche Anhaltspunkte für eine Steuerung aus dem Ausland gegeben sind"[85]. Nun ist der Begriff der „Steuerung" sicherlich nicht identisch mit dem der „Planung", was zum Teil die Kritik einer Aufweichung des Internationalitätserfordernisses hervorruft.[86] Dem ist jedoch entgegenzuhalten, dass eine Abgrenzung zwischen Tatplanung im Sinne von Maßnahmen zur Vorbereitung der Deliktsbegehung und Steuerung im Sinne einer irgendwie gearteten Einflussnahme auf das „Ob" oder „Wie" der Tat, gerade bei ausländischen terroristischen Vereinigungen kaum sinnvoll erscheint. Es geht in Abgrenzung zu § 4 Abs. 1 Nr. 4 BKAG jedenfalls um Maßnahmen, die im Vorfeld der tatbestandlichen Handlung liegen.[87] Hier macht es für eine Anknüpfung keinen wesentlichen Unterschied, ob auf den mutmaßlichen Terroristen abgestellt wird, der sich im Ausland Chemikalien beschafft, um damit in Deutschland eine Bombe zu bauen (=Tatplanung) oder ob es auf den religiösen Führer ankommt, der das Ziel des Angriffs und den Zeitpunkt bestimmt (=Steuerung). In beiden Fällen ist zur effektiven Strafverfolgung eine Sachaufklärung im Ausland erforderlich.

(3) sonstige Kompetenztitel

Einen weiteren sehr praxisrelevanten Kompetenztitel enthält der bereits angesprochene § 4 Abs. 1 Nr. 4 BKAG. Hier wird das BKA insbesondere bei Geiselnahmen oder Entführungen mit terroristischem Hintergrund im Ausland tätig, wenn ein Gerichtsstand noch nicht feststeht.[88]

Über die ausdrücklich genannten Kompetenzen hinaus ist das BKA auch zuständig für die Verfolgung von Zusammenhangstaten. Erfasst sind solche Straftaten,

83 Vgl. *Graulich*, Die Zusammenarbeit von GBA und BKA, S. 134.
84 BT-Drs. 7/178, S. 11.
85 BT-Drs. 13/1550, S. 23.
86 In diesem Sinne etwa *Graulich*, Die Zusammenarbeit von GBA und BKA, S. 134.
87 § 4 Abs. 1 Nr. 4 BKAG erfordert eine Auslandstat; Siehe zum Begriff der tatbestandsmäßigen Handlung eingehend *Böse*, in: Kindhäuser/Neumann/Paeffgen (Hrsg.), Nomos-StGB, § 9 Rn. 3 ff.
88 *Graulich*, Die Zusammenarbeit von GBA und BKA, S. 573.

die im Vorfeld oder in Begleitung der in § 4 Abs. 1 Nr. 1, 3 b und 4 BKAG erfassten Straftaten begangen werden.[89]

(4) Zwischenergebnis

Der Katalog des § 4 Abs. 1 BKAG enthält originäre Kompetenztitel für das BKA, die aufgrund ihres internationalen Charakters eine grenzüberschreitende Sachaufklärung erforderlich machen. Die notwendige Internationalität ist hierbei regelmäßig bereits dann gegeben, wenn hinreichende Anhaltspunkte für eine Steuerung der Tat aus dem Ausland bestehen.

bb) Auftragszuständigkeiten nach § 4 Abs. 2 BKAG

Eine derivative Kompetenz des BKA zur Strafverfolgung kommt gemäß § 4 Abs. 2 Nr. 1 BKAG zunächst im Falle des Ersuchens durch eine Landesbehörde in Betracht. Das grundsätzlich gemäß § 1 Abs. 3 BKAG umfassend zur Strafverfolgung zuständige Land, kann um Amtshilfe durch das BKA ersuchen.[90]

Darüber hinaus besteht nach § 4 Abs. 2 Nr. 2 BKAG die Möglichkeit einer Anordnung durch den Bundesinnenminister, sofern hierfür schwerwiegende Gründe bestehen.[91]

In der Praxis findet sich der wichtigste Kompetenztitel jedoch in § 4 Abs. 2 Nr. 3 BKAG und der dort vorgesehenen Beauftragung durch den Generalbundesanwalt.[92]

Insbesondere bei der Verfolgung schwerer Kriminalität mit häufig internationalem Bezug bestehen über die Auftragskompetenzen des § 4 Abs. 2 BKAG Möglichkeiten zur Übertragung der Ermittlungen an das BKA, um so dessen besondere Sachkunde und Ressourcen in diesem Bereich zu nutzen und eine effektive Strafverfolgung zu ermöglichen.

b) Auslandstätigkeit zur Gefahrenabwehr

Mit dem Terrorismusbekämpfungsgesetz vom 25.12.2008[93] erhielt das BKA erstmalig originäre Kompetenzen zur Gefahrenabwehr. Das BKAG unterscheidet hierbei in dem neu eingefügten § 4 a Abs. 1 zwischen den Fällen der Abwehr einer konkreten Gefahr und der Straftatenverhütung.[94]

---

89 Siehe zum Begriff der Zusammenhangstat *Lersch*, in: Ahlf/Daub/Lersch/Störzer (Hrsg.), BKAG, § 4 Rn. 9; Eingehend auch *Graulich*, Die Zusammenarbeit von GBA und BKA, S. 134 f.

90 Vgl. auch *Graulich*, Die Zusammenarbeit von GBA und BKA, S. 137.

91 Siehe hierzu *Papsthart*, in: Erbs/Kohlhaas (Hrsg.), Strafrechtliche Nebengesetze, 195. EL 2013, § 4 BKAG Rn. 15.

92 *Graulich*, Die Zusammenarbeit von GBA und BKA, S. 572.

93 BGBl I 2008, S. 3083.

94 Siehe zur Struktur der Norm auch die Gesetzesbegründung BT-Drs. 16/10121, S. 21.

aa) Abwehr einer konkreten Gefahr

Erste Voraussetzung für die Zuständigkeit des BKA nach § 4 a Abs. 1 S. 1 BKAG ist das Bestehen einer im Einzelfall bestehenden Sachlage in Bezug auf den internationalen Terrorismus, bei der die hinreichende Wahrscheinlichkeit besteht, dass in absehbarer Zeit ein Schaden für die öffentliche Sicherheit eintreten wird[95,96] Zudem ist erforderlich, dass *„eine länderübergreifende Gefahr vorliegt, die Zuständigkeit einer Landespolizeibehörde nicht erkennbar ist oder die oberste Landesbehörde um eine Übernahme ersucht"*, wobei die Voraussetzungen hier alternativ und nicht kumulativ vorliegen müssen.[97]

Das für die vorliegende Untersuchung erneut entscheidende Merkmal ist die notwendige Internationalität der Gefahr. Eine originäre Kompetenz des BKA besteht demnach nicht bei Aktivitäten, die auf Deutschland beschränkt sind. Vielmehr bedarf es einer terroristischen Bedrohung, welche sich in mehreren Staaten auswirkt, etwa durch das Auseinanderfallen von Planungs- bzw. Steuerungsort und Erfolgsort.[98] Nach der Gesetzesbegründung genügt indes schon eine *„Einbindung in international propagierte Strömungen, etwa einen weltweiten Jihad"*.[99] Eine derart weite Auslegung des Merkmals der Internationalität erscheint mit Blick auf die Subsidiaritätsklausel des § 1 Abs. 3 BKAG nicht unproblematisch.[100] So kann der Begriff des „Jihadisten" mit dem des islamistischen Terroristen gleichgesetzt werden.[101] Letztere empfinden sich regelmäßig selber als Teil eines weltweiten „Jihad", womit das Begrenzungskriterium der Internationalität jedenfalls für den Fall des islamistischen Terrorismus wertlos wäre. Vorzugswürdig erscheint daher eine parallele Auslegung zu § 4 Abs. 1 BKAG und dem dortigen Erfordernis einer Sachaufklärung im Ausland.[102]

bb) Befugnis des BKA zur Straftatenverhütung

Gemäß § 4 a Abs. 1 S. 2 BKAG kann das BKA unter bestimmten Voraussetzungen auch im Vorfeld konkreter Gefahren tätig werden. Im Rahmen dieser besonderen Polizeiaufgabe, die nach teilweise vertretener Ansicht neben den Aufgaben zur

---

95 Siehe zur Definition der konkreten Gefahr BVerfG NJW 2006, 1939 (1947).

96 Siehe zum Erfordernis der konkreten Gefahr BT-Drs. 16/10121, S. 20; *Roggan*, NJW 2009, 257 (258).

97 BT-Drs. 16/10121, S. 21.

98 *Kunig*, in: v. Münch/Kunig (Hrsg.), GG-Kommentar, Art. 73 Rn. 40; *Pieroth*, in: Jarass/Pieroth (Hrsg.), GG, Art. 73 Rn. 30; *Seiler*, in: Epping/Hillgruber (Hrsg.), Beck-OK GG, Art. 73 Rn. 44; *Uhle*, in Maunz/Dürig (Begr.), GG, Art. 73 Rn. 210.

99 Vgl. BT-Drs. 16/10121, S. 21.

100 Ebenso zweifelnd *Graulich*, Die Zusammenarbeit von GBA und BKA, S. 150.

101 Vgl. etwa BMI (Hrsg.), Verfassungsschutzbericht 2012, S. 228.

102 Siehe oben S. 25 f.; BT-Drs. 7/128, S. 11; BT-Drs. 13/1550, S. 23.

Strafverfolgung und Gefahrenabwehr steht[103], soll das BKA bereits den Eintritt einer Gefahr oder die Begehung zukünftiger noch ungewisser Straftaten verhindern.[104] Es muss sich damit um eine Sachlage handeln, bei der noch keine hinreichende Wahrscheinlichkeit für den baldigen Eintritt eines Schadens für die öffentliche Sicherheit besteht. Zudem dürfen keine Anhaltspunkte für eine bereits fortentwickelte Organisationsstruktur im Sinne der §§ 129 ff. StGB bestehen, die einen Anfangsverdacht begründen könnten. Denkbar ist insoweit etwa eine Reaktion des BKA auf den Hinweis der Nachrichtendienste zu einer terroristischen Bestrebung im Ausland.[105] In diesem Vorfeldbereich kann das BKA nunmehr auf Grundlage des § 4 a Abs. 1 S. 2 BKAG „pro aktiv" durch die Gewinnung von Informationen tätig werden.[106]

c) *Exkurs: Strukturermittlungsverfahren des BKA*

Im Bereich der Vereinigungsdelikte der §§ 129 ff. StGB ist oftmals eine besondere Form der Vorfeldaufklärung unerlässlich. Bevor es zu Ermittlungen gegen konkrete Personen kommt, wird im Rahmen eines Strukturermittlungsverfahrens die Organisationsstruktur der jeweiligen kriminellen Gruppierung aufgeklärt.[107] Sofern die gewonnen Erkenntnisse genügend Anhaltspunkte für einen Anfangsverdacht bieten, wird ein strafprozessuales Ermittlungsverfahren eingeleitet.[108] Unabhängig von den durch dieses Verfahren zahlreich aufgeworfenen Problemen[109], kann sich hier die Darstellung auf die Frage beschränken, ob das BKA im Rahmen von Strukturermittlungen auch zu verdeckten Ermittlungshandlungen befugt ist.

Insoweit ist festzustellen, dass für die Vornahme exekutiver Maßnahmen keine gesetzliche Grundlage besteht. Die StPO kennt kein besonderes kriminalpolizeiliches Ermittlungsverfahren.[110] Zulässig ist daher lediglich die Informationsverdichtung aus offenen Quellen, die Heranziehung und Bewertung bereits vorhandener Informationen sowie die Anforderung und Auswertung von Informationen der

---

103 Siehe zu dieser Ansicht etwa *Weßlau*, Vorfeldermittlungen, S. 158 ff.; a.A. etwa *Möstl*, DVBl 2007, 581 (585), wonach Straftatenverhütung Teil der Gefahrenabwehr und keine eigenständige Polizeiaufgabe ist; Ebenso *Götz*, in: Kube et al. (Hrsg.), Leitgedanken des Rechts, S. 457 (462); Differenzierend *Keller*, NStZ 1990, 416 (417 f.).

104 Siehe hierzu *Roggan*, NJW 2009, 257; *Rachor*, in: Denninger/Rachor (Hrsg.), Handbuch des Polizeirechts, S.343 f.

105 Vgl. *Graulich*, Die Zusammenarbeit von GBA und BKA, S. 573; *Griesbaum/Wallenta*, NStZ 2013, 369 (374).

106 Vgl. *Weßlau*, Vorfeldermittlungen, S. 25 ff.

107 Siehe etwa für den Fall der Strukturermittlungen im Rahmen der Besonderen Aufgaben Organisation (BAO)-USA, BT-Drs. 16/892, S. 6.

108 BT-Drs. 16/892, S. 6; *Geiger*, Stellungnahme zum Entwurf eines Gesetzes zur Abwehr von Gefahren des internationalen Terrorismus durch das BKA, A-Drs. 16(4)460 H, S. 8.

109 Eingehend hierzu *Graulich*, Die Zusammenarbeit von GBA und BKA, S. 337 ff.

110 BVerwG, NJW 1975, 893 (894).

Nachrichtendienste.[111] Eine Informationsgewinnung durch die Anwendung heimlicher Ermittlungsmethoden kommt dagegen mangels Bestehens eines Anfangsverdachts oder einer konkreten Gefahr in diesem Stadium nicht in Betracht.[112]

Zudem dürften Strukturermittlungen auch keinen Unterfall der Straftatenverhütung im Sinne des § 4 a Abs. 1 S. 2 BKAG, sondern vielmehr eine eigenständige Kategorie darstellen.[113] Hierfür spricht, dass die Strukturermittlungen gerade ohne einen bestimmten Personenbezug geführt werden und vielmehr einer allgemeinen Vorabklärung dienen.

Strukturermittlungsverfahren haben damit letztlich für den Gegenstand der vorliegenden Untersuchung keine wesentliche Bedeutung.

d) Verhältnis zu den Landespolizeibehörden

Ausgehend von der Subsidiaritätsklausel des § 1 Abs. 3 BKAG stellt sich die Frage, in welchem Verhältnis die aufgezeigten Kompetenzen des BKA zur Strafverfolgung und zur Gefahrenabwehr, zu den Kompetenzen der Länder stehen.

Für den Bereich der Strafverfolgung findet sich eine ausdrückliche Regelung in § 4 Abs. 3 BKAG, wonach die Grundzuständigkeit der Länder erst mit dem Zugang eines sogenannten Übernahmefernschreibens endet.[114] Bis zu diesem Zeitpunkt findet eine Strafverfolgung ausschließlich durch die Landesbehörden statt.

Weitaus komplexer ist die Zuständigkeitsabgrenzung jedoch im Bereich der Abwehr von Gefahren des internationalen Terrorismus. Hier bleiben die Befugnisse der Landespolizeibehörden zur Gefahrenabwehr gemäß § 4 a Abs. 2 S. 1 BKAG unberührt. Die Aufgabenwahrnehmung erfolgt nach Satz 2 der Norm „in gegenseitigem Benehmen". Dies erfordert zwar die Ermöglichung von gegenseitigen Stellungnahmen, nicht aber ein abgestimmtes gemeinsames Vorgehen.[115] Ohne eine klare Zuständigkeitsregelung besteht jedoch die Gefahr der unnötigen Mehrvornahme von Ermittlungseingriffen und von Effektivitätsverlusten.[116] Wenngleich die gesetzliche Regelung an dieser Stelle unbefriedigend ist, erscheint die Zusammenarbeit in

---

111 Die Bundesregierung spricht insoweit von „allgemeinen Ermittlungen", vgl. BT-Drs. 16/892, S. 6.

112 *Graulich*, Die Zusammenarbeit von GBA und BKA, S. 341; 565.

113 Siehe hierzu etwa die Einschätzung des BKA bei *Graulich*, Die Zusammenarbeit von GBA und BKA, S. 575 Nr. 3 c).

114 *Papsthart*, in: Erbs/Kohlhaas (Hrsg.), Strafrechtliche Nebengesetze, 195. EL 2013, § 4 BKAG Rn. 20 f.

115 BT-Drs. 16/10121, S. 21.

116 Siehe zur Kritik an dieser Regelung *Abbühl*, Der Aufgabenwandel des BKA, S. 348 ff.; *Bäcker*, Terrorismusabwehr durch das BKA, S. 59 f.; Stellungnahmen der Sachverständigen zum Entwurf eines Gesetzes zur Abwehr von Gefahren des internationalen Terrorismus durch das BKA, *Dathe*, A-Drs. 16(4)460 F, S. 3; *Geiger*, A-Drs. 16(4)460 H, S. 9; Sowie die Stellungnahme des Deutschen Anwaltvereins Nr. 49/08, S. 6 f.

der Praxis jedoch weitaus weniger problematisch, als es zu vermuten wäre.[117] Zum einen besteht ohnehin nur ein kleiner Anwendungsbereich für Ermittlungen nach § 4 a Abs. 1 BKAG, sodass Abstimmungsschwierigkeiten nur ein Ausnahmefall sind. Zum anderen ist den Landeskriminalämtern im Bereich der grenzüberschreitenden Ermittlungen die besondere Kompetenz und Organisation des BKA bewusst und diese können den Schwerpunkt ihrer Ermittlungen auf regionale Aspekte legen.[118]

e) Ergebnis

Das BKAG sieht für das BKA eine selbstständige Tätigkeit sowohl im Rahmen der Strafverfolgung als auch zur Gefahrenabwehr vor.

Mit Blick auf die Vorfeldtatbestände der §§ 129 ff. StGB und dem regelmäßig bestehenden Anfangsverdacht, kommt ein Tätigwerden nach Maßgabe des § 4 a Abs. 1 BKAG allerdings nur im Ausnahmefall in Betracht. In der Regel wird das BKA zu repressiven Zwecken unter der Verfahrensherrschaft des GBA tätig.

Für die vorliegende Untersuchung ist von Bedeutung, dass die Zuständigkeit des BKA als wichtige Voraussetzung die Internationalität der Sachverhalte erfordert, wofür es der Notwendigkeit von Auslandsermittlungen bedarf. Dieser Notwendigkeit begegnet das BKA durch eine sich stetig weiterentwickelnde internationale Ausrichtung des Amtes. Das BKA ist damit ein wesentlicher Akteur bei der grenzüberschreitenden Gewinnung von Informationen.

IV) Exkurs: Ermittlungen durch das Zollkriminalamt

Eine in der öffentlichen Wahrnehmung weniger beachtete, aber durchaus mit weitreichenden Befugnissen ausgestattete Bundesbehörde, ist das Zollkriminalamt (ZKA).[119] Das ZKA übernahm im Jahre 2002 die Funktion als Zentralstelle für den Zollfahndungsdienst, welcher sich aus dem ZKA und acht angeschlossenen Zollfahndungsämtern zusammensetzt.[120]

Zur Erfüllung seiner Aufgabe als Zentralstelle wird das ZKA gemäß § 3 des Zollfahndungsdienstgesetzes (ZFdG) vor allem durch die Bereitstellung von Informationen ermittlungsunterstützend tätig. Es koordiniert und leitet zudem die Ermittlungen der Zollfahndungsämter.[121]

---

117 Vgl. generell für die Zusammenarbeit mit den Landeskriminalämtern *Kerner/Stierle/Tiedtke*, Kriminalistik 2006, 292 (298).

118 *Graulich*, Die Zusammenarbeit von GBA und BKA, S. 574.

119 Siehe eingehend zu den Aufgaben und Befugnissen des ZKA *Kerner/Stierle/Tiedtke*, Kriminalistik 2006, 292.

120 Gesetz zur Neuregelung des Zollfahndungsdienstes (Zollfahndungsneuregelungsgesetz – ZFnrG) v. 16.8.2002, BGBl. I 2002, S. 3202; Ausführlich hierzu *Thiele*, Kriminalistik 2004, 178.

121 Ein guter Überblick über die Aufgaben des ZKA findet sich auch bei *Kerner/Stierle/Tiedtke*, Kriminalistik 2006, 292 (303).

Daneben ist in § 4 ZFdG die Wahrnehmung von eigenen Aufgaben durch das ZKA vorgesehen.[122] Gemäß § 4 Abs. 3 ZFdG obliegt dem ZKA insbesondere die zollamtliche Überwachung des grenzüberschreitenden Warenverkehrs. Hierzu hat das ZKA im Jahre 2008 in 11 Fällen grenzüberschreitende Observationen durchgeführt.[123] Darüber hinaus werden deutsche Zollbeamte auch im Rahmen europäischer und internationaler Polizei- und Zollmissionen eingesetzt. Dort werden die Beamten allerdings als Zollverbindungsbeamte oder zu Fortbildungszwecken, nicht aber zu verdeckten Ermittlungen tätig.[124]

Die zahlreichen weiteren Aufgaben und Befugnisse des ZKA können hier nicht dargestellt werden. Festzuhalten bleibt aber, dass auch der Zoll durch das ZKA in bestimmten Fällen grenzüberschreitend Informationen gewinnt.

B) Auslandsinformationsgewinnung der Nachrichtendienste

I) Auslandsaufklärung durch den Verfassungsschutz

1) Das Bundesamt für Verfassungsschutz (BfV)

Das BfV ist neben dem Bundesnachrichtendienst und dem Militärischen Abschirmdienst sowie den Landesämtern für Verfassungsschutz einer der deutschen Nachrichtendienste.[125] Die Darstellung beschränkt sich auf einen kurzen Überblick über die Organisation der Behörde und konzentriert sich auf die Frage, inwieweit das BfV als Akteur einer grenzüberschreitenden Informationsgewinnung in Betracht kommt.

a) Überblick über das BfV

Auf der Grundlage der ausschließlichen Gesetzgebungskompetenz des Art. 73 Abs. 1 Nr. 10 GG[126] erließ der Gesetzgeber im Jahre 1950 das „Gesetz über die Zusammenarbeit des Bundes und der Länder in Angelegenheiten des Verfassungsschutzes".[127] Heute stellt das im Zuge einer umfassenden Reform des Nachrichtendienstrechts

122 Eingehend *Wamers*, in: Fehn/Wamers (Hrsg.), Handbuch Zollfahndung, S. 116 ff.

123 BMI (Hrsg.), Schengenerfahrungsbericht 2009, S. 15.

124 Siehe die Antwort der Bundesregierung auf eine Kleine Anfrage, BT-Drs. 17/4939, S. 2, 18.

125 Siehe zur Abgrenzung zum Begriff des „Geheimdienstes" die Darstellung bei *Gröpl*, Die Nachrichtendienste im Regelwerk der deutschen Sicherheitsverwaltung, S. 35 ff.

126 Siehe hierzu eingehend *Uhle*, in Maunz/Dürig (Begr.), Art. 73 Rn. 241 ff.

127 BGBl. 1950 I, S. 682.

am 20. Dezember 1990 erlassene Bundesverfassungsschutzgesetz die maßgebliche Rechtsgrundlage für das BfV dar.[128]

Gemäß § 2 Abs. 1 BVerfSchG handelt es sich beim BfV um eine dem Bundesinnenministerium unterstehende Bundesoberbehörde mit Zentralstellenfunktion.[129] Die nachrichtendienstliche Arbeit findet in sechs Abteilungen statt, welche durch eine Abteilung für Zentrale Dienste und eine Abteilung für Informationstechnik organisiert und unterstützt werden.[130] Für die vorliegende Untersuchung dürfte die Tätigkeit der Abteilung V für extremistische Aktivitäten von Ausländern und aus dem Ausland sowie der spezielleren Abteilung VI für Islamismus und islamistischen Terrorismus von besonderer Relevanz sein, da hier mitunter die Notwendigkeit zur Auslandsaufklärung besteht. Innerhalb der Abteilungen bestehen jeweils getrennte Organisationseinheiten für die Informationsbeschaffung und deren Auswertung.[131] Diese Trennung ist dem umfassenden Beobachtungsauftrag der Nachrichtendienste geschuldet, der mitunter auch zu einer Gewinnung von unsicheren Informationen und Vermutungen führt, welche einer möglichst objektiven Bewertung durch organisatorisch selbstständige Einheiten bedürfen.[132]

Der Glaube an die praktische Effizienz der Arbeit des BfV und anderer Sicherheitsbehörden wurde jedoch im Jahre 2011 durch die Aufdeckung der Verbrechen der rechtsterroristischen Gruppierung „Nationalsozialistischer Untergrund" schwer erschüttert. In den folgenden Untersuchungen offenbarten sich erhebliche strukturelle Mängel innerhalb der Behörden, die Ausgangspunkt für eine umfassende Neuorganisation des BfV wurden.[133] Hierzu wurde im BfV im September 2012 ein Reformprozess eingeleitet, der zum einen die inneren Behördenstrukturen und Abläufe und zum anderen die Zusammenarbeit mit anderen Sicherheitsbehörden optimieren soll.[134] Insbesondere sollen die Ressourcen des BfV nicht mehr einer allumfassenden Aufklärung extremistischer Strukturen dienen, sondern vielmehr

---

128 Gesetz über die Zusammenarbeit des Bundes und der Länder in Angelegenheiten des Verfassungsschutzes und über das Bundesamt für Verfassungsschutz, BGBl 1990 I, S. 2954; Zuletzt geändert durch Art. 6 des Gesetzes zur Änderung des Telekommunikationsgesetzes und zur Neuregelung der Bestandsdatenauskunft, BGBl 2013 I, S. 1602.

129 Siehe hierzu auch *Droste*, Handbuch des Verfassungsschutzrechts, S. 36 ff.; *Streiß*, Das Trennungsgebot zwischen Polizei und Nachrichtendiensten, S. 54; Eingehend auch *Rose-Stahl*, Recht der Nachrichtendienste, S. 36 ff.

130 Organisationsstruktur unter BfV, Aufgaben, Organisation auf http://www.verfassungsschutz.de (letzter Abruf: 28.04.2014).

131 *Droste*, Handbuch des Verfassungsschutzrechts, S. 44, 87.

132 *Droste*, Handbuch des Verfassungsschutzrechts, S. 44.

133 Siehe hierzu den Bericht des Untersuchungsausschusses des Deutschen Bundestages BT-Drs. 17/14600, sowie der folgende Antrag zur Annahme von Reformvorschlägen BT-Drs. 18/558, S. 6 ff; Vgl. auch *Gusy*, ZRP 2012, 230.

134 BfV (Hrsg.), Zusammenfassung der Ergebnisse des Reformprozesses im Bundesamt für Verfassungsschutz, S. 2; Siehe auch BT-Drs. 18/4654 zum Entwurf eines Gesetzes zur Verbesserung der Zusammenarbeit im Bereich des Verfassungsschutzes.

für eine gezielte Aufklärung gewaltbereiter Akteure innerhalb der jeweiligen Gruppierung herangezogen werden.[135] Durch das Gesetz zur Verbesserung der Zusammenarbeit im Bereich des Verfassungsschutzes[136] soll das BfV künftig zentral alle Erkenntnisse über verfassungsfeindliche Bestrebungen und Tätigkeiten auswerten.

b) Gesetzlicher Auftrag des BfV

Zunächst sollen im Überblick die gemeinsamen Aufgaben der Verfassungsschutzbehörden von Bund und Ländern[137] nach Maßgabe des BVerfSchG dargestellt werden. Sodann soll der Frage nachgegangen werden, ob und inwieweit § 3 BVerfSchG auch eine Auslandstätigkeit des BfV vorsieht.

aa) Allgemeine Darstellung der Aufgaben

Gemäß § 3 Abs. 1 BVerfSchG obliegt den Verfassungsschutzbehörden von Bund und Ländern die Aufgabe der Sammlung und Auswertung von Informationen. Zielobjekte der Informationsgewinnung sind hierbei Bestrebungen, die sich gegen eines der in § 3 Abs. 1 BVerfSchG geschützten Güter wie der freiheitlich demokratischen Grundordnung[138], dem Bestand oder der Sicherheit des Bundes oder eines Landes, den auswärtigen Belangen oder dem Gedanken der Völkerverständigung[139] richten. Eine Legaldefinition des Begriffs der Bestrebung findet sich für die jeweiligen Schutzgüter in § 4 Abs. 1 BVerfSchG. Voraussetzung ist demnach eine politisch bestimmte, ziel- und zweckgerichtete Verhaltensweise, welche die jeweiligen Schutzgüter außer Geltung setzen oder beseitigen soll.[140] Es muss sich um Aktivitäten handeln, die sich langfristig zur Entfaltung einer politischen Wirkung eignen.[141]

In Abgrenzung zu der Zuständigkeit der Länder für die allgemeine Gefahrenabwehr ist der Verfassungsschutz nur bei Überschreiten einer gewissen

---

135 BfV (Hrsg.), Zusammenfassung der Ergebnisse des Reformprozesses im Bundesamt für Verfassungsschutz, S. 3.

136 Gesetz v. 17.11.2015, BGBl. 2015 I, S. 1938.

137 Siehe hierzu *Droste*, Handbuch des Verfassungsschutzrechts, S. 86 f.; *Gusy*, BayVBl 1982, 201 (204) hält die Übertragung von Aufgaben an die Länder für verfassungswidrig, da hierin eine Überschreitung der Gesetzgebungskompetenz zu sehen sei; Siehe aber zur Gegenauffassung BVerwGE 69, 53 (57 f.) = JZ 1984, 737 (738); Ein differenzierter Ansatz findet sich bei *Gröpl*, Die Nachrichtendienste im Regelwerk der deutschen Sicherheitsverwaltung, S. 93 ff.

138 Sie zu diesem Begriff nur *Borgs*, in: Borgs/Ebert (Hrsg.), Das Recht der Geheimdienste, § 3 Rn. 66.

139 Siehe zur Gefährdung auswärtiger Belange und der Völkerverständigung *Bergemann*, in: Denninger/Rachor (Hrsg.), Handbuch des Polizeirechts, S. 925 Rn. 23 ff.

140 *Bergemann*, in: Denninger/Rachor (Hrsg.), Handbuch des Polizeirechts, S. 924 Rn. 22.

141 BVerwG NVwZ 2011, 161 (169).

Erheblichkeitsschwelle zur Aufklärung berufen.[142] *Droste* fordert insoweit das Bestehen einer verfassungsschutzrechtlichen Relevanz und mithin eine Situation, in der eine nachrichtendienstliche Aufklärung unabdingbar ist.[143] Dies entspricht letztlich der reformierten Herangehensweise des BfV, welches sich künftig bei seiner Aufklärungstätigkeit auf die Gefährlichkeit einer Bestrebung konzentrieren will.[144] Dadurch soll gewährleistet werden, dass der Verfassungsschutz seinem gesetzlichen Auftrag möglichst effizient nachkommt und zugleich die Zuständigkeiten der Sicherheitsbehörden der Länder gewahrt bleiben.

Umstritten ist die Reichweite des Begriffs der Informationssammlung.[145] Zutreffend erscheint eine Definition, wonach Sammeln das bewusste Festhalten von Informationen bedeutet, wobei auch Zufallsfunde erfasst sind.[146] In der Praxis speist sich hierbei die Informationssammlung des BfV zu rund 70 Prozent aus öffentlich zugänglichen Quellen.[147] In den übrigen Fällen kommt es zu einer Informationsgewinnung durch den Einsatz nachrichtendienstlicher Mittel nach § 8 Abs. 2 BVerfSchG.

Im Einzelnen umfasst der Beobachtungsauftrag des Verfassungsschutzes den gesamten Bereich des politischen Extremismus[148], der Spionage- und Proliferationsabwehr sowie des Ausländerextremismus.[149] Letzterer Phänomenbereich betrifft Bestrebungen von Ausländern, die anders als etwa der Islamismus, regelmäßig nicht die freiheitliche demokratische Grundordnung bedrohen, sondern beispielsweise das politische System ihrer Herkunftsstaaten.[150]

---

142 *Kunig*, in: v. Münch/Kunig (Hrsg.), GG Kommentar, Art. 73 Rn. 44 m.w.N.; *Pieroth*, in: Jarass/Pieroth (Hrsg.), GG, Art. 73 Rn. 33; *Seiler*, in: Epping/Hillgruber (Hrsg.), Beck-OK GG, Art. 73 Rn. 48.

143 *Droste*, Handbuch des Verfassungsschutzrechts, S. 116.

144 BfV (Hrsg.), Zusammenfassung der Ergebnisse des Reformprozesses im Bundesamt für Verfassungsschutz, S. 3.

145 Eine Darstellung der verschiedenen Ansichten findet sich bei *Gröpl*, Die Nachrichtendienste im Regelwerk der deutschen Sicherheitsverwaltung, S. 144.

146 In diesem Sinne *Gröpl*, Die Nachrichtendienste im Regelwerk der deutschen Sicherheitsverwaltung, S. 144; *Droste*, Handbuch des Verfassungsschutzrechts, S. 88; Vgl. auch *Borgs*, in: Borgs/Ebert (Hrsg.), Das Recht der Geheimdienste, § 3 Rn. 11 ff.

147 BfV (Hrsg.), Im Visier des Verfassungsschutzes, S. 13.

148 Hierunter fallen sowohl der Links- und Rechtsextremismus als auch der Islamismus und islamistischer Terrorismus. Siehe zur begrifflichen Abgrenzung von extremistisch, verfassungsfeindlich, verfassungswidrig und radikal *Droste*, Handbuch des Verfassungsschutzrechts, S. 92 ff.; Eingehend zum Begriff des Extremismus auch *Braun*, in: Korte (Hrsg.), Aspekte der nachrichtendienstlichen Sicherheitsarchitektur, S. 73 ff.

149 Eingehend zu den Beobachtungsobjekten *Rehbein*, Verwertbarkeit von nachrichtendienstlichen Erkenntnissen, S. 30 ff.; Siehe auch *Herzog*, in: BMI (Hrsg.), Verfassungsschutz und Rechtsstaat, S. 10 ff.

150 *Droste*, Handbuch des Verfassungsschutzrechts, S. 118; *Borgs*, in: Borgs/Ebert (Hrsg.), Das Recht der Geheimdienste, § 3 Rn. 96 weist jedoch zutreffend darauf

bb) Informationsgewinnung im Ausland

Entscheidend für die vorliegende Untersuchung ist die Frage, ob der Verfassungsschutz trotz seiner Konzeption als Inlandsnachrichtendienst[151], zur Erfüllung seiner Aufgaben auch im Ausland tätig werden darf. Hierbei dürfte es sich keinesfalls um eine bloße theoretische Erwägung handeln, sondern vielmehr lassen insbesondere der Auftrag des Verfassungsschutzes zur Spionageabwehr oder zum Schutz auswärtiger Belange die Notwendigkeit einer Aufklärung im Ausland vermuten.[152] Auch im Phänomenbereich Rechtsextremismus ist zunehmend eine internationale Vernetzung festzustellen[153], welche mitunter die verdeckte Teilnahme von Mitarbeitern des Verfassungsschutzes an entsprechenden Auslandstreffen erforderlich macht, um ein umfassendes Szenebild erstellen zu können[154].

Für die Beurteilung der Rechtmäßigkeit einer Auslandstätigkeit des Verfassungsschutzes ist die Unterscheidung zwischen Aufklärungsrichtung und Aufklärungstätigkeit von wesentlicher Bedeutung.[155] Erstere beschreibt den räumlichen Fokus der Aufklärung mit Blick auf den zugrunde liegenden Sachverhalt und dient der Abgrenzung zum Aufgabenbereich anderer Nachrichtendienste, namentlich des BND.[156] Diesbezüglich begrenzt § 3 Abs. 1 Nr.1 – Nr. 4 BVerfSchG die Aufgabe der Informationssammlung auf Tätigkeiten und Bestrebungen „im Geltungsbereich dieses Gesetzes". Gemeint ist damit ein Sachverhalt, der sich auf dem Hoheitsgebiet der Bundesrepublik Deutschland auswirkt.[157] Eine entsprechende Einschränkung fehlt im Bereich der Extremismusbeobachtung nach § 3 Abs. 1 Nr. 1 BVerfSchG, sodass hier dem Wortlaut nach auch Bedrohungen aus dem Ausland von der Aufklärungsrichtung des Verfassungsschutzes erfasst wären. Insoweit ergibt sich die notwendige Abgrenzung allerdings aus § 1 Abs. 2 S. 1 BNDG, wonach dem BND die Gewinnung von Erkenntnissen von außen- und sicherheitspolitischer Bedeutung

---

hin, dass im Bereich des Ausländerextremismus oftmals sekundär auch die Verfassungsordnung des Gastlandes angegriffen wird, womit § 3 Abs. 1 Nr. 1 BVerfSchG einschlägig ist.

151 *Gröpl*, Die Nachrichtendienste im Regelwerk der deutschen Sicherheitsverwaltung, S. 236 f. verweist zur Begründung der Stellung als Inlandsnachrichtendienst zunächst auf die Entstehungsgeschichte von Art. 73 Abs. 1 Nr. 10 b) c) GG im Zusammenhang mit dem alliierten Polizeibrief, wonach die Aufklärung auf verfassungsfeindliche Bestrebungen im Inland angelegt war. Sodann stellt *Gröpl* zutreffend auf den Aufgabenkatalog des BVerfSchG ab.

152 *Droste*, Handbuch des Verfassungsschutzrechts, S. 162.

153 BMI (Hrsg.), Verfassungsschutzbericht 2012, S. 69.

154 Nach dem reformierten Operationskonzept des BfV liegt der Schwerpunkt der Beobachtung allerdings auf der Identifikation von gewaltbereiten Szenemitgliedern.

155 Siehe zu den Begriffen *Gröpl*, Die Nachrichtendienste im Regelwerk der deutschen Sicherheitsverwaltung, S. 237 f.

156 Gemeint ist mithin die Abgrenzung zwischen Inlands- und Auslandsnachrichtendienst.

157 *Droste*, Handbuch des Verfassungsschutzrechts, S. 162 f.

im Ausland übertragen ist. Die ausdrückliche Regelung dieser Kompetenz im BNDG und ihr Fehlen im BVerfSchG lassen darauf schließen, dass nach dem Willen des Gesetzgebers nur der BND, nicht aber der Verfassungsschutz, mit der Auslandsaufklärung beauftragt ist.[158]

Die Aufklärungsrichtung des Verfassungsschutzes ist folglich auf Inlandsachverhalte beschränkt. Die maßgebliche Bedrohung für eines der in § 3 Abs. 1 BVerfSchG genannten Schutzgüter muss sich innerhalb des Staatsgebietes der Bundesrepublik Deutschland auswirken. Dies kann auch dann der Fall sein, wenn maßgebliche Akteure der Bestrebung vom Ausland aus agieren oder inländische Akteure sich der Unterstützung eines ausländischen Partners bedienen. Soweit in diesen Fällen der Verfassungsschutz zur Aufklärung im Ausland tätig wird, betrifft dies nicht die Frage der Aufklärungsrichtung, sondern die der Aufklärungstätigkeit. Solange die Aufklärungstätigkeit im Ausland dem Beobachtungsauftrag über Bestrebungen und Tätigkeiten im Inland dient, handelt der Verfassungsschutz im Rahmen seiner zugewiesenen Aufklärungsrichtung und mithin innerhalb seiner Kompetenz.[159]

Damit besteht auch für den Verfassungsschutz die Möglichkeit zur Informationsgewinnung im Ausland.

2) Die Landesämter für Verfassungsschutz (LfV)

Gemäß § 2 Abs. 2 BVerfSchG bestehen in den Ländern selbstständige[160] Behörden zur Bearbeitung von Angelegenheiten des Verfassungsschutzes. Die LfV sammeln Informationen über Bestrebungen und Tätigkeiten im Sinne des § 3 Abs. 1 BVerfSchG mit einem regionalen Bezug.[161] Die Aufklärungsrichtung ist hierbei ebenfalls auf Sachverhalte „im Geltungsbereich dieses Gesetzes“, sprich auf das Inland begrenzt. Soweit ein regional begrenzter Inlandssachverhalt mit Bezug zum Ausland besteht, können auch die LfV ihre Aufklärungstätigkeit auf das Ausland ausdehnen, ohne das nachrichtendienstliche Kompetenzgefüge zu verletzen.[162]

Aus praktischer Sicht dürfte in Fällen mit Auslandsbezug allerdings regelmäßig zugleich eine Kompetenz des BfV gemäß § 5 Abs. 2 S. 2 Nr. 1[163] – Nr. 3 BVerfSchG bestehen, da entsprechend international organisierte Bestrebungen oftmals auch

---

158 *Gröpl*, Die Nachrichtendienste im Regelwerk der deutschen Sicherheitsverwaltung, S. 238.

159 *Droste*, Handbuch des Verfassungsschutzrechts, S. 163; *Gröpl*, Die Nachrichtendienste im Regelwerk der deutschen Sicherheitsverwaltung, S. 238 beschreibt auch die spiegelbildliche Situation, wonach der BND im Inland tätig werden darf, soweit dies der Auslandsaufklärung dient.

160 Siehe hierzu *Ebert*, in: Borgs/Ebert (Hrsg.), Das Recht der Geheimdienste, § 2 Rn. 7.

161 *Streiß*, Das Trennungsgebot zwischen Polizei und Nachrichtendiensten, S. 59.

162 Siehe hierzu bereit oben S. 35 f.

163 Siehe zur Kritik an der Einschränkung „Gerichtetheit gegen den Bund“ *Gröpl*, Die Nachrichtendienste im Regelwerk der deutschen Sicherheitsverwaltung, S. 182 f.

gegen den Bund gerichtet sein werden oder sich zumindest ihr Bedrohungspotenzial über das Gebiet eines Bundeslandes hinaus erstreckt.

3) Ergebnis

Die Ämter für Verfassungsschutz sind in ihrer Aufklärungsrichtung auf die Gewinnung von Informationen über Bestrebungen im Geltungsbereich des BVerfSchG beschränkt. Dies verbietet ihnen jedoch nicht, innerhalb des nachrichtendienstlichen Kompetenzgefüges die Aufklärungstätigkeit auf das Ausland auszudehnen, soweit dadurch Informationen über inländische Sachverhalte gesammelt werden.

II) Auslandsaufklärung durch den Bundesnachrichtendienst (BND)

1) Organisation

Als Nachfolger der „Organisation Gehlen" wurde der BND durch Kabinettsbeschluss vom 11.07.1955[164] als Auslandsnachrichtendienst der Bundesrepublik Deutschland eingesetzt.[165] Eine entsprechende gesetzliche Grundlage besteht erst durch das Gesetz über den Bundesnachrichtendienst vom 20. Dezember 1990.[166] Gemäß § 1 Abs. 1 BNDG handelt es sich beim Bundesnachrichtendienst um eine Bundesoberbehörde im Geschäftsbereich des Bundeskanzleramtes. Damit ist der BND anders als das BfV keinem Fachministerium nachgeordnet.[167] Unterhalb der Führung durch einen Präsidenten und drei Vizepräsidenten gliedert sich der BND derzeit in dreizehn Abteilungen.[168]

2) Aufgaben

Der Aufklärungsauftrag des BND ist in § 1 Abs. 2 S. 1 BNDG recht pauschal mit der Gewinnung von Auslandserkenntnissen von außen- und sicherheitspolitischer Bedeutung umschrieben. In Abgrenzung zum Verfassungsschutz als Inlandsnachrichtendienst ist die Aufklärungsrichtung des BND das Ausland.

Zur Bestimmung konkreter Beobachtungsgegenstände kann die Allgemeine Dienstanweisung für den BND aus dem Jahre 1968[169] sicherlich nur erste

---

164 BT-Drs. 7/3246, S. 47.

165 Eingehend zur historischen Entwicklung des BND siehe *Brenner*, Bundesnachrichtendienst im Rechtsstaat, S. 3 ff.; *Müller/Mueller*, Gegen Freund und Feind, passim.

166 BGBl 1990 I, S. 2979; Zuletzt geändert durch Art. 7 des Gesetzes zur Änderung des Telekommunikationsgesetzes und zur Neuregelung der Bestandsdatenauskunft vom 20. Juni 2013, BGBl I, S. 1602.

167 Siehe hierzu eingehend *Gröpl*, Die Nachrichtendienste im Regelwerk der deutschen Sicherheitsverwaltung, S. 218 f.

168 Aufbauorganisation unter: http://www.bnd.de (letzter Abruf: 11.05.2014).

169 Vgl. BT-Drs 7/3246, S. 47 f.

Anhaltspunkte liefern, ohne jedoch noch geltendes Recht darzustellen.[170] Hiernach hat der BND den Auftrag zur Beschaffung und Auswertung von Informationen auf außenpolitischem, wirtschaftlichem, rüstungstechnischem und militärischen Gebiet, zur Aufklärung der gegnerischen Nachrichtendienste (Gegenspionage), zur Erledigung sonstiger nachrichtendienstlicher Aufträge des Bundeskanzlers und der Bundesregierung im Ausland[171] und zur Spionageabwehr innerhalb des BND[172].

Die derzeitigen Aufgaben des BND werden von der Bundesregierung in einem Auftrags- und Leistungsprofil festgelegt, welches allerdings der Geheimhaltung unterfällt.[173]

Rückschlüsse über das Aufgabenspektrum lassen sich mitunter aus der Einrichtung einer Abteilung TE zur Informationsgewinnung über den internationalen Terrorismus und bestimmter Bereiche der internationalen organisierten Kriminalität[174] ziehen. Hierdurch wird deutlich, dass der BND in seiner Aufklärungstätigkeit konkrete Schwerpunkte setzt und sich den jeweils aktuellen sicherheitspolitischen Herausforderungen anpasst.[175] Zu diesen Schwerpunkten gehören heute neben dem internationalen Terrorismus auch Phänomenbereiche wie illegaler Technologietransfer, internationaler Handel mit Waffen und Drogen, Geldwäsche, Terrorismusfinanzierung oder illegale Migration.[176]

Im Rahmen der Erfüllung dieser Aufgaben liegt der Schwerpunkt der Aufklärungstätigkeit auf der Informationsgewinnung im Ausland.[177] Hierbei greift der BND auf ein multiples Informationskonzept zurück, welches die Informationsgewinnung durch menschliche Quellen[178], die Filterung weltweiter Datenströme[179], die Analyse offener Quellen[180] und durch satellitengestützte Aufklärung[181] betreibt.[182]

170 *Gröpl*, Die Nachrichtendienste im Regelwerk der deutschen Sicherheitsverwaltung, S. 222; *Bergemann*, in: Denninger/Rachor (Hrsg.), Handbuch des Polizeirechts, S. 926 Rn. 26.

171 Kritisch hierzu *Gröpl*, Die Nachrichtendienste im Regelwerk der deutschen Sicherheitsverwaltung, S. 224; *Rehbein*, Verwertbarkeit von nachrichtendienstlichen Erkenntnissen, S. 56 f., wonach jede Form von aktiver bzw. qualifizierter Spionage unzulässig sei.

172 Sofern der Chef des Bundeskanzleramtes nicht im Einzelfall eine andere Regelung trifft.

173 *Soiné*, DÖV 2006, 204.

174 Siehe hierzu *Soiné*, ZRP 2008, 108; *ders.*, DÖV 2006, 204.

175 Die Abteilung TE vertritt den BND unter anderem im Gemeinsamen Terrorismusabwehrzentrum.

176 *Rose-Stahl*, Recht der Nachrichtendienste, S. 142.

177 *Gröpl*, Die Nachrichtendienste im Regelwerk der deutschen Sicherheitsverwaltung, S. 222.

178 sog. HUMINT = Human Intelligence

179 sog. SIGINT = Signals Intelligence

180 sog. OSINT = Open Sources Intelligence

181 sog. IMINT = Imagery Intelligence

182 Informationsgewinnung unter: http://www.bnd.de (letzter Abruf: 11.05.2014).

Soweit zur Aufklärung von Auslandssachverhalten[183] ein Einsatz nachrichtendienstlicher Mittel im Inland erfolgt, unterliegt dieser gemäß § 1 Abs. 2 S. 2 BNDG den restriktiven Bestimmungen der §§ 2 bis 6 und 8 bis 11 des BNDG.

3) Ergebnis

Der BND ist der einzige Auslandsnachrichtendienst der Bundesrepublik. In dieser Funktion erfüllt der Dienst einen umfassenden Auftrag zur Aufklärung von ausländischen Sachverhalten mit außen- und sicherheitspolitischer Bedeutung. Im Bereich der nachrichtendienstlichen Informationsgewinnung im Ausland ist der BND damit der wichtigste Akteur.

III) Auslandsaufklärung durch den Militärischen Abschirmdienst (MAD)

1) Organisation

Der MAD wurde als Teil der Bundeswehr 1956 durch einen Organisationsakt des Bundesministeriums der Verteidigung nach Art. 65 a GG[184] gegründet.[185] Erst 1990 wurde mit dem Gesetz über den Militärischen Abschirmdienst (MAD-Gesetz) eine entsprechende gesetzliche Grundlage geschaffen.[186] Die Behörde ist unmittelbar dem Bundesministerium der Verteidigung unterstellt und dezentral organisiert.[187] Die rund 1300 Beschäftigten sind in fünf Abteilungen tätig, wobei die Abteilungen für Extremismusabwehr und Spionageabwehr den Charakter des MAD als „Verfassungsschutz der Bundeswehr"[188] deutlich machen.[189]

Neben dem MAD-Amt mit Sitz in Köln bestehen derzeit sieben nachgeordnete MAD-Außenstellen in den verschiedenen Wehrbereichen.[190]

2) Aufgaben

Aufgabe des MAD ist gemäß § 1 Abs. 1 MADG die Sammlung und Auswertung von Informationen über Bestrebungen oder Tätigkeiten, welche die Einsatzbereitschaft

---

183 Diese Einschränkung ergibt sich aus der Konzeption des BND als Auslandsnachrichtendienst gemäß § 1 Abs. 2 S.1 BNDG.

184 *Rehbein*, Verwertbarkeit von nachrichtendienstlichen Erkenntnissen, S. 61 Fn. 214.

185 *Rose-Stahl*, Recht der Nachrichtendienste, S. 131.

186 MAD-Gesetz vom 20.12.1990, BGBl. 1990 I, S. 2954, zuletzt geändert durch Art. 8 des Gesetzes zur Änderung des Telekommunikationsgesetzes und zur Neuregelung der Bestandsdatenauskunft vom 20. Juni 2013, BGBl. 2013 I, S. 1602.

187 *Brissa*, DÖV 2011, 391 (393); *Rose-Stahl*, Recht der Nachrichtendienste, S. 132.

188 *Rose-Stahl*, Recht der Nachrichtendienste, S. 131.

189 *Rose-Stahl*, Recht der Nachrichtendienste, S. 132.

190 MAD Struktur unter http://www.kommando.streitkräftebasis.de (letzter Abruf: 15.05.2014).

der Streitkräfte gefährden könnten.[191] In Abgrenzung zum Aufgabenbereich des Verfassungsschutzes beschränkt sich die Aufklärungsrichtung des MAD auf den Bereich der Verteidigung. Insoweit ist das MADG als lex specialis zu den in § 3 BVerfSchG geregelten Aufgaben anzusehen.[192] Voraussetzung für die Zuständigkeit des MAD ist grundsätzlich die Zugehörigkeit von „Bedrohungsziel" und „Bedrohungsquelle"[193] zum Geschäftsbereich des Bundesministeriums der Verteidigung.[194] Ausnahmsweise kann sich die Aufklärung auch gegen außerhalb stehende Personen richten, wenn diese aus dem Umfeld einer Verdachtsperson stammen, es sich um Maßnahmen im Rahmen einer Beurteilung der Sicherheitslage nach § 1 Abs. 2 MADG oder einer Sicherheitsüberprüfung nach § 1 Abs. 3 MADG handelt oder die besonderen Voraussetzungen des § 2 MADG vorliegen.[195]

Unklar war lange Zeit die Zulässigkeit einer Auslandstätigkeit des MAD.[196] Die zunehmende Beteiligung der Bundeswehr an internationalen Auslandseinsätzen machte es jedoch erforderlich diesbezüglich klare Regelungen zu schaffen, mit dem Ziel der Bundeswehr auch im Ausland ein vergleichbares Schutzniveau wie im Inland zu gewährleisten.[197] Der 2004 neu geschaffene § 14 MADG sieht nunmehr ausdrücklich eine Auslandstätigkeit des MAD vor, wobei diese auf die Liegenschaften der bewaffneten Streitkräfte der Bundeswehr begrenzt wurde.[198] Gemäß § 14 Abs. 2 MADG obliegt dem MAD auch die Auswertung von Informationen von außerhalb der Bundeswehr stehenden Bedrohungsquellen, soweit sich diese gegen die im Ausland eingesetzten Soldaten oder Liegenschaften der Bundeswehr richten.[199] In diesen Fällen erfolgt allerdings die Informationssammlung gemäß § 14 Abs. 2 S. 3 MADG weiterhin durch den BND. Eine eigenständige Informationsgewinnung des MAD im Ausland kommt somit nur innerhalb der Bundeswehrliegenschaften in Betracht.[200]

---

191 Siehe hierzu BT-Drs. 11/4306, S. 66.

192 *Droste*, Handbuch des Verfassungsschutzrechts, S. 654.

193 *Rehbein*, Verwertbarkeit von nachrichtendienstlichen Erkenntnissen, S. 62 spricht von „Täter" und „Opfer". Dies ist etwas ungenau, weil nachrichtendienstliche Aufgabe gerade die Aufklärung des Vorfeldes ist und somit noch keine Straftat begangen sein muss.

194 Vgl. § 1 Abs. 1 MADG; *Hansalek*, Die parlamentarische Kontrolle der Bundesregierung im Bereich der Nachrichtendienste, S. 28 f.

195 *Droste*, Handbuch des Verfassungsschutzrechts, S. 650.

196 *Brissa*, DÖV 2011, 391 (393); Siehe zur diesbezüglichen politischen Diskussion *Scheidges/Szandar*, Krieg der Dienste in: Der Spiegel v. 16.7.2001.

197 Gesetzentwurf der Bundesregierung zur ersten Änderung des MADG, BT-Drs. 15/1559, S. 7.

198 *Korte*, in: ders. (Hrsg.), Aspekte der nachrichtendienstlichen Sicherheitsarchitektur, S. 22.

199 Siehe diesbezüglich zu der wichtigen Frage der Abgrenzung der Tätigkeit des MAD zum militärischen Nachrichtenwesen eingehend *Brissa*, DÖV 2011, 391 (396).

200 *Korte*, in: ders. (Hrsg.), Aspekte der nachrichtendienstlichen Sicherheitsarchitektur, S. 22.

3) Ergebnis

Der MAD ist die Verfassungsschutzbehörde der Bundeswehr. Als solche ist seine Aufklärungsrichtung grundsätzlich auf den Geschäftsbereich des Bundesministeriums der Verteidigung beschränkt. Seit 2004 darf der MAD ausdrücklich auch im Ausland tätig werden. Hierbei ist die Befugnis zur Sammlung von Informationen jedoch auf die Liegenschaften der Bundeswehr begrenzt.

C) Bedeutung des Trennungsgebotes aus organisatorischer Sicht

Die bisherige Darstellung hat gezeigt, dass die bestehenden gesetzlichen Regelungen für eine Vielzahl von Akteuren die Möglichkeit von Auslandsermittlungen vorsehen. Auf der einen Seite stehen hierbei die verschiedenen Behörden der Polizei, sowohl auf Bundes- als auch auf Landesebene. Daneben umfasst die deutsche Sicherheitsarchitektur das System der nachrichtendienstlichen Trias von Verfassungsschutz[201], BND und MAD. Diese Zweigleisigkeit ermöglicht eine umfassende Beobachtung von Bedrohungen im Vorfeld einer Gefahr oder eines strafrechtlichen Anfangsverdachts, bis hin zu Ermittlungsmaßnahmen auf Grundlage der Strafprozessordnung nach Bestehen eines Anfangsverdachts.

Allerdings ist dieses Nebeneinander verschiedener im Rahmen der Informationsgewinnung tätiger Behörden nicht ohne Schranken möglich. So wäre etwa die Bildung einer gemeinsamen Ermittlungsgruppe aus Verbindungsbeamten des BKA und Agenten des BND sicherlich eine Möglichkeit die besonderen Fähigkeiten und Kompetenzen der jeweiligen Behörde für die Aufklärung einer Bedrohungslage nutzbar zu machen. Dem stünde allerdings das in Deutschland geltende Trennungsgebot zwischen Nachrichtendiensten und Polizei entgegen.[202] Aufgrund des dargestellten Nebeneinanders verschiedenster Behörden bei Auslandsermittlungen erscheint eine Erörterung dieser Grundsätze nicht nur als akademisches Problem, sondern von erheblicher praktischer Relevanz.

Freilich ist die dargestellte Überschneidung von Zuständigkeiten nicht auf Auslandssachverhalte beschränkt, sondern gilt in gleichem Maße für rein innerstaatliche Ermittlungen. Allerdings wird durch den Grenzübertritt mit den maßgeblichen völkerrechtlichen Regelungen eine neue rechtliche Dimension zu dem bestehenden nationalen Ermittlungsregime hinzugefügt. Im Kontext von transnationalen Ermittlungen sind dies insbesondere Regelungen zum Schutze der Gebietshoheit und sonstigen Interessen des Staates, auf dessen Gebiet die Ermittlungen stattfinden.[203]

---

201 Dieser existiert wie gezeigt sowohl auf Bundes- als auch auf Landesebene.

202 Grundlegend zur Zusammenarbeit zwischen Nachrichtendiensten und Polizei etwa *König*, Trennung und Zusammenarbeit von Polizei und Nachrichtendiensten, passim; *Lisken*, NJW 1982, 1481.

203 Eingehend zu spezifischen Vorgaben unten S. 111 ff.

Soweit dieses zusätzliche Regelungsregime in vollem Umfang beachtet wird, dürften sich Auslandsermittlungen im Hinblick auf die handelnden Akteure nicht weiter von rein nationalen Ermittlungen unterscheiden.[204] Ausgehend von den oben genannten Beispielen der Ermittlungen zu § 129 b StGB und dem Ankauf der Steuerdaten-CDs[205] liegt der vorliegenden Untersuchung allerdings die Prämisse zugrunde, dass Auslandsermittlungen auch außerhalb des völkerrechtlichen Regelungsregimes stattfinden. Dies wiederum führt zu einer zweiten, freilich empirisch nur sehr schwer belegbaren, Prämisse, nämlich die einer Anpassung der üblichen Zuständigkeitsverteilung. Dies lässt sich gut am Beispiel der Ermittlungen wegen eines Verdachts nach § 129 b StGB verdeutlichen: Schon in einem rein innerstaatlichen Verfahren bewirkt die tatbestandliche Vorverlagerung der Strafbarkeit ein Hineinwirken in den ursprünglichen Zuständigkeitsbereich der Nachrichtendienste. Wenn man nunmehr davon ausgeht, dass auch die Informationsgewinnung im Ausland ohne Zustimmung des Gebietsstaates eine der ursprünglichen Aufgaben der Nachrichtendienste ist[206], so wird dieses Hineinwirken verstärkt. Klassischerweise gewinnt der Nachrichtendienst im Ausland Informationen ohne Kenntnis des Gebietsstaates im weiten Vorfeld von Gefahr und Anfangsverdacht. Hier dürften die Ermittlungsmöglichkeiten für die Strafverfolgungsbehörden schon aus praktischen Gründen sehr beschränkt sein.[207] Es ist also zu vermuten, dass Nachrichtendienste bei bestimmten Ermittlungen im Ausland, eine weitaus größere Rolle spielen, als dies bei rein innerstaatlichen Ermittlungen der Fall wäre. Auch der Umstand, dass der Ankauf von Steuerdaten-CDs durch den BND vorgenommen wurde, scheint diese Annahme zu unterstützen.

Daher sind die Vorgaben des Trennungsgebotes für die vorliegende Untersuchung von besonderer Relevanz und werden der Untersuchung der maßgeblichen Regelungen zum „ob" und „wie" von Auslandsermittlungen vorangestellt.

Die folgende Darstellung beschränkt sich hierbei auf die organisationsrechtlichen Vorgaben des Trennungsgebotes. Im nächsten Kapitel sollen dann Abgrenzungskriterien, Kompetenzüberschneidungen und die Vorgaben des Trennungsgebotes aus methodischer Sicht erläutert werden.

---

204 Vgl. etwa den Wortlaut von Art. 13 Abs. 1, 14 Abs. 1 EU-RhÜbk, Art. 29 Abs. 1 RL-EEA, wonach *strafrechtliche Ermittlungen* unter bestimmten Voraussetzungen auf fremdem Hoheitsgebiet durchgeführt werden können. Dies fällt nach dem deutschen Modell gerade nicht in den Zuständigkeitsbereich der Nachrichtendienste.

205 Siehe oben S. 2 ff.

206 Zur völkerrechtlichen Einordnung der „Spionage" siehe unten S. 134 ff.

207 Vgl. *Rebmann*, NStZ 1986, 289 (291).

I) Das Trennungsgebot

1) Herleitung

Historische Grundlage für die Trennung von Vollzugspolizei und Geheimdiensten sind die Vorgaben der alliierten Militärgouverneure in ihrem sogenannten Polizeibrief vom 8. April 1949[208] an den Parlamentarischen Rat. Dort war eine Gesetzgebungskompetenz des Bundes zur Schaffung einer Stelle zur Sammlung und Verbreitung von Auskünften über umstürzlerische, gegen die Bundesregierung gerichtete Tätigkeiten vorgesehen.[209] Dieser Stelle sollten allerdings keine Polizeibefugnisse zukommen.[210] *Gusy*[211] beschreibt den Inhalt des hieraus abgeleiteten Trennungsgebotes treffend mit der Formel: *„Diejenigen, die (wie die Nachrichtendienste) mangels Bindung an feste Eingriffsschwellen viel wissen, sollen nicht alles dürfen, und diejenigen, die (wie die Polizeibehörden) vieles dürfen, (...) sollen nicht alles wissen"*. Organisationsrechtlich folgt aus diesem Gebot ein Verbot der Angliederung der Nachrichtendienste an Polizeidienststellen, wie es etwa einfachgesetzlich in § 2 Abs. 1 S. 3 BVerfSchG geregelt ist.[212] Rechtspolitisches Leitmotiv dieser Abschottung der Nachrichtendienste von der Polizei[213] dürfte ursprünglich die Sorge vor der Entstehung einer nur schwer kontrollierbaren und umfassend zuständigen Staatspolizei gewesen sein.[214] Unter der Geltung des Grundgesetzes ist das Trennungsgebot demgegenüber der Einsicht geschuldet, dass nur die Grundsätze von Kompetenzverteilung und Zweckbindung einen umfassenden Individualschutz gewährleisten und daher ein Angliederungsverbot konstituieren.[215]

2) Rang

Die alliierten Militärgouverneure nahmen in ihrem Genehmigungsschreiben zum Grundgesetz vom 12.5.1949 auf die Vorgaben des Polizeibriefs Bezug. Dadurch erlangte das Trennungsgebot rechtliche Geltung[216], wenngleich die genaue rechtstheoretische Einordnung umstritten blieb.[217]

---

208 Abgedruckt bei *Huber*, Quellen zum Staatsrecht der Neuzeit II, 1951, S. 216 ff.
209 *Borgs*, in: Borgs/Ebert (Hrsg.), Das Recht der Geheimdienste, § 3 Rn. 125.
210 *Huber*, Quellen zum Staatsrecht der Neuzeit II, 1951, S. 216.
211 *Gusy*, GA 1999, 319 (325); Ebenso *Zöller*, JZ 2007, 763 (767);
212 Entsprechende Regelungen finden sich auch in § 1 Abs. 4 MADG und § 1 Abs. 2 S. 2 BNDG.
213 Vgl. *Nehm*, NJW 2004, 3289.
214 So auch *Zöller*, JZ 2007, 763 (767); weitere Erklärungsansätze finden sich bei *Nehm*, NJW 2004, 3289 (3290).
215 Vgl. *Denninger/Poscher*, in: Denninger/Rachor (Hrsg.), Handbuch des Polizeirechts, S. 101 f. Rn. 110, die daher den Verfassungsrang des Trennungsgebotes aus dem Rechtsstaatsprinzip herleiten.
216 *Nehm*, NJW 2004, 3289 (3290).
217 Siehe nur *Roewer*, DVBl 1986, 205 (206); *Gusy*, ZRP 1987, 45 (46); *Borgs*, in: Borgs/Ebert (Hrsg.), Das Recht der Geheimdienste, § 3 Rn. 125.

Mit Wiedererlangung der vollen Souveränität Deutschlands hat das Trennungsgebot allerdings seinen Charakter als Besatzungsrecht verloren.[218] Von Bedeutung bleibt aber nachwievor die Frage nach einem möglichen Verfassungsrang des Trennungsgebotes.

Für die Begründung eines Verfassungsrangs des Trennungsgebotes wird oftmals Art. 87 Abs. 1 S. 2 GG herangezogen, wonach dem Bund die Befugnis zur Einrichtung mehrerer Zentralstellen zusteht.[219] Wenngleich es in diesem Zusammenhang an einer ausdrücklichen Normierung des Trennungsgebotes fehlt, so lässt die Aufzählung unterschiedlicher Zentralstellen für die Kriminalpolizei (BKA) und den Verfassungsschutz (BfV), jedenfalls eine implizite Regelung des Angliederungsverbotes und mithin des organisationsrechtlichen Aspekt des Trennungsverbotes vermuten.[220]

Einer solchen Auslegung von Art. 87 Abs. 1 S. 2 GG kann jedoch entgegenzuhalten sein, dass der Wortlaut dem Bund durch das Wort „können" lediglich die Möglichkeit zu Einrichtung der genannten Zentralstellen eröffnet. Der Bund kann also entscheiden, ob und welche der genannten Behörden er einrichtet. Eine organisationsrechtliche Vorgabe lässt sich dieser Aufzählung aber gerade nicht entnehmen.[221]

Unter teleologischen Gesichtspunkten ist aber die im Wortlaut angelegte Aufgabenzuweisung „*Sammlung von Unterlagen*" an die Nachrichtendienste zu berücksichtigen.[222] Zugleich wird mit dem Verfassungsschutz und dem Schutz auswärtiger Belange der mit der Sammlung von Unterlagen bezweckte Aufgabenbereich vorgegeben. Eine solche Abgrenzung zu der Aufgabe und den Mitteln der Gefahrenabwehr durch die Polizei wäre indes obsolet, wenn in einer Behörde beide Aufgabenbereiche zusammengefasst werden könnten. Die notwendige organisatorische Trennung von Nachrichtendiensten und Polizei ist damit eine Folge der Zuweisung unterschiedlicher Aufgaben und Befugnisse.[223]

---

218 *Zöller*, JZ 2007, 763 (767) Fn. 21; *Nehm*, NJW 2004, 3289 (3290).

219 Art. 87 Abs. 1 S. 2 GG lautet: „Durch Bundesgesetz können Bundesgrenzschutzbehörden, Zentralstellen für das polizeiliche Auskunfts- und Nachrichtenwesen, für die Kriminalpolizei und zur Sammlung von Unterlagen für Zwecke des Verfassungsschutzes und des Schutzes gegen Bestrebungen im Bundesgebiet, die durch Anwendung von Gewalt oder darauf gerichtete Vorbereitungshandlungen auswärtige Belange der Bundesrepublik Deutschland gefährden, eingerichtet werden."

220 Siehe nur *Roggan/Bergemann*, NJW 2007, 876; *Zöller*, Informationssysteme und Vorfeldmaßnahmen, S. 318 f.; *Gusy*, ZRP 1987, 45; Siehe für eine a.A. *Roewer*, DVBl 1988, 666 (671); *Albert*, ZRP 1995, 105 (108); ohne weitere Begründung auch *Weisser*, NVwZ 2011, 142 (144 Fn. 30); *Nehm*, NJW 2004, 3289 (3291) der darauf hinweist, dass sich aus Art. 87 Abs. 1 S. 2 GG jedenfalls keine Aussage über die jeweiligen Befugnisse herleiten lässt.

221 Differenzierend *Gusy*, ZRP 1987, 45 (46 f.).

222 Kritisch insoweit *Nehm*, NJW 2004, 3289 (3291).

223 Ebenso *Zöller*, Informationssysteme und Vorfeldmaßnahmen, S. 317 f.; *Gusy*, ZRP 1987, 45 (48).

Das BVerfG hat die Frage des Verfassungsrangs des Trennungsgebotes bisher offen gelassen.[224] Angeklungen ist allerdings eine Begründung des Verfassungsrangs über das Rechtsstaatsprinzip.[225] Die Trennung von Nachrichtendiensten und Polizei wäre dann letztlich die organisationsrechtliche Umsetzung des Verhältnismäßigkeitsgrundsatzes.[226] Dem kann auch nicht die Existenz von umfassend zuständigen Bundesbehörden in anerkannten Rechtsstaaten wie den USA, Frankreich, Österreich oder Dänemark entgegengehalten werden. Die inhaltliche Ausgestaltung des Rechtsstaatsprinzips etwa im Hinblick auf die subjektiven Rechte des Einzelnen und die dadurch bedingten Kontrollbedürfnisse über das Handeln der Exekutive ist in jedem Staat verschieden.[227]

Letztlich sprechen ausgehend von der Systematik und Teleologie des Art. 87 Abs. 1 S. 2 GG die besseren Gründe für den Verfassungsrang des Trennungsgebotes.

II) Organisationsrechtliche Bedeutung der Trennung

1) Verbot der „joint section" – Zulässigkeit Informationsaustausch

Das Angliederungsverbot untersagt die Bildung einer gemeinsamen Ermittlungsgruppe im Sinne einer „joint section"[228], die etwa unter der Leitung des Verfassungsschutzes polizeiliche Ermittlungen vornimmt.

Dadurch soll der Gefahr eines „Befugnis-shopping"[229] vorgebeugt werden. Dem Nachrichtendienst bleiben die polizeilichen Zwangsmaßnahmen ebenso vorenthalten, wie der Polizei der Einsatz nachrichtendienstlicher Mittel im Vorfeld von Gefahr und Anfangsverdacht.

Zugleich bewirkt das Trennungsgebot aber kein Kooperationsverbot.[230] Vielmehr erfordert die Trennung der Vorfeldaufklärung von Gefahrenabwehr und Strafverfolgung einen gewissen Informationsaustausch, um eine umfassende Sachaufklärung zu gewährleisten.[231] Unzulässig wäre demgegenüber die Durchführung einer

224 BVerfGE 100, 313 (369 f.).
225 BVerfGE 97, 198 (217).
226 *Nehm*, NJW 2004, 3289 (3291).
227 *Soria*, in: Hendler/Ibler/Soria (Hrsg.), Für Sicherheit, für Europa, FS für Volkmar Götz, S. 359 (364).
228 *Borgs*, in: Borgs/Ebert (Hrsg.), Das Recht der Geheimdienste, § 3 Rn. 130.
229 *Denninger/Poscher*, in: Denninger/Rachor (Hrsg.), Handbuch des Polizeirechts, S. 104 Rn. 118.
230 *Kuhlmann*, in: Korte (Hrsg.), Aspekte der nachrichtendienstlichen Sicherheitsarchitektur, S. 111 (163); Siehe mit Blick auf den Informationsaustausch *Lang*, Das Antiterrordateigesetz, S. 126.
231 *Soria*, in: Hendler/Ibler/Soria (Hrsg.), Für Sicherheit, für Europa, FS für Volkmar Götz, S. 359 (365); Das BVerfG hat in seiner Entscheidung zur gemeinsamen Anti-Terrordatei festgestellt, dass grundsätzlich keine Daten zwischen Nachrichtendiensten und Polizei ausgetauscht werden können. Allerdings ist der Austausch zu operativen Zwecken ausnahmsweise dann zulässig, wenn ein herausragendes

polizeilichen Zwangsmaßname wie eine Durchsuchung auf rein nachrichtendienstlicher Veranlassung.[232]

2) Bedeutung der europäischen Kooperation

Mit Blick auf die Informationsgewinnung im Ausland ist das Trennungsgebot insbesondere im Rahmen der europäischen nachrichtendienstlichen und polizeilichen Kooperation relevant. So ist etwa die Bildung einer gemeinsamen Ermittlungsgruppe zwischen einer deutschen und einer anderen europäischen Polizeibehörde denkbar, wobei letzterer zugleich nachrichtendienstliche Aufgaben und Befugnisse zukommen.[233] Umgekehrt ist eine nachrichtendienstliche Kooperation mit einem ausländischen Nachrichtendienst denkbar, welcher zugleich polizeiliche Befugnisse ausübt.[234] Das deutsche Trennungsgebot tritt hierbei in ein Spannungsverhältnis mit dem in Europa nicht vereinheitlichen Begriff des Nachrichtendienstes.[235] Dem wurde ursprünglich durch eine strikte Trennung der jeweiligen Form der Zusammenarbeit Rechnung getragen. Auf der einen Seite fand eine eher informelle nachrichtendienstliche Kooperation durch Zusammenschlüsse wie den *Club of Berne* und die 2001 gegründete *Counter Terrorist Group* statt.[236] Auf der anderen Seite beschränkte sich die polizeiliche Kooperation auf Europol und den Schengen-Verbund.[237]

Als Reaktion auf die wachsende Bedrohung durch den internationalen Terrorismus wurde jedoch die Notwendigkeit einer Ausweitung der mitgliedsstaatlichen Zusammenarbeit erkannt. Die bisherige Trennung zwischen nachrichtendienstlicher und polizeilicher Kooperation ist seither nicht mehr eindeutig erkennbar.[238]

öffentliches Interesse geschützt wird, NJW 2013, 1499 (1505), Rn. 123; kritisch hierzu *Arzt*, NVwZ 2013, 1328.

232 *Zöller*, JZ 2007, 763 (767).

233 In Betracht kommt beispielsweise der *DST* (Direction de la Surveillance du Territoire) als Abteilung der französischen *Police Nationale*.

234 In Betracht kommt beispielsweise die *Säkerhetspolisen* als schwedischer Nachrichtendienst mit beschränkten polizeilichen Befugnissen.

235 Vgl. für eine Übersicht zu verschiedenen ausländischen Diensten *Hirsch*, Die Kontrolle der Nachrichtendienste, S. 216 ff.

236 Eingehend zur Entwicklung der Zusammenarbeit etwa *Walsh*, Journal of Common Market Studies 2006, 625; Zu den Voraussetzungen und Grenzen einer Informationsübermittlung an ausländische Nachrichtendienste siehe unten S. 286 ff.

237 *Soria*, in: Hendler/Ibler/Soria (Hrsg.), Für Sicherheit, für Europa, FS für Volkmar Götz, S. 359 (370 f.).

238 Siehe die Europäische Sicherheitsstrategie „Ein sicheres Europa in einer besseren Welt" vom 13.12.2003, S. 12, abrufbar unter: http://consilium.europa.eu/uedocs/cmsUpload/031208 ESSIIDE.pdf (letzter Abruf: 31.05.2014); sowie die Erklärung des Europäischen Rates zum Kampf gegen den Terrorismus vom 25.3.2004, S. 9, abrufbar unter: http://www.consilium.europa.eu /uedocs/cms_data/docs/pressdata/de/ec/79640.pdf (letzter Abruf: 31.05.2014); *Soria*, in: Hendler/Ibler/Soria (Hrsg.), Für Sicherheit, für Europa, FS für Volkmar Götz, S. 359 (372 ff.).

Allerdings besteht keine Unionskompetenz zur Regelung entsprechender Kooperationspflichten für deutsche Nachrichtendienste, da diese ausweislich ihrer dargestellten Aufgabenbeschränkung nicht unter den Anwendungsbereich von Art. 87 Abs. 1 AEUV fallen, welcher nur den Erlass von Rechtsakten zur Kooperation zwischen Strafverfolgungsbehörden vorsieht.[239] Wenngleich der Kreis der von Art. 87 AEUV erfassten Behörden nach europarechtlichem Verständnis weit zu ziehen ist[240], sind dennoch nur solche Behörden erfasst, die auf die Verhütung oder Aufdeckung von Straftaten spezialisiert sind.[241] Darunter fallen indes nach deutschem Verständnis nicht die Nachrichtendienste, sondern Polizei und Staatsanwaltschaft.[242]

Der angestrebten Ausweitung der innereuropäischen Kooperation sind damit schon durch das Primärrecht Grenzen gezogen. Einer unbeschränkten Zugriffsmöglichkeit deutscher Nachrichtendienste auf internationale polizeiliche Datenbanken oder deutscher Polizeibehörden auf Informationen ausländischer Nachrichtendienste stünde grundsätzlich das vom BVerfG entwickelte informationelle Trennungsgebot entgegen.[243] Mit Blick auf die Entscheidung zur deutschen Antiterrordatei dürfte dagegen ein beschränkter Austausch zulässig sein, soweit dieser einem herausragenden öffentlichen Interesse dient.[244]

Mit Blick auf die Zusammenarbeit deutscher Behörden mit umfassend zuständigen Polizeibehörden und Nachrichtendiensten anderer Mitgliedsstaaten, etwa im Rahmen gemeinsamer Ermittlungsgruppen, müssen aus deutscher Sicht jedenfalls organisatorische Maßnahmen getroffen werden, die ein „Befugnis-shopping" verhindern.[245] Dies kann für Nachrichtendienste die restriktive Weitergabe von Informationen und für Polizeibehörden ein Rückgriff auf weniger eingriffsintensive Ermittlungsmaßnahmen bedeuten. Letztlich wird die kooperationsbedingte „*Verwässerung des Trennungsgebotes*"[246] auch im Rahmen der Verwertung entsprechend erlangter Informationen zu berücksichtigen sein.[247]

III) Ergebnis

Das verfassungsrechtliche Trennungsgebot zieht der Zusammenarbeit von Polizei und Nachrichtendiensten Grenzen. Insbesondere wäre die Bildung gemeinsamer

239 *Kugelmann*, in: Böse (Hrsg.), Europäisches Strafrecht, § 17 Rn. 52; Siehe aber auch *Böse*, in: Schwarze (Hrsg.), EU-Kommentar, Art. 87 AEUV Rn. 4 für den Fall der Übernahme polizeilicher Aufgaben durch Nachrichtendienste.

240 *Dannecker*, in: Streinz (Hrsg.), EUV/AEUV, Art. 87 AEUV Rn. 2.

241 *Kugelmann*, in: Böse (Hrsg.), Europäisches Strafrecht, § 17 Rn. 54.

242 *Kugelmann*, in: Böse (Hrsg.), Europäisches Strafrecht, § 17 Rn. 47.

243 Siehe zur Verfassungsgemäßheit des Antiterrordatei-Gesetzes BVerfGE 133, 277 = NJW 2013, 1499, LS 2.

244 BVerfG NJW 2013, 1499 (1505) Rn. 123.

245 Das Problem erkennt auch *Zöller*, JZ 2007, 763 (771).

246 *Zöller*, JZ 2007, 763 (771).

247 Siehe unten S. 233 ff.

Ermittlungsgruppen zur gemeinsamen Verfolgung eines Ermittlungsauftrages unzulässig.

Besondere Formen der polizeilichen und nachrichtendienstlichen Zusammenarbeit ergeben sich innerhalb der Europäischen Union. Diese stellen nicht zwingend einen Verstoß gegen das Trennungsgebot dar, jedoch begründet dieses auch für Auslandsermittlungen Beschränkungen. Unzulässig wäre insbesondere ein unbeschränkter Zugriff auf internationale Datenbanken mit Informationen aus polizeilichen und nachrichtendienstlichen Quellen. Denkbar ist jedoch ein beschränkter Informationsaustausch zur Verfolgung herausragender öffentlicher Interessen.

2. Kapitel: Institutionelle und befugnisrechtliche Abgrenzungsfragen

Die bisherige Untersuchung hat sich auf eine isolierte Darstellung der im Ausland tätigen Sicherheitsbehörden konzentriert. Aus der festgestellten Befugnisparellelität von Polizei und Nachrichtendiensten ergeben sich im Folgenden wichtige Abgrenzungsfragen. Neben der bereits dargelegten Bedeutung des Trennungsgebotes aus organisationsrechtlicher Sicht ist die Frage nach der zuständigen Behörde von erheblicher praktischer und rechtlicher Relevanz. Es gilt Kriterien aufzustellen, die in Grenzfällen herangezogen werden können, um einen Auslandssachverhalt entweder der Zuständigkeit der Nachrichtendienste oder der Polizei zuzuordnen. Wo eine klare Abgrenzung nicht möglich ist, stellt sich die Frage nach Möglichkeiten und den durch das Trennungsgebot vorgegebenen Grenzen einer Ermittlungszusammenarbeit. In diesem Zusammenhang ist dann auch die befugnisrechtliche Komponente des Trennungsgebotes zu untersuchen.

Wurde etwa die Zuständigkeit der Polizei begründet, stellt sich die Folgefrage nach dem ermittlungsbeherrschenden Rechtsregime. Geht es um eine bloße Vorfeldaufklärung oder wird unter der Prämisse der Gefahrenabwehr oder vielmehr der Strafverfolgung gehandelt?

Die Notwendigkeit einer eindeutigen Beantwortung der aufgeworfenen Fragen ergibt sich durch einen Blick auf die Verwertungsseite. Für die Verwertbarkeit einer Information im Strafprozess macht es mitunter einen Unterschied, ob diese in rechtmäßiger Weise durch die Nachrichtendienste, oder etwa als Zufallserkenntnis im Rahmen einer gefahrenabwehrrechtlichen Polizeimaßnahme erlangt wurde.[1]

A) Zuständigkeitsabgrenzung zwischen Polizei und Nachrichtendiensten

Zunächst wird die Verschiebung der Zuständigkeitsbereiche von Nachrichten und Polizei im Rahmen der neuen Sicherheitsarchitektur dargestellt. Beispielhaft werden hierfür die Rolle des BKA nach dem neuen BKAG und die Tätigkeiten der Nachrichtendienste im Bereich der Strafverfolgung untersucht.

I) Ursprünglich: Abgrenzung nach der Ermittlungsstufe

1) Vorfeldaufklärung

Das Bestehen einer polizeirechtlichen Gefahr setzt „*eine Sachlage* (voraus), *bei der im Einzelnen Falle die hinreichende Wahrscheinlichkeit besteht, dass in absehbarer Zeit ein*

1 Zur Bedeutung der Informationsquelle siehe unten S. 233 ff.

Schaden für die öffentliche Sicherheit oder Ordnung eintreten wird".[2] Fehlt es an einer hinreichenden Wahrscheinlichkeit für den Schadenseintritt oder kommt dieser erst zu einem viel späteren Zeitpunkt in Betracht, handelt es sich im Umkehrschluss um den Bereich des Gefahrenvorfeldes.[3] Die Beobachtung eines Sachverhaltes in diesem Vorfeldstadium obliegt klassischerweise den Nachrichtendiensten.[4] § 2 Abs. 1 des HessVerfSchG beschreibt insoweit die Aufgabe des Verfassungsschutzes treffend wie folgt: *„Den zuständigen Stellen zu ermöglichen, rechtzeitig die erforderlichen Maßnahmen zur Abwehr von Gefahren für die freiheitliche demokratische Grundordnung, den Bestand und die Sicherheit des Bundes und der Länder zu treffen"*.[5] Zur Erfüllung dieser Aufgabe sehen die jeweiligen Nachrichtendienstgesetze ein umfangreiches Repertoire an eingriffsintensiven Maßnahmen vor.[6] Das BVerfG hat allerdings klargestellt, dass besonders intensive Informationseingriffe an das Bestehen einer bereits verdichteten Gefährdungslage geknüpft sind.[7] Das bedeutet jedoch nicht, dass intensive nachrichtendienstliche Vorfeldermittlungen per se unzulässig wären. Vielmehr lässt sich die Notwendigkeit einer Verdichtung der Gefährdungslage auch so verstehen, dass Eingriffe im Vorfeld zulässig sind, soweit der Erkenntnisstand über bloße Strukturkenntnisse hinausgeht, wenngleich aber konkrete Personen und Tatbeiträge noch unbekannt sind.[8] Soweit folglich mehr als nur diffuse Anhaltspunkte für die Bedrohung eines bedeutenden Rechtsgutes bestehen, dürfen die Nachrichtendienste im Rahmen ihrer (Auslands-) Vorfeldermittlungen[9] auch

2 Vgl. nur den Wortlaut von § 2 Nr. 1 a Nds. SOG; § 2 Nr. 3 a BremPolG; § 3 Nr. 3 a SOG LSA; BVerwGE 45, 51 (57); Eingehend zum Gefahrbegriff *Krüger*, JuS 2013, 985.

3 Zur Einordnung des Gefahrenvorfeldes *Simon*, Präzeptoraler Sicherheitsstaat und Risikovorsorge, S. 176 ff.; Für einen praktischen Fall der Ermittlungstätigkeit im Gefahrenvorfeld siehe etwa VG Aachen, Urteil v. 24.1.2011, 6 K 140/10; Anmerkung bei *Muckel*, JA 2011, 394.

4 *Nehm*, NJW 2004, 3289 (3292); *Denninger*, in: Denninger/Rachor (Hrsg.), Handbuch des Polizeirechts, S. 78 Rn. 41; *Wolff*, DÖV 2009, 597 (603); *Zöller*, JZ 2007, 763 (767); *Schafranek*, Die Kompetenzverteilung zwischen Polizei- und Verfassungsschutzbehörden, S. 150.

5 Siehe hierzu auch *Denninger*, in: Denninger/Rachor (Hrsg.), Handbuch des Polizeirechts, S. 78 Rn. 41.

6 Vgl. § 8 Abs. 2 BVerfSchG; § 3 BNDG; § 4 MADG; § 1 G-10 Gesetz.

7 BVerfGE 115, 320 (LS 1) (Präventiv Polizeiliche Rasterfahndung) fordert das Bestehen einer konkreten Gefahr; Dagegen reicht nach BVerfGE 120, 274 (LS 2) (Online Durchsuchung) bereits das Vorliegen tatsächlicher Anhaltspunkte einer konkreten Gefahr; Siehe zur Unterscheidung und Kritik die Stellungnahme von *Möstl* zum neuen BKAG, A-Drs. 16(4)460 I, S. 13 f.

8 Vgl. BVerfGE 120, 274 (329); Siehe hierzu auch Stellungnahme von *Möstl* zum neuen BKAG, A-Drs. 16(4)460 I, S. 6; *Wolff*, DÖV 2009, 597 (604).

9 *Denninger*, in: Denninger/Rachor (Hrsg.), Handbuch des Polizeirechts, S. 78 Rn. 42 qualifiziert diese Situation als „Prävention II" in Abgrenzung zur Gefahrenabwehr als „Prävention I".

intensive Informationseingriffe vornehmen.[10] In der ursprünglich bestehenden Exklusivität der Ermittlungskompetenz in diesem Vorfeldbereich zeigt sich die grundrechtsschützende Bedeutung des Trennungsgebotes. Mit der Zulässigkeit von Eingriffen im Vorfeld einer Gefahr korrespondieren ein Exekutivverbot für Nachrichtendienste und eine organisatorische Trennung von der Polizei.[11] In der klassischen Kompetenzverteilung werden die Nachrichtendienste somit auf eine Rolle als „*Frühwarnsystem*“[12] beschränkt.

2) Gefahrenabwehr und Strafverfolgung

Klassische Aufgabe der Polizei ist die Abwehr von Gefahren[13] und die Aufklärung von Straftaten[14,15] Voraussetzung für die Zuständigkeit der Polizei ist damit grundsätzlich das Bestehen von tatsächlichen Anhaltspunkten für das Vorliegen einer Gefahr oder die Begehung einer Straftat.[16] Hierbei wird die Polizei oftmals nicht durch eigene Initiative tätig, sondern reagiert mit ihren Maßnahmen auf einen an sie herangetragenen Sachverhalt.[17] Ziel des polizeilichen Handelns ist damit üblicherweise die Feststellung, ob der vorgebrachte Sachverhalt tatsächlich eine Gefahr beziehungsweise einen Anfangsverdacht begründet oder nicht.[18] Die Abgrenzung zwischen Gefahr und Anfangsverdacht ist hierbei allerdings nicht bloß von formaler Bedeutung, sondern bestimmt über das einschlägige Rechtssystem.[19] Handelt die Polizei gefahrenabwehrrechtlich, unterliegt sie dem Opportunitätsprinzip und ist zum Einschreiten allenfalls berechtigt, nicht aber verpflichtet.[20] Handelt die Polizei dagegen auf der Grundlage eines Anfangsverdachts, unterliegt sie gemäß §§ 152

---

10 *Wolff*, DÖV 2009, 597 (604 f.) spricht insoweit treffend von „*stichprobenartigen grundrechtsempfindlichen Tiefenbohrungen*“, die sofort einzustellen sind, soweit sich ein Verdacht nicht weiter erhärtet.

11 *Denninger/Poscher* in: Denninger/Rachor (Hrsg.), Handbuch des Polizeirechts, S. 108 Rn. 128; *Sandkuhl*, in: Michalke/Köberer/Pauly (Hrsg.), FS für Rainer Hamm, S. 615 (625).

12 *Denninger*, in: Denninger/Rachor (Hrsg.), Handbuch des Polizeirechts, S. 78 Rn. 42.

13 Vgl. etwa: § 1 Abs. 1 NWPolG.

14 Vgl. § 163 StPO.

15 Allgemein zu den Aufgaben der Polizei siehe etwa *Zähle*, JuS 2014, 315; Zur Gleichrangigkeit der Aufgaben siehe *Erb*, in: Löwe-Rosenberg (Begr.), StPO, § 163 Rn. 5.

16 Siehe nur *Gusy*, Die Verwaltung 1991, 467 (472); *Schenke*, Polizei- und Ordnungsrecht, S. 38 Rn. 70; *Pieroth/Schlink/Kniesel*, Polizei- und Ordnungsrecht, S. 79 Rn. 3; *Patzak*, in: Graf (Hrsg.), Beck-OK StPO, § 163 Rn. 4.

17 Siehe dagegen zu Initiativermittlungen im Bereich der organisierten Kriminalität *Zöller*, Informationssysteme und Vorfeldmaßnahmen, S. 132 f.

18 *Gusy*, Die Verwaltung 1991, 467 (472).

19 Siehe zur Problematik in Bezug auf das neue BKAG *Griesbaum/Wallenta*, NStZ 2013, 369 (373 f.); *Bäcker*, Terrorismusabwehr durch das BKA, S. 44 ff.

20 *Zähle*, JuS 2014, 315 (319).

Abs. 2, 163 Abs. 1 StPO dem Legalitätsprinzip und ist zur Verfolgung verpflichtet.[21] Damit unterscheidet sich die Handlungsweise der Polizei von den stets nach Opportunitätsgesichtspunkten handelnden Nachrichtendiensten.[22]

Eine weitere Besonderheit der klassischen Polizeiarbeit findet sich in den zugeschriebenen Befugnissen. So knüpfen jedenfalls die klassischen polizeilichen Standardmaßnahmen an die Eigenschaft als Störer an und erfordern somit eine höhere Eingriffsschwelle als nachrichtendienstliche Maßnahmen.[23]

3) *Zwischenergebnis*

Die herkömmliche Trennung zwischen Vorfeldaufklärungsbefugnis und Gefahrenabwehr- beziehungsweise Strafverfolgungszuständigkeit ermöglichte bis zur Mitte der achtziger Jahre noch eine relativ eindeutige Abgrenzung der Kompetenzen von Nachrichtendiensten und Polizei.[24] Für die hier relevanten Auslandsermittlungen bedeutete diese klassische Rollenverteilung, dass ein Nebeneinander verschiedener zu Auslandstätigkeit befugter Behörden nur im Ausnahmefall in Betracht kommen dürfte. Das polizeiliche Aktionsfeld war vielmehr immer von dem Vorliegen einer hinreichenden Verdichtung bestimmter Tatsachen und Anhaltspunkte zur Begründung einer Gefahr oder eines Anfangsverdachts abhängig. Unterhalb dieses Verdichtungsgrades konnten ausschließlich die Nachrichtendienste tätig werden.

---

21 § 152 Abs. 2 StPO begründet eine Erforschungspflicht und einen Verfolgungszwang, *Beulke*, in: Löwe-Rosenberg (Begr.), StPO, § 152 Rn. 8 f.; *Diemer*, in: Hannich (Hrsg.), KK-StPO, § 152 Rn. 4; Zur mitunter problematischen Bestimmung des Vorliegens eines Anfangsverdachts siehe *Hoven*, NStZ 2014, 361.

22 *Gusy*, Die Verwaltung 1991, 467 (480 ff.); *Zöller*, Informationssysteme und Vorfeldmaßnahmen, S. 321.

23 *Gusy*, Die Verwaltung 1991, 467 (478 f.); *Denninger*, in: Denninger/Rachor (Hrsg.), Handbuch des Polizeirechts, S. 79 Rn. 43; vgl. auch *Pieroth/Schlink/Kniesel*, Polizei- und Ordnungsrecht, S. 135 ff.; Die Zuständigkeit der Nachrichtendienste erfordert demgegenüber das Vorliegen einer „*Bestrebung*", welche in § 4 Abs. 1 BVerfSchG näher konkretisiert wird; *Droste*, Handbuch des Verfassungsschutzrechts, S. 168 weist in diesem Zusammenhang insbesondere zutreffend darauf hin, dass die Rechtmäßigkeit einer Verhaltensweise für die Qualifikation als „*Bestrebung*" nicht erheblich ist.

24 *Gusy*, Die Verwaltung 1991, 467 (472); *Nehm*, NJW 2004, 3289 (3292); *Evers*, in: BMI (Hrsg.), Verfassungsschutz und Rechtsstaat, S. 65 (66); *Baumann*, in: Düwell (Hrsg.), Anwalt des Rechtsstaates, Festschrift für Posser, S. 299 (300 f.).

II) Heute: Aufgabe von Monopolstellungen

Schon früh wurde in der Literatur auf eine zunehmende Aufweichung der dargestellten Kompetenzverteilung hingewiesen.[25] Die wachsenden Überschneidungen ergeben sich hierbei aus einer doppelten Kompetenzerweiterung. Auf der einen Seite werden die Polizeibehörden zunehmend bereits im Gefahrenvorfeld tätig. So überträgt etwa § 1 Abs. 1 S. 2 NWPolG der Polizei die Aufgabe der Gefahrenvorsorge als bisher klassisches Aufgabenfeld der Nachrichtendienste.[26] Dem korrespondiert auf der anderen Seite eine Nutzung von Nachrichtendiensten zur Strafverfolgung.[27]

Diese Entwicklung soll im Folgenden zunächst anhand von zwei Beispielen dargestellt werden. Sodann sind die Auswirkungen der Verschiebung mit Blick auf das Trennungsgebot zu untersuchen und Abgrenzungskriterien zu entwickeln. Diese sollen dazu dienen, trotz kompetenzieller Überschneidungen, Doppelzuständigkeiten und damit auch additive Grundrechtseingriffe[28] möglichst zu vermeiden.

Schließlich ist die Kompetenzüberschneidung auch unter befugnisrechtlichen Gesichtspunkten zu untersuchen. Letzteres betrifft die Frage, welche Unterschiede zwischen nachrichtendienstlichen und polizeilichen Befugnissen bestehen und welche Folgen dies für die Zusammenarbeit hat.

1) Beispiele für Kompetenzüberschneidungen

a) Gefahrenabwehrkompetenz des BKA nach § 4 a BKAG

Die BKA-Novelle aus dem Jahre 2008 überträgt dem BKA umfassende Kompetenzen zur Abwehr von Gefahren des internationalen Terrorismus.[29] Neben der Abwehr von konkreten Gefahren ist das BKA nunmehr gemäß § 4 a Abs. 1 S. 2 BKAG auch zur Straftatenverhütung als Vorfeldaufgabe befugt. Die hierdurch bewirkte Überschneidung mit den ebenfalls zur Terrorismusabwehr berufenen Nachrichtendiensten wird verstärkt durch eine Ausweitung der Ermittlungsbefugnisse auf

---

25 Siehe nur *Evers*, in: BMI (Hrsg.), Verfassungsschutz und Rechtsstaat, S. 65 (66 ff.); *Kugelmann*, in: Würtenberger/Gusy/Lange (Hrsg.), Innere Sicherheit im europäischen Vergleich, S. 169 (172).

26 Vgl. etwa auch § 1 Abs. 3 ASOG Berlin; § 1 Abs. 1 S. 2 BremPolG; § 1 Abs. 1 S. 3 NdsPolG; § 2 Abs. 1 SOG LSA; Zur diesbezüglichen Entwicklung *Mann/Fontana*, JA 2013, 734 f.; Kritisch *Möllers*, NVwZ 2000, 382.

27 Zur Aufklärung der organisierten Kriminalität durch Nachrichtendienste siehe *Soiné*, DÖV 2006, 204; *Ders.*, ZRP 2008, 108.

28 Siehe zu dem Problem des additiven Grundrechtseingriffs BVerfGE 112, 304 (319 f.).

29 Hierzu bereits oben S. 26 ff.

nachrichtendienstliche Mittel.[30] Das BKA kann auf dieser Grundlage nunmehr bereits weit im Vorfeld einer Gefahr Ermittlungseingriffe vornehmen.[31]

Zum Teil wird in dieser Entwicklung eine „Vernachrichtendienstlichung der Polizei" gesehen.[32] Eine solche Einstufung würde jedoch über das Ziel hinausschießen, wenn trotz dieser Überschneidungsbereiche noch hinreichende Möglichkeiten zur Kompetenzabgrenzung bestünden.[33] Dies ist im Folgenden noch zu untersuchen.

b) Erweiterung des Aufgabenfeldes der Nachrichtendienste

Weitgehend unbestritten ist zunächst, dass die Aufklärungstätigkeit der Nachrichtendienste nicht zwingend mit dem Erreichen der polizeilichen Gefahrenschwelle oder dem Beginn eines Ermittlungsverfahrens endet, sondern auch darüber hinaus eine Beobachtung der gefahrverursachenden Strukturen zulässig ist.[34] Zu beobachten ist jedoch auch eine fortschreitende Tendenz zur Nutzung von nachrichtendienstlichen Erkenntnissen zur Strafverfolgung. Insoweit findet eine Aufgabenerweiterung in das originäre Zuständigkeitsregime der Polizei statt. Dies soll anhand folgender Beispiele verdeutlicht werden.

---

30 Vgl. etwa die Regelungen zur sog. Online-Durchsuchung in § 20 k BKAG oder zur sog. Quellen-TKÜ in § 20 l Abs. 2 BKAG; Kritisch hierzu *Geiger*, Stellungnahme zum Entwurf eines Gesetzes zur Abwehr von Gefahren des internationalen Terrorismus durch das BKA, A-Drs. 16(4)460 H, S. 1, 9; Das BVerfG hat die neuen Befugnisse des BKA zur Bekämpfung des internationalen Terrorismus zwar mit Urteil v. 20.04.2016, 1 BvR 966/09, für im Grundsatz verfassungskonform erklärt, aber zugleich festgestellt, dass die Regelungen in ihrer derzeitigen Ausgestaltung in verschiedener Hinsicht nicht dem Verhältnismäßigkeitsgrundsatz genügen; Siehe allgemein zu der Entwicklung bereits *Gröpl*, Die Nachrichtendienste im Regelwerk der deutschen Sicherheitsverwaltung, S. 310 ff.

31 Kritisch in Bezug auf die schon durch § 129 a StGB bewirkte Vorfeldverlagerung *Möllers*, Stellungnahme zum Entwurf eines Gesetzes zur Abwehr von Gefahren des internationalen Terrorismus durch das BKA, A-Drs. 16(4)460 K, S. 7.

32 *Möstl*, Die staatliche Garantie für die öffentliche Sicherheit und Ordnung, S. 408; *Wolff*, DÖV 2009, 597 (599); *Kniesel*, PFA-Schriftenreihe 3/1996, S. 77 (82 ff.); *von Denkowski*, Kriminalistik 2008, 410 (412).

33 Kritisch in diesem Sinne auch *Schafranek*, Die Kompetenzverteilung zwischen Polizei- und Verfassungsschutzbehörden, S. 152 ff.

34 *Gröpl*, Die Nachrichtendienste im Regelwerk der deutschen Sicherheitsverwaltung, S. 308; *Baumann*, in: Düwell (Hrsg.), Festschrift für Posser, S. 299 (301).

aa) Aufklärung der organisierten Kriminalität

Eine ausdrückliche Aufgabenzuweisung für die Aufklärung der organisierten Kriminalität findet sich für den BND[35] und einige Landesämter für Verfassungsschutz[36], nicht aber für das BfV. Letzteres wäre folglich nur zuständig, wenn die zu beobachtende organisierte Kriminalitätsstruktur zugleich eine Bestrebung im Sinne der §§ 3 Abs. 1, 4 Abs. 1 BVerfSchG darstellen würde.[37] Eine entsprechende Beschränkung des Aufgabenfeldes durch verfassungskonforme Auslegung der neuen Befugnisse fordert auch der Sächsische Verfassungsgerichtshof. Demnach müssen für die Zuständigkeit des Verfassungsschutzes neben dem Bestehen einer Struktur der organisierten Kriminalität, zugleich Indizien für deren Verfassungsfeindlichkeit vorliegen.[38] Die Ausdehnung der Aufklärungskompetenz der Nachrichtendienste auf das Gebiet der organisierten Kriminalität soll nicht zu einer „Verpolizeilichung" der Nachrichtendienste führen.[39]

Die Gefahr einer solchen Überschneidung besteht allerdings solange nicht, wie die Nachrichtendienste ihre Tätigkeit auf die strategische Aufklärung von Strukturen konzentrieren, um etwa der Polizei eine umfassende Einschätzung der Lage zu ermöglichen.[40] Insoweit wäre in der Aufnahme der organisierten Kriminalität in den Zuständigkeitskatalog der Nachrichtendienste keine echte Kompetenzerweiterung zu sehen.

Es ist jedoch darüber hinaus denkbar, dass Nachrichtendienste im Rahmen ihrer strategischen Aufklärung der organisierten Kriminalität auch Informationen über Einzelfälle erlangen, die für die Gefahrenabwehr und Strafverfolgung von erheblicher Relevanz sind.[41] Relevant sein könnte etwa der Fall, dass Nachrichtendienste im Zuge der grenzüberschreitenden Aufklärung einer international tätigen Bande im Verlaufe der Beobachtung Informationen über einzelne Beteiligungsformen und Tathandlungen erlangen.[42] Zugleich wurde aber bereits die Schwelle des strafprozessualen Anfangsverdachts überschritten und es laufen parallele Ermittlungen der Polizei. Die hierdurch begründete Annahme einer Gefahr eines *„parallelen, im Geheimen arbeitenden Strafverfolgungsapparates"*[43] erscheint allerdings nur

---

35 Vgl. die Gefahrbereiche in § 5 Abs. 1 S. 3 Nr. 4–7 G-10-Gesetz; § 2 a BNDG, eingefügt durch Art. 4 des Terrorismusbekämpfungsgesetzes vom 5.1.2007, BGBl I 2007, Nr. 1 hat zu einer Erweiterung der entsprechenden Befugnisse geführt.

36 Art. 1 Abs. 1 S. 2 BayVSG; § 2 Abs. 1, 2 Nr. 5 VerfSchutzG HE; § 3 Abs. 1 Nr. 4 SVerfSchg; § 2 Abs. 1 S. 2 Nr. 5 ThürVSG.

37 *Bergemann*, in: Denninger/Rachor (Hrsg.), Handbuch des Polizeirechts, S. 929 Rn. 34 m.w.N; Kritisch zu dem damit verbundenem Problem der Notwendigkeit einer ex-ante Einschätzung durch das BfV *Soiné*, ZRP 2008, 108 (110).

38 SächsVerfGH Urteil v. 21.7.2005, NJW 2005, 3559 (LS. 1).

39 Siehe zu dem Begriff *Kniesel*, PFA-Schriftenreihe 3/1996, S. 77 (83).

40 *Soiné*, ZRP 2008, 108 (110).

41 *Bergemann*, in: Denninger/Rachor (Hrsg.), Handbuch des Polizeirechts, S. 931 Rn. 36.

42 Vgl. *Soiné*, ZRP 2008, 108 (111).

43 *Bergemann*, in: Denninger/Rachor (Hrsg.), Handbuch des Polizeirechts, S. 931 Rn. 36.

gerechtfertigt, wenn die Nachrichtendienste in dem geschilderten Fall tatsächlich zum Zwecke der Strafverfolgung tätig werden. Dient die einzelfallspezifische Aufklärung dagegen nachwievor der Erstellung eines Gesamtlagebildes, scheint ein Konflikt mit dem Zuständigkeitsbereich der Polizei weniger evident, als umgekehrt bei der Ausdehnung der polizeilichen Zuständigkeit in das Gefahrenvorfeld. Im ersten Fall verfolgen Nachrichtendienst und Polizei unterschiedliche Ermittlungszwecke, nämlich Aufklärung und Strafverfolgung[44], während im zweiten Fall beide Behörden zur Aufklärung des Gefahrenvorfeldes tätig werden und bereits die Entstehung einer Gefahr verhindern wollen, wenngleich ihnen hierzu auch unterschiedliche Befugnisse zustehen.

Das vorstehende Beispiel zeigt jedoch die Notwendigkeit einer Abgrenzung, da im Bereich der organisierten Kriminalität die Gefahr einer tatsächlichen Überschneidung der Zuständigkeitsbereiche sicherlich größer ist, als etwa im Bereich der Spionageabwehr, wo die Polizei aufgrund der nur geringen Erkenntnismöglichkeiten im Vergleich zu den Nachrichtendiensten erst zu einem deutlich späteren Zeitpunkt tätig werden dürfte.[45]

bb) Ankauf von Steuerdaten-CDs durch den BND

Eine besondere Rolle kommt dem BND im Rahmen des Ankaufs von Liechtensteiner Kontodaten zu.[46] Mitarbeiter des Nachrichtendienstes kauften im Jahre 2007 in Liechtenstein von einem Bankmitarbeiter entsprechende Daten über deutsche Kunden. Die Frage der Verwertbarkeit der so erlangten Daten in einem Strafprozess wurde lange diskutiert[47] und letztlich durch das BVerfG positiv entschieden.[48] Die Völkerrechtmäßigkeit dieser Art der Beweisgewinnung soll an anderer Stelle noch untersucht werden.[49]

Interessant ist der Fall jedoch insbesondere auch mit Blick auf die Rollenverteilung zwischen Nachrichtendiensten und Polizei bei Auslandsermittlungen. Zum Teil wurde in der Beteiligung des BND ein *„Menetekel des Rechtsstaats“*[50] gesehen. Dem liegt der Vorwurf zugrunde, der BND wirke in unzulässiger Weise außerhalb seines

---

44 Ebenso *Soiné*, ZRP 2008, 108 (111).

45 Vgl. *Schafranek*, Die Kompetenzverteilung zwischen Polizei- und Verfassungsschutzbehörden, S. 154 mit dem Hinweis darauf, dass auch hier wegen §§ 93 ff. StGB eine Aufgabenüberschneidung besteht.

46 Siehe zum Sachverhalt etwa FAZ v. 26.2.008, Die Liechtenstein Affäre; Der Spiegel, Nr. 9 v. 25.2.2008, S. 30.

47 Für die Verwertbarkeit der Daten sprach sich zunächst das LG Bochum, HRRS 2009, Nr. 1111 aus; Dem folgt etwa, wenngleich deutlich differenzierend, *Pawlik*, JZ 2010, 693; Für eine a.A siehe nur *Kauffmann*, JA 2010, 597; *Trüg/Habetha*, NStZ 2008, 481; Zuvor bereits *Spatscheck/Alvermann*, IStR 2001, 33 (36).

48 BVerfG, Beschluss vom 9. 11. 2010 – 2 BvR 2101/09 = NStZ 2011, 103; Zustimmend etwa *Coen*, NStZ 2011, 433.

49 Siehe dazu eingehend unten S. 141 ff.

50 So *Schünemann*, NStZ 2008, 305

Zuständigkeitsbereiches, was sich letztlich auf die Verwertbarkeit der erlangten Daten auswirken müsse.

(1) Zuständigkeit des BND

Abgrenzungsfragen stellen sich allerdings nur dann, wenn der BND überhaupt nach innerstaatlichem Recht zur Informationsgewinnung in Liechtenstein befugt war. Aufgabe des BND ist gemäß § 1 Abs. 2 BND die Sammlung von Erkenntnissen über das Ausland mit außen- und sicherheitspolitischer Bedeutung. Die Kontendaten müssen mithin Informationen über Deliktsbereiche liefern, denen eine entsprechende Relevanz zukommt wie etwa im Bereich der organisierten Kriminalität oder Terrorismusfinanzierung.[51] Außerhalb des Aufklärungsauftrags des BND liegt im Gegenschluss eine Erlangung der Kontodaten ausschließlich zum Zwecke der Verfolgung von Steuervergehen.[52] Maßgeblich ist insoweit eine ex-ante Einschätzung, wonach durchaus Anhaltspunkte für das Vorliegen von Straftaten im Bereich der organisierten Geldwäsche bestanden haben dürften.[53] Auf Grundlage dieser Anhaltspunkte durfte der BND die in § 3 S. 1 BNDG i.V.m § 8 Abs. 2 BVerfSchG vorgesehenen Maßnahmen ergreifen und die angebotene Daten-CD käuflich erwerben.[54] In der späteren Weiterleitung der Daten-CD an die Finanzbehörden zeigt sich, unabhängig von deren Rechtmäßigkeit[55], die duale Zweckverfolgung des BND. Das primäre Interesse des BND an der Daten-CD dürfte in der Informationsgewinnung über Geldwäschestrukturen liegen und damit seinem Aufklärungsauftrag dienen. Zugleich erhält der BND mit den Kontodaten jedoch auch steuerstrafrechtlich relevante Informationen über Einzelpersonen, die er an die zuständigen Strafverfolgungsbehörden weiterleitet. Die einschlägige Regelung in § 9 Abs. 1 BNDG sieht eine solche Übermittlung für Zwecke der öffentlichen Sicherheit und mithin der Aufklärung von Straftaten[56] vor, wobei die Verwendung der Information grundsätzlich auf den jeweiligen Übermittlungszweck begrenzt ist. Der Beobachtungsauftrag des BND ist damit zwar nicht auf die Ermittlung in Strafsachen gerichtet, kann sich jedoch im Einzelfall auf diese erheblich auswirken. Festzuhalten bleibt damit, dass der BND im Steuer-CD-Fall solange zuständig war, wie sich seine Aufklärung

---

51 *Soiné*, DÖV 2006, 204; *Sieber*, NJW 2008, 881 (882).

52 Ebenso *Heine*, in: Kunz/Herren/Cottier/Matteotti (Hrsg.), FS für v. Büren, S. 917 (922); *Sieber*, NJW 2008, 881 (882).

53 Der Spiegel v. 18.2.2008, S. 29 f.; *Göres/Kleinert*, NJW 2008, 1353 (1356 f.); Kritisch dagegen *Schünemann*, NStZ 2008, 305 (307) Fn. 23.

54 Ebenso *Pawlik*, JZ 2010, 693 (696); *Sieber*, NJW 2008, 881 (882); *Kaiser*, NStZ 2011, 383 (385); Zweifelnd aber im Ergebnis zustimmend *Heine*, in: Kunz/Herren/ Cottier/ Matteotti (Hrsg.), FS für v. Büren, S. 917 (923).

55 Allgemein zur Zulässigkeit der Nutzung von ND-Informationen zum Zwecke der Strafverfolgung siehe unten S. 234 ff.

56 *Haedge*, Das neue Nachrichtendienstrecht für die Bundesrepublik Deutschland, S. 227; Soiné, NStZ 2007, 247 (248).

auf den Gesamtbereich der organisierten Geldwäschekriminalität richtete und sich nicht auf bestimmte Einzelfälle konzentrierte.

(2) Parallele Zuständigkeit der Strafverfolgungsbehörden

Sofern auch den Strafverfolgungsbehörden nach innerstaatlichem Recht die Zuständigkeit zum Ankauf der Daten-CD zukommt, stellt der Fall ein Beispiel für die Annäherung der Zuständigkeitsbereiche dar und macht eine Abgrenzung erforderlich. Auch insoweit bleibt die Frage der Auswirkungen einer Umgehung des Rechtshilfeweges auf die Rechtmäßigkeit der Beweisgewinnung nach dem Völkerrecht außer Betracht.[57] Mangels spezieller gesetzlicher Regelung kommt als Rechtsgrundlage für die Zuständigkeit der Strafverfolgungsbehörden nach nationalem Recht nur die Ermittlungsgeneralklausel des § 161 Abs. 1 S. 1 StPO in Betracht. Ein Rückgriff auf die Generalklausel ist zulässig, sofern mit den Ermittlungen kein erheblicher Grundrechtseingriff verbunden ist.[58] Für ein geringeres Schutzniveau spricht zunächst der Umstand, dass die Daten ausschließlich Informationen über Auslandskonten geben. Hier hat der Kontoinhaber seine Daten willentlich außerhalb des Anwendungsbereichs des Grundgesetzes verbracht. Damit wäre mitunter schon die Eröffnung des grundrechtlichen Schutzbereichs zweifelhaft.[59] Sofern man jedoch zutreffend das Recht auf informationelle Selbstbestimmung für einschlägig hält[60], spricht gegen die Grundrechtsintensität des Eingriffs, dass die übergebenen Daten der Geschäftssphäre im Sinne der Dreistufenlehre des BVerfG[61] zuzuordnen sein dürften.[62] Kontodaten dienen der Teilnahme am alltäglichen Rechtsverkehr und unterliegen anders als Informationen aus dem Kernbereich persönlicher Lebensgestaltung einem regelmäßigen Austausch.[63]

---

57 Siehe hierzu unten S. 132 f., 251 ff.

58 BVerfG NJW 2009, 2876 (2877); *Erb*, in: Erb et al. (Hrsg.), LR-StPO, § 160 Rn. 3b; *Griesbaum*, in: Hannich (Hrsg.), KK-StPO, § 161 Rn. 1.

59 So *Kaiser*, NStZ 2011, 383 (386) mit Hinweis auf die Möglichkeit eines konkludenten Grundrechtsverzichts (Fn. 30); Ein solcher konkludenter Verzicht erscheint jedoch sehr zweifelhaft, da dieser letztlich immer bei Auslandssachverhalten angebracht werden könnte und zu einer Verwässerung der extraterritorialen Grundrechtsbindung führen würde. Zudem wird sich der Kontoinhaber regelmäßig über die Vorteile seines Auslandskontos Gedanken machen, nicht aber zugleich einen Verlust seiner Grundrechte vor Augen haben. Denkbar wäre allenfalls die Annahme einer geringeren Eingriffsschwelle mit dem Argument geringerer Schutzbedürftigkeit.

60 Eingehend zur Grundrechtsbindung deutscher Behörden bei Auslandsermittlungen siehe unten S. 172 ff.

61 BVerfGE 34, 238 (245 ff.).

62 Ebenso *Pawlik*, JZ 2010, 693 (697) mit Verweis auf die Pflicht zur Preisgabe entsprechender Daten nach § 90 Abs. 2 AO; *Kölbel*, NStZ 2008, 241 (243); a.A. *Heine*, in: Kunz/Herren/ Cottier/Matteotti (Hrsg.), FS für v. Büren, S. 917 (925); *Beulke*, JURA 2008, 653 (665); *Spernath*, NStZ 2010, 307 (311); *Trüg/Habetha*, NJW 2008, 887 (890).

63 *Pawlik*, JZ 2010, 693 (697).

Damit wären auch die Strafverfolgungsbehörden nach Maßgabe der Ermittlungsgeneralklausel innerstaatlich für den Ankauf der Steuer-CD zuständig gewesen.

c) Zwischenergebnis

Die genannten Beispiele zeigen eine wachsende Überschneidung der Zuständigkeitsbereiche von Polizei und Nachrichtendiensten. So kann der nebulöse Hinweis einer Quelle auf eine terroristische Struktur einerseits die Nachrichtendienste zu Aufklärungsmaßnahmen veranlassen, andererseits aber auch Vorfeldermittlungen durch das BKA initiieren. Ebenso kann eine konkrete Gruppierung innerhalb des Phänomenbereichs der organisierten Kriminalität sowohl Adressat strafprozessualer Ermittlungen als auch nachrichtendienstlicher Erkenntnisgewinnung sein. Der Fall des Ankaufs der Steuerdaten-CD gibt ein anschauliches Beispiel für diese Doppelzuständigkeit nach nationalem Recht. Der Fall dient zugleich als Indiz für die Richtigkeit der Prämisse, dass Nachrichtendiensten bei bestimmten Auslandsermittlungen eine bedeutendere Rolle zukommt, als dies bei reinen Inlandssachverhalten der Fall wäre. Schließlich berühren Auslandssachverhalte wie gezeigt mitunter nicht nur den Kompetenzbereich der Strafverfolgungsbehörden, sondern aufgrund ihrer Einbindung in bestimmte Kriminalitätsbereiche zugleich den der Nachrichtendienste.

2) Auswirkung der Zuständigkeitsüberschneidung

a) Vereinbarkeit mit dem Trennungsgebot

Die dargestellten Entwicklungen gehen über eine bloße Annäherung von Polizei und Nachrichtendiensten hinaus. Zu beobachten ist vielmehr eine fortschreitende Aufgabe von bisherigen Exklusivzuständigkeiten und damit einhergehend die Entwicklung von Doppelzuständigkeiten. Eine solche Verschiebung muss für ihre Rechtmäßigkeit den Vorgaben des Trennungsgebotes standhalten.[64]

Sofern das Trennungsgebot nur als Gebot einer organisatorischen Trennung verstanden wird, bedeutet die parallele Zuständigkeit zweier ansonsten voneinander getrennten Behörden keinen Verstoß. Auch eine Erstreckung des Trennungsgebotes auf die jeweiligen Befugnisse führt nicht zu einer anderen Beurteilung, solange Polizei und Nachrichtendienste im Rahmen ihrer Aufgabenerfüllung nicht auf einen identischen Befugniskatalog zurückgreifen können. Relevanz bekommt das Trennungsgebot jedoch, wenn es darüber hinaus ein Verbot der Aufgabenüberschneidung enthält. Trennung von Polizei und Nachrichtendiensten bedeutet dann das Bestehen unterschiedlicher Behörden, mit entweder polizeilichem oder

64 Siehe hierzu eingehend *Wolff*, DÖV 2009, 597 (601 ff.); *Schafranek*, Die Kompetenzverteilung zwischen Polizei- und Verfassungsschutzbehörden, S. 166 ff.; *Nehm*, NJW 2004, 3289.

nachrichtendienstlichem Befugniskatalog und exklusivem Zuständigkeitsbereich.[65] In diesem Fall wäre sowohl die Zuschreibung von Vorfeldbefugnissen an die Polizei wie etwa durch § 4 a BKAG als auch die zumindest mittelbare Aufklärung von Straftaten durch die Nachrichtendienste systemfremd.[66] Sofern die Geltung eines derart strikten Trennungsgebotes unterstellt wird, bedarf es einer Rechtfertigung beider Richtungsverschiebungen.[67]

Hinsichtlich der Vorfeldverlagerung durch § 4 a BKAG dürfte in Art. 73 Abs. 1 Nr. 9 a GG[68] die entsprechende verfassungsrechtliche Rechtfertigungsgrundlage zu finden sein.[69] Dem Wortlaut ist zwar nicht eindeutig zu entnehmen, ob nur die Kompetenz zur Abwehr konkreter Gefahren oder auch zur Straftatenverhütung geregelt ist.[70] Für eine Erstreckung der Kompetenz auch auf das Vorfeld spricht allerdings ein Rückgriff auf den polizeirechtlichen Gehalt des Gefahrbegriffs.[71] Dieser umfasst nach überwiegender Auffassung neben der Abwehr konkreter Gefahren zugleich den Bereich der Straftatenverhütung.[72] Solange sich eine terroristische Bedrohung noch nicht hinreichend örtlich konkretisiert hat, dürfte regelmäßig die Schwelle zur konkreten Gefahr noch nicht überschritten sein, sondern ein solcher vom Anwendungsbereich des Art. 73 Abs. 1 Nr. 9 a GG erfasster Fall der Straftatenverhütung als Vorfeldaufgabe vorliegen.[73] Die Ausdehnung der Zuständigkeit

65 Zum Teil wird das Trennungsgebot als ein strenges Konkurrenzverbot verstanden, wonach Nachrichtendienste und Polizei exklusive Aufgabenbereiche wahren müssen. In diesem Sinne etwa *Denninger/Poscher*, in: Denninger/Rachor (Hrsg.), Handbuch des Polizeirechts, S. 101 f. Rn. 110; *Kutscha*, in: Roggan/Kutscha (Hrsg.), Handbuch zum Recht der inneren Sicherheit, S. 82; *Schafranek*, Die Kompetenzverteilung zwischen Polizei- und Verfassungsschutzbehörden, S. 176 ff.; im Ansatz auch *Albert*, ZRP 1995, 105 (106); a.A. *Droste*, Handbuch des Verfassungsschutzrechts, S. 293; *Nehm*, NJW 2004, 3289 (3291).

66 Ausdrücklich bzgl. der Beobachtung der organisierten Kriminalität durch die Nachrichtendienste *Bergemann*, in: Denninger/Rachor (Hrsg.), Handbuch des Polizeirechts, S. 931 Rn. 37.

67 Ebenso kann mit *Wolff*, DÖV 2009, 597 (602) von einer zulässigen Änderung eines strengen verfassungsrechtlichen Trennungsgebotes durch den verfassungsändernden Gesetzgeber ausgegangen werden.

68 Eingefügt durch die Föderalismusreform 2006, BGBl I 2006, S. 2034.

69 *Wolff*, DÖV 2009, 597 (602).

70 Für eine umfassende Regelung *Degenhart*, in: Sachs (Hrsg.), GG, Art. 73 Rn. 50; *Uhle*, in: Maunz/Dürig (Hrsg.), GG, Art. 73 Rn. 214 m.w.N.; *Wolff*, DÖV 2009, 597 (602); Für eine a.A. siehe etwa *Roggan*, NJW 2009, 257 (258).

71 *Uhle*, in: Maunz/Dürig (Hrsg.), GG, Art. 73 Rn. 214.

72 Eingehend hierzu *Möstl*, Die staatliche Garantie für Sicherheit und Ordnung, S. 147 ff. m.w.N; *Ders.*, DVBl 2007, 581 (585); *di Fabio*, Jura 1996, 566 (570); Kritisch dagegen *Weßlau*, Vorfeldermittlungen, S.110 ff. (127 ff.).

73 *Wolff*, DÖV 2009, 597 (602) spricht insoweit von einer Zuständigkeit des „ersten Zugriffs".

der Polizei würde damit jedenfalls im Rahmen der Bekämpfung des internationalen Terrorismus nicht gegen das Trennungsgebot verstoßen.[74]

Hinsichtlich der Ausdehnung der Zuständigkeit der Nachrichtendienste in den Zuständigkeitsbereich der Polizei fehlt es an einer ausdrücklichen Ermächtigungsnorm. Allerdings scheint im Hinblick auf diese Entwicklung auch kein rechtfertigungsbedürftiger Verstoß gegen ein striktes Trennungsgebot evident. Die Polizei wird aufgrund ihrer neuen Kompetenzen im Vorfeldbereich originär zur Abwehr von Gefahren zuständig und übt damit eine umfassende Zuständigkeit aus. Demgegenüber ist die Ausdehnung des Beobachtungsauftrags der Nachrichtendienste nachwievor an das Vorliegen einer „Bestrebung" geknüpft.[75] Eine Erkenntnisgewinnung zur Abwehr einer konkreten Gefahr oder zum Zwecke der Strafverfolgung erfolgt nicht zielgerichtet, sondern allenfalls mittelbar. Nachrichtendienste und Polizei werden damit zwar mitunter nebeneinander tätig, verfolgen aber unterschiedliche Ziele. Wird die Polizei im Rahmen der Straftatenverhütung tätig, verfolgt sie demgegenüber ein durchaus vergleichbares Ziel wie die Nachrichtendienste, nämlich die frühzeitige Gewinnung von Erkenntnissen über eine Bedrohung und letztlich deren Abwehr.

b) Zwischenergebnis

Die dargestellten Zuständigkeitsverschiebungen verstoßen auch dann nicht gegen das Trennungsgebot, wenn man dieses als ein Gebot von Exklusivzuständigkeiten begreift. Allerdings bleibt mit Blick auf die Gefahr doppelter Grundrechtseingriffe und deren Bedeutung für die spätere Verwertung der Informationen nachwievor eine Abgrenzung der Zuständigkeiten erforderlich. Die Möglichkeit zur wechselseitigen Ausdehnung der Zuständigkeitsbereiche bedeutet nicht, dass dies notwendigerweise zur gleichen Zeit geschehen muss.

c) Abgrenzungskriterien

aa) Unterscheidung Aufklärung – Abwehr

Ausgangspunkt einer Abgrenzung ist die inhaltliche Unterscheidung zwischen der Aufklärung einer Bedrohung und deren Abwehr. Während die Nachrichtendienste zur Aufklärung von Phänomenbereichen tätig werden, agiert die Polizei zur Bedrohungsabwehr. Die dargestellte Ausdehnung der Zuständigkeitsbereiche hätte dann ihre Grenze erreicht, wenn schwerpunktmäßig die jeweils zugewiesene Tätigkeitsrichtung überschritten würde. Die Polizei müsste demnach ihre Tätigkeit im Gefahrenvorfeld einstellen, sobald sie schwerpunktmäßig keine vorbereitende Gefahrenabwehr mehr betreibt, sondern eine bestimmte Kriminalitätsstruktur aufklärt. Die Tauglichkeit einer solchen Abgrenzung ist jedoch entscheidend von der

74 Bzw. dieses wäre mit *Wolff*, DÖV 2009, 597 (602) durch den verfassungsändernden Gesetzgeber für den Bereich der Terrorismusbekämpfung abgeändert worden.

75 Siehe oben S. 54 ff.

Definierbarkeit beider Tätigkeitsrichtungen abhängig. Dies wird dort erschwert, wo Gefahrenabwehr zugleich Aufklärungselemente oder jedenfalls ähnliche Methoden erfasst. Letzteres Problem zeigt sich etwa in der Vornahme von Strukturermittlungen durch das BKA[76], wodurch Gefahrenabwehr entweder zu einem sehr dehnbaren Begriff wird oder für bestimmte Bereiche eine Abgrenzung allenfalls noch durch eine Rücknahme der Zuständigkeit der Nachrichtendienste erfolgen kann.[77]

(1) Definierbarkeit

Aufklärung lässt sich verstehen als eine gegenstandsbezogene und langfristige Gewinnung von Hintergrund- und Strukturinformationen über einen bedrohungsgeeigneten Phänomenbereich. Demgegenüber bedeutet Abwehr die vorgangsbezogene, hinreichend individualisierte und konkretisierte Bekämpfung einer bereits verdichteten Bedrohungslage.[78]

Am Beispiel der Bekämpfung des internationalen Terrorismus lässt sich der Unterschied beider Tätigkeitsrichtungen verdeutlichen. Der Nachrichtendienst beobachtet im In- oder Ausland eine mutmaßlich terrorbereite Bestrebung. Hierbei sammelt er Informationen über Organisationsstrukturen, politische oder religiöse Motive, Finanzierungsquellen oder Verbindungen zu anderen Gruppierungen.[79] Mit zunehmender Konkretisierung des Bedrohungspotenzials tritt der Nachrichtendienst in den Hintergrund, während er zugleich als „*Informationsdienstleiter*“[80] die Polizei über seine bisherigen Erkenntnisse informiert und dieser damit ein Einschreiten zum Zwecke der Gefahrenabwehr ermöglicht.[81] Allerdings muss der Nachrichtendienst hierbei seine Erkenntnisweitergabe mitunter bestimmten Beschränkungen und Vorkehrungen unterwerfen, um letztlich auch die Verwertbarkeit von Informationen und die Offenlegung von Quellen nicht zu gefährden.[82]

(2) Sonderfall Strukturermittlungen?

Strukturermittlungen dienen nicht der Abwehr konkreter Gefahren oder der Straftatenaufklärung, sondern der Gewinnung von Informationen über eine mutmaßlich kriminelle Struktur im organisationsverdächtigen Vorfeld.[83] Insbesondere im

---

76 Siehe hierzu oben S. 28 f.

77 Siehe hierzu *Wolff*, DÖV 2009, 597 (603) bzgl. des Aufgabenfeldes der Terrorismusaufklärung.

78 Zu den Begriffen siehe *Gröpl*, Die Nachrichtendienste im Regelwerk der deutschen Sicherheitsverwaltung, S. 315; *Wolff*, DÖV 2009, 597 (605); *Streiß*, Das Trennungsgebot zwischen Polizei und Nachrichtendiensten, S. 228 ff.

79 *Wolff*, DÖV 2009, 597 (605).

80 *Streiß*, Das Trennungsgebot zwischen Polizei und Nachrichtendiensten, S. 231.

81 Eingehend zur Verwendung von ND-Informationen siehe unten S. 272 ff.

82 Siehe hierzu unten S. 242 f., 272 ff., 286 ff.; Vgl. auch *Gusy*, NVwZ 1983, 322.

83 Vgl. *Jahnes*, Initiativermittlungen im Bereich der Organisierten Kriminalität, S. 10 f., 170 f.

Bereich der organisierten und terroristischen Kriminalität dienen die Strukturverfahren des BKA der Strafverfolgungsvorbereitung.[84] Dort, wo das Strafrecht im Bereich der §§ 129 ff. StGB selbst weit in das Vorfeld hineinreicht, bewirken die Strukturermittlungen letztlich eine *„doppelte Vorverlagerung"*.[85] Es stellt sich nunmehr die Frage, welcher Tätigkeitsrichtung diese Strukturermittlungen zuzuordnen sind. Sofern es sich um eine echte Aufklärungstätigkeit handelt, wäre eine terminologische Abgrenzung zum Tätigkeitsfeld der Nachrichtendienste nicht mehr hinreichend. Klärt nunmehr auch das BKA unabhängig von den Nachrichtendienste bestimmte Strukturen auf, müsste die Abgrenzung in diesen Bereichen notwendigerweise nach anderen Kriterien erfolgen. Denkbar ist demgegenüber jedoch auch die Einordnung der Strukturermittlungen als Übergangsstufe zwischen Aufklärung und Abwehr. Treffend erscheint insoweit eine Klassifizierung als Maßnahmen der Informationsverdichtung.[86] Der eigentliche Hinweis über die Existenz einer sicherheitsrelevanten Bestrebung stammt weiterhin von den Nachrichtendiensten. Regelmäßig dürften die hierzu übermittelten Hintergrundinformationen noch nicht ausreichen, um strafprozessuale Ermittlungen aufgrund eines Anfangsverdachts einzuleiten.[87] Vielmehr müssen diese Informationen nunmehr weiter verdichtet werden. Hierzu kommen etwa die Anfrage bei anderen Behörden und die Auswertung allgemein zugänglicher Quellen in Betracht. Zugleich wird das Lagebild weiterhin durch nachrichtendienstliche Erkenntnisse ergänzt.[88]

Strukturermittlungen sind daher nicht mit einer nachrichtendienstlichen Aufklärungstätigkeit vergleichbar. Sie dienen vielmehr einer frühzeitigen Auswertung und Verdichtung von nachrichtendienstlichen Informationen. Es handelt sich damit auch nicht um einen Sonderfall der Aufklärung als Maßnahme der Informationsgewinnung, sondern eher um eine besondere Form der Informationsauswertung. Die Auswertung nachrichtendienstlicher Informationen und deren Verknüpfung mit eigenen Erkenntnissen fallen hier zusammen.

(3) Zwischenergebnis

Aufklärung und Abwehr sind durchaus definierbare und damit unterscheidbare Begriffe. Zur Vermeidung von Parallelermittlungen ist hierbei letztlich auf den Schwerpunkt der Maßnahme abzustellen. Liegt dieser auf einer Gewinnung von Hintergrundinformationen zu einer Bestrebung und deren Verdichtung, sind die

---

84 *Graulich*, Die Zusammenarbeit von GBA und BKA, S. 343 m.w.N.

85 Siehe zu dem Begriff *Graulich*, Die Zusammenarbeit von GBA und BKA, S. 346.

86 Vgl. *Graulich*, Die Zusammenarbeit von GBA und BKA, S. 572.

87 Eingehend zu den Grenzen des Anfangsverdachts BVerfG NJW 2014, 3085; Kritisch *Hoven*, NStZ 2014, 361; Vgl. auch BVerfG NStZ-RR 2004, 143 wonach eine bloße Vermutung nicht ausreichend ist, während es zugleich aber noch keiner genauen Tatkonkretisierung bedarf.

88 Insgesamt zum Verfahren siehe *Graulich*, Die Zusammenarbeit von GBA und BKA, S. 572.

Nachrichtendienste originär zuständig. Sobald parallel laufende, eingriffsfreie, Strukturermittlungsverfahren der Polizei zu einer hinreichenden Konkretisierung des Lagebildes geführt haben, geht die Zuständigkeit auf die Polizei über. Aufgrund der Zuschreibung von Kompetenzen zur Straftatenverhütung wird dieser Zeitpunkt immer weiter in das Vorfeld verlagert. Dies hat letztlich zur Folge, dass die Nachrichtendienste noch früher in den Hintergrund treten müssen. Als Anhaltspunkt für eine hinreichende Konkretisierung dürfte etwa die Identifizierung einzelner Personen und konkreter Tatbeiträge dienen.[89]

bb) Ort der Ermittlungen

Zur Vermeidung von Parallelermittlungen könnte auch eine Abgrenzung nach dem Ort der vorzunehmenden Informationsgewinnung erfolgen. Die bisherige Untersuchung hat zwar gezeigt, dass sowohl Nachrichtendienste, als auch die Polizei regelmäßig im Ausland tätig werden dürfen.[90] Allerdings wäre für Bereiche, in denen eine Zuständigkeitsannäherung zu beobachten ist, eine Beschränkung der jeweiligen Ermittlungstätigkeit auf das In- oder Ausland denkbar. So würde etwa im Rahmen der Terrorismusbekämpfung der BND im Ausland tätig werden, während das BKA vorrangig in Deutschland zuständig ist.[91] Eine derart pauschale Zuständigkeitsabgrenzung ist jedoch insbesondere mit Blick auf die Informationsverwertung nicht unproblematisch.[92] So mag eine Auslandsermittlung hinsichtlich einer Straftat nach § 129 b StGB die Polizei zwar vor erhebliche Schwierigkeiten stellen, jedoch können die Nachrichtendienste hier nicht uneingeschränkt zur Lösung herangezogen werden.[93] Vielmehr muss sich eine effektive Terrorismusbekämpfung auch im Rahmen von Auslandsermittlungen an das Leitbild der Unterscheidung von Aufklärung und Abwehr halten. Damit ist die Auslandstätigkeit keine exklusive Domäne der Nachrichtendienste, sondern es gelten letztlich die gleichen Zuständigkeitsabgrenzungen wie im Inland. Diese stoßen allerdings an ihre Grenzen, wenn polizeiliche Ermittlungen aufgrund der Besonderheiten der Situation im Ausland nicht möglich sind.[94] Ein solches Ermittlungshindernis kann etwa in der fehlenden Bereitschaft zur Gewährung von Rechtshilfe liegen. In diesem Fall würde eine dennoch vorgenommene polizeiliche Ermittlung als „*wilde Beweisaufnahme*“[95] mitunter erhebliche Konsequenzen für die Beweisverwertung haben.[96] Vielmehr handelt es sich bei

---

89 Vgl. *Graulich*, Die Zusammenarbeit von GBA und BKA, S. 564.
90 Siehe hierzu eingehend Kapitel 1.
91 *Wolff*, DÖV 2009, 597 (603).
92 Siehe hierzu speziell bzgl. der Terrorismusbekämpfung *Krauß*, in: Laufhütte et al. (Hrsg.), LK-StGB, § 129 b Rn. 7.
93 *Zöller*, JZ 2007, 763 (770 f.); *Soiné*, NStZ 2007, 247 (248 f.).
94 *Krauß*, in: Laufhütte et al. (Hrsg.), LK-StGB, § 129 b Rn. 7.
95 *Nagel*, Beweisaufnahme im Ausland, S. 6.
96 Zur Verwertung von völkerrechtswidrig gewonnenen Beweisen siehe unten S. 245 ff.

einer Informationsgewinnung außerhalb des offiziellen Rechtshilfeweges um einen klassischen Tätigkeitsbereich der Nachrichtendienste. Nachrichtendienstliche Aufklärungstätigkeit unter Verletzung fremder Gebietshoheit oder unter Umgehung bestehender rechtshilferechtlicher Regelungen würde jedoch ebenso Verwertungsprobleme nach sich ziehen, wie Ermittlungen zum Zwecke der Strafverfolgung. Damit führt auch die Nichtgewährung von Rechtshilfe nicht zu einer pauschalen Allzuständigkeit der Nachrichtendienste.

Der Ort der Informationsgewinnung ist damit kein taugliches Abgrenzungskriterium. Dieses Ergebnis dürfte letztlich auch dem Willen des Gesetzgebers entsprechen, der Auslandsermittlungen eben nicht ausschließlich den Nachrichtendiensten vorbehalten hat, sondern prinzipiell auch der Polizei Kompetenzen in diesem Bereich zugeschrieben hat.

cc) Ergebnis

Trotz der wachsenden Überschneidung von Zuständigkeitsbereichen gilt auch heute: Nachrichtendienste klären auf, die Polizei wehrt ab und verfolgt.[97] Die strikte Anwendung dieser Grundsätze verkleinert im Ergebnis das Beobachtungsspektrum der Nachrichtendienste. Dies ist entweder hinzunehmen, oder vom Gesetzgeber durch entsprechende Anpassungsmaßnahmen zu verändern.[98]

III) Befugnisrechtliche Abgrenzung

Die gezeigte Annäherung der Tätigkeit von Nachrichtendiensten und Polizei erfordert nicht nur eine Abgrenzung der Aufgabenbereiche. Darüber hinaus haben die Behörden im Rahmen der Erfüllung ihrer jeweiligen Aufgaben auch befugnisrechtliche Grenzen zu beachten. Diese ergeben sich aus der befugnisrechtlichen Komponente des Trennungsgebotes, welche einfachgesetzlich in § 8 Abs. 3 BVerfSchG, § 2 Abs. 3 BNDG und § 4 Abs. 2 MADG geregelt wurde.[99] Danach stehen den Nachrichtendiensten keine polizeilichen Befugnisse zur Erfüllung ihrer Aufgaben zu. Voraussetzung für die Durchführbarkeit einer solchen Abgrenzung ist die Unterscheidbarkeit von nachrichtendienstlichen und polizeilichen Mitteln.[100] Eine Einzeldarstellung der jeweiligen Befugnisse würde jedoch über den Gegenstand der vorliegenden Untersuchung hinausgehen.[101] Vielmehr sollen die grundsätzlichen Unterschiede beider Befugniskataloge herausgearbeitet werden. Sodann stellt sich

97 *Gröpl*, Die Nachrichtendienste im Regelwerk der deutschen Sicherheitsverwaltung, S. 315.
98 Siehe zu möglichen Anpassungen *Wolff*, DÖV 2009, 597 (603 ff.).
99 König, Trennung und Zusammenarbeit von Polizei und Nachrichtendiensten, S. 226 spricht in diesem Zusammenhang von einem „*Exekutivverbot*".
100 Ebenso *Rehbein*, Verwertbarkeit von nachrichtendienstlichen Erkenntnissen, S. 96.
101 Eingehend zu den Befugnissen des BfV *Droste*, Handbuch des Verfassungsschutzrechts, S. 305 ff.; Speziell zum Eingriff in informationstechnische Systeme durch die Polizei *Soiné*, NVwZ 2012, 1585.

die Frage, inwieweit sich Grenzen für eine Zusammenarbeit zwischen Nachrichtendiensten und Polizei ergeben. Relevant ist in diesem Zusammenhang insbesondere die Reichweite des Amtshilfegrundsatzes, welcher nicht zu einer Umgehung der bestehenden befugnisrechtlichen Grenzen führen darf.[102]

1) *Nachrichtendienstliche Mittel*

In den einschlägigen Nachrichtendienstgesetzen findet sich keine Definition der nachrichtendienstlichen Mittel.[103] Stattdessen beschränkt sich § 8 Abs. 2 BVerfSchG auf eine beispielhafte Aufzählung entsprechender Methoden, Gegenstände und Instrumente zur heimlichen Informationsbeschaffung. Gemeint sind damit gesetzlich vorgesehene Mittel zur heimlichen beziehungsweise verdeckten Gewinnung von Informationen zur Erfüllung der nachrichtendienstlichen Aufgaben, wobei keine körperliche Zwangseinwirkung stattfindet.[104] Die Bedeutung einer solchen Definition könnte indes mit Blick auf die Schaffung vergleichbarer Eingriffsbefugnisse für die Polizei angezweifelt werden.[105] Dies würde jedoch auch eine qualitative Kongruenz der verdeckten Ermittlungsbefugnisse erfordern. Einer solchen Deckungsgleichheit können indes zwei beispielhafte Vergleiche zwischen entsprechenden Befugnissen entgegengehalten werden.

a) Einsatz verdeckt ermittelnder Beamter

Nach Maßgabe der §§ 110 a-c StPO kann ein Beamter der Polizei als verdeckter Ermittler (VE) eingesetzt werden. Hierbei handelt es sich um einen dauerhaft unter einer Legende handelnden Ermittler, der zur Aufklärung bestimmter Katalogtaten tätig wird.[106] Die Generalklausel des § 8 Abs. 2 BVerfSchG spricht demgegenüber nur vom Einsatz von Vertrauensleuten und Gewährspersonen. Ausweislich des Wortlautes trifft die Norm allerdings keine abschließende Regelung. Vielmehr ist darüber hinaus auch ein Einsatz ungeschriebener nachrichtendienstlicher Mittel

---

102 Siehe hierzu unten S. 71 ff.

103 Siehe zu einer kritischen Betrachtung bisheriger Definitionsansätze *Borgs*, in: Borgs/Ebert (Hrsg.), Das Recht der Geheimdienste, § 3 Rn. 143.

104 Definition frei nach *Gröpl*, Die Nachrichtendienste im Regelwerk der deutschen Sicherheitsverwaltung, S. 310 m.w.N.; *Droste*, Handbuch des Verfassungsschutzrechts, S. 305 ff.; *Borgs*, in: Borgs/Ebert (Hrsg.), Das Recht der Geheimdienste, § 3 Rn. 145.

105 In diesem Sinne *Gröpl*, Die Nachrichtendienste im Regelwerk der deutschen Sicherheitsverwaltung, S. 312 mit Verweis auf die präventiv polizeilichen Befugnisse zur Anfertigung von Bild- und Tonaufnahmen, zur Observation und zum Einsatz verdeckter Ermittler, sowie entsprechender strafprozessualer Ermächtigungsgrundlagen.

106 Eingehend zur Definition und Abgrenzung *Günther*, in: Knauer/Kudlich/Schneider (Hrsg.), MüKo-StPO, § 110 a Rn. 15 ff.; *Schmitt*, in: Meyer-Goßner/Schmitt (Hrsg.), StPO, § 110 a Rn. 2,7,10.

möglich.[107] Als ein solches ungeschriebenes Mittel setzen die Nachrichtendienste etwa Under Cover Agents (UCA) ein. Hierbei handelt es sich um einen Beamten des Nachrichtendienstes, der ohne Bindung an die starren Regeln des Dienstrechtes[108], langfristig unter einer Legende innerhalb einer Bestrebung tätig wird und umfassende Erkenntnisse über diese sammelt.[109]

Der UCA unterscheidet sich hierbei vom VE durch seine besondere Flexibilität. Während der Einsatz eines VE nach Maßgabe der §§ 110 a, b StPO bestimmten verfahrensrechtlichen Beschränkungen unterliegt[110], bedarf die Aufnahme einer UCA-Tätigkeit lediglich einer behördeninternen Genehmigung.[111] Ein weiterer entscheidender Unterschied ergibt sich zudem aus dem maßgeblichen Ermittlungsregime. Anders als der VE, ist der UCA nicht dem Legalitätsprinzip[112] verpflichtet, sondern agiert nach Maßgabe des Opportunitätsprinzips.[113] Letzteres ermöglicht ein Tätigwerden des UCA ohne konkreten Ermittlungsauftrag anlässlich eines Anfangsverdachts. Ziel des UCA ist vielmehr die Gewinnung von Strukturerkenntnissen ohne zeitliche Begrenzung des Einsatzes.[114]

Wenngleich sowohl den Nachrichtendiensten als auch der Polizei die Befugnis zum Einsatz verdeckt ermittelnder Beamter zukommt, zeigen sich bei genauer Betrachtung der Kompetenzen durchaus qualitative Unterschiede. Der Einsatz des UCA ist an weitaus geringere Voraussetzungen geknüpft und dient einem anderen Ziel als der Einsatz des VE.

---

107 *Rehbein*, Verwertbarkeit von nachrichtendienstlichen Erkenntnissen, S. 39 mit Verweis auf die Notwendigkeit einer Entsprechung zu den geschriebenen Mitteln; *Zöller*, Informationssysteme und Vorfeldmaßnahmen, S. 291 m.w.N.

108 *Roewer*, Nachrichtendienstrecht, § 3 Rn. 144.

109 *Droste*, Handbuch des Verfassungsschutzrechts, S. 277; *Borgs*, in: Borgs/Ebert (Hrsg.), Das Recht der Geheimdienste, § 3 Rn. 164.

110 Gemäß § 110 a StPO ist der Einsatz eines VE nur zulässig zur Aufklärung bestimmter Straftaten von erheblicher Bedeutung, soweit anderweitige Aufklärungsmethoden aussichtslos oder unzureichend wären. Gemäß § 110 b StPO entscheidet die Staatsanwaltschaft über die Zulässigkeit bzw. in besonders eingriffsintensiven Fällen der Richter.

111 *Droste*, Handbuch des Verfassungsschutzrechts, S. 278 mit dem Hinweis darauf, dass die Behördenleitung in besonderen Fällen regelmäßig zuvor eine Rücksprache mit den verantwortlichen politischen Aufsichtsinstanzen halten wird.

112 Die Bindung ergibt sich hierbei bereits daraus, dass § 110 a StPO einen Einsatz zur Aufklärung von Straftaten voraussetzt, *Droste*, Handbuch des Verfassungsschutzrechts, S. 278 Fn. 896.

113 *Droste*, Handbuch des Verfassungsschutzrechts, S. 278 f.

114 Vgl. *Albert*, in: Korte/Zoller (Hrsg.), Informationsgewinnung mit nachrichtendienstlichen Mitteln, S. 88 (99).

b) *Telekommunikationsüberwachung*

Die StPO sieht in § 100 a die Möglichkeit einer Telekommunikationsüberwachung vor. Erste Voraussetzung ist das Vorliegen von Tatsachen, welche den Verdacht einer Katalog- oder Vorbereitungstat begründen.[115] Dies erfordert Umstände, welche nach der Lebenserfahrung und kriminalistischer Einschätzung in erheblicher Weise auf die Täter- oder Teilnehmerschaft an einer Katalogtat hindeuten. Der Verdacht darf hierbei nicht auf bloß vagen Anhaltspunkten beruhen, sondern bedarf einer hinreichenden Konkretisierung und Stärke.[116]

Demgegenüber genügt für eine nachrichtendienstliche Überwachung der Telekommunikation das Vorliegen tatsächlicher Anhaltspunkte. Auch dieses Erfordernis geht über bloße Vermutungen und vage Anhaltspunkt hinaus, begründet aber im Ergebnis eine niedrigere Eingriffsschwelle als die StPO.[117] Entscheidender Unterschied zwischen der G-10 Maßnahme der Nachrichtendienste und der strafprozessualen TKÜ ist zudem die in § 3 Abs. 1 G-10 vorgesehene Erstreckung der Eingriffsbefugnisse auf den Bereich der Planung.[118] Möglich ist damit schon die Überwachung von strafrechtlich noch nicht sanktionierten Vorbereitungshandlungen.[119]

Damit kommen den Nachrichtendiensten im Bereich der TKÜ besondere Befugnisse zu, die eine Erfüllung des Aufklärungsauftrags im Vorfeld von Gefahr und Anfangsverdacht ermöglichen.

c) *Zwischenergebnis*

Die Beispiele zeigen, dass eine partielle Befugnisparellelität[120] noch nicht zugleich eine qualitative Übereinstimmung bedeuten muss. Vielmehr liegen die Besonderheiten der nachrichtendienstlichen Mittel etwa in der speziellen Flexibilität und der Ausdehnung auf das strafrechtlich noch nicht relevante Vorfeld. Allerdings weist *Gröpl*[121] zutreffend auch auf die umgekehrte Entwicklung hin, wonach in bestimmten Fällen der Einsatz nachrichtendienstlicher Mittel durch die Polizei weniger strengen Beschränkungen unterliegt, als im Falle des Einsatzes durch die

---

115 Eingehend zu den Voraussetzungen der Verdachtslage *Günther*, in: Knauer/Kudlich/Schneider (Hrsg.), MüKo-StPO, § 100 a Rn. 72 ff.; *Schmitt*, in: Meyer-Goßner/Schmitt (Hrsg.), StPO, § 100 a Rn. 9.

116 *Bruns*, in: Hannich (Hrsg.), KK-StPO, § 100 a Rn. 32; *Graf*, in: Ders. (Hrsg.), Beck-OK StPO, § 100 a Rn. 37.

117 Siehe hierzu BVerfGE 100, 313 (393) = NJW 2000, 55 (66); *Huber*, in: Erbs/Kohlhaas (Hrsg.), Strafrechtliche Nebengesetze, 195. EL 2013, G-10, § 3 Rn. 4; *Bergemann*, in: Denninger/Rachor (Hrsg.), Handbuch des Polizeirechts, S. 942 Rn. 68.

118 *Droste*, Handbuch des Verfassungsschutzrechts, S. 300; *Huber*, in: Erbs/Kohlhaas (Hrsg.), Strafrechtliche Nebengesetze, 195. EL 2013, G-10, § 3 Rn. 6.

119 Siehe zu einer entsprechenden Maßnahme durch das BfV: VG Berlin, Urt. v. 1. 3. 2012 – VG 1 A 391/08, NJOZ 2013, 123 (126).

120 *Nehm*, NJW 2004, 3289 (3294).

121 *Gröpl*, Die Nachrichtendienste im Regelwerk der deutschen Sicherheitsverwaltung, S. 313.

Nachrichtendienste. So ermöglicht etwa § 100 c Abs. 1 StPO Abhörmaßnahmen schon nach Durchführung einer strengen Verhältnismäßigkeitsprüfung, während § 9 Abs. 2 BVerfSchG solche Maßnahmen nur zur Abwehr einer gegenwärtigen gemeinen Gefahr oder gegenwärtigen Lebensgefahr für einzelne Personen vorsieht. In diesem Fall kann also die Polizei flexibler auf ein nachrichtendienstliches Mittel zurückgreifen. Es zeigt sich folglich mit Blick auf die Definition nachrichtendienstlicher Mittel, dass insoweit keine allgemeingültige Abgrenzung getroffen werden kann. Vielmehr muss in jedem Einzelfall geprüft werden, inwieweit eine Ermittlungsbefugnis spezifisch nachrichtendienstlichen Charakter hat. Dieser hat sodann Auswirkungen auf die Frage, inwiefern die so gewonnen Erkenntnisse den Polizeibehörden zugänglich gemacht werden können.[122] Die befugnisrechtliche Komponente des Trennungsgebotes lässt sich daher nur eingeschränkt über die Definition von nachrichtendienstlichen Mitteln aufzeigen.[123] Die maßgebliche Abgrenzung dürfte stattdessen vielmehr über den Begriff der polizeilichen Befugnisse und dem Verbot der Zuweisung[124] selbiger an die Nachrichtendienste erfolgen.[125]

2) Polizeiliche Befugnisse

Entscheidend für die Abgrenzung ist nach obiger Darstellung die Reichweite des Begriffs der polizeilichen Befugnisse. Nach herkömmlicher Auffassung fallen hierunter zumindest solche Maßnahmen, denen ein Zwangselement inhärent ist wie etwa Festnahme, Durchsuchung und Beschlagnahme.[126] *Evers*[127] definiert hierbei das notwendige Zwangselement als ein Mittel zur unmittelbaren Einwirkung auf einen äußeren Geschehensablauf, während nachrichtendienstliche Mittel den Einsatz des Geistes zur systematischen Beobachtung von Lebensvorgängen vorsehen. Das besondere Charaktermerkmal der polizeilichen Zwangsmaßnahme liegt damit in der Offenheit des Eingriffs in Freiheit, körperliche Integrität oder Eigentum.[128] Allerdings gehen die heutigen Befugnisse der Polizei über solch offene Maßnahmen hinaus. So verfügt mittlerweile auch die Polizei über Befugnisse, die aufgrund ihrer Heimlichkeit mit denen der Nachrichtendienste vergleichbar sind.[129] Der Begriff der

---

122 Siehe dazu sogleich S. 71 ff.

123 Ebenso *Gusy*, Die Verwaltung 1991, 467 (479 f.).

124 § 8 Abs. 3 BVerfSchG; § 2 Abs. 3 BNDG; § 4 Abs. 2 MADG.

125 Ebenso *Rehbein*, Verwertbarkeit von nachrichtendienstlichen Erkenntnissen, S. 96.

126 *Denninger*, in: BMI (Hrsg.), Verfassungsschutz und Rechtsstaat, S. 19 (37); *Soiné*, NStZ 2007, 247 (248).

127 *Evers*, Privatsphäre und ÄfV, S. 98.

128 *König*, Trennung und Zusammenarbeit von Polizei und Nachrichtendiensten, S. 34 f., 227; *Rehbein*, Verwertbarkeit von nachrichtendienstlichen Erkenntnissen, S. 97.

129 Siehe nur *Gusy*, Grundrechte und Verfassungsschutz, S. 127; *König*, Trennung und Zusammenarbeit von Polizei und Nachrichtendiensten, S. 35 m.w.N.; *Kugelmann*, in: Würtenberger/Gusy/Lange (Hrsg.), Innere Sicherheit im europäischen Vergleich, S. 169 (172).

polizeilichen Befugnis lässt sich daher nicht mehr ohne Weiteres mit Zwangsbefugnissen gleichsetzen.

Folglich bedarf es aufgrund der Annäherung der Befugnisse einer spezifisch nachrichtendienstrechtlichen Auslegung des Begriffs der polizeilichen Befugnisse, anhand der Zweckrichtung des in § 8 Abs. 3 BVerfSchG normierten befugnisrechtlichen Trennungsgebotes.[130] Dieses zielt darauf ab, die Entstehung einer übermächtigen Geheimpolizei mit Zwangsbefugnissen zu verhindern[131], nicht aber die Nachrichtendienste auf offene Ermittlungsmethoden zu beschränken. Eine solche nachrichtendienstrechtliche Auslegung des Begriffs der polizeilichen Befugnis lässt daher die Zuschreibung heimlicher Ermittlungsbefugnisse an die Polizei außer Betracht und beschränkt sich auf offene Zwangsmaßnahmen. Andernfalls würde die zunehmende Normierung heimlicher Ermittlungseingriffe für die Polizei zugleich einen erheblichen Befugnisverlust für die Nachrichtendienste bedeuten.[132] Soweit nämlich der Polizei, beispielsweise nach den §§ 16 ff. NWPolG, die Befugnis zur Informationsgewinnung mittels Observation oder dem Einsatz technischer Überwachungsmittel zukommt[133], würde eine Erstreckung des Begriffs der polizeilichen Befugnis im Sinne des § 8 Abs. 3 BVerfSchG auf solche heimlichen Maßnahmen, zugleich ein Verbot dieser Maßnahmen für die Nachrichtendienste bedeuten.[134] Dass dies vom Gesetzgeber nicht gewollt sein kann, zeigt schon die Existenz von § 8 Abs. 2 BVerfSchG.[135] Zudem würde eine anderweitige Interpretation der polizeilichen Befugnisse letztlich die Aufgabe der Nachrichtendienste *ad absurdum* führen.[136]

Verboten sind folglich nur solche Mittel, die den Nachrichtendiensten eine zwangsweise Gewinnung von Informationen ermöglichen würden.[137] Maßgeblich ist hierbei nicht die Intensität des Grundrechtseingriffs, die auch bei der Gewinnung von Informationen durch den Einsatz verdeckter Mittel durchaus hoch sein

---

130 Ebenso *Rehbein*, Verwertbarkeit von nachrichtendienstlichen Erkenntnissen, S. 98. König, Trennung und Zusammenarbeit von Polizei und Nachrichtendiensten, S. 227; *Gusy*, Die Verwaltung 1991, 467 (485).

131 *Denninger*, in: BMI (Hrsg.), Verfassungsschutz und Rechtsstaat, S. 19 (37); Eingehend zum historischen Kontext auch *Streiß*, Das Trennungsgebot zwischen Polizei und Nachrichtendiensten, S. 142 ff.

132 *Gusy*, Die Verwaltung 1991, 467 (485).

133 Entsprechende Maßnahmen sind der Polizei in allen Bundesländern gestattet. Vgl. nur Art. 33 ff. BayPAG; §§ 25 ff. ASOG Berlin; §§ 15 ff. HSOG; §§ 33 ff. NdsPolG; § 25 b POG RLP; §§ 39 ff. SächsPolG.

134 *Rehbein*, Verwertbarkeit von nachrichtendienstlichen Erkenntnissen, S. 98.

135 § 8 Abs. 2 S. 1 BVerfSchG lautet: „*Das Bundesamt für Verfassungsschutz darf Methoden, Gegenstände und Instrumente zur heimlichen Informationsbeschaffung, wie den Einsatz von Vertrauensleuten und Gewährspersonen, Observationen, Bild- und Tonaufzeichnungen, Tarnpapiere und Tarnkennzeichen anwenden.*“

136 *Rehbein*, Verwertbarkeit von nachrichtendienstlichen Erkenntnissen, S. 98.

137 Vgl. auch *Sandkuhl*, in: Michalke/Köberer/Pauly (Hrsg.), FS für Rainer Hamm, S. 615 (625).

kann, sondern die Offenheit der Maßnahme und ihre unmittelbare rechtliche oder faktische Wirkung.[138]

3) Grenzen einer Zusammenarbeit

Die bisherige Darstellung hat gezeigt, dass die Begriffe der nachrichtendienstlichen Mittel und der polizeilichen Befugnisse an die Spezifika der jeweiligen Tätigkeit anknüpfen. Befugnisrechtliche Trennung bedeutet daher keine vollständige Abschottung gesetzlicher Eingriffsmaßnahmen, sondern vielmehr partielle Exklusivität. Diese besteht für die Nachrichtendienste in der Befugnis zur Vornahme von Ermittlungseingriffen im weiten Vorfeld von Verdacht und Gefahr.[139] Der Polizei ist demgegenüber die Befugnis zur Vornahme von Ermittlungsmaßnahmen mit Zwangscharakter vorbehalten. Diese befugnisrechtliche Exklusivität bedingt die Zusammenarbeit zwischen Nachrichtendiensten und Polizei.[140] So bestimmt § 8 Abs. 3 Hs. 2 BVerfSchG[141], dass der Verfassungsschutz zur Erfüllung seiner Aufgaben auch nicht die Polizei im Wege der Amtshilfe um Maßnahmen ersuchen darf, zu denen der Dienst selbst nicht befugt wäre. Die Regelung bewirkt damit eine gesetzliche Normierung des allgemeinen Verbots einer Erweiterung oder Veränderung der Zuständigkeiten oder Befugnisse von ersuchender oder ersuchter Behörde im Wege der Amtshilfe.[142] Jenseits der Nutzung polizeilicher Befugnisse durch die Nachrichtendienste[143] richten sich die Zulässigkeit und Grenzen einer Zusammenarbeit nach den Vorschriften über die Amtshilfe in den §§ 4 ff. VwVfG. Zulässig sind demnach alle Kooperationsformen, die nicht im Widerspruch zu den jeweils gesetzlich festgelegten und begrenzten Aufgaben stehen.[144]

Umgekehrt stellt sich die Frage, inwieweit das befugnisrechtliche Trennungsgebot auch der Polizei einen Rückgriff auf spezifisch nachrichtendienstliche Mittel versagt, eher im Rahmen der Verwertung von Informationen.[145] Dies ist dem Umstand geschuldet, dass die Polizei ihre Erkenntnisse über das Gefahrenvorfeld regelmäßig

---

138 Siehe statt aller *Gusy*, Die Verwaltung 1991, 467 (486); *Evers*, in: BMI (Hrsg.), Verfassungsschutz und Rechtsstaat, S. 65 (69).

139 Erfasst ist insbesondere der Bereich der Planung einer Tat, Siehe oben S. 49 f.

140 *Soria*, in: Hendler/Ibler/Soria (Hrsg.), Für Sicherheit, für Europa, FS für Volkmar Götz, S. 359 (365) mit dem zutreffenden Hinweis auf die zunehmende Verkleinerung dieser Exklusivitätsbereiche.

141 Ebenso wie § 2 Abs. 3 S. 2 BNDG; § 4 Abs. 2 Hs. 2 MADG.

142 Siehe zu diesem Grundsatz *Schmitz*, in: Stelkens/Bonk/Sachs (Hrsg.), VwVfG, § 5 Rn. 6, 20 f.

143 In Betracht kommt insbesondere die Teilnahme an polizeilichen Ermittlungen als Berater aufgrund besonderer Sachkenntnis der Nachrichtendienste. Siehe für weitere Beispiele *Rehbein*, Verwertbarkeit von nachrichtendienstlichen Erkenntnissen, S. 99.

144 *Schmitz*, in: Stelkens/Bonk/Sachs (Hrsg.), VwVfG, § 5 Rn. 21.

145 In diesem Sinne wohl auch Soiné, NStZ 2007, 247 (248).

auf Informationen der Nachrichtendienste aufbaut.[146] Ab diesem Zeitpunkt stehen der Polizei, wie gezeigt[147], vergleichbare nachrichtendienstliche Mittel zur Verfügung, sodass die Notwendigkeit eines Rückgriffs auf die besonderen Befugnisse der Nachrichtendienste eher gering ist. Probleme für die Verwertbarkeit entsprechender Informationen ergeben sich sodann weniger aus einem möglichen Verstoß gegen das Trennungsgebot, als aus etwaigen Verwendungsbeschränkungen.[148]

Bei der Untersuchung einer Zusammenarbeit zwischen Nachrichtendiensten und Polizei lassen sich im Grunde zwei Formen unterscheiden. Zusammenarbeit kann zum einen die direkte zwischenbehördliche Kooperation bedeuten, bei der letztlich die jeweiligen Befugnisse wechselseitig nutzbar gemacht werden. Auf der anderen Seite kann Zusammenarbeit aber auch einen rein informationellen Austausch bedeuten. Zwischen beiden Kooperationsformen bestehen gewichtige Unterschiede, anhand derer sich die Grenzen einer zulässigen Zusammenarbeit im Wege der Amtshilfe bestimmen lassen. Der Bestimmung dieser Grenzen kommt für Auslandsermittlungen eine besondere Relevanz zu. Einerseits werden inländische Nachrichtendienste, nach der hier zugrundeliegenden Prämisse, bei Ermittlungen ohne Kenntnis des Gebietsstaates oder im Bereich bestimmter Kriminalitätsbereiche (Steuer-CD) in größerem Umfang tätig, als bei reinen Inlandssachverhalten. Andererseits arbeiten deutsche Behörden bei Auslandsermittlungen mitunter mit ausländischen Behörden zusammen, denen sowohl ein polizeilicher als auch ein nachrichtendienstlicher Charakter zukommt.

a) Ausweitung eigener Ermittlungsbefugnisse

Mit § 8 Abs. 3 BVerfSchG unvereinbar sind solche Kooperationsformen, die letztlich zu einer Ausweitung der eigenen Ermittlungsbefugnisse führen.[149] Mit der Beschränkung der nachrichtendienstlichen Befugnisse auf zwangsfreie Eingriffe wären daher Aufforderungen an die Polizei zur nachrichtendienstlich motivierten Durchführung von polizeilichen Zwangsmaßnahmen unvereinbar.[150] Unzulässig wäre beispielsweise die Durchführung einer Identitätsfeststellung zu nachrichtendienstlichen Zwecken durch die Polizei.[151] Auch die Nutzung einer polizeilichen Durchsuchung für nachrichtendienstliche Zwecke stellt eine unzulässige Befugnisausweitung dar.[152] Zulässig wäre in diesem Zusammenhang lediglich eine beratende Tätigkeit von

146 *Graulich*, Die Zusammenarbeit von GBA und BKA, S. 572.
147 Siehe oben S. 69 f.
148 Siehe hierzu unten 235 ff.
149 *Soria*, in: Hendler/Ibler/Soria (Hrsg.), Für Sicherheit, für Europa, FS für Volkmar Götz, S. 359 (366) m.w.N; *Droste*, Handbuch des Verfassungsschutzrechts, S. 570 f.
150 *Nehm*, NJW 2004, 3289 (3294).
151 *Soria*, in: Hendler/Ibler/Soria (Hrsg.), Für Sicherheit, für Europa, FS für Volkmar Götz, S. 359 (366).
152 *Nehm*, NJW 2004, 3289 (3294).

Mitarbeitern der Nachrichtendienste.[153] Ebenfalls zulässig wäre eine gemeinsam durchgeführte Observation, da insoweit beide Behörden aus eigenem Recht tätig werden.[154]

b) Informationsaustausch

Die aufgezeigte befugnisrechtliche Trennung bewirkt, dass Nachrichtendienste zur eigentlichen Bekämpfung einer erkannten Bedrohung oder Verfolgung einer Straftat nicht befugt sind. Vielmehr ist dies Aufgabe von Polizei und Staatsanwaltschaft, die wiederum auf die Erkenntnisse der Nachrichtendienste angewiesen sind. Dies erfordert einen Informationsaustausch zwischen den Behörden. Zutreffend beschreibt *Nehm*[155] die informationelle Zusammenarbeit zwischen Nachrichtendiensten und Polizei daher als funktionelle Kehrseite des Trennungsgebotes. Eine solche Zusammenarbeit ist für die effektive Aufgabenwahrnehmung von Nachrichtendiensten und Polizei essenziell. Die Annahme eines über die organisatorische und befugnisrechtliche Trennung hinausgehendes informationelles Trennungsgebot würde daher letztlich die Aufklärung durch die Nachrichtendienste überflüssig machen, da ihre Erkenntnisse kaum nutzbar gemacht werden könnten. Ein informationelles Trennungsgebot ist daher mit der herrschenden Auffassung abzulehnen.[156]

Die Polizei kann folglich auch zwangsweise erhobene Informationen an die Nachrichtendienste übermitteln, sofern diesen eine nachrichtendienstliche Relevanz zukommt.[157] Umgekehrt kann eine Übermittlung von Informationen der Nachrichtendienste an die Polizei erfolgen, wenn dadurch die Abwehr von Gefahren oder die Aufklärung von Straftaten ermöglicht wird.[158] Entscheidend ist, dass die Empfangsbehörde keinen Einfluss auf die Informationsgewinnung nehmen konnte und die Informationen nur zum Zwecke der ihr übertragenen Aufgaben verwertet.

---

153 *Droste*, Handbuch des Verfassungsschutzrechts, S. 572, wonach die Mitarbeiter des Verfassungsschutzes als Sachverständige bei Durchsuchungen im Rahmen einer bewertenden Sichtung der erlangten Informationen tätig werden können.

154 *Nehm*, NJW 2004, 3289 (3294); *Droste*, Handbuch des Verfassungsschutzrechts, S. 571, wonach allerdings die Bildung einer sog. „joint section" aus Polizei und Verfassungsschutz zur dauerhaften Observation unzulässig wäre.

155 *Nehm*, NJW 2004, 3289 (3294).

156 *Gröpl*, Die Nachrichtendienste im Regelwerk der deutschen Sicherheitsverwaltung, S. 316; *Zöller*, Informationssysteme und Vorfeldmaßnahmen, S. 325; *Nehm*, NJW 2004, 3289 (3294); *Soria*, in: Hendler/Ibler/Soria (Hrsg.), Für Sicherheit, für Europa, FS für Volkmar Götz, S. 359 (366); *Paeffgen/Gärditz*, KritV 2000, 65 (68); a. A. *Denninger*, in: BMI (Hrsg.), Verfassungsschutz und Rechtsstaat, S. 19 (38).

157 Ebenso *Zöller*, Informationssysteme und Vorfeldmaßnahmen, S. 325.

158 Eine entsprechende Öffnungsklausel findet sich in den §§ 19, 20 BVerfSchG, die über § 9 BNDG und § 11 MADG auch für BND und MAD Anwendung finden. Eingehend zur Verwendung nachrichtendienstlicher Informationen siehe unten S. 234 ff., 272 ff.

4) Ergebnis

Der Abgrenzung von Befugnissen der Nachrichtendienste und der Polizei kommt gerade bei Auslandsermittlungen eine besondere Relevanz zu. Zur Sicherung der Verwertbarkeit von im Ausland erlangten Informationen, sind die Vorgaben des Trennungsgebotes unbedingt einzuhalten.

Maßgeblich ist insoweit das in § 8 Abs. 3 BVerfSchG, § 2 Abs. 3 BNDG und § 4 Abs. 2 MADG einfachgesetzlich geregelte und verfassungsschutzspezifisch auszulegende Verbot der Zuweisung polizeilicher Befugnisse an die Nachrichtendienste. Der Begriff der polizeilichen Befugnisse ist hierbei zur Verhinderung einer fortschreitenden Lähmung der Befugnisse der Nachrichtendienste dahingehend einschränkend auszulegen, dass nur eine Zuweisung von Zwangsbefugnissen verboten ist. Dieses Verbot darf sodann auch nicht durch eine extensive Anwendung des Amtshilfegrundsatzes umgangen werden. Im Rahmen einer organisatorischen Kooperation sind nur solche Zusammenarbeitsformen zulässig, die nicht zu einer Ausweitung der eigenen Befugnisse führen. Entscheidendes Mittel der Zusammenarbeit ist demnach der Informationsaustausch. Hierbei ist darauf zu achten, dass die übermittelte Information zur Erfüllung des jeweiligen behördlichen Auftrags benötigt wird.

B) Sonderfall Terrorismusbekämpfung: Gefahrenabwehr oder Strafverfolgung?

Die oben dargestellte Ausweitung der Zuständigkeit des BKA zur Bekämpfung des internationalen Terrorismus[159] führt zu wichtigen Abgrenzungsfragen hinsichtlich des handlungsleitenden Tätigkeitsregimes. So sind Ermittlungen des BKA im Inoder Ausland auf der Grundlage von § 4 Abs. 1 S. 1 Nr. 3 a, 4 BKAG zwecks der Strafverfolgung wegen §§ 129 a, b StGB möglich. Zugleich eröffnet § 4 a Abs. 1 BKAG eine Kompetenz zur Gefahrenabwehr im Bereich des internationalen Terrorismus. Die durch diese Doppelzuständigkeit entstehende Problematik soll kurz dargestellt werden.[160] Mit Blick auf den Gegenstand der vorliegenden Untersuchung stellt sich dann vor allem die Frage nach Lösungsmöglichkeiten, um auch in diesem Bereich schon frühzeitig die spätere Verwertbarkeit von Informationen zu sichern. Wird die Auslandstätigkeit des BKA etwa dem präventiven Bereich zugeordnet, stellt sich mitunter in einem späteren Strafverfahren die Frage, inwieweit die hierdurch gefahrenabwehrrechtlich erlangten Erkenntnisse nunmehr auch zu repressiven Zwecken verwertet werden dürfen.[161]

---

159 Siehe oben S. 26 ff.

160 Eingehend hierzu *Graulich*, Die Zusammenarbeit von GBA und BKA, S. 347 ff.

161 Siehe hierzu im Einzelnen unten S. 240 ff.

I) Einführung in die Problematik

Im Bereich des internationalen Terrorismus kommt dem BKA durch § 4 Abs. 1 S. 1 Nr. 3 a, 4 BKAG die originäre Zuständigkeit zur Strafverfolgung zu. Hierbei handelt das BKA jedoch nicht autonom, sondern unterliegt der Ermittlungsleitung durch den Generalbundesanwalt (GBA), welcher gemäß §§ 142 a Abs. 1, 120 Abs. 1 Nr. 6 GVG für die strafrechtliche Verfolgung terroristischer Vereinigungen nach §§ 129 a, b StGB zuständig ist. Folge dieser Leitungsbefugnis des GBA ist ein aus den §§ 160, 161, 163 StPO folgendes umfassendes Weisungsrecht gegenüber dem BKA, sowie die Pflicht des BKA, den GBA unverzüglich von Ermittlungen in Kenntnis zu setzen[162]. Zudem obliegt dem GBA die Entscheidung über den Einsatz eingriffsintensiver Ermittlungsmaßnahmen.[163]

Zugleich überträgt § 4 a Abs. 1 BKAG dem BKA die Zuständigkeit zur Abwehr von Gefahren im Bereich des internationalen Terrorismus. Hierbei unterliegt das BKA dem Opportunitätsprinzip[164] und handelt alleinverantwortlich, ohne der Leitungsbefugnis der Staatsanwaltschaft beziehungsweise des GBA zu unterliegen.[165]

Die besondere Brisanz dieser „*Behördenunion*“[166] ergibt sich nunmehr aus dem spezifischen Charakter der Tatbestände in §§ 129 a, b StGB. Diese bewirken eine Vorverlagerung der Strafbarkeit und sollen die Begehung bestimmter Straftaten[167] durch terroristische Vereinigungen verhindern. Es handelt sich daher um Tatbestände mit präventiver Funktion.[168] Dieser frühe Anknüpfungspunkt des Strafrechts bewirkt, dass im Moment des Bestehens einer konkreten Gefahr durch den internationalen Terrorismus, mitunter zugleich ein strafprozessualer Anfangsverdacht für ein Vereinigungsdelikt nach den §§ 129 a, b StGB besteht. Dem ließe sich zwar entgegenhalten, dass im weiteren Vorfeld regelmäßig noch nicht die strengen Anforderungen hinsichtlich Organisationsdichte und Willensbildung in der Vereinigung[169] erfüllt sein dürften und daher noch keine objektive Tatbestandsverwirklichung

---

162 § 4 Abs. 3 S. 1 Hs. 2 BKAG i.V.m. Nr. 30 Abs. 3 RiStBV.

163 Siehe hierzu nur *Bäcker*, Terrorismusabwehr durch das BKA, S. 61.

164 *Griesbaum/Wallenta*, NStZ 2013, 369 (374).

165 Im Bereich der Gefahrenabwehr besteht kein Weisungsrecht; Siehe nur *Schmitt*, in: Meyer-Goßner/Schmitt, StPO, § 161 Rn. 13; *Erb*, in: Ders. et al. (Hrsg.), Löwe-Rosenberg StPO, § 161 Rn. 55; *Griesbaum*, in: Hannich (Hrsg.), StPO, § 161 Rn. 32.

166 *Griesbaum/Wallenta*, NStZ 2013, 369 (374).

167 § 4 a Abs. 1 S. 2 BKAG verweist zudem auf die Straftatkataloge in § 129 a Abs. 1, 2 StGB.

168 In diesem Sinne auch *Roggan*, NJW 2009, 257 (258); *Geiger*, Stellungnahme zum Entwurf eines Gesetzes zur Abwehr von Gefahren des internationalen Terrorismus durch das BKA, A-Drs. 16(4)460 H, S. 8; Vgl. auch *Schäfer*, in: Joecks/Miebach (Hrsg.), MüKo-StGB, § 129 a Rn. 1; *Graulich*, Die Zusammenarbeit von GBA und BKA, S. 348.

169 Siehe hierzu BGHSt 31, 202 (204 f.); 45, 26 (35); BGH Urteil vom 10.03.2005 – 3 StR 233/04, NJW 2005, 1668 (1670); *Fischer*, StGB, § 129 a Rn. 4 ff.; Kritisch zu einer zum Teil vorgeschlagenen europarechtsfreundlichen erweiternden Auslegung des

gegeben ist. Allerdings ist die tatsächliche Verwirklichung einer Straftat auch nicht Voraussetzung für die Zulässigkeit strafrechtlicher Ermittlungen, sondern es genügt gemäß § 160 Abs. 1 StPO bereits der Anfangsverdacht einer Straftat.[170] Das Zusammentreffen von Terrorgefahr und Terrorismusverdacht[171] führt zu einer Kollision zweier Handlungsregime. Auf der einen Seite kann das BKA zur Gefahrenabwehr im Rahmen des Opportunitätsprinzips selbstständig tätig werden und auf der anderen Seite könnte der GBA das BKA zu strafrechtlichen Ermittlungen unter dem Legalitätsprinzip[172] anweisen. Da das BKAG diese Kollisionslage nicht gesetzlich regelt, könnte das BKA in der Versuchung stehen, erst möglichst spät Anhaltspunkte für die hinreichende Verdichtung eines Anfangsverdachts an den GBA weiterzuleiten, um zunächst umfassende Maßnahmen unter der Prämisse der Gefahrenabwehr in eigener Regie durchführen zu können.[173] Möglich wäre dann die Vornahme intensiver Ermittlungsmaßnahmen aufgrund der §§ 20 a ff. BKAG[174], ohne dass diese der Führung durch die Staatsanwaltschaft bedürfen. Mangels Weisungsbefugnis des GBA ließen sich die Gefahrermittlungen sicherlich flexibler gestalten, als im Falle der Notwendigkeit einer vorherigen Absprache zwischen BKA und GBA.

Es stellt sich folglich die Frage, ob die wichtige Abgrenzung zwischen Gefahrenabwehr und Strafverfolgung alleine dem BKA überlassen wird oder ob nicht vielmehr eine andere Lösung sachgerecht ist.

II) Lösungsmöglichkeiten

1) Schwerpunkt der Maßnahme

Klassischerweise erfolgt die Abgrenzung zwischen einem Handeln zur Gefahrenabwehr und einem solchen zur Strafverfolgung nach dem objektiven Schwerpunkt der Maßnahme.[175] Gerade im Falle der Bekämpfung des internationalen Terrorismus dürfte indes ein solcher Schwerpunkt regelmäßig nur schwer zu identifizieren sein.[176] Dies ist dem präventiven Charakter der §§ 129 a, b StGB zuzuschreiben, wodurch Gefahrenabwehrrecht und Strafrecht letztlich sehr ähnliche Ziele verfolgen.[177] Deutlich wird diese Zweckidentität nicht zuletzt durch den Verweis des § 4 a Abs. 1 S. 2 BKAG auf die Straftatenkataloge des § 129 a Abs. 1, 2 StGB und die wörtliche

---

Vereinigungsbegriffs *Ostendorf*, in: Kindhäuser/Neumann/Paeffgen (Hrsg.), StGB, § 129 a Rn. 6a; Ablehnend letztlich auch BGH, NJW 2010, 1979 (1981).

170 *Bäcker*, Terrorismusabwehr durch das BKA, S. 62.

171 *Griesbaum/Wallenta*, NStZ 2013, 369 (374).

172 § 152 Abs. 2, § 163 Abs. 1 S. 2 StPO.

173 *Bäcker*, Terrorismusabwehr durch das BKA, S. 63.

174 Siehe etwa zur Online Durchsuchung nach § 20 k BKAG, NJW 2009, 257 (259 f.).

175 VGH München, BayVBl. 1986, 337 f.; VGH Mannheim, NVwZ-RR 1989, 412 (413); *Pieroth/Schlink/Kniesel*, Polizei- und Ordnungsrecht, S. 25 Rn. 15; *Bertrams*, NWVBl. 2003, 289 (298); a.A. *Schenke*, Polizei- und Ordnungsrecht, Rn. 423.

176 *Graulich*, Die Zusammenarbeit von GBA und BKA, S. 350 f.

177 Vgl. *Roggan*, NJW 2009, 257 (258).

Übernahme der dort geregelten Voraussetzungen des terroristischen Tatzieles sowie der besonderen Schadenseignung.[178] Eine Ermittlungsmaßnahme gegen eine terroristische Vereinigung wird daher regelmäßig eine „doppelfunktionale Maßnahme" im eigentlichen Sinn darstellen[179], bei der sich kein Schwerpunkt feststellen lässt.

In derartigen Konstellationen geht das Bundesverfassungsgericht im Ausnahmefall von einem Vorrang der Gefahrenabwehr aus, wenn diese der Beseitigung gegenwärtiger Gefahren für hochrangige Rechtsgüter dient.[180] Einschränkendes Merkmal ist hierbei jedoch zwingend das Kriterium der Gegenwärtigkeit. Es muss also eine bereits derart konkretisierte Gefährdungslage vorliegen, in welcher die Einbindung des GBA in die Ermittlungen eine erhebliche Verzögerung bedeuten würde, wodurch letztlich eine effektive Gefahrenabwehr vereitelt werden würde. Andernfalls könnte bei der Bekämpfung des internationalen Terrorismus regelmäßig von einem Vorrang der Gefahrenabwehr ausgegangen werden, da hier immer Gefahren für hochrangige Rechtsgüter bestehen.[181]

Es zeigt sich also, dass im Rahmen der Bekämpfung des internationalen Terrorismus weder der Schwerpunkt der Maßnahme eine effektive Abgrenzung ermöglicht, noch von einem grundsätzlichen Vorrang der Gefahrenabwehr zum Schutze hochrangiger Rechtsgüter ausgegangen werden kann.

2) Unterrichtungspflicht BKA gegenüber GBA

Dort, wo eine schematische Abgrenzung nicht möglich ist, bedarf es der Festlegung eines Kooperationsverfahrens, welches beiden Behörden die effektive Wahrnehmung der ihnen übertragenen Aufgaben ermöglicht und zugleich einen hinreichenden Schutz des von einer Ermittlungsmaßnahme Betroffenen gewährleistet[182]. Denkbar ist demnach ein Verfahren, bei dem das BKA nach einem zumeist nachrichtendienstlichen Hinweis[183] zunächst selbstständig die Notwendigkeit eiliger Gefahrenabwehrmaßnahmen prüft und diese sodann auf Grundlage der §§ 20 a ff. BKAG durchführt. Zugleich unterrichtet das BKA den GBA über den bisherigen Erkenntnisstand und möglicherweise eingeleitete Abwehrmaßnahmen. Ausgehend von der staatsanwaltschaftlichen Sachleitungsbefugnis, achtet das BKA gemäß § 163 Abs. 1 StPO bei der Bekämpfung von Gefahren des internationalen Terrorismus

---

178 Ebenso *Bäcker*, Terrorismusabwehr durch das BKA, S. 61.

179 Siehe hierzu etwa *Thiel*, Polizei- und Ordnungsrecht, S. 54 Rn. 25.

180 Vgl. BVerfGE 29, 183 (194); *Geiger*, Stellungnahme zum Entwurf eines Gesetzes zur Abwehr von Gefahren des internationalen Terrorismus durch das BKA, A-Drs. 16(4)460 H, S. 8.

181 Auch der Gesetzgeber geht davon aus, dass „*die zeitliche Komponente der Lagebewältigung auf ein Minimum reduziert ist und* (das BKA) *zum unmittelbaren Handeln gezwungen ist.*" BT-Drs. 16/10121, S. 17.

182 Siehe zur rechtsstaatlichen Funktion des Legalitätsprinzips *Denninger*, in: Denninger/Rachor (Hrsg.), Handbuch des Polizeirechts, S. 259 Rn. 184.

183 *Griesbaum/Wallenta*, NStZ 2013, 369 (374).

stetig auf Anhaltspunkte für das Vorliegen einer Straftat nach den §§ 129 a, b StGB und ist im konkreten Fall gemäß § 163 Abs. 2 StPO zur Unterrichtung des Generalbundesanwaltes verpflichtet.[184]

Für die Richtigkeit dieser Lösung sprechen sowohl rechtliche als auch praktische Erwägungen. Zunächst wird das BKA durch die Beobachtungspflicht im Rahmen seiner Gefahrenabwehrkompetenz keiner unzulässigen Aufsicht des Generalbundesanwaltes unterworfen[185], sondern die Beobachtung der Verdichtung der Gefahr zum Anfangsverdacht bleibt im eigenständigen Verantwortungsbereich des BKA. Dem Legalitätsprinzip und der Sicherung einer späteren Verwertbarkeit der präventiv gewonnen Erkenntnisse wird durch eine rechtzeitige Unterrichtung des Generalbundesanwaltes Rechnung getragen. Die Entscheidung über das Vorliegen eines strafprozessualen Anfangsverdachts liegt dann beim GBA. Bis dieser eine Entscheidung getroffen hat, handelt das BKA nachwievor auf Grundlage von § 4 a Abs. 1 BKAG, sofern die entsprechenden Voraussetzungen gegeben sind. Die durch § 4 a Abs. 1 BKAG eingeführte originäre Verfahrensherrschaft des BKA im Bereich der Gefahrenabwehr wird durch diese Verpflichtung nicht wesentlich berührt. Aus praktischer Sicht ist zudem die äußerst geringe Zahl an Verfahren nach § 4 a BKAG zu berücksichtigen. So wurden etwa im Jahre 2009 nur 4 bis 5 Verfahren nach § 4 a BKAG geführt.[186] Der Schwerpunkt der Ermittlungstätigkeit des BKA dürfte somit weiterhin im repressiven Bereich nach § 4 Abs. 1 BKAG liegen. Für die verbleibenden Fälle der Tätigkeit nach § 4 a BKAG besteht zudem mit der Einrichtung des Gemeinsamen Terrorismusabwehrzentrums (GTAZ), indem sowohl das BKA als auch der Generalbundesanwalt vertreten werden[187], die Möglichkeit zur unkomplizierten Weitergabe von Informationen, ohne dass die Effektivität der Gefahrenabwehr beeinträchtigt würde.

Der Vorteil dieses Verfahrens liegt in der Vermeidung von Beobachtungslücken. Nach dem nachrichtendienstlichen Hinweis erfolgt eine lückenlose Beobachtung der mutmaßlichen terroristischen Vereinigung, ohne dass der GBA seiner Zuständigkeit beraubt wird. Sobald der GBA einen Anfangsverdacht festgestellt hat, wechselt das einschlägige Handlungsregime vom Opportunitäts- zum Legalitätsprinzip unter der Leitung des GBA.[188] Wenngleich eine solche Unterrichtungspflicht nicht

---

184 *Griesbaum/Wallenta*, NStZ 2013, 369 (376).

185 *Griesbaum*, in: Hannich (Hrsg.), KK-StPO, § 161 Rn. 32.

186 Siehe hierzu ein Interview mit Bundesanwalt *Bruns* bei *Graulich*, Die Zusammenarbeit von GBA und BKA, S. 565.

187 *Weisser*, NVwZ 2011, 142 (143); *Graulich*, Die Zusammenarbeit von GBA und BKA, S. 573.

188 Diesen Ansatz vertreten ebenso *Bäcker*, Terrorismusabwehr durch das BKA, S. 64; *Griesbaum*, in: Griesbaum/Hannich/Schnarr (Hrsg.), FS Nehm, S. 127 (132 f.); *Roggan*, NJW 2009, 257 (258); *Geiger*, Stellungnahme zum Entwurf eines Gesetzes zur Abwehr von Gefahren des internationalen Terrorismus durch das BKA, A-Drs. 16(4)460 H, S. 9.

ausdrücklich gesetzlich geregelt ist[189], scheint eine entsprechende Kooperation in der Praxis eher die Regel als die Ausnahme zu sein.[190]

3) Ergebnis

Die doppelte Zuständigkeit des BKA im Rahmen der Bekämpfung des internationalen Terrorismus erfordert eine Bestimmung des Verhältnisses zwischen BKA und GBA. Aufgrund des spezifisch präventiven Charakters der §§ 129 a, b StGB kann eine Abgrenzung nicht ohne Weiteres nach dem Schwerpunkt der Maßnahme erfolgen. Auch kann nicht von einem grundsätzlichen Vorrang der Gefahrenabwehr aufgrund des Schutzes herausragender Rechtsgüter ausgegangen werden. Erforderlich ist vielmehr eine Kooperation zwischen BKA und GBA dergestalt, dass das BKA den GBA frühzeitig über seine Erkenntnisse unterrichtet und diesem damit die Beurteilung der Verdachtslage und eine Übernahme der Leitungsbefugnis ermöglicht. Damit wird zwar faktisch dem GBA eine gewisse Vorrangstellung eingeräumt, was aber insoweit unproblematisch ist, als das BKA weiterhin das Recht des ersten Zugriffs ausübt.

---

189 *Bäcker*, Terrorismusabwehr durch das BKA, S. 64 schlägt insoweit mit überzeugenden Argumenten eine erweiternde teleologische Auslegung von § 4 Abs. 3 S. 1 Hs. 2 BKAG vor, wonach eine Unterrichtungspflicht im Falle der Übernahme polizeilicher Aufgaben auf dem Gebiet der Strafverfolgung besteht.

190 *Graulich*, Die Zusammenarbeit von GBA und BKA, S. 565.

3. Kapitel: Die Zulässigkeit der Informationsgewinnung im Ausland

Nachdem der Fokus der bisherigen Untersuchung auf die verschiedenen Akteure bei Auslandsermittlungen und ihr Verhältnis untereinander gerichtet war, soll nunmehr ein Perspektivwechsel erfolgen. Hierzu wird der Frage nachgegangen, wann deutsche Behörden nach europarechtlichen und völkerrechtlichen Vorgaben überhaupt zu selbstständigen Ermittlungen im Ausland befugt sind.

Ausgangspunkt dieser Untersuchung ist die Unterscheidung zwischen Ermittlungsmaßnahmen im Rahmen internationaler Kooperation und solcher, die ohne Zustimmung des Territorialstaates durchgeführt werden. Im ersten Teil des Kapitels werden die verschiedenen Rechtsinstrumente im Rahmen einer internationalen Kooperation dargestellt, wobei der Schwerpunkt auf dem Recht in der Europäischen Union liegt. Im zweiten Teil werden sodann die eigenmächtige Informationsgewinnung im Territorium eines anderen Staates und die damit verbundenen völkerrechtlichen Fragestellungen betrachtet.

A) Arten der grenzüberschreitenden Informationsgewinnung

In vielen Teilen der Welt, insbesondere in Europa, sind Grenzen nur noch geographische Trennungslinien zwischen Staatsgebieten und keine unüberwindbaren physischen Hindernisse mehr. Diese Entwicklung war tragend für das Zusammenwachsen der Staaten in Europa und ist aus einer wirtschaftlich und sozial vernetzten Welt nicht mehr hinwegzudenken. Allerdings führt die Möglichkeit zur internationalen Vernetzung auch zu einer Ausweitung der grenzüberschreitenden Kriminalität.[1] Bei der nachrichtendienstlichen Aufklärung von Hintergrundstrukturen dieser Kriminalität oder der konkreten strafrechtlichen Verfolgung sind deutsche Behörden oftmals auf Informationen aus dem Ausland angewiesen. Zur Erlangung dieser Informationen bietet sich zum einen der mitunter mühsame Weg über die internationale Beweisrechtshilfe[2] oder der regelmäßig risikobehaftete Weg über die eigenmächtige Informationsgewinnung an. Regelungen für die transnationale Informationsgewinnung lassen sich hierbei allerdings nur für die Tätigkeit von Polizei- und Strafverfolgungsbehörden, nicht aber für die Tätigkeit von Nachrichtendiensten finden. Die Darstellung folgt daher der Prämisse, dass Nachrichtendienste

1 Eingehend zu der Transnationalisierung von Kriminalität *Sieber*, ZStW 119 (2007), 1 (4 ff.); Siehe aber kritisch zur relativ geringen Kontrollwirkung der Grenzen innerhalb der Europäischen Gemeinschaft *Kühne*, Kriminalitätsbekämpfung durch innereuropäische Grenzen, S. 41 ff.

2 Siehe allgemein zu den Schwierigkeiten für die Praxis etwa *Schierholt*, ZIS 2010, 567.

regelmäßig auf der Grundlage von ad hoc Vereinbarungen oder aber ohne Kenntnis des Gebietsstaates tätig werden. Die Auslandstätigkeit von Nachrichtendiensten wird hier daher ausschließlich nach Maßgabe allgemeiner völkerrechtlicher Grundsätze untersucht.

Im Folgenden sollen beide Arten der Informationsgewinnung zunächst abstrakt dargestellt werden, bevor in einem weiteren Schritt konkrete Rechtsgrundlagen und ihre jeweiligen Vor- und Nachteile, sowie völkerrechtliche Rahmenbedingungen betrachtet werden.

I) Völkerrechtliche Kooperation

1) Begriffsbestimmung

Bevor die Grundlagen grenzüberschreitender Ermittlungsarbeit dargestellt werden, bedarf es einiger terminologischer Konkretisierungen.

Internationale Kooperation kann sich in jedem Verfahrensstadium zwischen unterschiedlichen Behörden vollziehen. Die vorliegende Untersuchung beschränkt sich zunächst auf eine Zusammenarbeit von Ermittlungsbehörden, welche ohnehin den Großteil der Kooperationsverfahren abwickeln.[3] Eine justizielle Zusammenarbeit[4] zwischen Gerichten bleibt damit ausgeklammert.

Maßgeblich ist somit insbesondere die polizeiliche Zusammenarbeit. Hierunter fallen als Oberbegriff alle Formen der polizeilichen Kooperation mit Polizeibehörden anderer Staaten oder mit supranationalen polizeilichen Institutionen.[5]

Allerdings bedarf es jedenfalls innerhalb der EU einer weiteren Differenzierung. Hierbei kommt es auf die Zielrichtung der polizeilichen Kooperation an. Sofern die Polizei zur Verhütung von Straftaten beziehungsweise zur Abwehr von Gefahren tätig wird, fällt die Kooperation ausschließlich unter den Anwendungsbereich der Art. 87 ff. AEUV.[6] Die Abgrenzung zu Art. 82 ff. AEUV erfolgt damit über die polizeiliche Natur der Zusammenarbeit.[7] Zur Verdeutlichung des Unterschiedes erscheint es angebracht, in diesen Fällen von polizeilicher Zusammenarbeit im engeren Sinne zu sprechen.

Übernimmt die Polizei darüber hinaus Strafverfolgungsaufgaben, ist demgegenüber zusätzlich der Anwendungsbereich der justiziellen Zusammenarbeit in

---

3 *Schierholt*, ZIS 2010, 567.

4 Eingehend zum Begriff der Justizbehörde *Vogel*, in: Grabitz/Hilf/Nettesheim (Hrsg.), Das Recht der EU, Art. 82 Rn. 15.

5 Ebenso *Schädel*, Die Bewilligung internationaler Rechtshilfe in Strafsachen in der EU, S. 57; *Röben*, in: Grabitz/Hilf/Nettesheim (Hrsg.), Das Recht der EU, Art. 87 Rn. 14.

6 Vgl. *Böse*, in: Schwarze (Hrsg.), EU-Kommentar, Art. 82 AEUV Rn. 7 f., wonach in diesen Fällen in Abgrenzung zu Art. 82 gerade kein Fall der internationalen Rechtshilfe vorliegt.

7 *Röben*, in: Grabitz/Hilf/Nettesheim (Hrsg.), Das Recht der EU, Art. 87 Rn. 14.

Strafsachen nach den Art. 82 ff. AEUV eröffnet.[8] Dies lässt sich damit begründen, dass jedenfalls nach deutschem Verständnis Polizeibehörden bei der Vornahme strafrechtlicher Ermittlungen als Justizbehörden anzusehen sind.[9] Zwar spricht Art. 87 Abs. 1 AEUV unter anderem von einer Zusammenarbeit im Bereich der Aufdeckung von Straftaten, womit auch die repressive Tätigkeit unter den Anwendungsbereich von Art. 87 AEUV fällt. Allerdings sind unter polizeilicher Zusammenarbeit im Sinne der Art. 87 ff. AEUV eher Maßnahmen der vorbeugenden Verbrechensbekämpfung zu verstehen.[10] Polizeiliche Kooperation bei der Aufklärung von Straftaten ist daher zwar einerseits dem Wortlaut nach Zusammenarbeit im Sinne des Art. 87 AEUV, aber zugleich auch Zusammenarbeit im Sinne des Art. 82 AEUV. Vorteil dieser Auslegung ist, dass es nunmehr über Art. 82 Abs. 2 UAbs. 2 lit. b AEUV möglich ist, Mindestrechte des Beschuldigten im Strafverfahren auch im Verhältnis zur Polizei festzulegen.[11]

Die Zusammenarbeit im Bereich der Strafverfolgung ließe sich folglich als polizeiliche Kooperation im weiteren Sinne bezeichnen.

Polizeiliche Zusammenarbeit kann mithin im Bereich der Rechtshilfe als Unterstützung eines in einem andern Land durchgeführten Strafverfahrens[12] oder im Bereich der sonstigen Polizeiaufgaben stattfinden.

An diese Unterscheidung anknüpfend, bedarf es auch einer Konkretisierung des Begriffs der Informationsgewinnung. Dieser lässt den Zweck der Maßnahme offen und umfasst damit sowohl die Informationsgewinnung im Rahmen nachrichtendienstlicher Aufklärungstätigkeit[13] als auch zum Zwecke der Gefahrenabwehr und letztlich zur Aufklärung von Straftaten.

Demgegenüber erfolgt eine Maßnahme der Beweissicherung auf dem Gebiet der internationalen Rechtshilfe in Strafsachen und ist in der Zweckrichtung auf die Aufklärung von Straftaten und die Vorbereitung der Durchführung eines Strafverfahrens beschränkt.[14]

---

8 *Böse*, in: Schwarze (Hrsg.), EU-Kommentar, Art. 82 AEUV Rn. 8; *Vogel*, in: Grabitz/Hilf/Nettesheim (Hrsg.), Das Recht der EU, Art. 82 Rn. 15.

9 BVerwGE 47, 255 = NJW 1975, 1529; *Vogel*, in Grabitz/Hilf/Nettesheim (Hrsg.), Das Recht der EU, Art. 82 Rn. 15.

10 *Vogel*, in: Grabitz/Hilf/Nettesheim (Hrsg.), Das Recht der EU, Art. 82 Rn. 15.

11 *Vogel*, in: Grabitz/Hilf/Nettesheim (Hrsg.), Das Recht der EU, Art. 82 Rn. 15.

12 Vgl. nur *Gleß*, in: Böse (Hrsg.), Europäisches Strafrecht, § 16 Rn. 1, 18.

13 Wenngleich hierbei jedoch davon auszugehen ist, dass diese Form der Informationsgewinnung regelmäßig ohne Kenntnis des Gebietsstaates erfolgt. Siehe zu den entsprechenden völkerrechtlichen Rahmenbedingungen unten S. 130 ff.

14 In diesem Sinne *Heger*, ZIS 2010, 547; *Gleß*, in: Böse (Hrsg.), Europäisches Strafrecht, § 16 Rn. 18 spricht insoweit allgemein von „Beweisrechtshilfe".

Im Folgenden ist Informationsgewinnung daher als Oberbegriff für Ermittlungshandlungen im Ausland zu verstehen und nicht lediglich als Teil der strafrechtlichen Zusammenarbeit.[15]

2) Einführung in die Formen polizeilicher Zusammenarbeit

a) Internationale Rechtshilfe in Strafsachen

Wenngleich die Staaten in den vergangenen Jahrzenten ihre Grenzen zunehmend für den freien Verkehr von Personen und Waren geöffnet haben, bedeutet dies nicht zugleich eine Einbuße an Souveränität. Vielmehr kann der Staat gerade kraft seiner territorialen Souveränität Regelungen zur Öffnung seiner Grenzen treffen, ohne damit sein ausschließliches Recht zur Ausübung staatlicher Funktionen auf dem Staatsgebiet einzuschränken.[16] Aus der allgemeinen Handlungsfreiheit der Staaten folgt jedoch darüber hinaus auch die Freiheit zur weitergehenden Beschränkung der territorialen Souveränität. Allerdings ist jede Beschränkung dieser Souveränität rechtfertigungsbedürftig und kann sich etwa aus dem Abschluss völkerrechtlicher Verträge oder ad hoc Erklärungen ergeben.[17] Soweit sich ein Staat durch völkerrechtlichen Vertrag zur Vornahme bestimmter Handlungen verpflichtet oder anderen Staaten die Durchführung bestimmter Maßnahmen auf seinem Gebiet gestattet, handelt es sich um eine solche Beschränkung. Im Bereich der grenzüberschreitenden Bekämpfung der Kriminalität kann die Souveränitätsbeschränkung im Abschluss eines bi- oder multilateralen Vertrages liegen, welcher die Vertragsparteien zur gegenseitigen Leistung von Rechtshilfe verpflichtet.[18] Bereits vor Gründung der EU erfolgte die grenzüberschreitende Informationsgewinnung daher auf Basis der Zustimmung des Territorialstaates über das Mittel der Rechtshilfe.[19] In Abgrenzung zu einer unilateralen Ausdehnung nationaler Ermittlungskompetenzen oder der Vornahme grenzüberschreitender Ermittlungen durch supranationale Einrichtungen geht es mithin um eine horizontale Kooperation zwischen den beteiligten Staaten.[20] Rechtshilfe in strafrechtlichen Angelegenheiten bedeutet dabei gemäß

---

15 *Heger*, ZIS 2010, 547 verwendet hierfür den Begriff der „Beweissammlung" im Gegensatz zur engeren „Beweissicherung".

16 Vgl. hierzu *Herdegen*, Völkerrecht, § 23 Rn. 1.

17 Siehe etwa Art. 20 der ILC Articles on Responsibility of States for internationally wrongful acts: "*Valid consent by a State to the commission of a given act by another State precludes the wrongfulness of that act in relation to the former State to the extent that the act remains within the limits of that consent.*"; *Kau*, in: Vitzthum/Proelß (Hrsg.), Völkerrecht, S. 160.

18 *Satzger*, Internationales und Europäisches Strafrecht, § 10 Rn. 24.

19 Siehe allgemein zum historischen Kontext der Beweisrechtshilfe *Gleß*, in: Böse (Hrsg.), Europäisches Strafrecht, § 16 Rn. 2; Siehe allgemein zur völkerrechtlichen Einordnung *Boister*, An Introduction to Transnational Criminal Law, S. 160.

20 Zum Begriff und den Vorteilen dieser Kooperationsform *Lagodny*, in: Sieber/Satzger/v.Heintschel-Heinegg (Hrsg.), Europäisches Strafrecht, § 31 Rn. 55 ff.

§ 59 Abs. 2 IRG jede Unterstützung, die auf Ersuchen für ein ausländisches Strafverfahren gewährt wird.[21] Theoretische Grundlage für das System der Rechtshilfe ist hierbei die Idee des international-arbeitsteiligen Strafverfahrens.[22] Die beteiligten Staaten wirken an einem Strafverfahren zusammen, das mehr ist als die Summe der einzelnen staatlichen Strafverfahren.[23] Wenn die Staaten aber nicht voneinander isoliert Straftaten verfolgen, sondern hierbei das Ziel eines (fiktiven) gemeinsamen Strafverfahrens verfolgen, so bleibt internationale Rechtshilfe in Strafsachen keine rein zwischenstaatliche Angelegenheit. Vielmehr tritt in dem gemeinsamen Strafverfahren das Individuum als Rechtssubjekt hinzu, welches einen Anspruch auf die Achtung seiner Rechte hat.[24]

aa) Traditionelle Form der Rechtshilfe

(1) Überblick

Herkömmlicherweise wird das System der Rechtshilfe in drei Bereiche unterteilt. Hierzu gehören die Auslieferung als „große Rechtshilfe", die Vollstreckungshilfe und die sonstige oder „kleine" Rechtshilfe.[25] Letztere umfasst alle denkbaren Maßnahmen jenseits von Auslieferung und Vollstreckung, die ein Staat zur Unterstützung eines ausländischen Strafverfahrens ergreift und die nach innerstaatlichem Verfahrensrecht zulässig sind.[26] Die hier relevanten Fragen der grenzüberschreitenden Informationsgewinnung gehören mithin zum Bereich der sonstigen Rechtshilfe. Demgegenüber sind Auslieferung und Vollstreckungshilfe nicht Gegenstand der vorliegenden Untersuchung.

Benötigt nun eine deutsche Ermittlungsbehörde zur Durchführung eines Strafverfahrens Beweise aus dem Ausland, ist sie regelmäßig auf das reaktive Rechtshilfesystem angewiesen. Hierzu stellt sie ein Ersuchen, welches die ausländische Ermittlungsbehörde beantwortet und durch die Vornahme der gewünschten Ermittlungshandlung vollzieht. Der ersuchte Staat reagiert somit in zweifacher Weise. Zunächst bewilligt dieser die Leistung von Rechtshilfe im konkreten Fall. Sodann nehmen die zuständigen Ermittlungsbehörden die gewünschte Handlung vor.[27] Zweck der Maßnahme ist hierbei die Herbeischaffung von Indizien zum Zwecke

---

21 Siehe nur *Hackner/Schierholt*, Internationale Rechtshilfe in Strafsachen, S. 1.

22 Grundlegend BVerfGE 61, 28 (34); *Schomburg/Lagodny*, NJW 2012, 348.

23 Eingehend *Lagodny*, in: Sieber/Satzger/v.Heintschel-Heinegg (Hrsg.), Europäisches Strafrecht, § 31 Rn. 39 ff.

24 *Lagodny*, in: Sieber/Satzger/v.Heintschel-Heinegg (Hrsg.), Europäisches Strafrecht, § 31 Rn. 41 ff. spricht in diesem Zusammenhang vom *„Verbot der Individualbenachteiligung"*.

25 Schomburg/Lagodny/Gleß/Hackner (Hrsg.), Internationale Rechtshilfe, Einleitung, Rn. 13 ff.

26 *Gleß*, in: Böse (Hrsg.), Europäisches Strafrecht, § 16 Rn. 1; *Hackner/Schierholt*, Internationale Rechtshilfe in Strafsachen, S. 2 Rn. 2.

27 Siehe hierzu etwa *Schuster*, Verwertbarkeit, S. 27.

ihrer Verwertung als Beweis, wie es von Art. 3 Ziff. 1 des Europäischen Rechtshilfeübereinkommens umschrieben wird.[28]

In dem dargestellten Ablauf von Ersuchen, Bewilligung und Vornahme spiegelt sich die staatliche Souveränität.[29] Der ersuchte Staat behält im traditionellen Rechtshilferecht regelmäßig die Entscheidungshoheit über das *ob* und *wie* der Vornahme einer Rechtshilfehandlung. Selbst dort, wo der Staat im Einzelfall aufgrund eines völkerrechtlichen Vertrages zur Leistung von Rechtshilfe verpflichtet ist[30], behält der Staat zumindest die Hoheit über das Verfahren. Der Staat, der auf die Vornahme der Ermittlungshandlung zur Durchführung eines Strafverfahrens angewiesen ist, kann lediglich um Rechtshilfe „ersuchen", er bleibt auf die Rolle eines Bittstellers beschränkt.[31]

(2) Grundprinzipien

Das traditionelle Rechtshilferecht basiert auf einigen Grundprinzipien, welche meist ihren Niederschlag in den jeweiligen Rechtsgrundlagen gefunden haben.

Im Bereich der vertraglosen Rechtshilfe beruht die Bereitschaft zur Vornahme einer Rechtshilfehandlung regelmäßig auf dem Grundsatz der Gegenseitigkeit (Reziprozität).[32] Demnach wird der ersuchte Staat nur dann Rechtshilfe leisten, wenn der ersuchende Staat in einem vergleichbaren Fall ebenfalls zur Leistung von Rechtshilfe bereit ist. Entsprechende Verbürgungen der Gegenseitigkeit erfolgen meist im Rahmen diplomatischer Notenwechsel und haben vor allem politischen Charakter.[33]

Historisch mit dem Prinzip der Gegenseitigkeit verbunden, sachlich aber von diesem zu trennen, ist das Prinzip der beiderseitigen Strafbarkeit und Verfolgbarkeit.[34] Nach diesem Prinzip ist die Leistung von Rechtshilfe nur dann möglich, wenn die dem Rechtshilfeersuchen zugrundliegende Straftat auch nach dem Recht des ersuchten Staates strafbar ist.[35] Eine ausdrückliche Regelung dieses Prinzips findet sich für die Auslieferung in § 3 Abs. 1 IRG.[36] Das Erfordernis der beiderseitigen Strafbarkeit sollte hierbei insbesondere einem gewissen Misstrauen gegenüber fremden Strafrechtsordnungen vorbeugen.[37]

---

28 *Krüßmann*, in: Böse (Hrsg.), Europäisches Strafrecht, § 18 Rn. 5.

29 Vgl. *Satzger*, Internationales und Europäisches Strafrecht, § 10 Rn. 24.

30 Siehe etwa Art. 1 Ziff. 1 EuRhÜbk; Art. 4 Abs. 2 EU-RhÜbk.

31 *Ambos*, ZIS 2010, 557.

32 Schomburg/Lagodny/Gleß/Hackner (Hrsg.), Internationale Rechtshilfe, Einleitung, Rn. 26; Siehe allgemein zum Grundsatz der Reziprozität *Dolzer*, in: Vitzthum/Proelß (Hrsg.), S. 456; *Herdegen*, Völkerrecht, § 1 Rn. 16.

33 BGHSt 24, 297 (303) = NJW 1997, 1015 (1017); *Schuster*, Verwertbarkeit, S. 27.

34 *Schuster*, Verwertbarkeit, S. 27 f.

35 Schomburg/Lagodny/Gleß/Hackner (Hrsg.), Internationale Rechtshilfe, Einleitung, Rn. 31.

36 Siehe auch Art. 2 Abs. 1 EuAlÜbk.

37 *Lagodny*, in: Schomburg/Lagodny/Gleß/Hackner (Hrsg.), Internationale Rechtshilfe, IRG, § 3 Rn. 2.

Heute ist das Prinzip im Wesentlichen nur noch im Verhältnis zu nichteuropäischen Staaten von Bedeutung, da innerhalb der EU mit dem Europäischen Haftbefehl[38] erstmals weitestgehend auf das Erfordernis der gegenseitigen Strafbarkeit verzichtet wurde. Bei Vorliegen einer im Rahmenbeschluss aufgelisteten Katalogtat kommt es auf die Strafbarkeit nach dem Recht des Vollstreckungsstaates nicht an.[39]

Im Bereich der sonstigen Rechtshilfe ist das Erfordernis der beiderseitigen Strafbarkeit als traditionelles Rechtshilferecht ebenfalls nur noch von untergeordneter Bedeutung. Allerdings besteht nach Art. 5 Abs. 1 lit. a EuRhÜbk für Staaten die Möglichkeit zur Erklärung eines Vorbehalts zur Notwendigkeit der gegenseitigen Strafbarkeit bei der Herausgabe von Gegenständen und Durchsuchungen. Zudem kommt es im Anwendungsbereich der neuen Europäischen Ermittlungsanordnung[40] gemäß Art. 10 Abs. 1, Art. 11 Abs. 1 RL-EEA dennoch praktisch zu einer Prüfung der beiderseitigen Strafbarkeit, wenn die Vollstreckungsgrenzen aus dem jeweiligen innerstaatlichen Verfahrensrecht eine solche Prüfung vorsehen.[41]

Das Spezialitätsprinzip tritt einer unbeschränkten Verfügungsgewalt des ersuchenden Staates über den Gegenstand der Rechtshilfe entgegen und wirkt somit als Beschränkung der Hoheitsrechte.[42] Der ersuchende Staat ist in seinen Verwendungsmöglichkeiten an die der rechtshilferechtlichen Bewilligung zugrunde liegende Tat gebunden.[43] Dieser Grundsatz spielt insbesondere im Bereich des Auslieferungsverkehrs eine große Rolle[44] und soll verhindern, dass eine ausgelieferte Person im Ausland für Straftaten verfolgt wird, die nicht der Bewilligungsentscheidung zugrunde lagen.[45] Im Bereich der sonstigen Rechtshilfe bindet das Spezialitätsprinzip ebenfalls die Nutzbarkeit eines übermittelten Beweismittels an den der Bewilligung zugrunde liegenden Zweck.[46]

---

38 Auf Art. 31 I lit. a, b, 34 II lit. b EUV a.F. gestützter Rahmenbeschluss des Rates vom 13.06.2002 über den Europäischen Haftbefehl und die Übergabeverfahren zwischen den Mitgliedstaaten (RbEuHb 2002/584/JI, ABlEG 2002 Nr. L 190/5); Siehe zur Verfassungswidrigkeit des ersten Umsetzungsgesetzes (EuHbG) BVerfGE 113, 273.

39 Eingehend hierzu *Pohl*, Vorbehalt und Anerkennung: Der Europäische Haftbefehl zwischen Grundgesetz und europäischem Primärrecht, S. 136 ff.; Siehe auch *Rohlff*, Der Europäische Haftbefehl, S. 87 ff.

40 RL 2014/41/EU, ABl. L 130 v. 01.05.2014, S. 1.

41 Zur RL-EEA siehe unten S. 109 ff.

42 Schomburg/Lagodny/Gleß/Hackner (Hrsg.), Internationale Rechtshilfe, Einleitung, Rn. 34.

43 *Hackner/Schierholt*, Internationale Rechtshilfe in Strafsachen, S. 36 Rn. 28.

44 Siehe etwa §§ 11, 72 IRG; Art. 14 EuAlÜbk.

45 *Hackner/Schierholt*, Internationale Rechtshilfe in Strafsachen, S. 36 Rn. 28.

46 *Hackner/Schierholt*, Internationale Rechtshilfe in Strafsachen, S. 36 Rn. 28; Zur Begründung von Verwertungsverboten bei Nichteinhaltung eines Spezialitätsvorbehalts siehe unten S. 251 ff.

bb) Entwicklung der transnationalen Zusammenarbeit in der EU

Wie gezeigt, beruht das traditionelle System der Rechtshilfe auf der Souveränität der Staaten. Die transnationale Zusammenarbeit ist in diesem System daher geprägt von Bedingungen, Vorbehalten, Grundprinzipien und Ablehnungsgründen. Mit der stetigen Weiterentwicklung der Europäischen Union zu einer engeren Zusammenarbeit zwischen den Mitgliedsstaaten und dem Streben nach einem einheitlichen Rechtsraum kann ein derart national geprägtes System wie das der traditionellen Rechtshilfe nur schwer mithalten. Durch den Vertrag von Lissabon wird mit dem Prinzip der gegenseitigen Anerkennung gleichsam ein Gegenmodell zur traditionellen Rechtshilfe primärrechtlich verankert. Der hierin liegende Paradigmenwechsel und dessen Bedeutung für die transnationale Zusammenarbeit sollen im Folgenden dargestellt werden.

(1) Ausgangspunkt: Sperrigkeit der traditionellen Rechtshilfe

Die Notwendigkeit einer Weiterentwicklung der herkömmlichen Formen grenzüberschreitender Zusammenarbeit wird zumeist mit deren Zeitaufwendigkeit und Ineffizienz begründet.[47] Während die stetig fortschreitende internationale Vernetzung zu immer neuen Formen und Professionalisierung der grenzüberschreitenden Kriminalität führt, müssen Ermittlungsbehörden bei der Verfolgung dieser Kriminalität eine Vielzahl unterschiedlicher Rechtshilfeinstrumente beachten[48] und können nicht auf ein standardisiertes Verfahren zurückgreifen.[49] In diesem Zustand sehen die Befürworter einer Modernisierung der Rechtshilfe einen entscheidenden Nachteil für die Ermittlungsbehörden, die letztlich gezwungen seien mit einem Rechtshilfesystem zu arbeiten, welches der Schnelligkeit und Anpassungsfähigkeit grenzüberschreitender Kriminalität nicht mehr gerecht wird.[50]

Demgegenüber erkennt die Bundesregierung zwar die durch die Regelungsvielfalt hervorgerufenen Schwierigkeiten an, zieht hieraus aber nicht den Schluss der fehlenden Effizienz des bestehenden Rechtshilfesystems. Vielmehr hält sie das existierende System für grundsätzlich geeignet und führt bestehende Defizite bei

---

47 Vgl. nur *Schierholt*, ZIS 2010, 567; *Wasmeier*, in: Sieber/Satzger/v.Heintschel-Heinegg (Hrsg.), Europäisches Strafrecht, § 32 Rn. 3; *Satzger*, Internationales und Europäisches Strafrecht, § 10 Rn. 24; *Gleß*, in: Böse (Hrsg.), Europäisches Strafrecht, § 16 Rn. 3 f.

48 *Lagodny*, in: Sieber/Satzger/v.Heintschel-Heinegg (Hrsg.), Europäisches Strafrecht, § 31 Rn. 9 f., beschreibt die Vielzahl der bestehenden Regelungen als „*Normenchaos*" und sieht darin gar eine „*normative Anstiftung zur Rechtsbeugung*".

49 So auch die Argumentation der Kommission in ihrem Grünbuch zur „Erlangung verwertbarer Beweise in Strafsachen aus einem anderen Mitgliedstaat", KOM (2009) 624, S. 4 f.

50 *Wasmeier*, in: Sieber/Satzger/v.Heintschel-Heinegg (Hrsg.), Europäisches Strafrecht, § 32 Rn. 4 m.w.N.

der grenzüberschreitenden Zusammenarbeit auf die fehlende effiziente Handhabung und unzureichende praktische Erfahrungen der Ermittlungsbehörden zurück.[51]

Es erscheint jedoch zumindest zweifelhaft, ob dies tatsächlich der tragende Grund für ein Festhalten am bestehenden System ist oder ob nicht vielmehr ein gewisses Misstrauen in die Strafrechtspflege anderer Mitgliedstaaten maßgeblich ist, welches Grundlage für eine Anpassung der Zusammenarbeitsformen wäre.[52] Nicht sonderlich überzeugend ist jedenfalls das von der Bundesregierung vorgebrachte Argument, die Rechtshilfe würde schon noch effizienter werden, sobald die Ermittlungsbehörden mehr praktische Erfahrungen gesammelt hätten. Schließlich findet der überwiegende Teil der Rechtshilfevorgänge im Ermittlungsverfahren statt, wo zumeist besonders geschulte Rechtshilfedezernenten eingesetzt werden.[53] Damit finden sich im Bereich der Ermittlungsbehörden durchaus das notwendige Spezialwissen und hinreichende Praxiserfahrung. Die vorgeworfene Ineffizienz der bestehenden Regelungen dürfte daher eher systemische Ursachen haben, als lediglich die unzureichende Anwendung der Regelungen durch die Ermittlungsbehörden.[54]

Allerdings dürfte eine systematische Unzulänglichkeit innerhalb eines Rechtshilfevertrages, welche zu Zeitverzögerungen im Verfahren führt, regelmäßig nicht hinreichend sein, um die Untauglichkeit des gesamten traditionellen Systems der Rechtshilfe zu diagnostizieren. Vielmehr könnten in diesem Fall schon geringfügige Anpassungen zu einem Effizienzgewinn führen, ohne dass es einer Umstellung des Systems bedürfte.[55] Beruht die Zeitverzögerung und Ineffizienz indes etwa auf der schieren Vielzahl möglicher Rechtsgrundlagen, so könnte es sich um einen echten strukturellen Mangel handeln. So bestehen rechtshilferechtliche Regelungen im Schengenraum, im Rahmen des Europarates und innerhalb der EU[56], welche jeweils anders funktionieren. Dieses Problem der sogenannten *géométrie variable* verhindert eine einheitliche und damit effiziente Behandlung

---

51 Antworten der Bundesrepublik Deutschland auf Fragen aus dem Grünbuch der Kommission, S. 2, abrufbar unter: http://ec.europa.eu/justice/news/consulting_public/0004/national_governments /germany_de.pdf (letzter Abruf: 05.09.2014).

52 Siehe zum gegenseitigen Vertrauen als Wirksamkeitsvoraussetzung *Kaufhold*, EuR 2012, 408 (417); Siehe aber auch *Böse*, in: Schwarze (Hrsg.), EU-Kommentar, Art. 82 Rn. 18, mit dem Hinweis, dass ein Mindestmaß an Anerkennung von ausländischen Rechtsordnungen auch schon dem traditionellen System der Rechtshilfe zugrunde liegt.

53 *Schierholt*, ZIS 2010, 567.

54 Ebenso insbesondere *Wasmeier*, in: Sieber/Satzger/v.Heintschel-Heinegg (Hrsg.), Europäisches Strafrecht, § 32 Rn. 3 f.; *Satzger*, Internationales und Europäisches Strafrecht, § 10 Rn. 24; a.A. *Ambos*, ZIS 2010, 557 (558 f.); Stellungnahme der BRAK zum Grünbuch v. 01.2010, S. 11, abrufbar unter: http://www.brak.de/w/files/stellung nahmen/Stn2–2010.pdf (letzter Abruf: 05.09.2014); kritisch auch *Spencer*, ZIS 2010, 602 (604).

55 *Allegrezza*, ZIS 2010, 569 (571).

56 Siehe im Einzelnen unten S. 104 ff.

von Rechtshilfevorgängen und stellt somit letztlich eine Strukturschwäche des traditionellen Rechtshilferechts dar.[57]

Darüber hinaus lassen sich Schwierigkeiten bei der transnationalen Zusammenarbeit regelmäßig mit der fehlenden Harmonisierung des Strafverfahrensrechts der Mitgliedstaaten begründen.[58] So bereitet im traditionellen System der Rechtshilfe die Verwertung von Beweisen oftmals Probleme, da diese unter der Geltung einer fremden Rechtsordnung gewonnen wurden. Die Beweiserhebungsvorschriften im ersuchten Staat haben regelmäßig nicht die gleichen Voraussetzungen, wie die im ersuchenden Staat, welche die antizipierte Verwertbarkeit eines Beweismittels sichern sollen.[59] Dieses Problem wurde zum Teil auch schon im traditionellen Rechtshilferecht erkannt und in Art. 4 EU-RhÜbk mit der Kodifizierung des *forum regit actum*[60] Prinzips einer Lösung zugeführt. Allerdings stellt Art. 4 EU-RhÜbk die Leistung von Rechtshilfe zugleich unter einen nationalen *ordre-public* Vorbehalt und sieht keinen festen Vornahmezeitraum vor.[61] Zudem ist es auch unter dem EU-RhÜbk für die Mitgliedstaaten möglich, bei bestimmten Ermittlungsmaßnahmen am Erfordernis der beiderseitigen Strafbarkeit festzuhalten.[62] Damit handelt es sich bei Art. 4 EU-RhÜbk zwar um eine Weiterentwicklung des traditionellen Rechtshilferechts, aber nicht um einen Systemwechsel.[63]

Festzuhalten bleibt, dass die Gründe für eine Weiterentwicklung der transnationalen Zusammenarbeit von der traditionellen Rechtshilfe hin zu einem Prinzip der gegenseitigen Anerkennung, nicht bloß in der Zeitintensität und Ineffizienz des bestehenden Systems liegen. Vielmehr handelt es sich hierbei um Symptome einer tiefer liegenden Problematik. Diese ergibt sich zum einen aus der Unterschiedlichkeit zahlreicher Rechtshilfeinstrumente (*géométrie variable*), sowie der rechtlichen Trennung von Beweisgewinnungs- und Verwertungsvorschriften.

---

57 Vgl. etwa zur Unterschiedlichkeit der europarechtlichen Regelungen mit Blick auf das SDÜ *Vervaele*, in: Ders. (Hrsg.), European Evidence Warrant, S. 131, (141 ff.).

58 *Allegrezza*, ZIS 2010, 569 (571) sieht in der fehlenden Harmonisierung *„the heart of the problem"*.

59 *Gleß*, in: Böse (Hrsg.), Europäisches Strafrecht, § 16 Rn. 14; *Sommer*, StraFo 2003, 351 (353); *Ambos*, Beweisverwertungsverbote, S. 82 bezeichnet dies treffend als *„gekreuzte Beweiserhebungsregeln"*; Vgl. auch *Pitsch*, Strafprozessuale Beweisverbote, S. 122 der von *„gekreuzten Beweisverwertungsregeln"* spricht.

60 Siehe zum Prinzip *forum regit actum* S. 198 ff.

61 Für eine grundsätzliche Geltung dieses Systems sprechen sich etwa *Schünemann/ Roger*, ZIS 2010, 92 (96) aus.

62 Eingehend hierzu *Ligeti*, Strafrecht und strafrechtliche Zusammenarbeit in der EU, S. 141 f.; Vgl. zudem etwa Art. 10 Abs. 1, Art. 11 Abs. 1 RL-EEA, die für die Praxis ohnehin eine Prüfung der beiderseitigen Strafbarkeit erforderlich machen.

63 *Gleß*, in: Böse (Hrsg.), Europäisches Strafrecht, § 16 Rn. 19.

(2) Das Prinzip der gegenseitigen Anerkennung

Die Entwicklung vom traditionellen System der Rechtshilfe hin zu einem Prinzip gegenseitiger Anerkennung wird getragen von einem wachsenden Bedürfnis nach engeren Formen der transnationalen Zusammenarbeit, welches wiederum auf einer stetig weiter entwickelten Integration zwischen den Mitgliedstaaten beruht.[64] Ein Meilenstein in dieser Entwicklung war sicherlich das mit dem Vertrag von Amsterdam 1999 festgelegte Ziel der Weiterentwicklung der Union zu einem Raum der Freiheit, der Sicherheit und des Rechts.[65] Dieses Ziel wurde sodann auf dem EU-Gipfel in Tampere durch eine neue Strategie der Zusammenarbeit konkretisiert, welcher das Prinzip der gegenseitigen Anerkennung zugrunde liegen sollte.[66] Dieses Prinzip ist eigentlich keine Erfindung der transnationalen Strafrechtspflege, sondern findet seinen Ursprung in den wirtschaftlichen Grundfreiheiten des EG-Vertrages.[67] Der EuGH hatte hierzu in dem Fall *Cassis de Dijon* entschieden, dass eine Ware, die in einem Mitgliedstaat rechtmäßig in den Verkehr gebracht wurde, auch in einen anderen Mitgliedstaat eingeführt werden dürfte (sog. „Herkunftslandprinzip").[68] Anstelle einer aufwendigen Harmonisierung der nationalen Vorschriften sollte die Warenverkehrsfreiheit durch die gegenseitige Anerkennung der Verkehrsfähigkeit gesichert werden.[69] Dies bedeutet in Übertragung auf die Zusammenarbeit in Strafsachen, dass die in einem Mitgliedstaat ergangene justizielle Entscheidung in jedem anderen Mitgliedstaat als solche anerkannt werden muss.[70] Die erste sekundärrechtliche Umsetzung des Prinzips der gegenseitigen Anerkennung erfolgte dann mit dem Rahmenbeschluss zum Europäischen Haftbefehl (EuHb).[71] Ebenso wie bei der Warenverkehrsfreiheit, soll für eine Anerkennung und Vollstreckung gerichtlicher

---

64 *Vogel*, in: Grabitz/Hilf/Nettesheim (Hrsg.), Das Recht der EU, Art. 82 Rn. 18 weist zudem auf die fehlende Bereitschaft vieler Mitgliedstaaten zur Harmonisierung des Straf- und Strafprozessrechts hin, deren Konsequenzen durch ein System gegenseitiger Anerkennung ausgeglichen werden sollten.

65 Eingehend zur Bedeutung für das Strafrecht *Mansdörfer*, HRRS 2010, 11; *Meyer*, EuR 2011, 169.

66 Siehe hierzu die Schlussfolgerungen des Europäischen Rates vom 15./16.10.1999, abrufbar unter http://www.europarl.europa.eu/summits/tam_de.htm (letzter Abruf: 08.09.2014).

67 *Böse*, in: Momsen/Bloy/Rackow (Hrsg.), Fragmentarisches Strafrecht, S. 233 (234 f.).

68 EuGH, Rs. 120/78 (Cassis de Dijon), Slg. 1979, 649 (664).

69 *Leible/T.Streinz*, in: Grabitz/Hilf/Nettesheim (Hrsg.), Das Recht der EU, Art. 34 Rn. 67 ff.; *Kaufhold*, EuR 2012, 408 (410 f.); *Satzger*, Internationales und Europäisches Strafrecht, § 10 Rn. 24.

70 *Satzger*, Internationales und Europäisches Strafrecht, § 10 Rn. 24; Eingehend *Böse*, in: Momsen/Bloy/Rackow (Hrsg.), Fragmentarisches Strafrecht, S. 233 (236 ff.).

71 Abl. L 190 v. 18.07.2002, S. 1; In der EuGH Entscheidung *Advocaten voor de Wereld*, Rs. C-305/05, Slg 2007 I-3672, Rn. 27 ff. wurde die Zulässigkeit des Übergangs von der herkömmlichen Rechtshilfe zur gegenseitigen Anerkennung mittels des Instruments des Rahmenbeschlusses bestätigt; Kritisch *Schünemann*, ZRP 2003, 185 (186 ff.).

Entscheidungen keine Harmonisierung nationalen Strafverfahrensrechts erforderlich sein, sondern vielmehr dienen ein gemeinsamer Mindeststandard und gegenseitiges Vertrauen der Durchführbarkeit.[72] Die hiermit begonnene Weichenstellung wurde im Folgenden durch die EU-Gipfel von Den Haag[73] und Stockholm[74], sowie durch den Erlass weiterer Rechtsakte[75] bestätigt.[76]

Ein weiterer Meilenstein in der Entwicklung der transnationalen Zusammenarbeit wurde dann durch den Vertrag von Lissabon gesetzt. Durch diesen wird das Prinzip der gegenseitigen Anerkennung in den Art. 67 Abs. 3, 82 Abs. 1 AEUV erstmals primärrechtlich verankert.[77] Zur Förderung dieses neuen Rechtsprinzips ergeht gemäß Art. 82 Abs. 1 S. 2 lit. a AEUV ein Auftrag an den EU-Gesetzgeber zum Erlass von Regeln und Verfahren[78] zur Sicherstellung der Anerkennung *„aller Arten von Urteilen und gerichtlichen Entscheidungen in der gesamten Union"*. Durch die Supranationalisierung der Zusammenarbeit in Strafsachen und die Aufnahme des Prinzips der gegenseitigen Anerkennung als Rechtsprinzip kommt es zu einem erheblichen Zuwachs an Rechtssicherheit.[79] So können Europäisches Parlament und Rat zwar neue, auf dem Prinzip der gegenseitigen Anerkennung beruhende Instrumente der transnationalen Zusammenarbeit schaffen, welche jedoch der umfassenden Kontrolle durch den EuGH unterliegen und deren Umsetzung und Anwendung wegen Art. 6 EUV die Beachtung der Grundrechte-Charta erfordert.[80]

Mit Blick auf die dargestellte Entwicklung zum Prinzip der gegenseitigen Anerkennung stellt sich die Frage, ob hierin ein tatsächlicher Paradigmenwechsel[81]

---

72 *Böse*, in: Schwarze (Hrsg.), EU-Kommentar, Art. 82 AEUV Rn. 14.

73 Abl. C 53 v. 3.3.2005, S. 1.

74 Abl. C 115 v. 4.5.2010, S. 1.

75 Zu nennen sind etwa der Rahmenbeschluss zur Sicherstellung von Vermögensgegenständen und Beweismitteln (RB v. 22.07.2003, ABl. L 196 v. 02.08.2003, S. 45), der Rahmenbeschluss zur Einziehung (RB v. 24.02.2005, ABl. L 68 v. 15.03.2005 sowie v. 06.10.2006, ABl. L 328 v. 24.11.2006, S.59) und der Rahmenbeschluss zur Vollstreckung von Geldstrafen und Geldbußen (RB v. 24.02.2005, ABl. L 76 v. 22.03.2005, S. 16).

76 Siehe insgesamt zur Bedeutung des EuHb für die Entwicklung des Prinzips der gegenseitigen Anerkennung *Wasmeier*, in: Sieber/Satzger/v.Heintschel-Heinegg (Hrsg.), Europäisches Strafrecht, § 32 Rn. 26 ff.

77 *Böse*, in: Schwarze (Hrsg.), EU-Kommentar, Art. 82 AEUV Rn. 13 mit dem Hinweis, dass die primärrechtliche Normierung nicht zur Begründung von Rechten und Pflichten führt, sondern auch weiterhin eine Konkretisierung über das Sekundärrecht erforderlich ist.

78 Nunmehr im Wege des ordentlichen Gesetzgebungsverfahrens durch den Erlass von Richtlinien oder Verordnungen.

79 *Wasmeier*, in: Sieber/Satzger/v.Heintschel-Heinegg (Hrsg.), Europäisches Strafrecht, § 32 Rn. 52.

80 *Vogel*, in Grabitz/Hilf/Nettesheim (Hrsg.), Das Recht der EU, Art. 82 Rn. 20; *Böse*, in: Schwarze (Hrsg.), EU-Kommentar, Art. 82 AEUV Rn. 16.

81 So etwa *Schierholt*, ZIS 2010, 567.

zu sehen ist oder ob es sich nicht letztlich nur um eine weitere Modifizierung der traditionellen Rechtshilfe handelt.

Ein wichtiger Unterschied ist hierbei sicherlich in der Terminologie der Zusammenarbeit in einem System gegenseitiger Anerkennung zu sehen. Während die Staaten im Bereich der traditionellen Rechtshilfe auf ein Ersuchen, sprich auf eine Bitte um Unterstützung antworten, liegt der Zusammenarbeit im System der gegenseitigen Anerkennung eine Anordnung zugrunde.[82] Sofern eine Bitte zugleich die Freiwilligkeit der Unterstützungsleistung und eine Anordnung deren Unfreiwilligkeit impliziert, würde die Entwicklung zur gegenseitigen Anerkennung einen revolutionären Wandel darstellen. Eine derart strikte Grenzziehung zwischen beiden Systemen ist jedoch nicht immer möglich. Ohne die Einzeldarstellung der spezifischen Rechtsakte vorwegzunehmen[83], lässt sich feststellen, dass die terminologischen Unterschiede nicht überzubewerten sind.[84] So liegt der Zusammenarbeit unter dem EuRhÜbk und noch stärker unter dem EU-RhÜbk zwar nachwievor ein Ersuchen zugrunde, jedoch ist der ersuchte Staat bei seiner Entscheidung über die Vornahme der gewünschten Handlung längst nicht völlig frei, wie man es bei rein terminologischer Betrachtung vermuten würde. Vielmehr ist hier das Ersuchen regelmäßig ein formaler Akt, bei dem die Entscheidungsmöglichkeiten der ersuchten Behörde oftmals sehr gering sind.[85] Umgekehrt statuieren die unter dem Prinzip der gegenseitigen Anerkennung erlassenen Sekundärrechtsakte keine ausnahmslose Pflicht zur Vornahme einer Unterstützungshandlung. Vielmehr finden sich hier oftmals weitreichende Ausnahmetatbestände, die den Pflichtcharakter der Anordnung wieder deutlich einschränken.[86]

Sofern man bei der Entwicklung zum System der gegenseitigen Anerkennung dennoch von einem Paradigmenwechsel sprechen möchte, liegt dieser nicht in der Aufgabe jeglicher Entscheidungshoheit des Vornahmestaates, sondern in der Einschränkung traditioneller Rechtshilfehindernisse wie dem Erfordernis der beiderseitigen Strafbarkeit.[87] Weiterhin ist ein entscheidender Unterschied in den Rechtsquellen der neuen Art der Zusammenarbeit zu sehen. Während sich traditionelle Rechtshilfe meist auf der Grundlage völkerrechtlicher Verträge abspielt, entstammen die dem Anerkennungsprinzip folgenden Rechtsakte einer supranationalen Quelle und können den Mitgliedstaaten damit auch gegen ihren Willen auferlegt werden.[88]

---

82 *Spencer*, ZIS 2010, 602; *Ambos*, ZIS 2010, 557.

83 Siehe hierzu im Hinblick auf die EEA unten S. 109 ff.

84 Anders und mit klarem Fokus auf die terminologische Differenzierung *Spencer*, ZIS 2010, 602.

85 Vgl. Art. 1 Abs. 1 EuRhÜbk; Art. 4 Abs. 2 EU-RhÜbk.

86 Siehe etwa für den Europäischen Haft*befehl* als Auslieferungs*ersuchen* OLG Stuttgart, NJW 2004, 3437 f.; *Vogel*, in: Grabitz/Hilf/Nettesheim (Hrsg.), Das Recht der EU, Art. 82 Rn. 27 f.; Vgl. auch Art. 13 RB-EBA; Art. 1 Abs. 4, 11 RL-EEA.

87 *Böse*, in: Schwarze (Hrsg.), EU-Kommentar, Art. 82 AEUV Rn. 15.

88 *Vogel*, in: Grabitz/Hilf/Nettesheim (Hrsg.), Das Recht der EU, Art. 82 Rn. 25.

Das Prinzip der gegenseitigen Anerkennung bewirkt damit vor allem einen dogmatischen Wandel transnationaler Zusammenarbeit, welcher durchaus Anlass für eine kritische Betrachtung gibt, wobei aber letztlich die Auswirkungen für die Praxis nicht allzu groß sein dürften.[89]

(3) Kritik am Prinzip der gegenseitigen Anerkennung

Der wohl am häufigsten vorgebrachte Kritikpunkt am Prinzip der gegenseitigen Anerkennung hängt mit der Übertragbarkeit des Anerkennungsgrundsatzes aus dem Bereich der wirtschaftlichen Grundfreiheiten auf das Strafrecht zusammen.[90] Während das Prinzip der gegenseitigen Anerkennung im Warenverkehr der Freiheitserweiterung dient, führt selbiges im Bereich der internationalen Zusammenarbeit in Strafsachen zu einer Freiheitsbeschränkung durch die transnationale Geltung von Zwangsmaßnahmen.[91] Als problematisch wird hieran gesehen, dass im Bereich der Verbrauchsgüter bereits gemeinsame Mindeststandards existieren, nicht aber im Strafverfahrensrecht.[92] Die daraus resultierenden Schwierigkeiten ergeben sich aus der Funktion der Beweisrechtshilfe. Diese beinhaltet nicht lediglich den Transfer und die Anerkennung eines fertigen Produkts oder einer abgeschlossenen Maßnahme wie beispielsweise einen Haftbefehl. Vielmehr erfordert die Beweisrechtshilfe die Nutzung einer fremden Strafrechtsordnung zur eigentlichen Herstellung eines Beweismittels.[93] Dadurch kommt es zu einem Auseinanderfallen von Erhebungs- und Verwertungsrechtsordnung, welche in einem rein nationalen Verfahren ein genau austariertes System von Eingriffsbefugnissen und Schranken darstellen.[94] Es stellt sich folglich die Frage, ob die notwendige Legitimation für ein Strafurteil auch dann noch gewährleistet werden kann, wenn ein Beweismittel unter einer fremden Rechtsordnung erhoben wurde und sodann in einer anderen Rechtsordnung Gegenstand eines Strafverfahrens wird.[95] Zweifel können sich insbesondere dann ergeben, wenn die Voraussetzungen für die Vornahme einer Ermittlungsmaßnahme unter der Rechtsordnung des Erhebungsstaates deutlich geringer sind als im

---

89 Ebenso aus praktischer Sicht *Schierholt*, ZIS 2010, 567 f.

90 Eingehend zu dem Problem *Böse*, in: Momsen/Bloy/Rackow (Hrsg.), Fragmentarisches Strafrecht, S. 233 (236 ff.); Siehe allgemein zur Kritik an der Übertragung etwa *Gazeas*, ZRP 2005, 18 (21); *Schünemann*, ZRP 2003, 185 (187); *Zeder*, EuR 2012, 34 (38).

91 Vgl. nur *Ambos*, ZIS 2010, 557 (559); *Allegrezza*, ZIS 2010, 569 (572); *Satzger*, Internationales und Europäisches Strafrecht, § 10 Rn. 25.

92 *Allegrezza*, ZIS 2010, 569 (572) m.w.N.

93 *Roger*, GA 2010, 27 (31).

94 *Gleß*, ZStW 2003, 131 ff.; *dies.* ZStW 2004, 353 (356); *Nestler*, ZStW 2004, 332 (345 ff.).

95 *Gleß*, Beweisrechtsgrundsätze, S. 413 ff.; *Satzger*, Internationales und Europäisches Strafrecht, § 10 Rn. 25.

Verwertungsstaat.[96] In diesen Fällen mag der Beweistransfer nach dem Anerkennungsprinzip zwar die Ermittlungsarbeit deutlich vereinfachen und beschleunigen, allerdings ist die Verwertbarkeit des Beweismittels nicht gesichert.[97]

Ob sich aus dieser Problematik aber letztlich zwingend die Schlussfolgerung der fehlenden Übertragbarkeit des Prinzips der gegenseitigen Anerkennung auf die Beweisgewinnung ergibt, erscheint zumindest fraglich. So handelt es sich bei dem dargestellten Auseinanderfallen von Erhebungs- und Verwertungsrechtsordnung nicht um ein spezifisches Problem der gegenseitigen Anerkennung, sondern vielmehr um ein solches der traditionellen Rechtshilfe. Die Kritik dürfte daher im Kern darin liegen, dass die Übertragbarkeit eines wirtschaftlichen Prinzips auf das Strafverfahren zwingend eine Modifikation des Prinzips mit Blick auf den Schutz subjektiver Rechte erfordert. Solange im Rahmen der transnationalen Zusammenarbeit nicht ein gewisser Mindestschutz garantiert werden kann, wie dies beim Verkehr von Waren bereits der Fall ist, lässt sich das Prinzip der gegenseitigen Anerkennung nicht ohne Weiteres übertragen.[98] Zugleich ist aber zu berücksichtigen, dass sich der Grundsatz der gegenseitigen Anerkennung auch zugunsten des Individuums auswirken kann. Dies zeigt sich etwa in der transnationalen Geltung des *ne bis in idem* Grundsatzes nach Art. 54 SDÜ beziehungsweise Art. 50 GRC, sodass es sich letztlich um ein neutrales Modell handelt.[99]

Das Problem ungesicherter Verwertbarkeit vermeiden Rechtsakte der gegenseitigen Anerkennung, welche zu einer Fremdrechtsanwendung auf der Grundlage der *forum regit actum*-Regel[100] führen, da diese bereits die Verwertbarkeit des Beweismittels vor Augen haben. In diesem Fall vollzieht der Vornahmestaat die Anordnung zur Erhebung eines Beweismittels nach dem Recht des Anordnungsstaates, in welchem letztlich auch die Verwertung des Beweismittels erfolgen soll. Dadurch wird das beschriebene Auseinanderfallen von Erhebungs- und Verwertungsrechtsordnung vermieden und die Verwertbarkeit des Beweismittels gesichert. Allerdings ergibt sich auch hier die aus der fehlenden Harmonisierung des mitgliedstaatlichen Strafverfahrensrechts herrührende Problematik, wenngleich unter umgekehrten

---

96 Siehe diesbezüglich das von einigen europäischen Strafrechtswissenschaftlern vorgebrachte Alternativkonzept, *Schünemann* (Hrsg.), Alternativentwurf Europäische Strafverfolgung, wonach das beschriebene Auseinanderfallen dadurch vermieden werden soll, dass ein transnationales Strafverfahren immer von einem Mitgliedstaat nach dessen Verfahrensrecht durchgeführt wird, welches dann grundsätzlich in allen Mitgliedstaaten zur Anwendung kommt; Eingehend zu weiteren Lösungsmöglichkeiten siehe unten S. 193 ff.

97 *Gleß*, in: Böse (Hrsg.), Europäisches Strafrecht, § 16 Rn. 7.

98 Siehe hierzu *Böse*, in: Schwarze (Hrsg.), EU-Kommentar, Art. 82 Rn. 15.

99 *Vogel*, in: Grabitz/Hilf/Nettesheim (Hrsg.), Das Recht der EU, Art. 82 Rn. 24; *Böse*, in: Schwarze (Hrsg.), EU-Kommentar, Art. 82 Rn. 15; *Gleß*, ZStW 2004, 353 (356); a.A. *Schünemann*, ZStW 2004, 376 (383).

100 Vgl. Art. 9 Abs. 2 RL-EEA; Siehe hierzu unten S. 109 ff.

Vorzeichen.[101] Nunmehr ist der Vornahmestaat zur Durchführung einer Maßnahme nach fremdem Recht gehalten, wodurch Tatverdächtige in ihrem Heimatstaat faktisch Ermittlungseingriffen nach unterschiedlichen Rechtsordnungen unterworfen werden können.[102] Die hierdurch hervorgerufene Kritik knüpft ebenfalls an den fehlenden gemeinsamen Mindeststandard in den Verfahrensvorschriften der Mitgliedstaaten zum Schutz individueller Recht an.[103] Die Sorge besteht darin, dass transnationale Zusammenarbeit unter dem Prinzip der gegenseitigen Anerkennung zu einem Verlust grundlegender Verteidigungsrechte führen kann, da ein Individuum nunmehr unter deutlich geringeren Voraussetzungen mit einer Ermittlungsmaßnahme konfrontiert werden kann, als dies mitunter nach der nationalen Rechtsordnung der Fall ist.[104] Dem ist allerdings zu entgegnen, dass die unter dem Prinzip der gegenseitigen Anerkennung erlassenen Sekundärrechtsakte bereits in weitem Umfang dem Schutz subjektiver Rechte Rechnung tragen.[105] Hinzu kommt die Begrenzung des Prinzips der gegenseitigen Anerkennung durch die Bindung der Mitgliedstaaten an europäische Grundrechte und die Geltung eines europäischen *ordre public*-Vorbehalts.[106] Zwar hat der EuGH für den Europäischen Haftbefehl festgestellt, dass eine Ablehnung nur aus den im Rahmenbeschluss niedergelegten Gründen erfolgen darf[107], woraus aber nicht im Umkehrschluss die Absage an einen Vorrang der europäischen Grundrechte gefolgert werden kann. Dies ergibt sich aus dem Vorrang des Primärrechts und damit zugleich der Grundrechte (Art. 6 EUV), vor den nach dem Prinzip der gegenseitigen Anerkennung erlassenen Sekundärrechtsakten.[108]

Die Kritik an der fehlenden Übertragbarkeit des Prinzips der gegenseitigen Anerkennung aus dem Bereich des Warenverkehrs und die Sorge vor einem unzureichenden Schutz subjektiver Rechte sind daher letztlich nicht durchgreifend. Vielmehr stellt das Prinzip der gegenseitigen Anerkennung bei genauer Betrachtung keine Revolution der transnationalen Zusammenarbeit dar, sondern es beseitigt lediglich bestehende Einschränkungen im Rahmen der traditionellen Rechtshilfe. Der Schutz subjektiver Rechte wird durch entsprechende Vorbehalte in den jeweiligen

---

101 *Ambos*, ZIS 2010, 557 (561 f.).

102 *Gleß*, in: Böse (Hrsg.), Europäisches Strafrecht, § 16 Rn. 8; Siehe aber unten S. 109 ff. zu Verweigerungsmöglichkeiten des Gebietsstaates.

103 Siehe nur *Ahlbrecht*, StV 2013, 114 (118); *Bachmaier*, ZIS 2010, 580 (587 f.) in Bezug auf die Europäische Ermittlungsanordnung.

104 Siehe zu der Problematik *Erbeznik*, EuCLR 2012, 3 (14 ff.).

105 Vgl. Art. 10 Abs. 1 RL-EEA; Siehe eingehend zur EEA *Böse*, ZIS 2014, 152 (153 f.).

106 Schlussanträge der Generalanwältin *Sharpston* in der Rs. C-396/11 „*Radu*" Rn. 70 ff.; Zur extraterritorialen Geltung von Individualgarantien siehe unten S. 205 ff.

107 EuGH, Rs. C-338/08 PPU, „*Leymann und Pustarov*", Slg 2008, I-8983 Rn. 51; Rs. C-261/09, „*Manteloo*", Rn. 36 f.

108 Schlussanträge der Generalanwältin *Sharpston* in der Rs. C-396/11 „*Radu*" Rn. 70; Ebenso *Vogel*, in: Grabitz/Hilf/Nettesheim (Hrsg.), Das Recht der EU, Art. 82 Rn. 37; *Böse*, in: Schwarze (Hrsg.), EU-Kommentar, Art. 82 Rn. 16.

Sekundärrechtsakten und die Geltung eines europäischen *ordre public*-Vorbehalts gewährleistet.

cc) Abgrenzung zur Amtshilfe

In bestimmten Fällen kann es für deutsche Strafverfolgungsbehörden von Vorteil sein nicht mit einer ausländischen Behörde in Kontakt treten zu müssen, sondern die Unterstützung einer deutschen Vertretung im Ausland in Anspruch zu nehmen.[109] Bei dieser Form der grenzüberschreitenden Informationsgewinnung handelt es sich um (innerstaatliche) Amtshilfe und nicht um internationale Rechtshilfe. Allerdings ist hierbei zu beachten, dass grundsätzlich alle Maßnahmen mit Außenwirkung der Zustimmung des Gaststaates bedürfen.[110]

Auch bei Kooperation mit einer ausländischen Behörde ist jedoch eine Abgrenzung zwischen Rechtshilfe und Amtshilfe erforderlich.[111] Hierzu wendet die herrschende Auffassung einen funktionalen Begriff der Rechtshilfe an und nimmt die Abgrenzung anhand der jeweils vorherrschenden Verfahrensart vor.[112] Demnach handelt es sich in Anlehnung an den Wortlaut des § 59 Abs. 2 IRG um Rechtshilfe, wenn die Unterstützungshandlung eine repressive Zielrichtung hat.[113] Gegenüber einer rein institutionell-organisatorischen Betrachtung, die für die Abgrenzung auf die beteiligten Stellen der Kooperation abstellt[114], sorgt die vorzugswürdige Ansicht der herrschenden Meinung für ein höheres Maß an Rechtssicherheit. Im Bereich der zwischenstaatlichen Kooperation ist eine genaue Einordnung der ausländischen Behörde oftmals aufgrund des unterschiedlichen Verständnisses des Begriffs

---

109 Vgl. Nr. 130 Abs. 2 S. 2 RiVASt, wonach dies insbesondere dann in Betracht kommt, wenn der erstrebte Zweck nicht, nicht rechtzeitig oder nur mit unzumutbarem Aufwand auf dem Rechtshilfeweg erlangt werden kann.

110 Vgl. Art. 41 Abs. 1 und 3 des Wiener Übereinkommens über diplomatische Beziehungen (WÜD) wonach die Vorgaben des Empfangsstaates zu beachten sind und die Räumlichkeiten einer diplomatischen Mission nicht in einer Weise genutzt werden dürfen, die mit den Aufgaben der Mission unvereinbar ist; Eingehend *Forcese*, Journal of National Security Law & Policy 2011, 179 (199 ff.); Vgl. auch § 15 Konsulargesetz bezüglich Vernehmungen; Siehe hierzu *Boister*, An Introduction to Transnational Criminal Law, S. 166; Zulässig ist dagegen die allgemeine Informationserhebung aus öffentlich zugänglichen Quellen.

111 a.A. wohl *Sieber*, ZRP 2000, 186 ff., der keine Unterscheidung zwischen Amts- und Rechtshilfe vornimmt.

112 So etwa *Ambos/Poschadel*, in: Ambos/König/Rackow (Hrsg.), Rechtshilferecht in Strafsachen, Grundlagen Rn. 12; *Popp*, Grundzüge der Internationalen Rechtshilfe in Strafsachen, § 6 Rn. 101; *Schädel*, Die Bewilligung internationaler Rechtshilfe in Strafsachen in der EU, S. 54.

113 Siehe oben S. 84 f.

114 Für den innerstaatlichen Bereich etwa *Maunz*, in: Maunz/Dürig (Hrsg.), GG, Art. 35 Rn. 3, wonach Rechtshilfe bei Kooperation zwischen Organen der Judikative und Amtshilfe bei Kooperation zwischen Exekutivorganen vorliegt.

„Justizbehörde" kaum möglich.[115] Die institutionell-organisatorische Betrachtung ist daher abzulehnen und vielmehr eine Differenzierung nach der jeweiligen Verfahrensart vorzunehmen.[116]

b) Polizeiliche Zusammenarbeit im engeren Sinne

aa) Abgrenzung

In Abgrenzung zur internationalen Rechtshilfe in Strafsachen handelt es sich bei der polizeilichen Zusammenarbeit im engeren Sinne[117] um eine präventiv-polizeiliche Kooperation im Rahmen der internationalen Amtshilfe. Darüber hinaus sind auch Kooperationsformen erfasst, deren Zweck zwar die Verfolgung einer Straftat und mithin eine repressive Tätigkeit ist, welche aber aufgrund ihres pro-aktiven Charakters[118] dennoch nicht mehr dem Bereich der traditionellen Rechtshilfe zugeordnet werden können. Gemeint sind besondere Instrumente der grenzüberschreitenden Zusammenarbeit, die nicht eine Informationsübermittlung zum Gegenstand haben, sondern bei denen die kooperierenden Staaten unmittelbar an der Informationsgewinnung beteiligt sind.[119] Hierunter fällt insbesondere die Informationsgewinnung im Rahmen der Beteiligung an einer gemeinsamen Ermittlungsgruppe, einer grenzüberschreitenden Observation oder durch den grenzüberschreitenden Einsatz verdeckter Ermittler.[120]

bb) Entwicklung

(1) Rechtlicher Rahmen

Wie im Rahmen der internationalen Rechtshilfe in Strafsachen, findet polizeiliche Zusammenarbeit regelmäßig auf der Grundlage völkerrechtlicher Verträge statt.[121] Darüber hinaus können die Staaten im Bedarfsfall in Ausübung ihrer Souveränität auch ad hoc Vereinbarungen über Maßnahmen der polizeilichen Kooperation treffen.[122] Innerhalb des Raums der Freiheit, der Sicherheit und des Rechts (Art. 3 Abs. 2 EUV, Art. 67 AEUV) bildet die europäische polizeiliche Kooperation eine von vier Säulen.[123]

---

115 *Ambos/Poschadel*, in: Ambos/König/Rackow (Hrsg.), Rechtshilferecht in Strafsachen, Grundlagen Rn. 11.

116 Ebenso *Schädel*, Die Bewilligung internationaler Rechtshilfe in Strafsachen in der EU, S. 53 f.

117 Siehe dazu bereits oben S. 82 f.

118 Siehe zum Begriff *Krüßmann*, in: Böse (Hrsg.), Europäisches Strafrecht, § 18 Rn. 5.

119 *Krüßmann*, in: Böse (Hrsg.), Europäisches Strafrecht, § 18 Rn. 5.

120 Siehe hierzu im Einzelnen S. 111 ff.

121 Vgl. die Darstellung der Rechtsgrundlagen des Polizeihandelns bei *Mokros*, in: Lisken/Denninger (Hrsg.), Handbuch des Polizeirechts, S. 1429 ff.

122 *Schädel*, Die Bewilligung internationaler Rechtshilfe in Strafsachen in der EU, S. 58.

123 Neben den Regelungen zur Politik im Bereich Grenzkontrollen, Asyl und Einwanderung, zur justiziellen Zusammenarbeit in Zivilsachen und zur justiziellen Zusammenarbeit in Strafsachen.

Einen wichtigen völkervertraglichen Meilenstein in der der Entwicklung der polizeilichen Zusammenarbeit stellt dabei das Schengener Durchführungsübereinkommen (SDÜ) von 1990[124] dar. Dieses Instrument der intergouvernementalen Zusammenarbeit wurde 1997 durch den Vertrag von Amsterdam in den Rechtsrahmen der EU überführt und mit dem Vertrag von Lissabon weitestgehend supranationalisiert.[125] Zur Kompensation der durch fehlende Grenzkontrollen hervorgerufenen Sicherheitsrisiken haben sich die Vertragsparteien nicht nur auf operative Formen der Zusammenarbeit geeinigt[126], sondern darüber hinaus mit dem seit 2013 aktiven Schengener Informationssystem (SIS II) eine internationale Fahndungsdatei geschaffen.[127] Im Verhältnis zu Frankreich hat die Bundesrepublik Deutschland 1997 mit dem Mondorfer Abkommen einen weiteren völkerrechtlichen Vertrag geschlossen, durch welchen die im Rahmen des SDÜ geschaffene Zusammenarbeit weiter ausgebaut werden soll.[128] Beispielsweise wurden Zentren der Polizei- und Zollzusammenarbeit[129] eingerichtet, welche grenzüberschreitende Ermittlungen durch die Behörden der Vertragsparteien koordinieren.[130]

Insbesondere zur Bekämpfung des Terrorismus und der illegalen Migration hat Deutschland zudem mit Belgien, Spanien, Frankreich, Luxemburg, den Niederlanden und Österreich 2005 durch den Prümer Vertrag eine weitere Grundlage zur vertieften polizeilichen Zusammenarbeit geschaffen.[131] Die Vertragsparteien wollen in den genannten Kriminalitätsbereichen eine Vorreiterolle in Europa mit Blick auf die grenzüberschreitende Zusammenarbeit einnehmen, wozu insbesondere der Informationsaustausch verbessert werden soll.[132]

---

124 Siehe hierzu ferner S. 105 f.

125 Siehe aber zum fortbestehenden intergouvernementalen Ursprung der Regelungsmaterie *Hetzer*, in: Sieber/Satzger/v.Heintschel-Heinegg (Hrsg.), Europäisches Strafrecht, § 41 Rn. 4.

126 Vgl. Art. 40, 41 SDÜ; Siehe hierzu im Einzelnen S. 116 ff.

127 Eingehend *Hecker*, Europäisches Strafrecht, S. 173 ff.; *Schneider*, NVwZ 2012, 65 (68 f.).

128 Vgl. Art. 2 Abs. 1 des Abkommens zwischen Deutschland und Frankreich über die Zusammenarbeit der Polizei- und Zollbehörden in den Grenzgebieten v. 9.10.1997, BGBl. II 1998, S. 2480.

129 Grundlegend für die Zusammenarbeit in der Zollfahndung ist das Übereinkommen über gegenseitige Amtshilfe und Zusammenarbeit der Zollverwaltung v. 18.12.1997 (Neapel II), welches insbesondere Regelungen zur grenzüberschreitenden Observation (Art. 21), kontrollierte Lieferungen (Art. 22), sowie zum Einsatz verdeckter Ermittler (Art. 23) vorsieht.

130 *Hetzer*, in: Sieber/Satzger/v.Heintschel-Heinegg (Hrsg.), Europäisches Strafrecht, § 41 Rn. 71 ff.

131 Ein guter Überblick über den Vertragsinhalt findet sich bei *Hummer*, EuR 2007, 517.

132 Siehe hierzu etwa die Präambel des Vertrages, abrufbar unter: http://www.bmi.bund.de/SharedDocs/Downloads/DE/Themen/Sicherheit/Polizei/Pruemer_

(2) Institutionell

Auf institutioneller Ebene ist für die Entwicklung der europäischen polizeilichen Zusammenarbeit die Gründung von Europol von erheblicher Bedeutung.[133] Hierbei handelt es sich seit Inkrafttreten des Europol-Beschlusses des Rates am 1.1.2010 um eine EU-Agentur mit Sitz in Den Haag.[134] Gemäß Art. 88 Abs. 1 AEUV erstreckt sich die Zuständigkeit von Europol auf die Koordinierung und Unterstützung der polizeilichen Zusammenarbeit der Behörden der Mitgliedstaaten in den Bereichen organisierte Kriminalität, Terrorismus und bei Kriminalitätsformen, die ein gemeinsames Unionsinteresse verletzen. Allerdings umfasst die Unterstützung gemäß Art. 88 Abs. 3 AEUV eine operative Tätigkeit von Europol nur nach Zustimmung der mitgliedstaatlichen Behörden und ohne die Befugnis zur Vornahme von Zwangsmaßnahmen.[135]

Wichtigster Baustein der Aufgabenerfüllung von Europol ist die Bereitstellung und Unterhaltung eines automatisierten Informationssystems, welches Daten über Taten und Gefahren im Zusammenhang mit den Zuständigkeitsbereichen von Europol enthält, die den Mitgliedstaaten bei Bedarf zur Verfügung gestellt werden.[136]

3) Zusammenfassung

Grenzüberschreitende Informationsgewinnung im Rahmen einer völkerrechtlichen Kooperation unterfällt entweder dem Bereich der internationalen Rechtshilfe in Strafsachen oder der (präventiv bzw. pro-aktiv) polizeilichen Zusammenarbeit im engeren Sinne, nicht aber dem Bereich der nachrichtendienstlichen Informationsgewinnung, für welche kein entsprechendes Regelungssystem besteht. Innerhalb der Europäischen Union haben sich beide Kooperationsbereiche stetig weiterentwickelt und sind Teil eines gemeinsamen Raums der Freiheit, der Sicherheit und des Rechts geworden. Die Entwicklung zeigt, dass Staaten hierbei immer weniger auf traditionelle, souveränitätsgeprägte Kooperationsinstrumente zurückgreifen, sondern zunehmend neue pro-aktive Methoden anwenden, welche auf den Grundsätzen des gegenseitigen Vertrauens und der gegenseitigen Anerkennung beruhen.

Vertrag.html (letzter Abruf: 19.09. 2014); Eingehend im Hinblick auf den Informationsaustausch *Böse*, Der Grundsatz der Verfügbarkeit, S. 42 ff.

133 Europol-Übereinkommen von 1995, ABlEG 1995 Nr. C 316/2; BGBl. 1997 II, S. 2154.

134 ABlEU 2009 Nr. L 121/37.

135 Siehe hierzu *Röben* in: Grabitz/Hilf/Nettesheim (Hrsg.), Das Recht der EU, Art. 88 Rn. 22 ff.

136 *Manske*, Kriminalistik 2001, 105; *Röben* in: Grabitz/Hilf/Nettesheim (Hrsg.), Das Recht der EU, Art. 88 Rn. 46.

II) Informationsgewinnung ohne Zustimmung des Gebietsstaates

1) Praktische Relevanz

Für eine grenzüberschreitende Informationsgewinnung ohne Zustimmung des Gebietsstaates gibt es zahlreiche denkbare Gründe.[137]

So vermag etwa selbst ein weitreichendes und ausbalanciertes Rechtshilfesystem dort an seine Grenzen stoßen, wo gegenseitiges Vertrauen fehlt.[138] Insbesondere der Austausch von sensiblen Informationen über laufende Ermittlungsverfahren ist nur im Verhältnis zu solchen ausländischen Behörden möglich, bei denen ein hinreichendes Vertrauen in die korrekte Verwendung der übermittelten Informationen besteht. Sofern dieses Vertrauen nicht gegeben ist, fehlt es meist an der Grundlage für eine effektive Rechtshilfekooperation.[139] Zugleich kann aber die Notwendigkeit grenzüberschreitender Ermittlungen uneingeschränkt fortbestehen. Inwieweit in diesen Fällen die selbstständige „*wilde*" Beweisaufnahme[140] tatsächlich eine sinnvolle Alternative darstellt, soll an dieser Stelle noch offen bleiben[141], jedenfalls bestünde hierfür aber eine praktische Notwendigkeit.

Weiterhin kann sich die Notwendigkeit einer selbstständigen Maßnahme aus der fehlenden Bereitschaft eines Staates zur Leistung von Rechtshilfe in bestimmten Kriminalitätsbereichen ergeben. Vorbehalte sind insbesondere möglich im Bereich von militärischen[142], politischen[143] oder fiskalischen[144] Delikten. Hinsichtlich des letztgenannten Deliktbereiches ergibt sich die fortbestehende Relevanz einer selbstständigen Informationsgewinnung aus dem bisher erfolgten Ankauf von mindestens zehn Steuerdaten-CDs und der generellen Bereitschaft der Bundesregierung, diese Form der Sachverhaltsermittlung künftig fortzuführen.[145]

Während fehlendes Vertrauen und mangelnde Bereitschaft zur Kooperation innerhalb der EU inzwischen allerdings eher die Ausnahme als die Regel sein dürften,

---

137 Siehe dazu bereits oben S. 2 ff.

138 Siehe abstrakt zu den Konsequenzen fehlenden Vertrauens *Kaufhold*, EuR 2012, 408 (421 f.).

139 Für eine Übersicht zu dem jeweiligen Status der Rechtshilfebeziehungen der Bundesrepublik zu ausländischen Staaten siehe den Länderteil im Anhang II der RiVASt. Im Bereich der vertragslosen Rechtshilfe können Hindernisse auch durch Zweifel an der Legitimität der zustimmenden Stelle entstehen. Denkbar ist dies etwa in Fällen, in denen die Regierung nicht mehr länger die effektive Kontrolle über das Staatsgebiet ausübt.

140 *Nagel*, Beweisaufnahme im Ausland, S. 4, 6.

141 Siehe hierzu aber unten S. 245 ff.

142 Vgl. § 7 IRG; Art. 1 Abs. 2 EuRhÜbk.

143 Vgl. § 6 Abs. 1, 3 IRG; Art. 2 lit. a EuRhÜbk.

144 Vgl. Art. 2 lit. a EuRhÜbk; Etwa für die Schweiz Art. 3 Abs. 3 IRSG.

145 Antwort der Bundesregierung auf eine Kleine Anfrage, BT-Drs. 18/825, S. 8 f.

ergibt sich die Notwendigkeit der selbstständigen Informationsgewinnung vor allem im Verhältnis zu Drittstaaten.[146]

Hauptanwendungsfall der Informationsgewinnung ohne Zustimmung des Gebietsstaates dürfte jedoch die grenzüberschreitende Tätigkeit von Nachrichtendiensten sein. Zwar wurde seit den Anschlägen vom 11. September 2001 die europäische und transatlantische nachrichtendienstliche Kooperation stetig verstärkt, jedoch geht es hierbei vor allem um Informationsaustausch.[147] Ist ein anderer Staat zu einem solchen Austausch nicht bereit oder kann auf die Zuverlässigkeit der übermittelten Informationen nicht vertraut werden, besteht mitunter weiterhin die Notwendigkeit einer selbstständigen nachrichtendienstlichen Informationsgewinnung.

2) Rechtliche Bedeutung

Die rechtliche Brisanz einer selbstständigen Informationsgewinnung ohne Kenntnis des Gebietsstaates ergibt sich aus der Kollision zweier staatlicher Souveränitätsansprüche. Auf der einen Seite steht die aus der territorialen Souveränität folgende Gebietsausschließlichkeit, welche anderen Staaten die Vornahme von Hoheitsakten auf fremdem Staatsgebiet versagt.[148] Dieser steht auf der anderen Seite die grundsätzlich umfassende Jurisdiktionsgewalt des ermittelnden Staates gegenüber, welche auf der Grundlage von völkerrechtlich anerkannten Anknüpfungspunkten (*genuine link*[149]) auch die Regelung von Auslandssachverhalten ermöglicht.[150]

In der Terminologie des Völkerrechts geht es um einen Konflikt zwischen der extensiven *jurisdiction to prescribe* und der grundsätzlich auf das eigene Territorium beschränkten *jurisdiction to enforce*.[151] So kann ein Staat zwar grundsätzlich einen

146 Vgl. zur Kooperationsbereitschaft von Drittstaaten die Erklärung des Rates der EU zum Kampf gegen den Terrorismus, Ratsdok. 7906/04, S. 13, wonach die EU die Bereitschaft eines Drittstaates zur Zusammenarbeit laufend bewertet und zur Grundlage ihrer politischen Beziehungen macht.

147 Eingehend *Aldrich*, in: Jones/Menon/Weatherill (Hrsg.), The Oxford Handbook of the EU, S. 628 ff.

148 So ausdrücklich *Max Huber* in seinem berühmten Schiedsspruch zum *Island of Palmas*-Fall (1928): *„Sovereignty in the relations between States signifies independence. Independence in regard to a portion of the globe is the right to exercise therein, to the exclusion of any other State, the functions of a State“*, RIAA II, S. 829 (838).

149 Vgl. hierzu etwa IGH *Nottebohm*, IGH Rep. 1955, 4 (24 ff.); IGH *Barcelona Traction*, IGH Rep. 1970, 1 ff.

150 Siehe für einen Überblick zu den verschiedenen völkergewohnheitsrechtlich anerkannten Anknüpfungspunkten im Bereich des Strafrechts *Safferling*, Internationales Strafrecht, § 3 Rn. 13 ff.; *Satzger*, Internationales und Europäisches Strafrecht, § 4; Siehe für einen allgemeinen Überblick über Anknüpfungspunkte *v. Arnold*, Völkerrecht, § 4 Rn. 345.

151 Eingehend hierzu *Staker*, in: Evans (Hrsg.), International Law, Kap. 11 II, III. Ein Beispiel für die räumliche Ausdehnung der *jurisdiction to enforce* findet sich etwa in Art. 73 Abs. 1 des UN-Seerechtsübereinkommens, wonach dem Küstenstaat das

Auslandssachverhalt zum Gegenstand einer Regelung machen, darf aber zugleich diese Regelung nur auf seinem eigenen Staatsgebiet vollziehen.[152] Die entscheidende Frage ist folglich, nach welchen Kriterien bei extraterritorialem Staatshandeln die Abgrenzung zwischen zulässiger Ausdehnung der eigenen Handlungsräume und unzulässiger Regelungsdurchsetzung vorzunehmen ist. Hierzu bietet das Völkerrecht keine einheitliche Antwort, sondern Staatenpraxis und Rechtsauffassung unterscheiden sich mitunter erheblich. Als allgemeine Regel dürfte lediglich das Verbot zur Vornahme von Hoheitsakten auf fremdem Staatsgebiet gelten.[153] Allerdings bestehen zugleich unterschiedliche Auffassungen über die relevanten Kriterien zur Einordnung staatlichen Handelns als Hoheitsakt. So werden beispielsweise zwangsfreie behördliche Ermittlungsmaßnahmen im Bereich des Common Law regelmäßig nicht als Hoheitsakt, sondern als zulässige extraterritoriale Handlung eingeordnet.[154] Demgegenüber sieht die kontinentaleuropäische Auffassung grundsätzlich in jeder Ermittlungsmaßnahme die Vornahme eines Hoheitsaktes.[155] Die besondere rechtliche Relevanz der grenzüberschreitenden Informationsgewinnung ergibt sich daher insbesondere für den Bereich der zwangsfreien Ermittlungsmethoden und der Weitergabe von Informationen durch Private.[156]

III) Zusammenfassung

Es gibt grob gesprochen zwei Arten der grenzüberschreitenden Informationsgewinnung. Einerseits Informationsgewinnung im Rahmen einer bi- oder multilateralen Zusammenarbeit auf der Grundlage von völkerrechtlichen Verträgen oder ad hoc Vereinbarungen. Hierbei lässt sich unter dem Oberbegriff der polizeilichen Zusammenarbeit weiterhin unterscheiden zwischen internationaler Rechtshilfe in Strafsachen als polizeiliche Zusammenarbeit im weiteren Sinne und präventiv bzw. pro-aktiv polizeilicher Zusammenarbeit im engeren Sinne. Andererseits gibt es Informationsgewinnung als selbstständige Ausdehnung der Handlungsgewalt eines Staates. Letztere Form der Informationsgewinnung ist trotz erheblicher Ausweitung bestehender Kooperationsverträge insbesondere für die Nachrichtendienste noch immer von hoher praktischer Bedeutung und hinsichtlich ihrer Völkerrechtsmäßigkeit nicht allgemein zu beurteilen. Vielmehr

Recht zur Durchsetzung spezieller souveräner Rechte innerhalb seiner ausschließlichen Wirtschaftszone zukommt.

152 *v. Arnauld*, Völkerrecht, § 4 Rn. 345.

153 StIGH *Lotus*-Fall, Serie A: Recueil des Arrets, Nr. 10, Urteil No 9, S. 18; IGH *Korfu Kanal*-Fall, ICJ Reports 1949, S. 35; BVerfGE 63, 343 (361); *Gusy*, NZWehrR 1984, 187 (192).

154 Grundlegend *Markees*, in: Bassiouni/Nanda (Hrsg.), A Treatise on International Criminal Law, S. 172.

155 *Nagel*, Beweisaufnahme im Ausland, S. 21 ff.; *Tiedemann*, in: Kaufmann/Bemmann/Krauss/Volk (Hrsg.), FS für Paul Bockelmann, S. 819 (822 f.).

156 Siehe dazu unten S. 137 ff.

bedarf es hierbei einer genauen Betrachtung der jeweiligen Art und Weise einer Ermittlungsmaßnahme.

B) Auslandsermittlungen deutscher Behörden im Rahmen internationaler Kooperation

Im Folgenden wird zunächst die internationale Kooperation innerhalb der Europäischen Union dargestellt. Hierzu werden zunächst die einzelnen Rechtsinstrumente vorgestellt, bevor schwerpunktmäßig die spezifischen Rechtsgrundlagen zur selbstständigen Tätigkeit deutscher Behörden im Ausland untersucht werden. Hierbei soll die Praxistauglichkeit der einschlägigen Regelungen im Vordergrund stehen.

Im Anschluss wird ein kurzer Überblick über bestehende Kooperationsformen im Verhältnis zu Drittstaaten gegeben.

I) Grenzüberschreitende Zusammenarbeit in der EU

1) Rechtsgrundlagen

a) Europäisches Übereinkommen über die Rechtshilfe in Strafsachen (EuRhÜbk)

Nach Gründung des Europarates am 5. Mai 1949 wurde schon recht früh deutlich, dass eine weitreichende politische und wirtschaftliche Annäherung zwischen den Mitgliedstaaten nur dann erfolgreich sein wird, wenn auch Möglichkeiten für eine Zusammenarbeit der Justizbehörden geschaffen werden. Das bestehende unübersichtliche Geflecht aus bilateralen Rechtshilfevereinbarungen und vertragslosen Kooperationsformen wurde daher am 20. April 1959 durch das Europäische Übereinkommen über die Rechtshilfe in Strafsachen abgelöst.[157] Dieses wird aus heutiger Sicht auch als „Mutterkonvention" für die vertragliche sonstige Rechtshilfe angesehen.[158] Bedeutsam ist zunächst die durch das Übereinkommen begründete Verpflichtung der Mitgliedstaaten im größtmöglichen Umfang Rechtshilfe zu leisten[159] sowie die grundsätzliche Abkehr vom Erfordernis der beiderseitigen Strafbarkeit[160]. Weiterhin findet sich in Art. 3 Abs. 1 EuRhÜbK eine ausdrückliche Festsetzung des

157 Siehe zur historischen Einordnung *Gloß*, in: Grützner/Pötz/Kreß (Hrsg.), Internationale Rechtshilfe in Strafsachen, Abschnitt III A 3.1, Rn. 2.

158 Vgl. nur *Lagodny*, in: Schomburg/Lagodny/Gleß/Hackner (Hrsg.), Internationale Rechtshilfe, Vor II B, Rn. 1.

159 Vgl. Art. 1 Abs. 1 EuRhÜbk.

160 Umkehrschluss aus Art. 2, 5 EuRhÜbk, wonach an dem Erfordernis der beiderseitigen Strafbarkeit nur für politische und fiskalische Straftaten festgehalten wird bzw. den Vertragsstaaten eine Vorbehaltsmöglichkeit im Hinblick auf das Festhalten am Prinzip der beiderseitigen Strafbarkeit eingeräumt wird; Siehe hierzu auch *Gloß*, in: Grützner/Pötz/Kreß (Hrsg.), Internationale Rechtshilfe in Strafsachen, Abschnitt III A 3.1, Rn. 5.

Grundsatzes *locus regit actum*, womit die Vornahme einer Rechtshilfemaßnahme nach dem Recht des ersuchten Staates zu erfolgen hat.

Allerdings wird die Praxistauglichkeit des EuRhÜbK zugleich durch verschiedene Sondervorschriften eingeschränkt. Zunächst besteht gemäß Art. 23 Abs. 1 EuRhÜbk die Möglichkeit zur Erklärung von Vorbehalten, wovon die Vertragsparteien vielfach Gebrauch gemacht haben.[161] Eine spezielle Vorbehaltsregelung findet sich hierbei in Art. 5 EuRhÜbK, wonach bei Durchsuchungen und Beschlagnahmen die Vornahme der Rechtshilfemaßnahme vom Vorliegen beiderseitiger Strafbarkeit abhängig gemacht werden kann.[162] Zudem wird die mit dem EuRhÜbK verfolgte Vereinheitlichung der Rechtshilfe teilweise relativiert, indem Mitgliedstaaten über Art. 26 Abs. 3 EuRhÜbK die Möglichkeit zum Abschluss von bi- oder multilateralen Ergänzungsvereinbarungen eingeräumt wird.[163]

Als Reaktion auf praktische Anwendungsschwierigkeiten und zur Anpassung an neue Entwicklungen[164], haben die Vertragsstaaten bisher zwei Zusatzprotokolle verabschiedet. Im ersten Zusatzprotokoll vom 17. März 1978 wurde durch Art. 1 eine vertragliche Grundlage zur Leistung von Rechtshilfe bei Fiskaldelikten geschaffen. Mit dem zweiten Zusatzprotokoll vom 8. November 2001 wurde insbesondere die Entwicklung vom Prinzip *locus regit actum* zum Grundsatz des *forum regit actum* eingeleitet.[165]

b) Schengener Durchführungsübereinkommen (SDÜ)

Das SDÜ vom 19. Juni 1990 stellt eine erste Ergänzung und Anwendungserleichterung für das bereits bestehende EuRhÜbk dar.[166] Obwohl der Schengen-Besitzstand mit dem Vertrag von Amsterdam in den Rechtsrahmen der EU überführt wurde[167], ist das Schengengebiet aufgrund bestehender Sonderregelungen für einige

---

161 Für eine Übersicht zu den jeweiligen Vorbehalten siehe „European Convention on Mutual Assistance in Criminal Matters, List of declarations" unter www.conventions.coe.int (letzter Abruf: 01.10.2014); Kritisch hierzu *Hecker*, Europäisches Strafrecht, S. 178.

162 Siehe hierzu *Ligeti*, Strafrecht und strafrechtliche Zusammenarbeit in der EU, S. 142; *Mavany*, Die europäische Beweisanordnung, S. 9.

163 Vgl. *Perron*, ZStW 2000, 202 (205); *Schomburg*, ZRP 1999, 237 f.

164 *Gloß*, in: Grützner/Pötz/Kreß (Hrsg.), Internationale Rechtshilfe in Strafsachen, Abschnitt III A 3.1, Rn. 4.

165 *Gleß*, in: Schomburg/Lagodny/Gleß/Hackner (Hrsg.), Internationale Rechtshilfe, II B 2, Rn. 1.

166 Vgl. Art. 48 SDÜ.

167 Siehe hierzu das Schengen-Protokoll über den im Rahmen der Europäischen Union einbezogenen Schengen-Besitzstand v. 2.10.1997.

EU-Mitgliedstaaten[168] und Assoziierungsabkommen mit Drittstaaten[169], nicht identisch mit dem Gebiet der Europäischen Union.[170]

Inhaltlich knüpft das SDÜ im Grundsatz an die souveränitätsgeleiteten Prinzipien der traditionellen Rechtshilfe an, wenngleich auch bestimmte neuartige Kooperationsformen wie die grenzüberschreitende Observation[171] und Nacheile[172] als Ausdruck einer stärkeren Solidarität geschaffen wurden.[173] Das SDÜ enthält darüber hinaus Regelungen über den polizeilichen Informationsaustausch[174] und die Vereinfachung des grenzüberschreitenden Geschäftsweges zwischen Polizei und Justizbehörden[175]. Von besonderer Bedeutung für die polizeiliche und justizielle Zusammenarbeit im räumlichen Geltungsbereich des SDÜ ist die erstmalige Kodifizierung eines transnationalen *ne bis in idem* Grundsatzes in Art. 54 SDÜ.[176]

Die Praxistauglichkeit des bestehenden Schengen-Acquis soll durch regelmäßige Fortentwicklungen gewährleistet werden.[177] Hierzu dient etwa der Terrorismusbekämpfungsbeschluss des Rates vom 23. Juni 2008[178], welcher wichtige Bestimmungen des Prümer Vertrages in den rechtlichen Rahmen der EU überführt.[179]

---

168 Siehe hierzu die Übersicht des Auswärtigen Amtes unter: http://www.auswaertiges-amt.de/DE/EinreiseUndAufenthalt/Schengen_node.html (letzter Abruf: 02.10.2014); Dänemark hat hinsichtlich der Anwendung des SDÜ einen Vorbehalt bezüglich der Weiterentwicklung des Schengen Besitzstandes erklärt; Irland und das Vereinigte Königreich sind keine Parteien des SDÜ, beteiligen sich aber an der verstärkten Zusammenarbeit von Polizei und Justiz in Strafsachen und dem Schengener Informationssystem; Bulgarien, Rumänien, Zypern und Kroatien wenden das SDÜ nur zum Teil an.

169 Die Schweiz, Liechtenstein, Island und Norwegen wenden das SDÜ aufgrund von Assoziierungsabkommen mit der EU an.

170 *Hackner/Schierholt*, Internationale Rechtshilfe in Strafsachen, S. 10 f.

171 Vgl. Art. 40 SDÜ.

172 Vgl. Art. 41 SDÜ.

173 *Gleß*, in: Böse (Hrsg.), Europäisches Strafrecht, § 16 Rn. 22 f.

174 Vgl. Art. 39 SDÜ, welcher jedoch soweit es um den Informationsaustausch zwischen Strafverfolgungsbehörden geht, durch den Rahmenbeschluss „Informationsaustausch" (RB 2006/960/JI des Rates) v. 18.12.2006 aufgehoben wird; Eingehend zum Grundsatz der Verfügbarkeit *Meyer*, NStZ 2008, 188.

175 Vgl. Art. 44, 52, 53 SDÜ.

176 Siehe hierzu nur EuGH Urt. v. 11. 2. 2003 – Rs. C-385/01 u. C-187/01 *„Gözütok u. Brügge"* = EuZW 2003, 214 = NStZ 2003, 332; *Böse*, GA 2003, 744 ff.; *Vogel/Norouzi*, JuS 2003, 1059.

177 Eingehend hierzu *Röben*, in: Grabitz/Hilf/Nettesheim, Das Recht der EU, Art. 67 Rn. 130 ff.

178 ABl. L 210 v. 06.08.2008, S. 1, 12.

179 *Hackner/Schierholt*, Internationale Rechtshilfe in Strafsachen, S. 11.

c) *Übereinkommen über die Rechtshilfe in Strafsachen zwischen den Mitgliedstaaten der EU (EU-RhÜbk)*

Das EU-RhÜbk vom 29. Mai 2000[180] stellt einen bedeutenden Entwicklungsschritt im Bereich der internationalen Rechtshilfe in Strafsachen dar. Zweck des Übereinkommens ist gemäß Art. 1 Abs. 1 EU-RhÜbk die Ergänzung und Vereinfachung der bestehenden Regelungen des EuRhÜbk sowie des SDÜ zur Gewährleistung einer effektiveren grenzüberschreitenden Strafverfolgung.[181] Zur Umsetzung dieses Ziels enthält das EU-RhÜbk als wesentliche Neuerung in Art. 4 Abs. 1 eine Festsetzung des *forum regit actum* Grundsatzes. Demzufolge ist für die Vornahme einer Rechtshilfemaßnahme nicht das Verfahrensrecht des ersuchten, sondern das des ersuchenden Staates maßgeblich.[182] Vorteil dieser neuen Maxime ist die frühzeitige Sicherung der Verwertbarkeit von im Rahmen der Rechtshilfe erlangten Beweismitteln, da die Wertungseinheit von Beweiserhebung und Beweisverwertung nicht getrennt wird.[183] Allerdings sieht Art. 4 EU-RhÜbk zugleich einen nationalen *ordre-public* Vorbehalt[184] vor, wodurch dem ersuchten Staat eine Verweigerungsmöglichkeit für den Fall eingeräumt wird, dass eine erwünschte Maßnahme mit den Grundprinzipien nationalen Rechts unvereinbar ist. Dieses Festhalten an einem nationalen *ordre-public* Vorbehalt verdeutlicht den fortbestehenden Souveränitätsanspruch der Mitgliedstaaten und die Nähe des EU-RhÜbk zu den traditionellen Prinzipien der Rechtshilfe.[185]

Ein gewisser Abbau von Souveränitätsschranken ist jedoch in der Einführung neuartiger Ermittlungsformen zu sehen, welche einen mitunter längerfristigen Einsatz ausländischer Beamte auf dem Territorium eines anderen Staates ermöglichen. So sieht etwa Art. 13 EU-RhÜbk die Bildung gemeinsamer Ermittlungsgruppen, Art. 12 EU-RhÜbk die Vornahme von kontrollierten Lieferungen und Art. 14 EU-RHÜbk sogar den grenzüberschreitenden Einsatz verdeckter Ermittler vor.[186]

---

180 ABl. C 197 v. 12.07.2000, S. 1; ABl. C 326 v. 21.11.2001; ABl. L 307 v. 24.11.2007, S. 18.

181 *Grotz*, in: Grützner/Pötz/Kreß (Hrsg.), Internationale Rechtshilfe in Strafsachen, Abschnitt III A 3.5, Rn. 2.

182 Die Entwicklung zum Prinzip *forum regit actum* wurde auch vom XVI. Internationalen Strafrechtskongress der AIDP empfohlen, ZStW 2000 (112), 734 (738); Siehe auch *Kubiciel*, in: Ambos/König/Rackow (Hrsg.), Rechtshilferecht in Strafsachen, EU-RhÜbk Rn. 272, wonach der maßgebliche Begriff der „Formvorschriften" und „Verfahren" weit auszulegen ist und z. B. auch Anwesenheitsrechte und Dokumentationspflichten erfasst.

183 Hierzu etwa *Bendler*, StV 2003, 133 (134); Kritisch *Gleß*, ZStW 2013 (125), 573 (595 f.).

184 Siehe hierzu *Grotz*, in: Grützner/Pötz/Kreß (Hrsg.), Internationale Rechtshilfe in Strafsachen, Abschnitt III A 3.5, Rn. 7.

185 Ebenso *Gleß*, in: Böse (Hrsg.), Europäisches Strafrecht, § 16 Rn. 20 f.

186 Im Einzelnen siehe unten S. 111 ff.

Schließlich enthält das EU-RhÜbk unter den Art. 17 ff. erstmals Rechtsgrundlagen für eine grenzüberschreitende Telekommunikationsüberwachung.[187]

d) Instrumente des Prinzips der gegenseitigen Anerkennung

aa) Europäische Sicherstellungsanordnung

Mit dem Rahmenbeschluss über die Vollstreckung von Entscheidungen über die Sicherstellung von Vermögensgegenständen oder Beweismitteln in der Europäischen Union[188] (RB-ESA) vom 22. Juli 2003 wurde ein erstes auf dem Prinzip der gegenseitigen Anerkennung basierendes Rechtsinstrument erlassen. Gegenstand des RB-ESA ist die unmittelbare Anerkennung und Vollstreckung einer ausländischen Sicherstellungsentscheidung nach lediglich summarischer Prüfung bei Vorliegen einer Katalogtat.[189] Die ESA bewirkt folglich noch keinen Beweistransfer, sondern beschränkt sich auf die Sicherung der späteren Durchführbarkeit einer Übermittlung. Die eigentliche Beweisübermittlung erfolgt dann im Wege der traditionellen Rechtshilfe.[190]

bb) Europäische Beweisanordnung

Der Rahmenbeschluss des Rates über die Europäische Beweisanordnung zur Erlangung von Sachen, Schriftstücken und Daten zur Verwendung in Strafverfahren[191] (RB-EBA) vom 18. Dezember 2008 stellt den Ausgangspunkt einer Entwicklung zum automatisierten transnationalen Beweistransfer[192] dar.[193] Gegenstand des RB-EBA ist die Erlangung eines bereits in einem anderen Mitgliedstaat vorhandenen Beweismittels.[194] Hierzu prüft die Anordnungsbehörde zur Vermeidung eines „Beweis-Forum-Shoppings" zunächst, ob das jeweilige Beweismittel auch nach dem nationalen Recht hätte erlangt werden können.[195] Sodann kann die Behörde die Übergabe eines Beweismittels anordnen, wobei der Vollstreckungsbehörde nur im Ausnahmefall ein Verweigerungsrecht zusteht.[196] Diskutiert wird, ob der Vollstreckungsbehörde darüber hinaus auch ein Verweigerungsrecht aus einem *ordre public*

---

187 Siehe hierzu *Gleß/Schomburg* in: Schomburg/Lagodny/Gleß/Hackner (Hrsg.), Internationale Rechtshilfe, III B 1, Rn. 19 f.; *Schuster*, NStZ 2006, 657.

188 ABl. L 196 v. 02.08.2003, S. 45.

189 Vgl. Art. 1, 5 Abs. 1 RB-ESA.

190 *Gleß*, in: Böse (Hrsg.), Europäisches Strafrecht, § 16 Rn. 36.

191 ABl. L 350 v. 30.12.2008, S. 72.

192 Vgl. zum insoweit verwandten Begriff des „europaweit verkehrsfähigen Beweises" *Schünemann/Roger*, ZIS 2010, 92 (95); *Gleß*, ZStW 2003, 313 (136 ff.).

193 Die praktische Relevanz des RB-EBA ist allerdings mangels weitreichender Umsetzung durch die Mitgliedstaaten sehr gering.

194 Eingehend *Mavany*, Die Europäische Beweisanordnung, S. 91 ff.

195 Art. 7 lit. b RB-EBA; Vgl. hierzu *Roger*, GA 2010, 27 (36 f.).

196 Mögliche Verweigerungsgründe sind insbesondere: Verstoß gegen den *ne bis in idem* Grundsatz, Art. 13 Abs. 1 lit. a RB-EBA; Entgegenstehende Immunitäten oder

Vorbehalt zukommt.[197] Ein entsprechender europäischer *ordre public* Vorbehalt, wie er sich bereits in § 73 Satz 2 IRG findet, wäre anders als ein rein nationaler Vorbehalt mit dem Prinzip der gegenseitigen Anerkennung vereinbar und zum Schutze von Mindestgarantien des Betroffenen auch erforderlich.[198] Die entsprechende Grundrechtsbindung ergibt sich bereits aus Art. 6 EUV.[199]

Die eigentliche Problematik des Beweistransfers nach dem RB-EBA ergibt sich mit Blick auf die spätere Verwertbarkeit des Beweismittels. Gemäß Art. 11 Abs. 2 RB-EBA ist für die im Zeitpunkt der Anordnung bereits erfolgte Beweiserhebung das Recht des Vollstreckungsstaates maßgeblich. Insoweit folgt der RB-EBA mithin dem *locus regit actum* Grundsatz, womit der Betroffene zwar nur Zwangsmaßnahmen nach nationalem Verfahrensrecht ausgesetzt wird, der Anordnungsstaat jedoch mitunter zum Verzicht auf die Verwertung des übermittelten Beweismittels gezwungen ist, sofern die Beweiserhebung nicht mit den Verwertungsgrundsätzen des Forumstaates vereinbar ist.[200]

cc) Europäische Ermittlungsanordnung

Die Richtlinie über eine Europäische Ermittlungsanordnung in Strafsachen[201] (RL-EEA) vom 3. April 2014 ist das jüngste dem Prinzip der gegenseitigen Anerkennung folgende Instrument der internationalen Zusammenarbeit in Strafsachen. Die von einigen Mitgliedstaaten[202] getragene Initiative sollte gleichsam als Gegenentwurf zum RB-EBA[203] die Grundlage für eine grenzüberschreitende Erhebung, Übermittlung und Verwertung von Beweismitteln im Rahmen des Raums der Freiheit der Sicherheit und des Rechts darstellen. Dabei besteht die wesentliche Änderung der RL-EEA im Verhältnis zum RB-EBA in der antizipierten Sicherung der Verwertbarkeit von übermittelten Beweisen, indem diese gemäß Art. 9 Abs. 2 RL-EEA nach

---

Vorrechte, Art. 13 Abs. 1 lit. d RB-EBA; Gefährdung nationaler Sicherheitsinteressen, Art. 13 Abs. 1 lit. g RB-EBA.

197 Siehe hierzu *Böse*, in: Ambos (Hrsg.), Europäisches Strafrecht post Lissabon, 57 (65 ff.); *Stefanopoulou*, JR 2011, 54 (58); *Kotzurek*, ZIS 2006, 123 (128 ff.); *Heger*, ZIS 2007, 547 (554).

198 *Kotzurek*, ZIS 2006, 123 (136); Zum Unterschied zu einem nationalen *ordre public* Vorbehalt vgl. *Schuster*, Verwertbarkeit, S. 271 ff.; Vgl. für die Regelung eines europäischen *ordre public* Vorbehalts Art. 11 Abs. 1 lit. f RL-EEA.

199 Vgl. *Heger*, ZIS 2007, 547 (554).

200 Im Einzelnen sehr umstritten. Siehe allgemein zu der Problematik *Gleß*, in: Böse (Hrsg.), Europäisches Strafrecht, § 16 Rn. 34.

201 RL 2014/41/EU, ABl. L 130 v. 01.05.2014, S. 1.

202 Initiatoren waren Belgien, Bulgarien, Estland, Spanien, Österreich, Slowenien und Schweden.

203 *Gleß*, in: Sieber/Satzger/Heintschel-Heinegg (Hrsg.), Europäisches Strafrecht, § 38 Rn. 84 a.

den Form- und Verfahrensvorschriften des Anordnungsstaates erhoben werden.[204] Neben der Sicherung der Verwertbarkeit soll die RL-EEA als nunmehr einheitliches und umfassendes Rechtsinstrument eine Vereinfachung und Beschleunigung der transnationalen Zusammenarbeit bewirken.[205] Die RL-EEA überholt damit weitestgehend die bestehenden Instrumente des EU-RhÜbk, RB-ESA und RB-EBA.

Zugleich werden jedoch das noch nicht hinreichend bestehende Vertrauen zwischen den mitgliedstaatlichen Behörden zur gleichsam „blinden" Befolgung einer Anordnung[206] sowie der unzureichende Schutz individueller Rechte[207] kritisiert.

Die vorgebrachten Kritikpunkte sind indes mit Blick auf die Prüfungspflichten der Anordnungsbehörde[208] sowie den weitreichenden Verweigerungsmöglichkeiten[209] und Überprüfungszuständigkeiten[210] der Vollstreckungsbehörde im Ergebnis nicht durchgreifend.

So ist der in der RL-EEA vorgesehene Automatismus der Beweisbeschaffung keine Umsetzung des Prinzips der gegenseitigen Anerkennung in Reinform, sondern es handelt sich um eine Vollstreckungspflicht mit Vorbehalten. Dies wird besonders durch den in Art. 10 RL-EEA normierten Gleichbehandlungsgrundsatz verdeutlicht.[211] Die Norm bewirkt, dass der Vollstreckungsstaat keineswegs zu einer „blinden" Anordnungsbefolgung verpflichtet ist, sondern vielmehr prüfen kann, ob die angeordnete Maßnahme auch in seinem nationalen Recht vorgesehen ist und ob die hierfür erforderlichen Voraussetzungen in einem vergleichbaren nationalen Fall vorlägen.[212]

Der Schutz individueller Rechte wird im Rahmen der RL-EEA durch die Normierung von Prüfungspflichten sowohl für den Anordnungs- als auch den Vollstreckungsstaat gewährleistet.[213] So muss die Anordnungsbehörde gemäß Art. 6 Abs. 1 lit. b RL-EEA zur Vermeidung eines „Befugnis-shopping" zunächst die Zulässigkeit der Maßnahme nach nationalem Recht in einem vergleichbaren innerstaatlichen Fall überprüfen.[214] Zusätzlich muss gemäß Art. 6 Abs. 1 lit. a RL-EEA die Notwendigkeit und Verhältnismäßigkeit der Maßnahme geprüft werden, bevor eine Anordnung

---

204 Vgl. Art. 4 Abs. 1 EU-Rhübk, von dem die forum regit actum Regel übernommen wurde, siehe hierzu den Hinweis im erläuternden Bericht zur EEA-Initiative, Rats-Dok. 9288/10 ADD 1, S. 9.

205 Siehe hierzu die Antwort der Bundesregierung auf eine Kleine Anfrage, BT-Drs. 18/1439, S. 3.

206 Vgl. nur *Bachmaier/Winter*, ZIS 2010, 580 (586); *Allegrezza*, ZIS 2010, 569 (572 ff.).

207 So etwa *Ahlbrecht*, StV 2013, 114 (116 ff.).

208 Vgl. Art. 6 Abs. 1 RL-EEA.

209 Vgl. Art. 11 Abs. 1 RL-EEA.

210 Vgl. Art. 10 Abs. 1 RL-EEA.

211 Eingehend *Böse*, ZIS 2014, 152 (155 ff.).

212 Siehe für eine kritische Betrachtung dieses Vollstreckungshindernisses *Zimmermann/Glaser/ Motz*, EuCLR, 2011, 56 (78 f.).

213 *Böse*, ZIS 2014, 152 (153 ff.).

214 Siehe zum Problem des Forumshopping *Heydenreich*, StraFo 2012, 439 (441).

ergeht. Nach Erhalt der Anordnung wird der Individualschutz durch die Vollstreckungsbehörde fortgesetzt.[215] Insoweit ist insbesondere die ausdrückliche Normierung eines europäischen *ordre public* Vorbehalts in Art. 11 Abs. 1 lit. f RL-EEA relevant.[216] Dieser bietet angesichts des mittlerweile bestehenden weitreichenden Grundrechtsstandards innerhalb der Union[217] und in Kombination mit der Gleichbehandlungspflicht des Art. 10 RL-EEA einen hinreichenden Schutz subjektiver Rechte des Beschuldigten.

2) Regelungen zur selbstständigen Ermittlungstätigkeit deutscher Behörden

Im Folgenden werden spezifische Instrumente der „pro-aktiven"[218] transnationalen Zusammenarbeit untersucht, die nicht auf eine Informationsübermittlung ausgerichtet sind, sondern bei denen deutsche Ermittler unmittelbar an der Beweisgewinnung im Ausland beteiligt sind.[219]

a) Gemeinsame Ermittlungsgruppen (GEG)

aa) Allgemeine Einordnung

Angesichts der seit den Terroranschlägen des 11. September 2001 bestehenden Bedrohungslage sowie der hohen Flexibilität und internationalen Präsenz der Terrornetzwerke, wurde auch in Europa zunehmend ein Ausbau neuer und effizienter Kooperationsformen gefordert.[220] Bereits vor Inkrafttreten des EU-RhÜbk fasste der Rat daher einen Rahmenbeschluss, welcher eine frühzeitige Geltung des Art. 13 EU-RhÜbk bezüglich der Bildung gemeinsamer Ermittlungsgruppen ermöglichte.[221]

---

215 Vgl. Schomburg/Lagodny/Gleß/Hackner (Hrsg.), Internationale Rechtshilfe, Einl. Rn. 112 ff., 134 hinsichtlich der insoweit zugrunde liegenden Erwägung der gemeinsamen Verantwortung von ersuchendem und ersuchten Staat für die Wahrung der Grund- und Verfahrensrechte im Rahmen eines transnational arbeitsteiligen Strafverfahrens.

216 Kritisch aufgrund national differierender Entscheidungs- und Auslegungsspielräume insoweit *Ahlbrecht*, StV 2013, 114 (118); Vgl. auch für die Auslieferung EuGH Rs. C-399/11 *„Melloni"* = NJW 2013, 1215 (1219 Rn. 55 ff.) wonach die Geltung eines europäischen *ordre public* Vorbehalts im Ausnahmefall aufgrund des Vorrangs des Unionsrechts gegenüber nationalen Grundrechten auch zu einer Verringerung des Schutzniveaus führen kann.

217 Vgl. BVerfGE 73, 339 „Solange II"; Eingehend *Scholz*, in: Maunz/Dürig (Begr.), GG, Art. 23 Rn. 80 ff.

218 *Krüßmann*, in: Böse (Hrsg.), Europäisches Strafrecht, § 18 Rn. 5.

219 *Gleß*, Beweisrechtsgrundsätze, S. 121 spricht insoweit von *„transnationaler Beweissammlung"*.

220 Vgl. etwa die Vorschläge des Haager Programms zur „Stärkung der Sicherheit", Abl. C 53 v. 2.3.2005, S. 1 (7 ff.).

221 Rahmenbeschluss Nr. 2002/465/JI, ABl. L 162 v. 20.06.2002, S. 1.

Die Bildung von GEG sollte hierbei allerdings keine einmalige Maßnahme eines europaweiten Anti-Terror-Kampfes sein, sondern vielmehr ermutigt der Europäische Rat in seinem Stockholmer Programm zur weitreichenden Nutzung des Instruments der GEG in allen geeigneten Fällen.[222] Die Vorteile einer GEG liegen dabei insbesondere bei komplexen grenzüberschreitenden Ermittlungsverfahren auf der Hand. Anstelle eines formellen Ersuchens oder einer Ermittlungsanordnung zur Gewinnung eines Beweismittels, welche bereits eine hinreichende Kenntnis des Sachverhalts erfordern[223], können Informationen im Rahmen einer GEG bereits kooperativ gewonnen und unmittelbar geteilt werden.[224] Dadurch kann gerade im Bereich der organisierten Kriminalität, wo Tatverdächtige mitunter häufig ihren Aufenthaltsort wechseln, die Ermittlungsarbeit ein Stück weit an die Flexibilität des jeweiligen Kriminalitätsbereiches angepasst werden. Die gemeinsame Ermittlungsgruppe kann durch das Prinzip der Informationsteilung eine gewonnene Information unabhängig vom jeweiligen Ermittlungsort für das Ermittlungsverfahren nutzbar machen und ist nicht länger auf eine formelle und damit zeitaufwendige Informationsübermittlung angewiesen.[225]

bb) Rechtlicher Rahmen

Innerhalb der Europäischen Union stellt Art. 13 EU-Rhübk nach dem Bedeutungsverlust des Rahmenbeschlusses über gemeinsame Ermittlungsgruppen[226] die wichtigste Rechtsgrundlage für die Gründung einer GEG dar. Daneben finden sich

---

222 ABl. C 115 v. 04.05.2010, S. 20; Siehe aber zur Schwierigkeit einer empirischen Einordnung der Akzeptanz von GEG in den Mitgliedstaaten: *Krüßmann*, in: Böse (Hrsg.), Europäisches Strafrecht, § 18 Rn. 16 f.; Vgl. auch die Studie von *Long* für das Europäische Parlament zur Implementierung von GEG in der EU, abrufbar unter: http://www.ecba.org/extdocserv/projects/EAW/Study_ EAW_JointInvestigationTeams_EN.pdf (letzter Abruf: 05.10.2014).

223 So obliegt regelmäßig dem ersuchenden bzw. anordnenden Staat die Prüfung, ob überhaupt ein – gegebenenfalls qualifizierter – Verdacht für das Vorliegen einer Straftat besteht. Diese Verdachtsprüfung setzt jedoch bereits eine gewisse Kenntnis des Sachverhalts voraus, was bei komplexen grenzüberschreitenden Ermittlungsverfahren nicht zwingend der Fall sein dürfte; Vgl. hierzu auch *Böse*, ZIS 2014, 152 (157).

224 Eingehend *Rijken*, Utrecht Law Review 2006, 99 (103 f.).

225 *Rijken*, Utrecht Law Review 2006, 99 (103); Siehe für einige praktische Beispiele von gemeinsamen Ermittlungsgruppen unter Beteiligung niederländischer Polizeibehörden *Spapens*, EJCCLCJ 2011, 239 (251 ff.); *Boister*, An introduction to transnational criminal law, S. 166 f.

226 Der Rahmenbeschluss 2002/465/JI, ABl. L 162 v. 20.6.2002, S. 1 sollte aufgrund der bislang zögerlichen Ratifizierung des EU-RhÜbk frühzeitig eine Grundlage für die Tätigkeit von gemeinsamen Ermittlungsgruppen schaffen. Mit der weitreichenden Umsetzung des Übereinkommens durch die Mitgliedstaaten hat der Rahmenbeschluss daher an seiner Bedeutung verloren.

Regelungen in Art. 24 des Neapel II Übereinkommens[227] und in Art. 3 des Ratsbeschlusses über den Informationsaustausch und die Zusammenarbeit betreffend terroristischer Straftaten.[228]

Im Verhältnis zu Drittstaaten sind als Rechtsgrundlagen Art. 5 des Rechtshilfeabkommens zwischen der EU und den Vereinigten Staaten[229], Art. 19 des UN-Übereinkommens gegen transnationale organisierte Kriminalität[230] sowie Art. 49 des UN-Übereinkommens gegen Korruption[231] von Bedeutung.

Die Gründung einer GEG erfolgt dabei regelmäßig durch Stellung eines entsprechenden Ersuchens durch einen beteiligten Mitgliedstaat.[232] Rechtshilfedogmatisch handelt es sich bei diesem Ersuchen zur Bildung einer GEG um eine eigenständige Form der Rechtshilfezusammenarbeit.[233] Zwar verweist Art. 13 Abs. 2 EU-RhÜbk auf die Vorgaben des Art. 14 EuRhÜbK über die notwendigen inhaltlichen Bestandteile eines Rechtshilfeersuchens. Allerdings ist dieser Verweis aufgrund des strukturellen Unterschiedes der Kooperation im Rahmen einer GEG als Form der unmittelbaren pro-aktiven Zusammenarbeit im Vergleich zu einer Informationsübermittlung mit bloß unterstützendem Charakter, nicht als rechtsdogmatische Einordnung der GEG zu verstehen. Die Besonderheit der GEG liegt gerade darin begründet, dass alle beteiligten Staaten eine aktive Rolle in der Informationsermittlung einnehmen und nicht ein Staat auf die Rolle des Empfängers beschränkt ist. Die durch ein Ersuchen im traditionellen Rechtshilferecht implizierte unterschiedliche Rollenausübung als Informationsempfänger und Informationsbeschaffer passt somit nicht auf die Kooperation im Rahmen einer GEG. Für die Praxis lässt sich aus dem Verweis auf die notwendigen inhaltlichen Angaben eines Ersuchens indes eine andere wichtige Schlussfolgerung ziehen. Wie bei einem Ersuchen im Bereich der traditionellen Rechtshilfe, ist bei einem Ersuchen um die Bildung einer GEG der jeweilige Zweck möglichst konkret anzugeben.[234] Dies dient letztlich der Sicherung der Verwertbarkeit der erlangten Informationen, da durch eine konkrete Festlegung des Ermittlungszweckes vermieden wird, dass in einem späteren Verfahren Souveränitätsverletzungen als mögliche Grundlage für ein Beweisverwertungsverbot herangezogen werden können. Bei einer Zweckbeschreibung mit unklarer

227 Übereinkommen v. 18.12.1997 über gegenseitige Amtshilfe und Zusammenarbeit der Zollverwaltung, ABl. C 24 v. 23.01.1998, S. 2.

228 Beschluss 2005/671/JI v. 20.09.2005, ABl. L 253 v. 29.09.2005, S. 22; Vgl. zudem auch Art. 20 D-CH Polizeivertrag als Beispiel für eine bilaterale Regelung.

229 Abkommen v. 25.06.2003, ABl. L 181 v. 19.07.2003, S. 34.

230 Übereinkommen v. 15.11.2000, abgedruckt in BGBl. 2005 II, S. 954 ff.

231 Übereinkommen v. 31.10.2003; In Deutschland wurde einem entsprechendem Umsetzungsgesetzentwurf (siehe BT-Drs. 18/2138) erst am 25.09.2014 zugestimmt.

232 Vgl. Art. 13 Abs. 2 EU-RhÜbk.

233 Ebenso *Plachta*, EJCCLCJ 2005, 284, 301, welcher die GEG als *sui generis*-Form der Rechtshilfezusammenarbeit bezeichnet.

234 *Krüßmann*, in: Böse (Hrsg.), Europäisches Strafrecht, § 18 Rn. 22 bezeichnet die Zweckbestimmung der GEG daher als *„Herzstück der Errichtungsvereinbarung“*.

Reichweite könnte indes im Einzelfall fraglich sein, ob die Vornahme einer konkreten Ermittlungshandlung durch ausländische Beamte noch von der Zustimmung des Gebietsstaates umfasst ist.[235]

cc) Probleme für die Praxis

(1) fehlende Voraussehbarkeit

Schwierigkeiten mit Blick auf die Effektivität einer GEG ergeben sich vor allem aus dem Umstand, dass gerade im Bereich der organisierten grenzüberschreitenden Kriminalität der Verlauf eines Ermittlungsverfahrens für die beteiligten Behörden nur sehr schwer zu prognostizieren ist. So kann die Flexibilität der Täter mitunter sogar einen täglichen Wechsel des Einsatzortes erforderlich machen, was insbesondere zu zwei Problemen führen kann.

Erstens ist es bei der Errichtung einer GEG oftmals nicht möglich, hinreichend genaue Vereinbarungen über die Struktur der GEG zu treffen, sondern die Beteiligten müssen vielmehr auf vage Prognoseentscheidungen zurückgreifen.[236] Dies kann eine stetige Anpassung der Errichtungsvereinbarung erforderlich machen, wodurch die mit der GEG gewonnene Flexibilität wieder ein Stück weit aufgegeben wird. Allerdings dürfte dies im Ergebnis kein durchgreifendes Hindernis für die Effektivität einer GEG darstellen, solange sich die beteiligten Behörden über die grundsätzliche Ausrichtung der GEG einig sind[237] und direkte Kommunikationswege zwischen den verantwortlichen Stellen für eine ad hoc Anpassung der bestehenden Errichtungsvereinbarung existieren[238,239]

Das zweite Problem wird durch die Regelung des Art. 13 Abs. 3 lit. b EU-RhÜbk begründet, wonach sich die Ermittlungsmaßnahmen nach dem Recht des jeweiligen Einsatzortes richten. Die Regelung dient dem Schutz der Souveränität des Gebietsstaates, begründet aber bei grenzüberschreitenden Sachverhalten die Gefahr eines „Befugnis-shopping" und ermöglicht keine sichere Prognose über die anschließende Verwertbarkeit der erlangten Informationen.[240] Wird etwa bei einem grenzüberschreitenden Sachverhalt für die Vornahme einer Ermittlungsmaßnahme der Mitgliedstaat mit den geringsten Eingriffsvoraussetzungen gewählt, kann

---

235 *Riegel*, eucrim 2009, 99 (101); Eingehend zur Bedeutung möglicher Verwendungsvorbehalte des Gebietsstaates für die Verwertbarkeit siehe unten S. 247 ff., 283 ff.

236 *Spapens*, EJCCLCJ 2011, 239 (259).

237 *Spapens*, EJCCLCJ 2011, 239 (254) verweist in diesem Zusammenhang auf den problematischen Fall, dass ein Beteiligter der GEG an anlassbezogenen Ermittlungen und ein anderer an Strukturermittlungen interessiert ist.

238 Vgl. Art 13 Abs. 7, 8 EU-RhÜbk.

239 a.A. wohl *Neumann*, in: Sieber/Satzger/v.Heintschel-Heinegg (Hrsg.), Europäisches Strafrecht, § 34 Rn. 15, der Probleme im Zusammenhang mit der Akzeptanz der GEG vor allem auf die formalen Voraussetzungen zurückführt.

240 Siehe hierzu auch *Krüßmann*, in: Böse (Hrsg.), Europäisches Strafrecht, § 18 Rn. 23, 30.

dies zwar eine effektive Informationsgewinnung bewirken, zugleich können die gewonnenen Informationen aber mitunter im späteren Forumstaat nicht verwertet werden. Konsequenterweise müsste die GEG schon vor Beginn eines Ermittlungsverfahrens den späteren Gerichtsort festlegen, um dessen Verfahrensregeln den Ermittlungen als Mindestmaß zugrunde zu legen.[241] Eine solche Vorabfestlegung dürfte jedoch oftmals an der fehlenden Prognostizierbarkeit des geografischen Schwerpunkts der Ermittlungen scheitern. Zur Vereinfachung der Organisation eines Gerichtsverfahrens dürfte es indes regelmäßig sinnvoll sein, das Verfahren an dem Ort durchzuführen, wo auch schwerpunktmäßig die Ermittlungen stattfanden. Solange keine hinreichende Harmonisierung der mitgliedstaatlichen Verfahrensrechte erkennbar ist[242], dürfte als Lösung des Problems nur eine Heranziehung des Meistbegünstigungsprinzips in Betracht kommen.[243] Art. 13 Abs. 3 lit. b EU-RhÜbk wäre demnach so auszulegen, dass grundsätzlich das Verfahrensrecht des jeweiligen Gebietsstaates zur Anwendung kommt, es sei denn, in einem anderen beteiligten Mitgliedstaat bestehen höhere Voraussetzungen für die Ermittlungsmaßnahme.[244] Vorteil dieser Auslegung ist, dass einerseits der von Art. 13 Abs. 3 lit. b EU-RhÜbk bezweckte Schutz der Souveränität des Gebietsstaates gewahrt bleibt und andererseits die Verwertbarkeit der erlangten Beweise unabhängig von dem späteren Gerichtsort gesichert werden kann. Der durch das Meistbegünstigungsprinzip ebenfalls erreichte Souveränitätsschutz ergibt sich hierbei aus dem Gedanken eines Nebeneinanders von gebietsstaatlichem und fremdem Recht. Die durch Art. 13 Abs. 3 lit. b EU-RhÜbk bewirkte Bindung an das Recht des Gebietsstaates verhindert eine Aushebelung von durch den jeweiligen Souverän getroffenen Entscheidungen.[245] Dieser wollte mit seinem spezifischen Verfahrensrecht gerade bestimmte Mindestgarantien für Betroffene festsetzen. Kommt es nunmehr neben dem Recht des Gebietsstaates gleichzeitig zur Geltung von zusätzlichen Verfahrensvoraussetzungen aus einer fremden Rechtsordnung, bleibt die grundsätzliche Wertentscheidung des Souveräns unangetastet. Diese wird vielmehr zusätzlich verstärkt. Aus praktischer Sicht führt diese Lösung allerdings zu der Schwierigkeit, dass je nach Größe der GEG mitunter zahlreiche verschiedene Rechtsordnungen im Vorfeld einer konkreten Ermittlungsmaßnahme zu prüfen sind.[246] Diese Problematik wird entschärft, wenn bei Gründung der GEG zumindest eine Auswahl von potenziellen Gerichtsorten festgelegt werden kann.

---

241 *Krüßmann*, in: Böse (Hrsg.), Europäisches Strafrecht, § 18 Rn. 30.

242 Zu den Schwierigkeiten siehe *Gleß*, ZStW 2013 (125), 573 (587 f.); *Hecker*, in: Marauhn (Hrsg.), Bausteine eines europäischen Beweisrechts, S. 27 (36).

243 Diese Lösungsmöglichkeit soll an dieser Stelle lediglich aufgeworfen werden. Eingehend zum Meistbegünstigungsprinzip unten S. 193 ff.

244 Kritisch im Hinblick auf die dadurch bewirkte Besserstellung des Beschuldigten etwa *Mavany*, Die Europäische Beweisanordnung, S. 165 f.

245 Eingehend zur souveränitätsschützenden Funktion des Prinzips *locus regit actum* unten S. 157 ff.

246 *Riegel*, eucrim 2009, 99 (105).

(2) Restriktive Informationsteilung

Ein mitunter erhebliches strukturelles und organisatorisches Problem kann entstehen, wenn die im Rahmen einer GEG erlangten Informationen nicht in vollem Umfang unter den Mitgliedern geteilt werden können.[247] Hierbei dürfte fehlendes Vertrauen eher eine untergeordnete Rolle spielen, da hinreichendes Vertrauen in den ordnungsgemäßen Umgang mit den erlangten Informationen durch die anderen Mitglieder der GEG eine Grundvoraussetzung für die Bildung einer GEG ist.[248] Beschränkungen können sich jedoch aus unterschiedlichen Geheimhaltungs- bzw. Offenlegungspflichten in den beteiligten Mitgliedstaaten ergeben.[249] So bestehen etwa in einigen Mitgliedstaaten Regelungen, wonach geheimhaltungsbedürftige Informationen unter gewissen Voraussetzungen nicht vor Gericht offengelegt werden müssen, während in anderen Mitgliedstaaten eine vollständige Offenlegung aller relevanten Informationen erforderlich ist.[250] Dies kann dazu führen, dass Informationen innerhalb der GEG nicht oder nur in einem sehr beschränkten Umfang geteilt werden können, um eine Offenlegung geheimhaltungsbedürftiger Informationen zu verhindern. Gerade die Informationsteilung ist jedoch einer der Vorteile der GEG gegenüber traditionellen Formen der Zusammenarbeit. In der Praxis lässt sich das Problem der restriktiven Informationsweitergabe mitunter nur durch eine entsprechende Wahl des Gerichtsortes verhindern, an dem keine vollständige Offenlegung zu erfolgen hat. Nur wo dies aus genannten Gründen nicht möglich ist, bleibt als letztes Mittel der Ausschluss bestimmter Mitglieder der GEG vom vollständigen Informationszugang.

Im Hinblick auf die Verwertung von im Rahmen einer GEG erlangten Informationen können zudem Fragen entstehen, wenn beispielsweise Nachrichtendienste an der Informationsgewinnung beteiligt waren.[251]

b) Grenzüberschreitende Observation

aa) Allgemeine Einordnung

Der Zulässigkeit von selbstständigen Ermittlungshandlungen ausländischer Beamte auf fremdem Territorium standen in Europa lange Zeit erhebliche Souveränitätsvorbehalte entgegen.[252] Erst mit der zunehmenden politischen und wirtschaftlichen Verflechtung innerhalb der Europäischen Gemeinschaft wuchs auch das Vertrauen in die Ermittlungsarbeit der anderen Mitgliedstaaten. Mit der Schaffung eines

247 Das Problem soll an dieser Stelle nur aufgeworfen werden. Eingehend hierzu unten S. 280 ff.

248 Vgl. *Balcaen*, in: Rijken/Vermeulen (Hrsg.), Joint Investigation Teams, S. 85 (104).

249 *Balcaen*, in: Rijken/Vermeulen (Hrsg.), Joint Investigation Teams, S. 85 (96 ff.).

250 Siehe *Rijken*, Utrecht Law Review 2006, 99 (113); *Spapens*, EJCCLCJ 2011, 239 (252) für den konkreten Fall einer GEG unter britischer und niederländischer Beteiligung.

251 Siehe hierzu ausführlich unten 234 ff.

252 *Boister*, An introduction to transnational criminal law, S. 169.

einheitlichen polizeilichen Verfolgungsraums durch das SDÜ bot sich erstmals die Möglichkeit, traditionelle Vorbehalte abzulegen und effektive Verfolgungsmaßnahmen mit grenzüberschreitendem Charakter zu etablieren.[253] Im Rahmen dieser neuen Form der Kooperation wurden Rechtsgrundlagen für die Vornahme einer grenzüberschreitenden Observation[254] oder Nacheile[255] geschaffen. Bei der grenzüberschreitenden Nacheile wird die polizeiliche Verfolgung einer flüchtigen Person auf dem Hoheitsgebiet eines anderen Staates fortgesetzt.[256] Hierbei handelt es sich jedoch regelmäßig um eine offene polizeiliche Maßnahme, bei welcher der Betroffene von seiner Verfolgung weiß. Die grenzüberschreitende Nacheile soll daher für die vorliegende Untersuchung außer Betracht bleiben.

Von erheblicher Bedeutung für die Praxis, ist die Möglichkeit der Vornahme einer grenzüberschreitenden Observation[257], bei welcher eine rechtmäßig im Inland begonnene Observation auf fremdem Hoheitsgebiet fortgesetzt wird.[258] Im Gegensatz zur Nacheile weiß der Betroffene bei der grenzüberschreitenden Observation im Regelfall nichts von der gegen ihn gerichteten Maßnahme.[259] Deutsche Behörden sind bei Inanspruchnahme dieses neuen Instruments der transnationalen Kooperation unmittelbare Akteure der Informationsgewinnung und müssen, ähnlich wie bereits im Rahmen einer GEG, nicht auf eine zeitaufwendige Informationsübermittlung zurückgreifen. Vorteil dieser Kooperationsform ist die hohe Effektivität von Ermittlungsmaßnahmen, da die observierenden Beamten einen ihnen bereits bekannten Sachverhalt lediglich unter veränderten Umständen ermitteln, nicht aber zunächst fremde Behörden in diesen Sachverhalt einweisen müssen.

bb) Rechtlicher Rahmen

Wichtigste Rechtsgrundlage für die Durchführung einer grenzüberschreitenden Observation ist Art. 40 SDÜ. Daneben bestehen dem Art. 40 SDÜ weitestgehend nachgebildete Rechtsgrundlagen in Art. 17 Zweites ZP EuRhÜbk sowie Art. 21 des Neapel II Übereinkommens.[260] Art. 40 Abs. 1 SDÜ enthält zunächst eine sachliche

---

253 *Krüßmann*, in: Böse (Hrsg.), Europäisches Strafrecht, § 18 Rn. 31.

254 Vgl. Art. 40 SDÜ.

255 Vgl. Art. 41 SDÜ.

256 Vgl. nur *Hecker*, Europäisches Strafrecht, S. 172; *v. Bubnoff*, ZRP 2000, 60.

257 Siehe hierzu BMI (Hrsg.), Schengenerfahrungsbericht 2009, S. 13 f.

258 Zum Erfordernis der Rechtmäßigkeit der Observation nach nationalem Recht *Kubiciel*, in: Ambos/König/Rackow (Hrsg.), Rechtshilferecht in Strafsachen, Art. 40 SDÜ Rn. 226.

259 Siehe zum repressiven Charakter der Observation den Wortlaut von Art. 40 Abs. 1 SDÜ „*im Rahmen eines Ermittlungsverfahrens ... eine Person ..., die im Verdacht steht, an einer auslieferungsfähigen Straftat* beteiligt zu sein".

260 Vgl. auch Art. 14, 15 D-CH Polizeivertrag als bilaterale Regelung, wobei zwischen Observationsmaßnahmen zum Zwecke der Strafverfolgung und zum Zwecke der Gefahrenabwehr unterschieden wird; Für eine vergleichende Betrachtung von Art. 40 SDÜ und Art. 14, 15 D-CH PolV siehe *Cremer*, ZaöRV 2000, 103 (141 ff.);

Beschränkung des Observationszwecks durch die Forderung des Vorliegens einer auslieferungsfähigen Straftat. Deren Vorliegen richtet sich allgemein nach der Gesamtheit der jeweils geltenden bi- oder multilateralen Vereinbarungen[261], innerhalb der EU jedoch nach den Vorgaben des Europäischen Haftbefehls[262].

Als Ausdruck der fortbestehenden Souveränitätsvorbehalte bedarf es für die Zulässigkeit einer grenzüberschreitenden Observation sodann grundsätzlich der vorherigen Zustimmung des Gebietsstaates, welche auch unter Auflagen erteilt werden kann.[263] Dabei ist die Vornahme von Ermittlungshandlungen durch ausländische Behörden aufgrund der Übernahme- und Einstellungsbefugnisse der nationalen Behörden stets subsidiär.[264] Ausnahmsweise kann die Observation auch ohne vorherige Zustimmung des Gebietsstaates erfolgen, wenn die strengen Voraussetzungen des Art. 40 Abs. 2 SDÜ[265] erfüllt sind. Hierzu bedarf es insbesondere der „besonderen Dringlichkeit" der Angelegenheit, was nur anzunehmen sein dürfte, wenn das Abwarten der vorherigen Zustimmung des Gebietsstaates die konkreten Ermittlungen erheblich gefährden würde. Angesichts der heutigen technischen Kommunikationsmöglichkeiten wird dies jedoch nur noch bei unvorhersehbaren, spontanen Ortswechseln, welche eine sofortige Reaktion der observierenden Beamten erfordern der Fall sein.[266] Weiterhin müssen die Ermittlungen eine der in Art. 40 Abs. 7 SDÜ genannten schweren Straftaten betreffen.[267]

Völkerrechtlich handelt es sich bei der grenzüberschreitenden Observation um eine transnationale Ausübung von Hoheitsgewalt.[268] Allerdings ist der Regelung des Art. 40 Abs. 3 lit. a SDÜ zu entnehmen, dass es sich hierbei nicht um eine territoriale Ausdehnung nationaler Ermittlungsbefugnisse handelt.[269] Vielmehr sind die observierenden Beamten bei ihrer Tätigkeit an das Recht des Gebietsstaates gebunden. Diese Regelung dient wie auch im Falle der GEG dem Schutz der Souveränität des Gebietsstaates und verhindert eine Konfrontation des ausländischen Beschuldigten

Art. 11 D-NL Polizeivertrag verweist für die grenzüberschreitende Observation auf Art. 40 SDÜ, enthält jedoch auch Ergänzungen.

261 *Hecker*, Europäisches Strafrecht, S. 171.

262 *Krüßmann*, in: Böse (Hrsg.), Europäisches Strafrecht, § 18 Rn. 39.

263 Art. 40 Abs. 1 S. 1 SDÜ.

264 Vgl. Art. 40 Abs. 1 S. 3, Abs. 2 S. 2 SDÜ.

265 Vgl. auch Art. 21 Abs. 2 Neapel II; Art. 17 Abs. 2 Zweites ZP EuRhÜbk.

266 *Hackner/Schierholt*, Internationale Rechtshilfe in Strafsachen, S. 216.

267 Zusätzlich muss der Grenzübertritt unverzüglich der zuständigen Stelle des Gebietsstaates mitgeteilt werden und die Observation ist einzustellen, wenn dies die zuständige Stelle fordert oder innerhalb von fünf Stunden keine Zustimmung erteilt wird.

268 *Hecker*, Europäisches Strafrecht, S. 170.

269 *Sieber*, ZStW 2009 (121), 1 (21); In der Terminologie des Völkerrechts handelt es sich daher um eine Ausdehnung der *jurisdiction to enforce*, ohne dass damit eine Ausdehnung der *jurisdiction to prescribe* einhergeht.

mit fremden Ermittlungsmaßnahmen.[270] Zur Absicherung der späteren Verwertbarkeit der erlangten Informationen, welche im Umkehrschluss zu Art. 39 Abs. 2 SDÜ ohne vorherige Zustimmung des Gebietsstaates zulässig ist[271], sollten die observierenden Beamten dem Meistbegünstigungsprinzip folgen. Soweit daher nationales Recht im Einzelfall höhere Eingriffsvoraussetzungen vorsieht, sind diese neben den allgemeinen Verfahrensvorschriften des Gebietsstaates anzuwenden.[272]

cc) Probleme für die Praxis

(1) Praktikabilität der Eilfallregelung?

Angesichts der engen Auslegung der Ausnahmeregelung des Art. 40 Abs. 2 SDÜ stellt sich die Frage, ob hierbei den Anforderungen der Praxis an ein hinreichendes Maß an Flexibilität genüge getan wurde. Problematisch erscheint insoweit, dass Art. 40 Abs. 2 SDÜ keine weiteren Vorgaben über das Merkmal der Dringlichkeit trifft und damit für die betroffenen Beamten eine rechtliche Grauzone entsteht.[273] Das Abstellen auf die Notwendigkeit der Abwendung einer Gefährdung für den Observationszweck[274] löst das Problem nur zum Teil. Schließlich ist eine spätere behördliche oder gerichtliche Überprüfung der konkreten Einsatzsituation nur sehr eingeschränkt möglich, da sich das Verhalten des Beschuldigten kaum prognostizieren lässt. Zugleich ist jedoch bei der Auslegung des Art. 40 Abs. 2 SDÜ das fortbestehende Bedürfnis der Schengenstaaten an einem gewissen Souveränitätsvorbehalt anzuerkennen. Ein schrankenloses grenzüberschreitendes Ermittlungsverfahren ist auch in einem immer tiefer vernetzten Europa nicht absehbar. Art. 40 Abs. 2 SDÜ muss folglich die gegensätzlichen Interessen von möglichst hoher Flexibilität und zugleich weitestgehender Erhaltung der Entscheidungshoheit des Gebietsstaates in Einklang bringen. Vor diesem Hintergrund erscheint die Eilfallregelung einen hinreichenden Interessenausgleich darzustellen, wobei im Zweifel dem Souveränitätsinteresse der Vorrang einzuräumen sein dürfte.[275]

Zur Vermeidung von Rechtsunsicherheit ist den beteiligten Beamten im Rahmen einer Observation daher anzuraten, möglichst früh von den modernen Kommunikationsmitteln Gebrauch zu machen und ein Ersuchen im Sinne des Art. 40 Abs. 1 SDÜ rechtzeitig zu stellen. Sofern dies ohne eine unmittelbare Gefährdung des Observationszwecks nicht möglich ist, etwa weil ein Grenzübertritt durch den

270 Zu den Funktionen des Prinzips *locus regit actum* siehe unten 156 ff.

271 *Böse*, ZStW 2002 (114), 148 (179); *Gleß*, NStZ 2000, 57 (61).

272 Siehe zu dem vergleichbaren Problem im Rahmen einer GEG bereits oben S. 114 ff.; Eingehend zu den verschiedenen Lösungsmöglichkeiten unten S. 193 ff.

273 So etwa *Hecker*, Europäisches Strafrecht, S. 171.

274 *Hackner/Schierholt*, Internationale Rechtshilfe in Strafsachen, S. 216.

275 Zum völkerrechtlichen Grundsatz *in dubio mitius*, wonach im Zweifel der souveränitätsschonenden Auslegung der Vorzug zu geben ist, siehe *Herdegen*, Interpretation in International Law, in: Max Planck Encyclopedia of Public International Law, Rn. 28.

Beschuldigten nicht voraussehbar war, sollten die Umstände der Observation möglichst genau protokolliert werden, um später das Vorliegen der Voraussetzungen des Art. 40 Abs. 2 SDÜ leichter nachweisen zu können.

(2) Zulässige Maßnahmen

Art. 40 SDÜ enthält keinen Katalog von Maßnahmen, die während einer Observation auf fremdem Hoheitsgebiet zulässig sind.[276] Fraglich ist somit insbesondere, inwieweit technische Observationsmittel zum Einsatz kommen dürfen.[277]

Der Regelung des Art. 40 Abs. 1 S. 2 SDÜ, wonach der ersuchte Staat für die Vornahme der Observation Auflagen erlassen kann, dürfte insofern in einem Umkehrschluss zu entnehmen sein, dass eine Observation ohne Auflagen regelmäßig alle Maßnahmen umfasst, die nach dem Recht des Gebietsstaates zulässig sind. Die observierenden Beamten dürfen daher technische Überwachungsmittel einsetzen, soweit dies nach dem Recht des ersuchten Staates zulässig ist und solange dieser keine entsprechenden Auflagen erlassen hat.[278]

Die ursprüngliche Unklarheit über die Zulässigkeit einer Observation von Kontaktpersonen des Beschuldigten[279] wurde durch einen Ratsbeschluss zur Änderung von Art. 40 Abs. 1 SDÜ positiv geklärt[280].

(3) Mitführen von Dienstwaffen

Das Mitführen von Dienstwaffen ist nach Art. 40 Abs. 3 lit. d SDÜ zulässig, solange der ersuchte Staat dem nicht ausdrücklich widersprochen hat. Allerdings ist der Schusswaffengebrauch nur im Rahmen einer Notwehrsituation zulässig. Hieraus folgert *Krüßmann*[281], in der Praxis sei aufgrund der Unterschiedlichkeit der Notwehrvoraussetzungen und der hierdurch bedingten Rechtsunsicherheit generell auf den Einsatz[282] von Dienstwaffen zu verzichten. Diese Schlussfolgerung kann nicht überzeugen. Die grenzüberschreitende Observation ist schwerpunktmäßig

276 Vgl. demgegenüber Art. 14 Abs. 3 Nr. 9 D-CH PolV, wonach die observierte Person sogar festgehalten und durchsucht werden darf.

277 Siehe hierzu *Krüßmann*, in: Böse (Hrsg.), Europäisches Strafrecht, § 18 Rn. 42.

278 Diese Lösung ist zumindest für den Einsatz technischer Mittel in Art. 14 Abs. 3 Nr. 8 D-Ch PolV und Art. 11 Abs. 11 D-NL PolV ausdrücklich vorgesehen.

279 Vgl. *Hecker*, Europäisches Strafrecht, S. 171.

280 Nach Beschluss 2003/725/JI des Rates v. 2.10.2003, ABl. L 260/37, S. 37 ist nunmehr auch eine Observation von Kontaktpersonen möglich, sofern ernsthaft anzunehmen ist, dass dies zur Identifizierung oder Auffindung des Beschuldigten führen kann.

281 *Krüßmann*, in: Böse (Hrsg.), Europäisches Strafrecht, § 18 Rn. 41.

282 Unklar bleibt dabei, ob *Krüßmann*, a.a.O., den *Einsatz* der Dienstwaffe oder sogar deren *Mitführen* ablehnt, da letzteres an sich die konsequente Folge des Verzichts auf den Einsatz darstellt.

ein Instrument zur Bekämpfung der internationalen organisierten Kriminalität.[283] In diesem Bereich stellen die Täter insbesondere aufgrund der erhöhten Gewaltbereitschaft eine erhebliche Gefahr für die Allgemeinheit und die ermittelnden Beamte dar. Ein Verzicht auf das Mitführen von Dienstwaffen würde daher ein unkalkulierbares Risiko darstellen und letztlich grenzüberschreitende Observationen undurchführbar machen. Zur Vermeidung strafrechtlicher Risiken für die Beamten ist es vielmehr geboten, als Reaktion auf die Heterogenität der Notwehrvoraussetzungen, den Schwusswaffeneinsatz auf allgemein anerkannte Notwehrlagen zu beschränken. So ist der Schusswaffengebrauch bei gegenwärtiger und nicht durch gleich geeignete mildere Mittel abwehrbarer Gefahr für Leib und Leben und gegebenenfalls vorheriger Abgabe eines Warnschusses nach allen relevanten Rechtsordnungen zulässig.[284] Lediglich in Grenzfällen wie der von *Krüßmann*[285] angesprochenen Nothilfe zum Schutze des Eigentums Dritter sollte auf den Einsatz der Schusswaffe verzichtet werden.

c) Kontrollierte Lieferungen

Eine Auslandstätigkeit deutscher Behörden kommt auch im Rahmen von kontrollierten Lieferungen in Betracht. Die Ermittlungshandlung liegt hierbei in der Überwachung eines illegalen Warentransports[286], wobei es sich schwerpunktmäßig um den Transport von Betäubungsmitteln handelt.[287] Die eigentliche Informationsgewinnung erfolgt jedoch durch den Einsatz von Observationstechniken oder verdeckter Ermittler, weswegen die kontrollierte Lieferung hier nur im Überblick dargestellt werden soll.

Im Bereich des unerlaubten Betäubungsmittelverkehrs kommen als Rechtsgrundlagen für die Vornahme einer kontrollierten Lieferung Art. 73 SDÜ und Art. 11 des UN-Suchtstoffübereinkommens[288] in Betracht. Eine weitergehende Rechtsgrundlage

---

283 Vgl. BMI (Hrsg.), Schengenerfahrungsbericht 2009, S. 48 f.

284 Vgl. nur BGH Urteil v. 30.06.2004 = NStZ 2005, 31; Siehe eine entsprechende internationale rechtsvergleichende Studie des amerikanischen Kongresses abrufbar unter: http://www.loc.gov/law/help/police-weapons/police-weapons.pdf (letzter Abruf: 09.10.2014).

285 *Krüßmann*, a.a.O.

286 Siehe zu der Beschränkung auf den Transport von Waren *Grotz*, in: Grützner/Pötz/Kreß (Hrsg.), Internationale Rechtshilfe in Strafsachen, Abschnitt III A 3.5, Rn. 33; Abzulehnen ist die Auffassung von *Kubiciel*, in: Ambos/König/Rackow (Hrsg.), Rechtshilferecht in Strafsachen, EU-RhÜbk Rn. 311, wonach ausnahmsweise auch eine kontrollierte Schleusung von Menschen möglich sei, solange deren Grundrechte gewahrt werden. Eine sichere Kenntnis von den genauen Transportbedingungen wird in der Praxis allerdings kaum möglich sein, weshalb ein solcher Transport unverzüglich zu stoppen ist.

287 *Hackner/Schierholt*, Internationale Rechtshilfe in Strafsachen, S. 217.

288 Übereinkommen der Vereinten Nationen gegen den unerlaubten Verkehr mit Suchtstoffen und psychotropen Stoffen v. 20.12.1988, BGBl. 1993 II, S. 1136.

ohne Beschränkung auf den Verkehr mit Betäubungsmitteln liefert Art. 12 EU-RhÜbk.[289] Die Definition einer kontrollierten Lieferung richtet sich hierbei nach den jeweiligen innerstaatlichen Rechtsvorschriften und Gepflogenheiten.[290] Voraussetzung ist in jedem Fall das Vorliegen einer auslieferungsfähigen Straftat, was sich nach dem Rahmenbeschluss zum Europäischen Haftbefehl bestimmt.[291] Vor Durchführung einer kontrollierten Lieferung ist sodann ein entsprechendes Ersuchen an den Gebietsstaat zu stellen, über welches dieser gemäß Art. 12 Abs. 2 EU-RhÜbk in jedem Einzelfall entscheidet. Die beteiligten ausländischen Beamten sind bei der Durchführung der Maßnahme gemäß Art. 12 Abs. 3 EU-RhÜbk an das Recht des Gebietsstaates gebunden.

Aus praktischer Sicht ist unbefriedigend, dass in Art. 12 EU-RhÜbk keine Regelung für Eilfälle vorgesehen ist. Zudem bleibt unklar, ob den Beamten auch im Rahmen einer kontrollierten Lieferung das Mitführen von Dienstwaffen erlaubt ist. Zur Vermeidung von Rechtsunsicherheit sollte die diesbezügliche Erlaubnis zum Gegenstand des Ersuchens gemacht werden.

d) Verdeckte Ermittlungen

aa) Allgemeine Einordnung

Von immenser praktischer Bedeutung[292] und zugleich Gegenstand politischer Kontroverse[293] ist der grenzüberschreitende Einsatz verdeckter Ermittler. Hierbei handelt es sich um den Einsatz von Polizeibeamten, welche dauerhaft unter veränderter Identität zur Aufklärung von Straftaten tätig werden.[294] Innerhalb bestimmter verschlossener Kriminalitätsstrukturen kann der Einsatz eines verdeckten Ermittlers mitunter die einzige Möglichkeit darstellen, um Beweise über spezifische Tathandlungen zu erlangen. Im Gegensatz zur regelmäßig zeitlich deutlich beschränkteren Observation, bietet der Einsatz eines verdeckten Ermittlers auch die Möglichkeit zur Erlangung von Strukturerkenntnissen über einen bestimmten Phänomenbereich. Dabei setzt der grenzüberschreitende Einsatz eines verdeckten Ermittlers ein noch

289 Vgl. für die Voraussetzungen nach deutschem Recht auch Nr. 29b RiStBV.

290 ABl. C 379 v. 29.12.2000, S. 17.

291 *Grotz*, in: Grützner/Pötz/Kreß (Hrsg.), Internationale Rechtshilfe in Strafsachen, Abschnitt III A 3.5, Rn. 33.

292 Siehe hierzu etwa die Presseerklärung des Rates zu einer Entschließung betreffend der Intensivierung der Zusammenarbeit der Mitgliedstaaten bei der Bekämpfung der grenzüberschreitenden Schwerkriminalität durch den vereinfachten grenzüberschreitenden Einsatz von verdeckten Ermittlern, abrufbar unter http://www.consilium.europa.eu/ueDocs/cms_Data/docs/pressData/de/jha/ 94661.pdf (letzter Abruf: 09.10.2014).

293 Siehe nur die Antwort der Bundesregierung auf eine Kleine Anfrage der Linksfraktion betreffend dem grenzüberschreitenden Einsatz verdeckter Ermittler, BT-Drs. 17/3941.

294 Eingehend *Schneider*, NStZ 2004, 359.

höheres Maß an gegenseitigem Vertrauen, als bei einer GEG oder grenzüberschreitenden Observation voraus, da sich der Einsatz auf fremdem Hoheitsgebiet mitunter über einen langen Zeitraum erstrecken kann und gleichzeitig weitaus geringere Kontrollmöglichkeiten für den Gebietsstaat existieren[295].

bb) Rechtlicher Rahmen

Im Bereich des traditionellen Rechtshilferechts finden sich Regelungen über den Einsatz verdeckter Ermittler in Art. 14 EU-RhÜbk, Art. 23 Neapel II und Art. 19 Zweites ZP EuRhÜbk.[296] Hierbei handelt es sich jedoch um sehr fragmentarische Regelungen, welche lediglich die bestehenden völkerrechtlichen Grundsätze über den Einsatz verdeckter Ermittler wiedergeben.[297] Für die vorliegende Untersuchung ist hierbei ausschließlich der grenzüberschreitende Einsatz deutscher verdeckter Ermittler auf fremdem Hoheitsgebiet relevant.[298]

Im Bereich der Rechtsakte zur Umsetzung des Prinzips der gegenseitigen Anerkennung wurde mit Art. 29 RL-EEA eine entsprechende Rechtsgrundlage geschaffen.

Alle Rechtsgrundlagen sehen hierbei ein im Grundsatz vergleichbares Verfahren zum grenzüberschreitenden Einsatz verdeckter Ermittler vor. Aufgrund der besonderen Sensibilität der Maßnahme und der Notwendigkeit einer sorgfältigen Einzelfallprüfung, setzen sowohl die Rechtsgrundlagen aus traditionellen Rechtshilfeübereinkommen als auch Art. 29 RL-EEA[299], ein Ersuchen um die Vornahme verdeckter Ermittlungen voraus.[300] Die Besonderheit des Art. 29 RL-EEA besteht

---

295 Vgl. zur Problematik der fehlenden gerichtlichen Kontrolle EGMR *„Teixeira de Castro v. Portugal"*, Urteil v. 09.06.1998, §§ 36 ff.; EGMR *„Jalba v. Romania"*, Urteil v. 18.02.2014, § 27 weist zudem auf die aus Art. 8 EMRK folgende positive Verpflichtung des Mitgliedstaates zum Schutze der Privatsphäre des Individuums hin. Demnach wäre eine vollständige Rücknahme der Kontrolle der Ermittlungsaktivitäten ausländischer Staaten auf dem eigenen Hoheitsgebiet wohl unzulässig.

296 Vgl. auch Art. 17, 18 D-CH PolV; Art. 14 D-NL PolV.

297 So stellt Art. 14 EU-RhÜbk lediglich klar, dass der Einsatz eines verdeckten Ermittlers auf dem Hoheitsgebiet eines anderen Staates, dessen Zustimmung erfordert und nach dem Recht des Gebietsstaates zu erfolgen hat. *Kubiciel*, in: Ambos/König/Rackow (Hrsg.), Rechtshilferecht in Strafsachen, EU-RhÜbk Rn. 321 spricht Art. 14 EU-RhÜbk gleichsam den Regelungscharakter ab; Ähnlich auch *Grotz*, in: Grützner/Pötz/Kreß (Hrsg.), Internationale Rechtshilfe in Strafsachen, Abschnitt III A 3.5, Rn. 35.

298 Siehe für die anderen denkbaren Fallkonstellationen den Erläuternden Bericht zum EU-RhÜbk, ABl. C. 379 v. 29.12.2000, S. 19.

299 Vgl. den Wortlaut von Art. 29 Abs. 1 RL-EEA *„Eine EEA kann erlassen werden, um den Vollstreckungsstaat zu ersuchen ..."*.

300 Im Rahmen der Verhandlungen über die RL-EEA war es ausdrückliches Ziel der Bundesregierung eine automatische Anordnung von verdeckten Ermittlungen zu verhindern und die Entscheidung vielmehr für jeden Einzelfall dem

vor allem darin, dass der ersuchte Staat bei seiner Entscheidung über die Annahme des Ersuchens nicht völlig frei ist, sondern zumindest einen der genannten Verweigerungsgründe anbringen muss.[301] Letztere sind jedoch über die allgemeinen Versagungsgründe des Art. 11 RL-EEA hinaus, durch Art. 29 Abs. 3 RL-EEA auf die Fälle erweitert, in denen eine verdeckte Ermittlung in einem vergleichbaren innerstaatlichen Fall nicht genehmigt werden würde oder sich die beteiligten Staaten nicht über die Modalitäten der Ermittlung einig werden können.

Hinsichtlich des anzuwendenden Rechts sehen Art. 14 Abs. 3 S. 1 EU-RhÜbk und Art. 29 Abs. 4 S. 1 RL-EEA die Anwendung des Rechts des Gebietsstaates vor. Wie schon im Rahmen der GEG und der grenzüberschreitenden Observation, sollten die Beamten in der Praxis zur Sicherung der Verwertbarkeit auf das Meistbegünstigungsprinzip zurückgreifen.[302] Demnach ist Gebietsstaatsrecht solange und soweit anzuwenden, wie nicht das Recht des Verwertungsstaates strengere Voraussetzungen vorsieht.

cc) Probleme für die Praxis

Im Rahmen des grenzüberschreitenden Einsatzes verdeckter Ermittler ergeben sich offene Fragen für die Praxis insbesondere aufgrund des fragmentarischen Charakters der jeweiligen Regelung. Letztlich ist dies jedoch zugleich auch charakteristisch für die verdeckte Ermittlung an sich, welche in zahlreichen Erscheinungs- und Ausgestaltungsformen denkbar ist. Eine vorab Festlegung des genauen Verfahrens könnte sich daher für die verdeckte Ermittlung durchaus als kontraproduktiv darstellen. Zudem ist der erhöhte Wille der Mitgliedstaaten an einem fortbestehendem Ermessensspielraum im Bereich besonders sensitiver Ermittlungsmethoden zu berücksichtigen. Gerade aufgrund der rudimentären Regelung der Ermittlungsform können die Mitgliedsstaaten durch entsprechende ad hoc Vereinbarungen weiterhin erheblichen Einfluss auf die konkrete Ausgestaltung des Einsatzes verdeckter Ermittler nehmen.[303]

(1) Bestehen eines Verwertungsvorbehalts?

Weder Art. 14 EU-RhÜbk noch Art. 29 RL-EEA enthalten eine Regelung zur Verwertbarkeit der durch die verdeckten Ermittlungen erlangten Informationen.[304] Es stellt sich für den ersuchenden Staat mithin die Frage, ob die Verwertbarkeit einer

---

Vollstreckungsstaat zu überlassen; Siehe hierzu die Antwort der Bundesregierung auf eine mündliche Abgeordnetenfrage BT-Drs. 17/729, S. 15.

301 Siehe allgemein zur Nähe der EEA zu den bisher im traditionellen Rechtshilferecht geltenden Grundsätzen *Böse*, ZIS 2014, 152 (163); Auch nach Ansicht der Bundesregierung orientiert sich die Regelung des Art. 29 RL-EEA an Art. 14 EU-RhÜbk, vgl. Antwort der Bundesregierung auf eine Kleine Anfrage, BT-Drs. 18/1439, S. 11.

302 Siehe dazu oben S. 114 ff.

303 Vgl. etwa Art. 29 Abs. 4 S. 3 RL-EEA.

304 Anders dagegen Art. 19 Abs. 7 Neapel II.

rechtmäßig erlangten Information als Beweismittel[305] von einer entsprechenden Zustimmung des Gebietsstaates abhängig ist.[306] Die Notwendigkeit einer solchen Zustimmung ließe sich mit Blick auf den Schutz der Souveränität des Gebietsstaates herleiten, wonach die deutschen Beamten gleichsam nur als „Werkzeuge" des Gebietsstaates tätig werden und die erlangten Erkenntnisse damit zunächst der ausschließlichen Dispositionsbefugnis des Gebietsstaates unterliegen.[307] Allerdings stünde eine solche Betrachtung im Widerspruch zur Ratio des SDÜ, welches gerade die Gebietshoheit zugunsten eines fremden Staates einschränkt, um eine effektive grenzüberschreitende Ermittlungsarbeit zu gewährleisten. Es handelt sich daher nicht um eine Unterstellung eigener Hoheitsgewalt unter die des Gebietsstaates, sondern vielmehr um eine Mitnahme derselben.[308] Für die Richtigkeit dieser Lösung spricht auch ein Blick auf die Verantwortlichkeit der Staaten im Hinblick auf den Schutz subjektiver Rechte. Der ermittelnde Staat kann sich durch die räumliche Verlagerung der Ermittlungen regelmäßig nicht seiner Verantwortung zur Einhaltung menschenrechtlicher Verpflichtungen entziehen.[309]

Die erlangten Informationen sind daher Produkt der Ausübung eigener Hoheitsgewalt und unterstehen als solche nicht der Dispositionsbefugnis des Gebietsstaates.[310]

Bei der Vornahme von verdeckten Ermittlungen unter der Geltung des EU-RhÜbk lässt sich für die zustimmungsfreie Verwertbarkeit zudem ein Gegenschluss aus Art. 13 Abs. 10 EU-RhÜbk anführen, welcher die Verwertbarkeit von rechtmäßig erlangten Informationen im Rahmen einer GEG ausdrücklich auf bestimmte Zwecke begrenzt. Das Fehlen einer entsprechenden Regelung in Art. 14 EU-RhÜbk impliziert eine grundsätzlich umfassende Verwertbarkeit der erlangten Informationen.[311] Dies entspricht letztlich auch dem Sinn und Zweck des Einsatzes verdeckter Ermittler, womit die Verwertbarkeit regelmäßig von der konkreten Zustimmung des Gebietsstaates zu einer Ermittlungsmaßnahme erfasst sein dürfte.[312]

Im Rahmen von verdeckten Ermittlungen nach Art. 29 RL-EEA ist mangels speziellerer Regelung für die Frage der Verwertbarkeit auf die allgemeine Regel des

---

305 Siehe zur Verwertung von völkerrechtswidrig erlangten Informationen S. 245 ff.

306 Vgl. für einen solchen Zustimmungsvorbehalt etwa Art. 39 Abs. 2 SDÜ.

307 Eingehend *Gleß*, NStZ 2000, 57 (61); Vgl. zur Qualifizierung von Staatsorganen als „Werkzeuge" eines anderen Staates auch Art. 6 ILC Articles on State Responsibility, wonach die Handlungen der Organe dem Staat zugerechnet werden, der über die „Werkzeuge verfügen kann".

308 Vgl. *Harings*, Grenzüberschreitende Zusammenarbeit, S. 251 ff.

309 Eingehend zur extraterritorialen Geltung subjektiver Rechte siehe unten S. 172 ff., 206 ff.

310 *Gleß*, NStZ 2000, 57 (61).

311 Mit Blick auf Art. 39 Abs. 2 SDÜ ebenso *Gleß*, NStZ 2000, 57 (61).

312 Ebenso *Kubiciel*, in: Ambos/König/Rackow (Hrsg.), Rechtshilferecht in Strafsachen, EU-RhÜbk Rn. 325a; a.A. *Rackow*, Die Polizei 2013, 305 (311 ff.).

Art. 14 Abs. 7 S. 2 RL-EEA zurückzugreifen.[313] Demnach richtet sich die Verwertbarkeit nach dem Verfahrensrecht des Anordnungsstaates und ist unabhängig von einer vorherigen Zustimmung des Gebietsstaates.[314]

(2) Verfahren im Eilfall

In der Praxis kann es dazu kommen, dass ein verdeckter Ermittler zur Wahrung seiner falschen Identität oder zur Sicherung des Ermittlungszweckes, ohne vorausgehendes Ersuchen auf fremdem Hoheitsgebiet tätig wird. Anders als im Bereich der grenzüberschreitenden Observation[315], ist für die Vornahme von verdeckten Ermittlungen keine Eilfallregelung vorgesehen.[316] Art. 14 Abs. 3 S. 2 EU-RhÜbk schreibt lediglich vor, dass die beteiligten Staaten Vorkehrungen für die Sicherheit der eingesetzten Beamten treffen. Dadurch wird jedoch ersichtlich keine Eilfallregelung getroffen, sondern vielmehr den Mitgliedsstaaten ein entsprechender Regelungsauftrag gegeben.[317] Mit Blick auf die besonderen Souveränitätsvorbehalte der Staaten bezüglich des Einsatzes verdeckter Ermittler ist daher davon auszugehen, dass ein vorheriges Ersuchen auch bei besonderer Dringlichkeit der Situation zwingend erforderlich ist.[318]

(3) Mitführen von Dienstwaffen

Die Zulässigkeit des Mitführens von Dienstwaffen durch die verdeckt ermittelnden Beamten ist ebenfalls nicht geregelt. Insoweit dürfte es sich jedoch um Vorkehrungen zur Sicherheit der Beamten im Sinne von Art. 14 Abs. 3 S. 2 EU-RhÜbk, beziehungsweise um Verfahrensfragen im Sinne des Art. 29 Abs. 4 S. 3 RL-EEA handeln, welche jeweils zum Gegenstand einer entsprechenden Vereinbarung zwischen den beteiligten Staaten zu machen sind. Hierfür spricht, dass die grenzüberschreitende Tätigkeit eines ausländischen Beamten mit dessen Bewaffnung noch einmal eine höhere Qualität bekommt und daher regelmäßig nicht bereits von der generellen

313 Siehe hierzu *Böse*, ZIS 2014, 152 (161).

314 Etwas anderes regelt Art. 23 Abs. 3 S. 2 Neapel II für den Fall, dass Informationen im Zusammenhang mit einer Zuwiderhandlung gefunden wurden, die nicht Gegenstand des ursprünglichen Ersuchens war. In diesem Fall entscheidet die ersuchte Behörde über die Verwertbarkeit der Information.

315 Vgl. Art. 40 Abs. 2 SDÜ.

316 Anders dagegen die Regelung in Art. 17 Abs. 5 PolV D-Ch, wonach in dringenden Fällen zum Schutze der Identität des verdeckten Ermittlers ein Grenzübertritt auch ohne vorheriges Ersuchen zulässig ist.

317 Vgl. *Grotz*, in: Grützner/Pötz/Kreß (Hrsg.), Internationale Rechtshilfe in Strafsachen, Abschnitt III A 3.5, Rn. 35.

318 Siehe hierzu auch die Antwort der Bundesregierung auf eine Kleine Anfrage BT-Drs. 17/3941, S. 4 f.; Zur diesbezüglichen Kritik siehe nur *Krüßmann*, in: Böse (Hrsg.), Europäisches Strafrecht, § 18 Rn. 49.

Zustimmung zum Einsatz des verdeckten Ermittlers erfasst ist.[319] Der Einsatz von Schusswaffen ist zur Vermeidung strafrechtlicher Risiken auf Situationen mit unmittelbarer Gefahr für Leib oder Leben zu beschränken.

e) Ergebnis

Die dargestellten Kooperationsinstrumente schaffen die Grundlage für neue Formen der transnationalen Strafverfolgung, welche eine unmittelbare und damit effektive Gewinnung von Informationen ermöglichen. Deutsche Behörden sind damit nicht länger auf eine Informationsübermittlung angewiesen, sondern können unter bestimmten Voraussetzungen auch selbstständig mit der Zustimmung des Gebietsstaates auf fremdem Hoheitsgebiet tätig werden. Allerdings zeigt die Untersuchung der einschlägigen Rechtsgrundlagen, dass zwischen den Staaten nachwievor mitunter erhebliche Souveränitätsvorbehalte bestehen, welche die Praxistauglichkeit mancher Regelung behindern. Insbesondere bestehen Regelungsdefizite mit Blick auf Eilfallregelungen sowie der konkreten Ausgestaltung von Ermittlungsmaßnahmen, etwa hinsichtlich des Einsatzes technischer Mittel. Auch neue Instrumente der gegenseitigen Anerkennung können diese Probleme nicht beseitigen. Ihre Problematik liegt in den weitreichenden Verweigerungsmöglichkeiten, welche letztlich symptomatisch für das noch immer nicht vollständig ausgeprägte gegenseitige Vertrauen der Staaten innerhalb der Europäischen Union sind.

Den beteiligten Behörden bleibt letztlich anzuraten, auf eine möglichst detaillierte Kooperationsabsprache mit dem Gebietsstaat hinzuwirken, um rechtliche Grauzonen zu vermeiden.

II) Grenzüberschreitende Zusammenarbeit mit Drittstaaten

1) Überblick

Spätestens seit den Terroranschlägen von Madrid, London und Paris ist gewiss, dass international agierende kriminelle Organisationen nicht vor den Außengrenzen der EU haltmachen. Oftmals haben kriminelle Netzwerke ihre Organisationsbasis außerhalb der EU, richten aber ihre Aktivitäten auf das Gebiet der EU aus oder planen umgekehrt aus der EU heraus Anschläge auf Auslandsziele.[320] Zur effektiven Verfolgung solcher internationaler Kriminalitätsstrukturen bedarf es einer globalen Kooperation. Dabei ist die EU nicht nur im Bereich der Bekämpfung des internationalen Terrorismus auf die Zusammenarbeit mit Drittstaaten angewiesen, sondern insbesondere auch bei der Verfolgung von Straftaten im Zusammenhang mit dem unerlaubten Verkehr von Betäubungsmitteln oder der Schleuserkriminalität.

---

319 Vgl. dagegen die ausdrückliche Erlaubnis zur Mitführung von Dienstwaffen in Art. 30 Abs. 1 D-CH PolV.

320 Vgl. BMI (Hrsg.), Verfassungsschutzbericht 2013, S. 207 ff.

Die Begründung entsprechender Kooperationsabkommen wurde durch den Vertrag von Lissabon deutlich erleichtert. Nunmehr kann die EU insbesondere mit eigener Rechtspersönlichkeit auftreten[321] und ist nicht mehr auf eine einstimmige Ratsentscheidung angewiesen[322,323] Die EU hat bisher Rechtshilfe- bzw. Assoziierungsabkommen mit den USA[324], Japan[325], Island und Norwegen[326], der Schweiz[327] und Liechtenstein[328] abgeschlossen.

Diese Abkommen treten neben die bereits bestehenden bilateralen Abkommen, welche zwischen Mitgliedstaaten und Drittstaaten getroffen wurden. Allerdings ist die Zahl bilateraler Abkommen im Bereich der sonstigen Rechtshilfe vergleichsweise gering. Deutschland hat etwa Abkommen zur Regelung der sonstigen Rechtshilfe in Strafsachen mit Tunesien[329] und Monaco[330] getroffen. Im Verhältnis zu den meisten Staaten außerhalb der EU erfolgt dagegen der Rechtshilfeverkehr vertraglos durch ad hoc Vereinbarung.[331] Im Gegensatz zur Rechtshilfe unter dem EU-RhÜbk folgt die Kooperation im Verhältnis zu Drittstaaten dabei regelmäßig dem Prinzip *locus regit actum*.[332] Dies lässt sich vor allem dadurch begründen, dass im Verhältnis zu Drittstaaten kein vergleichbares Vertrauen, wie zwischen den EU-Mitgliedstaaten, in das jeweils andere Verfahrensrecht bestehen dürfte. Die Verwertbarkeit von aus Drittstaaten übermittelten Informationen ist damit nicht von vornherein gesichert. Weitere Probleme können sich zudem daraus ergeben, dass die Informationen aus nachrichtendienstlichen Quellen stammen und entsprechenden Verwendungsbeschränkungen unterliegen.[333]

Im Folgenden sollen exemplarisch zwei wichtige Kooperationsabkommen dargestellt werden.

---

321 Vgl. Art. 47 EUV.

322 Vgl. Art. 218 EUV, wobei mitunter jedoch die Zustimmung des Europäischen Parlaments erforderlich ist; Anders dagegen noch ex-Art. 38 und ex-Art. 24 EUV.

323 Eingehend zum neuen Vertragsabschlussverfahren *Eeckhout*, EU External Relations Law, S. 193 ff.

324 Vgl. Beschluss 2009/820/GASP des Rates v. 23.10.2009, ABl. L 291/40.

325 Vgl. Beschluss 2010/616/EU des Rates v. 7.10.2010, ABl. L 271/3.

326 Vgl. Beschluss 1999/439/EG des Rates v. 17.5.1999, ABl. L 176/35, sowie Beschluss 2000/777/EG v. 1.12.2000, ABl. L 309/24.

327 Vgl. Beschluss 2008/146/EG des Rates v. 28.1.2008, ABl. L 53/1.

328 Vgl. Beschluss 2008/262/JI des Rates v. 28.2.2008, ABl. L 83/5.

329 BGBl. II 1969, S. 1157.

330 BGBl. II 1964, S. 1297.

331 Vgl. für eine Übersicht den Länderteil im Anhang II der RiVASt.

332 *Schuster*, Verwertbarkeit, S. 35.

333 Siehe insgesamt zur Verwertbarkeit unten Kap. V.

2) *Beispiele*

a) USA

Einer der wichtigsten Kooperationspartner im Bereich der transnationalen Strafverfolgung sind die Vereinigten Staaten von Amerika.[334] Die EU hat am 25. Juni 2003 Abkommen mit den USA über die Auslieferung und sonstige Rechtshilfe unterzeichnet[335], welche am 1. Februar 2010 in Kraft getreten sind[336] und welche künftige bilaterale Vereinbarungen ergänzen[337]. Inhaltlich orientiert sich hierbei das Abkommen über die sonstige Rechtshilfe im Wesentlichen am EU-RhÜbk.[338] Als besondere Kooperationsform ist in Art. 5 des Übereinkommens die Bildung von gemeinsamen Ermittlungsgruppen vorgesehen. Allerdings wird die Regelung wichtiger Detailfragen wie das anwendbare Recht oder die Haftung von Gruppenmitgliedern gemäß Art. 5 Abs. 2 des Übereinkommens auf die jeweils beteiligten Behörden übertragen, womit das Übereinkommen insoweit in seiner Regelungsdichte hinter Art. 13 EU-RhÜbk zurückbleibt.[339] Zur Sicherung der Verwertbarkeit von Informationen, die im Rahmen des Rechtshilfeabkommens an deutsche Behörden übermittelt werden oder von deutschen Beamten unmittelbar in Kooperation mit amerikanischen Behörden erhoben werden, müssen deutsche Behörden daher im Vorfeld besondere Vorkehrungen treffen. Hierzu sind aufgrund der Unterschiedlichkeit der Eingriffsvoraussetzungen im Rahmen eines Rechtshilfeverfahrens spezifische Vereinbarungen zum Schutze individueller Rechte zu treffen.[340] Sofern der spätere Forumstaat zum Zeitpunkt des Rechtshilfeersuchens schon absehbar ist, sollten die beteiligten Behörden daher auf eine Anwendung des entsprechenden Verfahrensrechts hinwirken.

Ähnliche Probleme ergeben sich auch aus der Unterschiedlichkeit des Datenschutzrechts.[341] Hier sieht Art. 9 des Übereinkommens zwar Bestimmungen zum Schutz personenbezogener Daten vor, allerdings kann eine Nichteinhaltung von

---

334 Siehe zur politischen Bedeutung dieser Kooperation *Mitsilegas*, Eucrim 2010, S. 111 f.

335 ABl. L 181 v. 19.07.2003, S. 25.

336 ABl. L 323 v. 10.12.2009, S. 11.

337 Soweit diese nicht im Widerspruch zu dem Rechtshilfeabkommen stehen. Vgl. Art. 14 des Rechtshilfeabkommens: „*This Agreement shall not preclude the conclusion, after its entry into force, of bilateral Agreements between the United States of America and a Member State consistent with this Agreement*“; Deutschland hat mit den USA am 14.10.2003 ein bilaterales Übereinkommen über die Rechtshilfe in Strafsachen geschlossen.

338 *Schröder/Stiegel*, in: Sieber/Satzger/v.Heintschel-Heinegg (Hrsg.), Europäisches Strafrecht, § 35 Rn. 11.

339 Siehe zur diesbezüglichen Kritik durch das britische House of Lords, Select Committee on the European Union, 38th Reports on the EU/US Agreement, S. 13, abrufbar unter: www.publications.parliament.uk (letzter Abruf: 12.10.2014).

340 Siehe zu der Problematik auch *Mitsilegas*, Eucrim 2010, S. 111 (113).

341 Eingehend *De Busser*, Utrecht Law Review, S. 86 (96 ff.).

Datenschutzstandards nur im Ausnahmefall als Versagungsgrund für die Leistung von Rechtshilfe geltend gemacht werden[342]. Auch insoweit sollten deutsche Behörden daher auf die Einhaltung datenschutzrechtlicher Mindeststandards hinwirken.

b) Schweiz

Nach langen Verhandlungen[343] ist am 1. März 2008 ein Abkommen der EU mit der Schweiz zur Assoziierung an den Schengen-Besitzstand in Kraft getreten.[344] Dadurch kommt es zur Anwendung der rechtshilferechtlichen Regelungen der Art. 48–69 SDÜ durch die Schweiz. Daneben können deutsche Behörden als Kooperationsgrundlage für Ermittlungsersuchen auf den Deutsch-Schweizerischen Polizeivertrag vom 27. April 1999 zurückgreifen.[345] Dieser enthält insbesondere Rechtsgrundlagen für „pro-aktive" Maßnahmen, welche unter bestimmten Voraussetzungen eine Tätigkeit deutscher Behörden auf schweizerischem Hoheitsgebiet ermöglichen.[346]

Von besonderer Bedeutung ist die Assoziierung der Schweiz an den Schengen-Besitzstand mit Blick auf die Verfolgung von steuerrechtlichen Verstößen. Nach Maßgabe des Art. 50 SDÜ kann die Schweiz nunmehr zur Leistung von Rechtshilfe im Bereich der indirekten Steuern (Verbrauchsteuern, Mehrwertsteuer und Zoll) ersucht werden. Demgegenüber findet keine Rechtshilfe zur Verfolgung von Verstößen gegen direkte Steuern statt.[347]

C) Auslandsermittlung deutscher Behörden ohne Einwilligung des Gebietsstaates

Im Folgenden soll die Rechtmäßigkeit einer selbstständigen grenzüberschreitenden Informationsgewinnung deutscher Behörden ohne Einwilligung des Gebietsstaates untersucht werden. Hintergrund für eine solche Informationsgewinnung außerhalb der geordneten Bahnen der internationalen Rechtshilfe dürfte dabei nicht bloß die Verdeckung einer Auslandstätigkeit von Nachrichtendiensten sein[348], sondern vielmehr die praktische Notwendigkeit im Bereich bestimmter Delikte und im Verhältnis zu bestimmten Staaten, auch ohne deren Bereitschaft zur Leistung

---

342 Vgl. den erläuternden Bericht zu dem Abkommen, ABl. L 181 v. 19.07.2003, S. 41.

343 Zur Entwicklung des Abkommens siehe *Schröder/Stiegel*, in: Sieber/Satzger/v. Heintschel-Heinegg (Hrsg.), Europäisches Strafrecht, § 35 Rn. 35 ff.

344 ABl. EG L 370 v. 17.12.2004, S. 78.

345 BGBl. II 2001, S. 946.

346 Vgl. Art. 14 bis Art. 22 D-Ch PolV.

347 Eingehend zur steuerrechtlichen Relevanz *Schröder/Stiegel*, in: Sieber/Satzger/v. Heintschel-Heinegg (Hrsg.), Europäisches Strafrecht, § 35 Rn. 38.

348 So aber *Rehbein*, Verwertbarkeit von nachrichtendienstlichen Erkenntnissen, S. 313.

von Rechtshilfe Informationen zur Durchführung eines Ermittlungsverfahrens zu erlangen.[349]

Eine pauschale Ablehnung dieser Art von Informationsgewinnung mit dem Argument der Völkerrechtswidrigkeit[350] würde letztlich bedeuten, dass nahezu alle nachrichtendienstlich aktiven Staaten systematisch gegen das geltende Völkerrecht verstoßen würden. Die jüngste Aufdeckung der weltweiten Überwachungsprogramme zahlreicher Nachrichtendienste hat schließlich gezeigt, dass grenzüberschreitende Informationsgewinnung ohne Kenntnis des Gebietsstaates nicht mehr die Ausnahme, sondern nahezu die Regel darstellt.[351] Es erscheint daher eine differenzierte Untersuchung der Frage geboten, inwieweit der völkerrechtliche Grundsatz des Verbots der Vornahme von Hoheitsakten auf fremdem Staatsgebiet[352], auf verschiedene Formen der grenzüberschreitenden Informationsgewinnung Anwendung findet.

Hierzu sollen zunächst die allgemeinen völkerrechtlichen Grundsätze hinsichtlich der grenzüberschreitenden Ermittlungstätigkeit auf fremdem Territorium dargestellt werden. Sodann wird der Begriff des Hoheitsaktes einer näheren Betrachtung unterzogen und die Frage aufgeworfen, ob und inwieweit Rechtfertigungsgründe einschlägig sind. Schließlich soll kurz die europarechtliche und nationale Dimension selbstständiger Auslandsermittlungen dargestellt werden.

I) Einführung

1) Bestimmung des Begriffs „grenzüberschreitende Informationsgewinnung“[353]

Das Völkerrecht kennt den Begriff der grenzüberschreitenden Informationsgewinnung klassischerweise in der Form der Spionage. Allerdings bietet das Friedensvölkerrecht für die Spionage keine allgemeingültige normative Definition.[354]

---

349 Siehe dazu bereits oben S. 101 f.

350 So etwa *Nagel*, Beweisaufnahme im Ausland, S. 4, 6.

351 Eingehend *Emmerson*, Report of the Special Rapporteur, UN-Doc. A/69/397, S. 4 ff.; Vgl. auch den Antrag zur Einsetzung eines parlamentarischen Untersuchungsausschusses zur Aufklärung der sog. „NSA-Affäre“, BT-Drs. 18/843; Erfasst sind hierbei insbesondere auch Überwachungsaktivitäten auf dem Hoheitsgebiet fremder Staaten, wie etwa durch das Anzapfen von Glasfaserkabeln im Bereich des Küstenmeeres.

352 Siehe dazu bereits oben S. 102 f.

353 Eingehend zur Spionage *Talmon*, Sachverständigengutachten NSA-Untersuchungsausschuss, S. 16 m.w.N., abrufbar unter: https://www.bundestag.de/ blob/282872/2b7b605da4c13cc2bc512c9c899953c1/mat_a_sv-4-2_talmon-pdf-data.pdf (letzter Abruf: 14.10.2014).

354 Anders dagegen im Kriegsrecht; Vgl. etwa zum Begriff des Spions Art. 29 der Haager Landkriegsordnung v. 18.10.1907 (RGBl. 1910, S. 107) und Art. 46 des ersten Zusatzprotokolls zu den Genfer Abkommen v. 8.6.1977 (BGBl. 1990 II S. 1551).

Zurückzugreifen ist daher auf die allgemeine Auffassung, wonach Spionage die Verschaffung politischer, militärischer oder wirtschaftlicher geheimer Informationen eines Staates durch einen anderen Staat umfasst.[355] Die grenzüberschreitende Informationsgewinnung zur Unterstützung eines Strafverfahrens würde folglich nach dieser Definition keine Spionage im völkerrechtlichen Sinne darstellen, da das Informationsobjekt nicht ein Staatsgeheimnis, sondern eine Privatperson ist. Im Falle des Ankaufs von Steuerdaten wäre allenfalls die Einordnung der Information als staatlich geschütztes Wirtschaftsgeheimnis denkbar, worüber sich dann das Vorliegen von Spionage begründen ließe. Mit der Ausdehnung der nachrichtendienstlichen Tätigkeit auf Privatpersonen, insbesondere im Rahmen der Bekämpfung des internationalen Terrorismus, hat jedoch auch der Begriff der Spionage eine Anpassung erfahren. Demnach soll Spionage nach zum Teil vertretener Auffassung heutzutage jegliche Form der grenzüberschreitenden Informationsgewinnung durch staatliche Stellen ohne Einwilligung des Gebietsstaates erfassen.[356] Diese weite Auslegung des Spionagebegriffs erscheint angesichts der Überwachungsentwicklung seit den Terroranschlägen des 11. September nachvollziehbar. So zeigt etwa die Forderung der Bundesregierung zum Abschluss eines „No-Spy-Abkommens" im Zuge des Bekanntwerdens der massenhaften Überwachung von Privatpersonen in Deutschland und Europa durch ausländische Nachrichtendienste[357], die Einordnung entsprechender Informationsgewinnungsmaßnahmen durch betroffene Staaten als Spionage, obwohl staatliche Geheimnisse nur sekundär betroffen waren[358]. Aus völkerrechtlicher Sicht lässt sich folglich die grenzüberschreitende Informationsgewinnung durch deutsche Behörden ohne Zustimmung des Gebietsstaates auch dann als Spionage qualifizieren, wenn ausschließlich Informationen über Privatpersonen gesammelt werden. Hierbei kann es keinen Unterschied machen, ob die Informationen durch einen Nachrichtendienst oder eine Polizeibehörde erhoben werden, da vielen Ländern eine vergleichbar strikte Trennung ohnehin fremd ist.

2) Unabhängigkeit der völkerrechtlichen Betrachtung

Die Begründung eines möglichen Völkerrechtsverstoßes hat sich ausschließlich an der Frage zu orientieren, ob die grenzüberschreitende Informationsgewinnung ohne Einwilligung des Gebietsstaates ein völkerrechtlich zulässiges Verhalten darstellt. Dies ist von der Frage der möglichen Rechtswidrigkeit des staatlichen

355 *Hinz*, in: Strupp/Schlochauer (Hrsg.), Wörterbuch des Völkerrechts, Bd. III, S. 298 (298, 300).

356 Nachweise bei *Talmon*, Sachverständigengutachten NSA-Untersuchungsausschuss, S. 16, abrufbar unter: https://www.bundestag.de/blob/282872/2b7b605da4c13cc2bc5 12c9c 899953c1/mat_a_sv-4-2_ talmon-pdf-data.pdf (letzter Abruf: 14.10.2014)

357 Siehe hierzu unter www.bundesregierung.de, Regierungspressekonferenz v. 25.10.2013 (letzter Abruf: 15.10.2014).

358 Vgl. zum Fall des Abhörens des Mobiltelefons der Bundeskanzlerin *Talmon*, BRJ 2014, 6.

Handelns nach nationalem Recht zu unterscheiden.[359] Die Untersuchung kann also durchaus zu dem Ergebnis kommen, dass Spionage eine völkerrechtlich rechtmäßige Handlung darstellt, obwohl die gleiche Handlung nach dem Recht des Gebietsstaates mit Strafe geahndet wird. Ebenso kann Spionage zwar mitunter einen Verstoß gegen Europarecht darstellen, zugleich aber keine internationale Verantwortlichkeit des entsendenden Staates nach den allgemeinen Regeln über das völkerrechtliche Delikt auslösen. Die Prüfung eines Völkerrechtsverstoßes erfolgt mithin unabhängig.

Weiterhin ist die Prüfung der Völkerrechtsmäßigkeit unabhängig von der Beurteilung des staatlichen Verhaltens als Umgehung des Rechtshilfeweges. So ließe sich etwa das Argument anbringen, dass jegliche Informationserhebung ohne Einwilligung des Gebietsstaates bei gleichzeitig fortbestehender Möglichkeit zur Nutzung des Rechtshilfeweges aufgrund ihres Umgehungscharakters zur Völkerrechtswidrigkeit der Handlung führt.[360] Die eigenmächtige Informationserhebung würde dann einen Vertragsbruch darstellen, sofern sich der handelnde Staat durch den Abschluss des Rechtshilfevertrages zugleich zur Beschränkung auf den Rechtshilfeweg verpflichtet hat. Allerdings ist eine solche Beschränkung der Informationsgewinnung auf den Rechtshilfeweg von den Staaten regelmäßig nicht gewollt und auch den einschlägigen Rechtshilfeabkommen nicht zu entnehmen. So begründet etwa Art. 1 Abs. 1 EuRhÜbK lediglich eine Verpflichtung der Mitgliedstaaten zur Leistung von Rechtshilfe untern den genannten Bestimmungen und soweit dies möglich ist. Eine darüber hinausgehende Verpflichtung zur ausschließlichen Vornahme von Informationsgewinnung durch das Mittel der Rechtshilfe, ist dem Wortlaut dagegen nicht zu entnehmen.[361] Auch dürfte eine derart weitreichende Beschränkung von den Staaten bei Abschluss des Abkommens nicht intendiert sein, da Staaten regelmäßig ein hohes Interesse an der weitestgehenden Aufrechterhaltung ihrer Handlungsmöglichkeiten haben und vertraglich bindende Verbote im Bereich der Strafverfolgung sowie der inneren und äußeren Sicherheit, eher die Ausnahme als die Regel darstellen.[362] Rechtshilfeverträge begründen daher zwar regelmäßig die Möglichkeit, die eigene Hoheitsgewalt des Staates nach einem entsprechenden Ersuchen zugunsten eines anderen Staates zu beschränken.[363] Dem lässt sich jedoch nicht im Umkehrschluss entnehmen, dass sich ein Staat durch den Vertrag zur vorherigen Stellung eines Ersuchens für die Informationsgewinnung in jedem Fall verpflichtet.[364]

Coen[365] stellt zudem zutreffend fest, dass die „Umgehung des Rechtshilfeweges" gerade die – durch Verstoß gegen die Gebietshoheit begründete – völkerrechtswidrige Zielverfolgung *voraussetzt*, sie nicht aber bereits begründet. Die Umgehung

359 BVerfGE 92, 277 (328); *Scott*, Air Force Law Review 1999, S. 217 (218).
360 So *Schünemann*, NStZ 2008, 305 (307).
361 *Coen*, NStZ 2011, 433; *Pawlik*, JZ 2010, 693 (694).
362 Vgl. mit Blick auf die Beschränkung der Spionagetätigkeit *Talmon*, BRJ 2014, 6 (7).
363 *Coen*, NStZ 2011, 433.
364 *Coen*, NStZ 2011, 433; a.A. *Schwörer*, wistra 2009, 452 (455).
365 *Coen*, NStZ 2011, 433 (Fn. 5).

des Rechtshilfeweges führt daher nicht zur automatischen Völkerrechtswidrigkeit der Maßnahme,[366] sondern letzteres folgt allein aufgrund der mitunter gleichzeitig begangenen Verletzung der Gebietshoheit.[367]

II) Vereinbarkeit der Informationsgewinnung mit dem Völkerrecht

Die Prüfung der Völkerrechtsmäßigkeit gliedert sich in zwei Teile. Auf der ersten Stufe ist zu prüfen, ob die staatliche Maßnahme gegen ein völkerrechtliches Verbot verstößt. Insoweit könnte die Informationsgewinnung als mitunter völkerrechtswidrige Spionage zu qualifizieren sein oder aufgrund ihres grenzüberschreitenden Charakters gegen die territoriale Souveränität des anderen Staates verstoßen.

Auf der zweiten Stufe ist sodann bei Feststellung der Rechtswidrigkeit der Maßnahme die Frage nach möglichen Rechtfertigungsgründen aufzuwerfen. Hier kommen vor allem die Einwilligung des Gebietsstaates und die Berufung auf Selbstverteidigung in Betracht.

1) Verstoß gegen ein völkerrechtliches Verbot

a) Spionage als völkerrechtlich zulässige Handlung?

Wie bereits festgestellt wurde, ist die grenzüberschreitende Informationsgewinnung ohne Kenntnis des Gebietsstaates völkerrechtlich als Spionage zu qualifizieren. Das Völkerrecht trifft jedoch für den Fall der Friedensspionage keine eindeutige Regelung, welche diese Art der Informationsgewinnung entweder als erlaubte oder verbotene Handlung qualifiziert.[368] Um dennoch die staatliche Spionagetätigkeit einer völkerrechtlichen Prüfung zu unterziehen, werden im Grunde zwei Legitimationsansätze vertreten. Einerseits wird auf die Existenz eines völkergewohnheitsrechtlichen

---

366 Nicht überzeugen kann dagegen die Argumentation des U.S. Supreme Court im Fall „*United States v. Alvarez-Machain*", v. 15.6.1992, AJIL Vol. 86 (1992), 811, wonach das Vorliegen eines Völkerrechtsverstoßes zu verneinen ist, weil aufgrund der fehlenden Regelung eines Rechtshilfeabkommens über Entführungen keine Umgehung dieses Abkommens vorläge. Die Feststellung der Völkerrechtswidrigkeit der Entführung bedarf gerade keines ausdrücklichen Verbots durch einen völkerrechtlichen Vertrag, sondern ergibt sich aus dem völkergewohnheitsrechtlichen Grundsatz der Achtung der Gebietshoheit fremder Staaten; Siehe hierzu auch *Gane/Mackarel*, EJCCLCJ 1996, 98 (109 f.).

367 Im Ergebnis so wohl auch *Jahn*, in: Jahn/Kudlich/Streng (Hrsg.), FS für Heinz Stöckel, S. 260 (267); a.A. *Schwörer*, wistra 2009, 452 (454 f.).

368 BGHSt 37, 305 (308) = NJW 1991, 929 (930), mit Anm. *Simma/Volk*, NJW 1991, 871; *Schaller*, Spies, in: Encyclopedia of Public International Law, Rn. 2 f.; *Gusy*, NZWehrR 1984, 187 ff.

Erlaubnistatbestandes abgestellt.[369] Die Rechtmäßigkeit der Spionage wäre somit von dem Bestehen einer positiven Regelung abhängig, welche den Staaten die Vornahme entsprechender Handlungen ausdrücklich erlaubt.

Andererseits wird auf die sog. Lotus-Doktrin[370] zurückgegriffen, wonach den Staaten aufgrund ihrer Souveränität und der daraus resultierenden Handlungsfreiheit völkerrechtlich alles erlaubt ist, was nicht ausdrücklich verboten ist.[371] Die entscheidende Frage ist somit nicht die nach der Existenz einer Erlaubnisnorm, sondern die nach einem Verbot.

Vorzugswürdig ist letzterer Ansatz. Schon die Frage des ersten Ansatzes nach einem Erlaubnistatbestand entspricht nicht der gängigen Dogmatik des Völkerrechts.[372] Ausgehend von der Souveränität und der aus ihr folgenden Handlungsfreiheit bedarf nicht die Handlung der Begründung, sondern deren Beschränkung.[373] Zudem ist ein entsprechender völkergewohnheitsrechtlicher Rechtssatz, wonach die Spionage zulässiges Staatshandeln darstellt, nicht feststellbar. Dem könnte zwar bei unbefangener Betrachtung die weitreichende Staatenpraxis in diesem Bereich entgegengehalten werden, was jedoch für sich zur Begründung von Völkergewohnheitsrecht nicht ausreichend ist. Neben die Staatenpraxis müsste vielmehr auch eine gemeinsame *opino juris* der Staaten über die Rechtmäßigkeit entsprechender Handlungen treten.[374] Einer solchen Rechtsüberzeugung steht jedoch das allgemeine Bestreben der Staaten entgegen, Spionage durch andere Staaten auf dem eigenen Hoheitsgebiet zu verhindern.[375] Selbst wenn man folglich dem ersten Legitimationsansatz folgen würde und mithin auf die Existenz eines Erlaubnissatzes abstellen würde, müsste ein solcher im Ergebnis verneint werden. Das Völkerrecht kennt mangels gemeinsamer Rechtsüberzeugung der Staaten keinen völkergewohnheitsrechtlichen Erlaubnissatz zur Regelung der Rechtmäßigkeit der Spionage.[376]

---

369 So etwa *Kish*, International Law and Espionage, S. XV "*Following the recognition of the permissibility of espionage in customary international law* (...)".

370 PCIJ, *The Case of the S.S. "Lotus"*, PCIJ 1927 Series A, No. 10, S. 18 "*Restrictions upon the independence of States cannot therefore be presumed.*"

371 Siehe nur *Talmon*, Sachverständigengutachten NSA-Untersuchungsausschuss, S. 17, abrufbar unter: https://www.bundestag.de/blob/282872/2b7b605da4c13cc2 bc512c9c899 953c1/mat_a_sv-4-2_talmon-pdf-data.pdf (letzter Abruf: 14.10.2014) m.w.N.

372 Unklar daher *Rehbein*, Verwertbarkeit von nachrichtendienstlichen Erkenntnissen, S. 314.

373 Ausdrücklich ICJ Advisory Opinion, *Legality of the threat or use of Nuclear Weapons*, ICJ Reports 1996, 226 (247) Rn. 52, "*State practice shows that the illegality of the use of certain weapons as such does not result from an authorization but, on the contrary, is formulated in terms of prohibition.*"; Vgl. auch *Brownlie*, Principles of Public International Law, Kap. 14, S. 290 f.

374 IGH, *Continental Shelf Case*, Urteil v. 3.6.1985, ICJ Reports 1985, S. 13, § 27.

375 Anschaulich zu der Problematik *Scott*, Air Force Law Review 1999, S. 217 (221 f.).

376 Ebenso *Ewer/Thienel*, NJW 2014, 30 (31); *Gusy*, NZWehrR 1984, 187 (191); *Peters*, EJIL: Talk! v. 01.11.2013, abrufbar unter: http://www.ejiltalk.org/ (letzter Abruf:

Die Zulässigkeit der Spionage ist damit von der Abwesenheit einer entsprechenden Verbotsnorm abhängig. Eine solche kann sich aus Völkervertragsrecht oder Völkergewohnheitsrecht ergeben.[377] Allerdings haben die Staaten bisher kein Übereinkommen zum vertraglich bindenden Verbot der Friedensspionage getroffen.[378] Bestehende Absprachen einiger Staaten zur Regelung der Tätigkeiten ihrer Nachrichtendienste stellen kein rechtliches Spionageverbot dar, sondern enthalten lediglich sog. „Gentlemen's Agreements“ oder „Memoranda of Understanding“.[379] Auch ein immer wieder vorgeschlagenes „No Spy“ – Abkommen hätte letztlich vor allem politische, nicht aber rechtliche Bedeutung, da die Staaten erhebliche Interessen an der umfassenden und unbeschränkten Tätigkeit ihrer Nachrichtendienste haben. Jegliche Beschränkung der Souveränität in diesem Bereich würde wohl regelmäßig unter weitreichenden Vorbehalten stehen, um den Schutz nationaler Sicherheitsinteressen nicht zu gefährden.[380]

Eine die Spionage verbietende Regel des Völkergewohnheitsrechts würde eine entsprechende Enthaltungspraxis[381] und gemeinsame Rechtsüberzeugung voraussetzten. Allerdings verdeutlicht die Spionagepraxis der meisten Staaten genau das Gegenteil, nämlich die Nutzung der grenzüberschreitenden Informationsgewinnung als legitimes Mittel zur Erlangung von Erkenntnissen für die Lagebeurteilung und die Entscheidungsfindung im politischen Bereich[382,383]

Im Ergebnis stellt die Spionage damit weder ein ausdrücklich erlaubtes noch ein ausdrücklich verbotenes Staatshandeln dar. Es handelt sich vielmehr um einen rechtlich unbeachtlichen Völkerbrauch.[384]

b) Spionage als Verletzung der territorialen Souveränität?

Spionage bedeutet im Kontext der vorliegenden Untersuchung die Informationserhebung auf fremdem Hoheitsgebiet ohne die Einwilligung des Territorialstaates. Diese Form der Spionage ist zu unterscheiden von grenzüberschreitender Spionage ohne physisch-geografisches Eindringen in das Hoheitsgebiet eines anderen Staates. So ermöglichen neue technische Mittel heutzutage die Gewinnung von Informationen über Vorgänge in einem fremden Staat durch Maßnahmen, die vom eigenen

15.10.2014); *Wright*, in: Stanger (Hrsg.), Essays on Espionage and International Law, S. 3 (17).

377 *Thirlway*, in: Evans (Hrsg.), International Law, Part II, S. 94 ff.

378 *Scott*, Air Force Law Review 1999, S. 217 (218).

379 So etwa die Absprachen der „Five-Eyes-Alliance“ zwischen den USA, Großbritannien, Australien, Neuseeland und Kanada; Vgl. diesbezüglich die Antwort der Bundesregierung auf eine Kleine Anfrage, BT-Drs. 18/168, S. 2.

380 Eingehend *Talmon*, BRJ 2014, 6 (7 f.).

381 Bei der völkergewohnheitsrechtlichen Begründung eines Verbots geht es gerade um die generelle Praxis der Nichtvornahme eines bestimmten Verhaltens.

382 Siehe hierzu BVerfG 92, 277 (329).

383 *Talmon*, Sachverständigengutachten NSA-Untersuchungsausschuss, a.a.O., S. 17.

384 *Rehbein*, Verwertbarkeit von nachrichtendienstlichen Erkenntnissen, S. 315 m.w.N.

Hoheitsgebiet oder einem Raum jenseits der staatlichen Souveränität ausgehen. Kommt es aber zur Anwendung von Spionagetechnik auf eigenem Hoheitsgebiet, dem Gebiet der Hohen See oder des Weltraums, ist eine Verletzung der territorialen Souveränität des Zielstaates von vornherein ausgeschlossen.[385]

Soweit aber deutsche Behörden selbstständig auf fremdem Hoheitsgebiet tätig werden, ist die Maßnahme auf ihre Vereinbarkeit mit dem völkerrechtlichen Grundsatz der Gebietshoheit hin zu überprüfen.[386] Diesem Grundsatz zufolge ist die Kompetenz eines Staates zur Ausübung von Hoheitsgewalt auf seinem Staatsgebiet ausschließlich.[387] Im Umkehrschluss muss der Staat Maßnahmen fremder Staatsgewalt auf seinem Hoheitsgebiet nicht dulden.[388] Entscheidend für die Frage der Verletzung fremder Gebietshoheit ist daher die Definition der Maßnahme fremder Staatsgewalt beziehungsweise des Hoheitsaktes. Das Spektrum denkbarer Maßnahmen reicht hierbei von offenen Zwangsmaßnahmen wie der Durchsuchung und Beschlagnahme, über den verdeckten Einsatz technischer Mittel, bis hin zu rein passiver Informationsentgegennahme. Im Folgenden soll untersucht werden, ob all diese Maßnahmen gleichermaßen eine unzulässige Ausübung fremder Staatsgewalt darstellen, oder ob hierbei nach der Art der Maßnahme zu differenzieren ist.

aa) Zwang als notwendiges Element?

Das Völkerrecht verbietet zwar einem Staat die Vornahme von Hoheitsakten auf dem Gebiet eines anderen Staates ohne dessen Einwilligung, definiert zugleich aber nicht den Begriff des Hoheitsaktes. Das Fehlen einer Definition hat daher zu einem entsprechend heterogenen Meinungsbild über die Reichweite des Hoheitsaktes innerhalb der völkerrechtlichen Literatur geführt.[389] Hinsichtlich bestimmter Maßnahmen besteht indes weitestgehende Einigkeit über die Qualifikation als Hoheitsakt. So stellt jede mit Befehl und Zwang verbundene Maßnahme eine

---

385 Siehe diesbezüglich zur Rechtmäßigkeit der strategischen internationalen Überwachung des drahtlosen Fernmeldeverkehrs durch den BND: EGMR, *Weber and Saravia v. Germany*, Application No. 54934/00, ECtHR Reports 2006-XI, Rn. 88.

386 Nicht einschlägig ist dagegen nach zutreffender Auffassung das Gewaltverbot aus Art. 2 Abs. 4 UNCH, da es vorliegend ausschließlich um gegen Individuen gerichtete polizeiliche Maßnahmen ohne die Ausübung von Zwang geht. Eingehend zur Bedeutung entsprechender Maßnahmen *Corten*, The Law Against War, S. 52 ff.

387 PCIJ, *The Case of the S.S. "Lotus"*, PCIJ 1927 Series A, No. 10, S. 18.

388 *Nagel*, Beweisaufnahme im Ausland, S. 19; *v. Arnauld*, Völkerrecht, § 4 Rn. 334 f.; Siehe aber für den Sonderfall der Verletzung der Gebietshoheit durch Einflüsse höherer Gewalt *Mössner*, NJW 1982, 1196.

389 Vgl. nur *Ewer/Thienel*, NJW 2014, 30 (31); *Gusy*, NZWehrR 1984, 187 (192 ff.); *Kanuck*, Harvard International Law Journal 1996 (37), S. 272 (286 ff.); *Suhle*, Spionage, S. 84 f.; Tiedemann, in: Kaufmann/Bemmann/ Krauss/Volk (Hrsg.), FS für Paul Bockelmann, S. 819; *Wright*, in: Stanger (Hrsg.), Essays on Espionage and International Law, S. 3 (13).

unzulässige Ausübung von Hoheitsgewalt dar.[390] Weiterhin haben Staaten das Eindringen fremder staatlicher Objekte wie Flugzeuge[391] und Schiffe sowie aktive Manipulationsmaßnahmen wie das Verüben von Anschlägen[392] oder Entführungen[393] als Verletzung ihrer Gebietshoheit angesehen. Schwieriger wird die Einordnung jedoch, wenn der Bereich der Zwangsmaßnahmen verlassen wird und vielmehr klassische zwangsfreie nachrichtendienstliche Aufklärungsmaßnahmen betrachtet werden. Hierbei spielt es aufgrund der weitreichenden Annäherung der Kompetenzen[394] keine Rolle, ob diese Maßnahmen tatsächlich von Nachrichtendiensten oder von Polizeibehörden vorgenommen werden. Vereinzelt wird angenommen, dass zwangsfreie Ermittlungshandlungen keine Hoheitsakte darstellen, da sie das Gewaltmonopol des Gebietsstaates nicht tangieren.[395] Eine derart enge Auslegung des Begriffs des Hoheitsaktes ist jedoch abzulehnen. Der Grundsatz der Gebietshoheit beinhaltet nicht notwendigerweise eine Koppelung an das Gewaltmonopol. Vielmehr lässt sich Gebietshoheit als generelle Exklusivität staatlichen Handelns verstehen. Die Staatenpraxis zeigt gerade, dass Staaten im Allgemeinen nicht gewillt sind, Handlungen fremder Staaten auf ihrem Staatsgebiet zu dulden, unabhängig von deren Charakterisierung als Zwangsmaßname.[396] Nicht überzeugen kann dagegen die Begründung von *Rehbein*[397], wonach die Einbeziehung zwangsfreier Maßnahmen Folge der fehlenden Dispositionsbefugnis der betroffenen Privatperson über die Gebietshoheit des Territorialstaates ist. Zwar würde eine Einwilligung mitunter die Rechtswidrigkeit der Maßnahme nach nationalem Recht ausschließen, sie

390 *Gusy*, NZWehrR 1984, 187 (192); *Rehbein*, Verwertbarkeit von nachrichtendienstlichen Erkenntnissen, S. 317 m.w.N.

391 Berühmtes Beispiel ist der sog. U2-Zwischenfall, bei dem ein amerikanisches Aufklärungsflugzeug während des Kalten Krieges unbefugt in sowjetischen Luftraum einflog, siehe dazu, *Kanuck*, Harvard International Law Journal 1996 (37), S. 272 (277).

392 So etwa im Fall der Zerstörung der „Rainbow Warrior" durch französische Geheimagenten in Neuseeland, was zu einem Verfahren vor einem internationalen Schiedsgericht und der Verurteilung Frankreichs führte, siehe hierzu Reports on International Arbitral Awards, Vol. XX, S. 215.

393 Siehe hierzu *Herdegen*, EuGRZ 1986, S. 1; Nach BVerfGE 109, 38 (LS, 57) begründet allerdings das täuschungsbedingte Herauslocken des Beschuldigten aus einem anderen Staat durch einen verdeckten Ermittler nicht zwingend eine Völkerrechtsverletzung, soweit der Grenzübertritt zumindest auch durch eigene Interessen des Beschuldigten motiviert ist und sich dieser auch gegen die Ausreise hätte entscheiden können.

394 Siehe hierzu oben S. 53 ff.

395 So etwa *Gusy*, NZWehrR 1984, 187 (192 f.); *Droste*, Handbuch des Verfassungsschutzrechts, S. 126 f., stellt darauf ab, ob die Ermittlungshandlung „*ohne schädigende Auswirkung*" vollzogen wird bzw., ob ein Grundrechtseingriff vorliegt.

396 Eingehend zur Bedeutung territorialer Strafgewalt *Capus*, Strafrecht und Souveränität, S. 115 ff.

397 *Rehbein*, Verwertbarkeit von nachrichtendienstlichen Erkenntnissen, S. 319.

bewirkt aber keinen Entfall des hoheitlichen Elements im Sinne des Völkerrechts. Für den Gebietsstaat ist allein ausschlaggebend, dass ein fremder Hoheitsträger Maßnahmen vornimmt, die ausschließlich den nationalen Behörden vorbehalten sind. Ob die Maßnahme dagegen mit Einwilligung des Betroffenen vorgenommen wurde, spielt hierfür keine Rolle.

Maßgeblich für die Einordnung als Hoheitsakt ist daher nicht der Zwangscharakter der Maßnahme, sondern ihre Reservierung für staatliche Stellen des Gebietsstaates. Kann im Umkehrschluss die Maßnahme von Jedermann vorgenommen werden, handelt es sich regelmäßig nicht um einen dem Gebietsstaat vorbehaltenden Hoheitsakt.[398] Folglich sind auch zwangsfreie Ermittlungsmaßnahmen als Hoheitsakte einzustufen, da ihre Vornahme dem Gebietsstaat vorbehalten ist.[399] Dieses Ergebnis wird auch nicht dadurch konturenlos, dass in vielen Staaten innerhalb gewisser Grenzen auch Privatpersonen Befragungen oder Observationen[400] durchführen können. Entscheidend ist bei diesen eingriffsschwachen Maßnahmen der unmittelbare Nexus zu dem Strafverfolgungsauftrag eines fremden Staates.[401] Soweit staatliche Stellen diese Maßnahmen zum Zwecke der Strafverfolgung durchführen, ist dies eben den Stellen des Gebietsstaates vorbehalten und kann nicht ohne Weiteres von ausländischen Staaten übernommen werden.

Zu weit geht dagegen die Auffassung, die jegliches staatliches Verhalten als Hoheitsakt einordnen möchte.[402] Andernfalls würde etwa bereits die Sammlung von Informationen aus offen zugänglichen Quellen, beispielsweise im Rahmen der Tätigkeit deutscher Verbindungsbeamter im Ausland[403], einen Verstoß gegen die Gebietshoheit darstellen. Würde man auch in solchen Maßnahmen eine Verletzung der Gebietshoheit sehen, müsste konsequenterweise schon die bloße Präsenz eines ausländischen Beamten ein verbotenes Verhalten darstellen[404], da bereits hiermit eine zumindest passive „Informationswahrnehmung“ einhergehen wird. Dass ein

---

398 *Ewer/Thienel*, NJW 2014, 30 (31).

399 Ebenso *Delupis*, AJIL 1984 (53), 53 (67); *Fleck*, MJIL 2006 (28), 687 (692 f.); mit Hinweis auf die *domaine réservé* des Gebietsstaates *Peters*, EJIL: Talk! v. 01.11.2013, a.a.O; mit Hinweis auf die gegenläufige Auffassung im Anglo-amerikanischen Raum *Nagel*, Beweisaufnahme im Ausland, S. 29 ff.

400 Eine Grenze ist hierbei regelmäßig der Einsatz technischer Überwachungsmittel. Siehe hierzu BGH Urteil v. 4.6.2013 – 1 StR 32/13 = NJW-Spezial 2013, 536 wonach die Nutzung von GPS-Empfängern durch Privatdetektive strafbar sein kann.

401 Vgl. *Ewer/Thienel*, NJW 2014, 30 (31).

402 *Rehbein*, Verwertbarkeit von nachrichtendienstlichen Erkenntnissen, S. 319; *Tiedemann*, in: Kaufmann/Bemmann/Krauss/Volk (Hrsg.), FS für Paul Bockelmann, S. 819 (823), der auf die hoheitliche Motivation der Maßnahme abstellt.

403 Sofern die Erlangung von offen zugänglichen Informationen nicht ohnehin Teil des entsprechenden Austauschabkommens ist.

404 So explizit *Delupis*, AJIL 1984 (53), 53 (67).

solches Verhalten indes völkerrechtlich[405] nicht verboten sein kann, zeigt sich vor allem durch die gegenläufige Praxis der Staaten. So dulden Staaten etwa regelmäßig die Präsenz von Angehörigen der Nachrichtendienste in den Botschaften ausländischer Staaten.[406] Dies lässt eine gewisse Erheblichkeitsschwelle vermuten, die erst dort überschritten wird, wo der Bereich der allgemeinen öffentlichen Informationswahrnehmung verlassen und der Bereich der Überwachung betreten wird.[407]

Eine zu weite Auslegung der Gebietshoheit ist zudem nicht Teil des Schutzzwecks, welcher die Ausübung jeder Art von Hoheitsgewalt der Zustimmung des Gebietsstaates unterwerfen soll.[408] Die bloße Präsenz und Kenntnisnahme öffentlich zugänglicher Informationen durch einen ausländischen Beamten steht jedoch nicht im Widerspruch zu diesem Schutzzweck. Vielmehr hat sich hier die offizielle Tätigkeit bereits weitestgehend an das Verhalten von Privatpersonen angenähert, sodass eine Kollision mit der Exklusivzuständigkeit des Gebietsstaates ausgeschlossen ist. Es fehlt zudem an einem, bei Befragungen oder Observationen noch erkennbaren, unmittelbaren Nexus zu einem staatlichen Verfolgungsbemühen. Dass die „Informationswahrnehmung" dennoch hoheitlich motiviert sein mag, hindert nicht die Schlussfolgerung eines fehlenden Konflikts mit der Exklusivzuständigkeit des Gebietsstaates. Das fragliche Verhalten ist nicht nur Jedermann erlaubt[409], sondern vielmehr hat der Gebietsstaat anders als im Rahmen der Strafverfolgung auch kein erkennbares Interesse daran, andere Staaten von der Ausübung dieses Verhaltens auszuschließen. Letztlich wäre ein Verbot der bloßen Präsenz und passiven Informationswahrnehmung für den Gebietsstaat auch kaum zu kontrollieren und durchzusetzen. Ein Verstoß gegen die Gebietshoheit könnte mit dem BVerfG sogar noch dort in Frage gestellt werden, wo ausländische Staatsorgane auf dem Gebiet eines anderen Staates den Beschuldigten durch kriminalistische List zu einem bestimmten Verhalten motivieren, solange dieses noch in hinreichendem Maße vom eigenen Willen des Beschuldigten getragen ist.[410] Dem ist jedoch entgegenzuhalten, dass die freie Willensentscheidung des Beschuldigten nichts an der unmittelbaren Nähe der Handlung des Staatsorgans zu einem ausländischen Verfahren ändert. Insbesondere

---

405 Anders dagegen nach nationalem Recht. Nach hM erfasst § 99 StGB auch die Informationsgewinnung aus offenen Quellen, soweit das Gesamtverhalten auf eine Agententätigkeit schließen lässt; Vgl. BVerfGE 57, 250 (265) = NJW 1981, 1719; *Sternberg-Lieben*, in: Schönke/Schröder (Hrsg.), StGB, § 99 Rn. 8; *Fischer*, StGB, § 99 Rn. 5; a.A. *Paeffgen*, in: Kindhäuser/Neumann/Paeffgen (Hrsg.), StGB, § 99 Rn. 9.

406 *Malone*, in: Cooper/Heine/Thakur (Hrsg.), The Oxford Handbook of Modern Diplomacy, S. 123 (131 f.).

407 Vgl. *Die Zeit*, „Bundesregierung weist obersten US-Geheimdienstler aus", v. 10.07.2014, wonach erst die Kenntnisnahme von konkreten Überwachungsmaßnahmen ausschlaggebend für eine Reaktion des Gebietsstaates war.

408 Im Ergebnis ebenso *Droste*, Handbuch des Verfassungsschutzrechts, S. 127.

409 Wie innerhalb gewisser Grenzen sogar die Observation.

410 BVerfGE 109, 38 (57).

weist auch das BVerfG darauf hin, dass die Grenzen zwischen List, Täuschung und hoheitlichem Zwang mitunter fließend sind.[411] Gerade aufgrund dieser Abgrenzungsschwierigkeiten und der bestehenden Nähe zu einem ausländischen Verfahren dürfte der Gebietsstaat ein Interesse daran haben, derartige Maßnahmen nur durch eigene Organe vornehmen zu lassen.

Der Fall der bloßen Präsenz ausländischer Organe ist zugleich freilich von der Präsenz uniformierter oder gar bewaffneter Beamter oder Soldaten zu unterscheiden. Hier nehmen die ausländischen Hoheitsträger wiederum Rechte wahr, die ausschließlich den Behörden des Gebietsstaates vorbehalten sind, womit eine Verletzung der Gebietshoheit regelmäßig zu bejahen ist.

Im Ergebnis führt daher jede Form der grenzüberschreitenden Informationsgewinnung ohne Einwilligung des Gebietsstaates zu einem Eingriff in die territoriale Souveränität, sofern die in Rede stehende Maßnahme den Behörden des Gebietsstaates vorbehalten ist. Umgekehrt steht eine für Jedermann durchführbare Handlung solange nicht im Widerspruch zur Gebietshoheit, wie der Staat kein exklusives Interesse an der Vornahme dieser Handlung hat. Der Kreis denkbarer Maßnahmen ist dabei eng auszulegen.

Mit anderen Worten lässt sich hieraus folgende Regel ableiten: Ein Staat darf auf dem Gebiet eines anderen Staates nur solche Handlungen vornehmen, die Jedermann vornehmen darf. Dies gilt jedoch nicht, wenn der Gebietsstaat auch hinsichtlich dieser Handlungen ein Interesse am Ausschluss der Vornahme durch fremde Staaten hat. Ein solches Interesse besteht insbesondere im Falle der unmittelbaren Förderung eines staatlichen Verfahrens durch die Maßnahme.

bb) Sonderfall: Informationsgewinnung über Private

Im Rahmen der bisherigen Untersuchung wurde bereits der Ankauf von Steuerdaten-CDs als eine besondere Entwicklung in der Praxis der grenzüberschreitenden Informationsgewinnung dargestellt. Allerdings hat sich die Untersuchung bisher auf die Vereinbarkeit entsprechender Maßnahmen mit dem nationalen Recht, insbesondere hinsichtlich des Verhältnisses von Nachrichtendiensten und Polizei beschränkt. Im Folgenden soll nunmehr untersucht werden, ob und inwieweit derartige Ankäufe auf fremdem Hoheitsgebiet mit dem Völkerrecht vereinbar sind. Verallgemeinernd lässt sich hierbei der Ankauf von Daten-CDs als Informationsgewinnung über Private beschreiben.[412] Diese Fallgruppe ist mit den bereits erörterten aktiven und rein passiven Maßnahmen grenzüberschreitender Informationsgewinnung nur bedingt vergleichbar. Weder beteiligen sich deutsche Beamte aktiv an der Erhebung der Information, noch beschränken sie sich auf eine passive Präsenz auf fremdem

---

411 BVerfGE 109, 38 (57) „(...) *die Grenze zwischen listigem Herauslocken und dem Bruch des Willens durch Gewalt in einem Grenzbereich* (kann) *fließend werden, etwa wenn etwas vorgespiegelt wird, was auf den Betroffenen wie unwiderstehlicher Zwang wirkt.*".

412 Vgl. *Ambos*, Beweisverwertungsverbote, S. 106 ff.

Hoheitsgebiet. Vielmehr wird eine bereits vorhandene Information in Empfang genommen und in den Geltungsbereich der eigenen Rechtsordnung zum Zwecke der Verwertung verbracht. Die Maßnahme beinhaltet damit sowohl aktive als auch passive Elemente, weswegen es sich anbietet, von einer Informationsgewinnung *sui generis* zu sprechen.

Bei der Beurteilung der Völkerrechtsmäßigkeit derartiger Maßnahmen kommen zwei Anknüpfungspunkte in Betracht.[413] Zunächst kann das Verhalten deutscher Amtsträger bei der Entgegennahme von Informationen von Privaten bereits für sich eine Verletzung der territorialen Souveränität darstellen.[414] Sodann kann auch die nach nationalem Recht rechtswidrige Informationserhebung durch eine Privatperson zu einer dem Verwertungsstaat zurechenbaren Völkerrechtsverletzung führen. Beide Anknüpfungspunkte sollen im Folgenden untersucht werden.

(1) Selbstständige Verletzung der Gebietshoheit

Geht man davon aus, dass die Entgegennahme von Informationen auf dem Hoheitsgebiet des Staates stattfindet, in dem zuvor auch die Informationserhebung erfolgt ist[415], kommt grundsätzlich eine Verletzung fremder Gebietshoheit in Betracht. Nach den oben genannten Grundsätzen müsste es sich dafür bei der Entgegennahme beziehungsweise dem Ankauf von Informationen um eine dem Gebietsstaat vorbehaltene Maßnahme handeln. Es stellt sich also die Frage, ob der Empfängerstaat durch seine Handlung gleichsam in Konkurrenz zu der an sich ausschließlichen Hoheitsgewalt der Territorialstaates tritt oder ob die Situation nicht vielmehr mit der Ausübung von Jedermann-Rechten vergleichbar ist.

Diejenigen, die unter der Vornahme von Hoheitsakten letztlich jegliches staatliches Verhalten verstehen[416] beziehungsweise die hoheitliche Motivation einer Maßnahme für ausreichend erachten[417], hätten mit der Beantwortung dieser Frage weitaus weniger Probleme. Die Informationsentgegennahme erfolgt nicht durch Private, sondern durch deutsche Hoheitsträger und bezweckt die Durchführung eines Strafverfahrens in Deutschland. Die Maßnahme ist somit staatlich geleitet[418],

---

413 Zur kurz greift daher die völkerrechtliche Untersuchung von *Pawlik*, JZ 2010, 693 (694 f.), der nur auf die Zurechnung der Handlung Privater abstellt.

414 Vgl. zur Selbstständigkeit der Souveränitätsverletzung auch *Talmon*, Sachverständigengutachten NSA-Untersuchungsausschuss, a.a.O., S. 19; Zur Verantwortlichkeit des Staates für das Handeln seiner Organe siehe auch *Crawford/Olleson*, in: Evans (Hrsg.), International Law, Kap. 5 III A.

415 Zweifelnd insoweit *Coen*, NStZ 2011, 433 (434), der stattdessen von einer Übergabe in einem Drittland ausgeht. Denkbar wäre zudem auch eine Übergabe auf deutschem Hoheitsgebiet.

416 *Rehbein*, Verwertbarkeit von nachrichtendienstlichen Erkenntnissen, S. 319.

417 *Tiedemann*, in: Kaufmann/Bemmann/Krauss/Volk (Hrsg.), FS für Paul Bockelmann, S. 819 (823).

418 Vgl. zur Zurechnung entsprechenden Organhandelns Art. 4 der ILC Articles on State Responsibility.

hoheitlich motiviert und mithin als unzulässige extraterritoriale Ausdehnung nationaler Hoheitsgewalt zu qualifizieren. Schwieriger wird die Bewertung dagegen, wenn man die Gebietshoheit tatsächlich ausgehend von ihrem Schutzzweck, nämlich der Sicherung der Exklusivität territorialer Hoheitsgewaltausübung, versteht.[419] Bei nüchterner Betrachtung ließe sich nunmehr argumentieren, dass die bloße Entgegennahme von Informationen nicht im Widerspruch zu der Exklusivbefugnis des Gebietsstaates steht, da ein solches Verhalten grundsätzlich Jedermann gestattet ist.[420] Solange also ausländische Beamte, ohne Uniform und Dienstwaffe[421], wie eine Privatperson auftreten und bereits vorhandene Informationen entgegennehmen, unterscheidet sich die Situation nicht wesentlich von der bloßen Präsenz dieser Beamten auf fremdem Hoheitsgebiet. Der hinzutretende Ankauf von Datenträgern von einer Privatperson wäre unschädlich, da der völkerrechtlich dem Gebietsstaat vorbehaltene Akt der Informationserhebung bereits vollständig abgeschlossen ist. Die Völkerrechtswidrigkeit des Ankaufs könnte sich dann nur noch aus einer Zurechnung der Handlung der Privatperson an den Staat ergeben.[422]

Ob die Entgegennahme einer bereits vorhandenen geheimen Information tatsächlich die gleiche Qualität besitzt, wie die bloße Präsenz auf fremdem Staatsgebiet oder die Sammlung von allgemeinen Informationen aus öffentlich zugänglichen Quellen, erscheint indes zweifelhaft. Wenngleich der Kauf von Informationen grundsätzlich kein exklusiv hoheitliches Verhalten darstellt, so besteht dennoch eine unmittelbare Nähe zu einem staatlichen Ermittlungsverfahren. Die Informationsgewinnung erfolgt gerade nicht zur Erstellung eines allgemeinen Lagebildes aus öffentlichen Nachrichten[423], sondern dient der Vorbereitung und Durchführung eines Strafverfahrens. Der Rekurs auf die völkerrechtlich zulässige Ausübung von Jedermann Rechten ist hier, wie schon bei dem oben genannten Beispiel der Observation ohne den Einsatz technischer Mittel, für sich alleine letztlich nicht zielführend. Im kontinentaleuropäischen Rechtsraum wird die Strafverfolgung ausschließlich durch den Staat und nicht durch Privatpersonen betrieben.[424] Wenn nunmehr die Organe des Staates zur Durchführung der Strafverfolgung gleichsam wie ein Privater auftreten, ändert dies nichts an der Zweckrichtung der Maßnahme

---

419 Siehe dazu oben S. 137 ff.

420 Unklar dagegen *Kaiser*, NStZ 2011, 383 (384), der wohl von einem Ankauf auf deutschem Hoheitsgebiet ausgehen dürfte, da die vorgeschlagene Rechtfertigung des Ankaufs als „*Annexkompetenz*" zur Steuerregelungsgewalt keine Rechtfertigung für die Verletzung fremder Gebietshoheit darstellen kann.

421 Andernfalls könnte man unproblematisch die Ausübung von Hoheitsbefugnissen bejahen.

422 So im Ergebnis *Pawlik*, JZ 2010, 693 (694 f.).

423 Wer dagegen auf die bloße hoheitliche Motivation der Maßnahme abstellt, würde freilich auch insoweit eine unzulässige Ausübung von Hoheitsgewalt annehmen.

424 *Nagel*, Beweisaufnahme im Ausland, S. 24 m.w.N.

zur Strafverfolgung.[425] Es kommt daher zu einer Kollision mit der Exklusivzuständigkeit des Gebietsstaates für die Vornahme entsprechender Ermittlungsmaßnahmen. Anders als die allgemeine Sammlung von Informationen aus öffentlichen Quellen, liegt der Ankauf von Datenträgern zum Zwecke der Strafverfolgung regelmäßig im exklusiven Interesse des Gebietsstaates. Deutsche Beamte gehen daher bei der Entgegennahme entsprechender Datenträger zwar nicht über das hinaus, was tatsächlich Jedermann tun dürfte, handeln aber dennoch gegen den Anspruch des Gebietsstaates auf Exklusivzuständigkeit.[426]

Im Unterschied zu der ersten Auffassung begründet sich hierbei allerdings die Völkerrechtswidrigkeit der Maßnahme nicht allein aus der hoheitlichen Motivation des Ankaufs, sondern aus dem unmittelbaren Nexus zu dem strafrechtlichen Ermittlungsverfahren eines fremden Staates. Entscheidet sich der Gebietsstaat gegen die Durchführung von Ermittlungen, begründet dies völkerrechtlich keine subsidiäre Zuständigkeit anderer Staaten. Vielmehr stellt auch die Entscheidung über die Nichtvornahme von Ermittlungen eine bindende Ausübung souveräner Hoheitsgewalt dar, die von anderen Staaten zu respektieren ist. Dies spiegelt sich letztlich auch in der Reaktion der betroffenen Staaten, die auch dann nicht gewillt sind, eine eigenmächtige Vornahme von Ermittlungen auf ihrem Territorium zu dulden, wenn sich die eigentliche Handlung auf die Entgegennahme von bereits vorhandenen Informationen beschränkt.[427] Einem völkerrechtlichen Verbot entsprechender Ankäufe steht daher auch kein völkergewohnheitsrechtlicher Rechtssatz entgegen, wonach aufgrund der zunehmenden Verbreitung entsprechender Datenankäufe ein Verstoß gegen die territoriale Souveränität der betroffenen Staaten zu verneinen wäre, da es insoweit an einer entsprechend kohärenten *opino juris* fehlt.[428]

Im Ergebnis begründet damit die Entgegennahme von Informationen auf fremdem Hoheitsgebiet ohne Einwilligung des Gebietsstaates einen Verstoß gegen den Grundsatz der Gebietshoheit.

---

425 So im Ergebnis auch *Tiedemann*, in: Kaufmann/Bemmann/Krauss/Volk (Hrsg.), FS für Paul Bockelmann, S. 819 (822 f.).

426 Anders für den Einsatz kriminalistischer List wohl BVerfGE 109, 38 (57).

427 Vgl. *FAZ* v. 03.04.2012, wonach die Schweiz Haftbefehl gegen die deutschen Beamten u.a. wegen der Durchführung nachrichtendienstlicher Tätigkeiten erlassen hat. Zwar ist das Vorliegen einer Völkerrechtsverletzung wie gezeigt unabhängig von der Strafbarkeit nach nationalem Recht, jedoch kann die Reaktion auch als Einstufung der Völkerrechtswidrigkeit entsprechender Maßnahmen interpretiert werden.

428 Allgemein für die Vornahme von Ermittlungshandlungen auf fremdem Staatsgebiet *Peters*, EJIL: Talk! v. 01.11.2013, a.a.O; *Wright*, in: Stanger (Hrsg.), Essays on Espionage and International Law, S. 3 (17); a.A. *McDougal/Lasswell/Reisman*, Temple Law Quarterly, 1973 (Vol. 46), S. 365 (394).

(2) Zurechnung des Handelns Privater

Ein weiterer Anknüpfungspunkt für die Völkerrechtswidrigkeit der Informationsentgegennahme könnte in der Zurechnung der regelmäßig rechtswidrigen[429] Informationserhebung durch eine Privatperson liegen. Maßgeblich ist hierbei die Zurechnung der Erhebungshandlung selbst, da die Erlangung entsprechender geheimer Informationen grundsätzlich nur vom Staat im Rahmen eines ordentlichen Ermittlungsverfahrens erfolgen darf.[430] Der Verstoß gegen die territoriale Souveränität ergibt sich somit bei erfolgreicher Zurechnung schon zu einem früheren Zeitpunkt, als dem der Informationsentgegennahme. Hierbei erfolgt die Zurechnung einer Handlung zu einem Staat nach den Grundsätzen über die Staatenverantwortlichkeit. Heranzuziehen sind insoweit insbesondere die Regelungsvorschläge der International Law Commission (ILC) zur Verantwortlichkeit von Staaten für völkerrechtswidriges Handeln, welche zwar für sich keine bindende Wirkung entfalten[431], zum Teil aber bestehendes Völkergewohnheitsrecht kodifizieren oder zur fortschreitenden Entwicklung des Rechts der Staatenverantwortlichkeit beitragen.[432]

Ausgangspunkt ist hierbei der traditionelle Grundsatz, dass der Staat nur für eigenes Handeln verantwortlich ist und ein Handeln von Privatpersonen nur im Ausnahmefall zugerechnet wird.[433] Als erste Ausnahme von diesem Grundsatz sieht Art. 8 der ILC-Artikel die Zurechnung bei Steuerung des Verhaltens Privater durch den Staat vor. Die Steuerung kann sich hierbei aus der Anweisung[434] oder der Leitung bzw. Kontrolle[435] der Privatperson durch den Staat ergeben. Wenngleich die spezifischen Voraussetzungen für eine Zurechnung im Einzelnen umstritten sind[436], bedarf es jedenfalls eines derart gewichtigen Einfluss des Staates, dass gleichsam

429 Siehe hierzu etwa *Ignor/Jahn*, JuS 2010, 390 (391 f.); *Spernath*, NStZ 2010, 307 f.

430 Ebenso, wenngleich aber ohne Begründung *Coen*, NStZ 2011, 433 (434).

431 Die Generalversammlung nahm in ihrer Resolution A/RES/56/83 (2001) v. 12.12.2001 von den Artikeln Kenntnis und empfahl sie der Aufmerksamkeit der Regierungen. Eine bindende Wirkung haben Resolutionen der Generalversammlung allerdings nicht, vgl. den Wortlaut von Art. 10–14, 18 Abs. 2 UNCH, wo jeweils von „Empfehlungen" die Rede ist.

432 ILC Kommentar, Yearbook of the International Law Commission, 2001, vol. II, Part II, S. 31; *Shaw*, International Law, Kap. 14, S. 781; *Talmon*, Kollektive Nichtanerkennung illegaler Staaten, S. 355 f. weist darauf hin, dass die rechtliche Bedeutung des Entwurfs für jeden Artikel selbstständig zu bestimmen ist.

433 ILC Kommentar, a.a.O., S. 47; Ein guter Überblick über die Entwicklung der Staatenverantwortlichkeit findet sich bei *Seibert-Fohr*, ZaöRV 2013, 37 (40 f.).

434 Vgl. Art. 8 ILC-Artikel „*(...) acting on the instructions of (...) that state*".

435 Vgl. Art. 8 ILC-Artikel „*(...) acting (...) under the direction or control of that state*"; Eingehend zu diesem Merkmal *Crawford*, State Responsibility, S. 146 ff.

436 Siehe etwa zur streitigen Auslegung des Kontrollmerkmals im ICTY *Tadic*-Fall, *Crawford*, State Responsibility, S. 149 ff., wo es im Kern um die Frage geht, ob der Staat „*effective control*" ausüben muss, oder ob eine „*overall control*" ausreichend ist; Eingehend hierzu auch *Cassese*, EJIL 2007 (18), 649.

von einem *de facto* Organ gesprochen werden kann.[437] Im Falle des Ankaufs von Steuerdaten durch deutsche Behörden erfolgte jedoch die Informationserhebung ohne staatlichen Einfluss. Zum Zeitpunkt der Zusammenarbeit der Privatperson mit staatlichen Stellen waren die Informationen bereits erlangt, sodass eine Steuerung im Sinne des Art. 8 ILC-Artikel nicht in Betracht kommt.[438] Vielmehr handelte die Privatperson bei der Erlangung der Informationen aus eigenem Antrieb. Eine andere Beurteilung ergibt sich auch nicht aus der Bereitschaft der verantwortlichen deutschen Regierungsstellen, auch in Zukunft Datenträger mit Informationen über deutsche Bankkunden zu erwerben.[439] Zwar schafft eine solche Erklärung sicherlich Tatanreize, bewirkt aber keine zurechnungsbegründende Steuerung privaten Verhaltens, da das „ob" und „wie" der Beschaffung weiterhin vollständig im Verantwortungsbereich der Privatperson verbleibt.[440]

Als weitere Ausnahme zum Grundsatz der Nichtzurechnung privaten Handelns sieht Art. 11 der ILC-Artikel die nachträgliche Anerkennung und Sich-zu-eigen-Machens eines bestimmten Verhaltens durch den Staat vor. Erforderlich ist hierfür eine über die bloße Billigung und Gutheißung hinausgehende Identifizierung des Staates mit dem fraglichen Verhalten.[441] Aus dem Verhalten des Staates muss sich letztlich das „Siegel der offiziellen Regierungszustimmung"[442] ergeben. Erforderlich wäre also eine ausdrückliche Zustimmung und Befürwortung der Bundesregierung hinsichtlich der Umstände der rechtswidrigen Informationserhebung. Eine solche Zustimmung wurde jedoch zu keinem Zeitpunkt erteilt, sondern vielmehr ist von einer bloßen Hinnahme der Umstände auszugehen.[443] Die Annahme einer impliziten Billigung der Informationserhebung und die Zueignung als selbstständige Ausübung von Hoheitsgewalt auf fremdem Staatsgebiet würde den grundsätzlich eng auszulegenden Zurechnungstatbestand des Art. 11 der ILC-Artikel überdehnen.[444] Eine Zurechnung über Art. 11 ILC Artikel muss damit ebenfalls ausscheiden.

---

437 *Frouville*, in: Crawford/Pellet/Olleson (Hrsg.), The Law Of International Responsibility, S. 257 (265 ff.).

438 *Pawlik*, JZ 2010, 693 (695); a.A. *Heine*, HRRS 2009, 540 (543).

439 Vgl. hierzu die Antwort der Bundesregierung auf eine Kleine Anfrage, BT-Drs. 18/825, S. 8 f.

440 Entsprechend hat die IGH im *Nicaragua*-Fall festgestellt, dass eine allgemeine Abhängigkeit privater Gruppen von einem Staat (etwa auch in finanzieller Hinsicht) für sich noch keine Zurechnung begründet, ICJ Reports 1986, S. 14 (64 f. Rn. 115).

441 Maßgeblich sind insoweit die Grundsätze des IGH aus dem *Teheraner Geiselfall*, ICJ Reports 1980, S. 69; ILC Kommentar, Yearbook of the International Law Commission, 2001, vol. II, Part II, S. 53.

442 ICJ *Teheraner Geiselfall*, a.a.O., S. 69 (S. 73).

443 Eine solche Hinnahme ist gerade von der von Art. 11 ILC Artikel geforderten Anerkennung zu unterscheiden, *Crawford*, State Responsibility, S. 188.

444 Ebenso *Coen*, NStZ 2011, 433 (435); a.A. *Spatschek*, in: Hassemer/Kempf/Moccia (Hrsg.), Festschrift für Klaus Volk, S. 771 (781 f.)

cc) Zwischenergebnis

Die grenzüberschreitende Informationsgewinnung ohne Einwilligung des Gebietsstaates stellt regelmäßig einen Eingriff in die Gebietshoheit des betroffenen Staates dar.[445] Bei der Beurteilung entsprechender Maßnahmen ist für jeden Einzelfall zu prüfen, ob die Tätigkeit mit der Exklusivzuständigkeit des Gebietsstaates kollidiert. Ein pauschales Abstellen auf die staatliche Qualität der Maßnahme oder ihre irgendwie geartete hoheitliche Motivation erscheint dagegen zu weitgehend und vom Schutzzweck der Gebietshoheit auch nicht geboten. Der für die Praxis relevante Fall der Informationsgewinnung über Private führt regelmäßig schon für sich zu einem Verstoß gegen die Gebietshoheit, nicht aber aufgrund der Zurechnung des Verhaltens Privater.

2) Rechtfertigung eines Verstoßes gegen die Gebietshoheit

Nicht jeder Eingriff in die völkerrechtlich garantierten Rechte eines anderen Staates führt zugleich zu einer Verletzung von Völkerrecht. Vielmehr setzt die Existenz eines völkerrechtlichen Delikts zugleich das Nichtvorliegen von Rechtfertigungsgründen[446] voraus. Von besonderer Bedeutung sind hierbei die Einwilligung des betroffenen Staates[447] und die Berufung auf Selbstverteidigung[448].

a) Einwilligung

Das Fehlen einer ausdrücklichen Einwilligung des Gebietsstaates in die Informationsgewinnung auf seinem Hoheitsgebiet durch Vertrag oder *ad hoc* Erklärung war Grundannahme für die vorangegangene Prüfung des Verstoßes gegen die Gebietshoheit.[449] Denkbar wäre jedoch auch, dass ein Staat mit der Vornahme bestimmter Ermittlungsmaßnahmen in speziellen Kriminalitätsbereichen konkludent einverstanden ist.[450] Für die Annahme eines solchen konkludenten Einverständnisses etwa

---

445 Ein Verstoß gegen das völkerrechtliche Interventionsverbot scheitert indes nach zutreffender Auffassung an dem Nichtvorliegen des notwendigen Zwangselements. Das bloße Einmischen („interference“) in die staatlichen Angelegenheiten ist mit dem Begriff der Intervention nicht gleichzusetzen. Siehe hierzu *Jamnejad/ Wood*, Leiden Journal of International Law, 2009 (22), 345 (348).

446 Vgl. Kap. V der ILC-Artikel "*Circumstances Precluding Wrongfulness*".

447 Art. 20 ILC-Artikel „*Consent*“.

448 Art. 21 ILC-Artikel „*Self-defence*“.

449 Siehe hierzu auch *Peters*, EJIL: Talk! v. 01.11.2013, a.a.O. für den Fall der NSA-Überwachung in Deutschland.

450 Ein solch konkludentes Einverständnis kann sich etwa aus der Teilnahme eigener Beamter an der hoheitlichen Maßnahme eines fremden Staates ergeben. Vgl. hierzu den *Savarkar*-Fall, wo das Schiedsgericht eine Verletzung französischer Gebietshoheit durch britische Beamte verneint hat, weil die Teilnahme französischer Beamte an der Maßnahme eine konkludente Einwilligung Frankreichs konstituierte; UNRIAA, Vol. XI (1911), S. 243 (252–255).

im Rahmen der Bekämpfung des internationalen Terrorismus könnte als Indiz die oftmals fehlende Bereitschaft von Staaten zum Protest gegen die Aktivitäten fremder Staaten auf ihrem Hoheitsgebiet herangezogen werden. Allerdings ist dieses nachträgliche Verhalten der betroffenen Staaten nach den Grundsätzen über die Staatenverantwortlichkeit nicht als Rechtfertigungsgrund einzuordnen, sondern lediglich als Verzicht, auf das Recht eine Rechtsverletzung geltend zu machen[451, 452] Der eigentliche Verstoß gegen das Völkerrecht bleibt damit bestehen. Gegen die Annahme eines konkludenten Einverständnisses spricht zudem die weitreichende Austarierung von staatlichem Aufklärungswillen mit dem gegenläufigen Interesse am Erhalt der Souveränität durch die Übereinkommen und Rechtsakte zur internationalen Rechtshilfe in Strafsachen. Die Regelungen dieser Übereinkommen zur selbstständigen Tätigkeit ausländischer Beamter auf eigenem Hoheitsgebiet zeigen gerade die Zurückhaltung von Staaten bei der Beschränkung ihrer territorialen Souveränität, da eine Tätigkeit ohne vorherige Zustimmung immer nur in sehr begrenzten Ausnahmenfällen in Betracht kommt.[453] Die Annahme einer konkludenten Einwilligung würde demgegenüber eine für den Staat nicht mehr hinreichend kalkulierbare Souveränitätsbeschränkung darstellen. Folglich erscheint eine konkludente Einwilligung etwa auf Basis der generellen Bereitschaft zur Unterstützung des weltweiten Kampfes gegen den Terrorismus nicht mit den Souveränitätsvorbehalten der Staaten vereinbar. Erforderlich ist vielmehr das Hinzutreten konkreter Umstände, die auf das Vorliegen einer Einwilligung schließen lassen, wie etwa die Beteiligung inländischer Beamter an Ermittlungsmaßnahmen.[454]

b) Selbstverteidigung

Die selbstständige Ermittlungstätigkeit auf fremdem Hoheitsgebiet würde gemäß Art. 21 der ILC-Artikel kein völkerrechtliches Unrecht darstellen, wenn sich der handelnde Staat in rechtmäßiger Weise auf die Ausübung des Selbstverteidigungsrechts aus Art. 51 UNCH berufen könnte. Insoweit wird zur Rechtfertigung von internationalen Anti-Terror Maßnahmen argumentiert, dass Terroranschläge einen bewaffneten Angriff im Sinne des Art. 51 UNCH konstituieren und zur Verhinderung weiterer Angriffe Maßnahmen im Rahmen eines „*Global War on Terror*“ als Ausübung des Selbstverteidigungsrechts zulässig sind.[455] Letzte Konsequenz dieser

451 Art. 45 ILC-Artikel “*Loss of the right to invoke responsibility*”.
452 ILC Kommentar, Yearbook of the International Law Commission, 2001, vol. II, Part II, S. 73.
453 Siehe dazu oben S. 111 ff.
454 ILC Kommentar, Yearbook of the International Law Commission, 2001, vol. II, Part II, S. 73.
455 Siehe hierzu etwa die *National Security Strategy* der USA (2002), ILM 2002 (41), 1478; Zu den Auswirkungen der Anschläge von 9/11 auf die Auslegung und Anwendung des Selbstverteidigungsrechts aus Art. 51 UNCH siehe *Murphy*, AJIL 2002 (96), 237 ff.

Auffassung wäre die Rechtfertigung eines Eingriffs in die territoriale Souveränität auch solcher Staaten, denen kein Vorwurf der Verstrickung mit Terroristen gemacht werden kann, solange sich die Maßnahme ausschließlich auf die Bekämpfung der von Privaten ausgehenden Bedrohung beschränkt. Einer solchen Auslegung von Art. 51 UNCH liegen zwei Prämissen zugrunde. Erstens wird davon ausgegangen, dass sich Terroristen tatsächlich auf dem Gebiet des betroffenen Staates aufhalten und die selbstständige Auslandstätigkeit ohne Einwilligung des Gebietsstaates eine geeignete Maßnahme zur Beseitigung der Bedrohung darstellt.[456] Zweitens wird vorausgesetzt, dass Art. 51 UNCH keine Zurechnung der Handlungen Privater zu einem Staat erfordert, sondern die Selbstverteidigung gegen private Gruppen ohne jegliche Verstrickung des Territorialstaates möglich ist.[457] Eine solche Ausdehnung des Selbstverteidigungsrechts aus Art. 51 UNCH ist jedoch zu weitgehend. Abgesehen von Extremfällen, in denen der Gebietsstaat terroristische Gruppierungen von seinem Territorium aussendet[458], besteht gerade keine kohärente Staatenpraxis und Rechtsanschauung hinsichtlich des notwendigen Grades der Verstrickung des Gebietsstaates mit privaten Gruppen.[459] Noch streitiger[460] wird die Frage der Anwendbarkeit von Art. 51 UNCH, wenn gar keine Verstrickung des Gebietsstaates mit der privaten Gruppierung feststellbar ist.[461] Die argumentative Darstellung dieser Problematik würde über den Rahmen dieser Untersuchung hinausgehen. Hinzuweisen sei jedoch auf den interstaatlichen Charakter von Art. 51 UNCH als Ausnahme zu Art. 2 Abs. 4 UNCH, wodurch zumindest ein Mindestmaß an staatlicher Beteiligung erforderlich sein dürfte. Eine Berufung auf Art. 51 UNCH zur Rechtfertigung von selbstständigen Maßnahmen ohne Einwilligung des Gebietsstaates ist daher nur im Ausnahmefall zulässig und nicht im Verhältnis zu Staaten, denen kein Verstrickungsvorwurf gemacht werden kann.

---

456 Der Schwerpunkt dürfte daher regelmäßig auf präventiven Maßnahmen liegen, da es gerade um die Beseitigung einer Bedrohung im Vorfeld der konkreten Gefahr oder des Anfangsverdachts geht.

457 Das Problem erkennt auch *Peters*, EJIL: Talk! v. 01.11.2013, a.a.O.

458 IGH *Nicaragua*-Fall, ICJ Reports 1986, S. 14 (103) "(...) *an armed attack must be understood as including (...) the sending by or on behalf of a State (...)*".

459 Eingehend *Gray*, in: Evans (Hrsg.), International Law, Kap. 21 S. 631 f.; Vgl. auch IGH *Armed Activities on the Territory of the Congo*, ICJ Reports 2005, S. 168; IGH Advisory Opinion, *Legal Consequences of the Construction of a Wall in the Occupied Palestinian Territory*, ICJ Reports 2004, S. 136, in beiden Fällen hat der IGH keine rechtlichen Kriterien zur Frage der Zurechnung aufgestellt.

460 Eine gute Darstellung der Staatenpraxis findet sich bei *Tams*, EJIL 2009, 359 (381 ff.)

461 Für die Anwendbarkeit siehe nur *Dinstein*, War, Aggression and Self-Defence, S. 230; Kritisch v. *Arnauld*, Völkerrecht, § 13 Rn. 1089 ff.; *Schachter*, IYHR 1989, 209, 216.

III) Vereinbarkeit mit Europarecht

Das Europarecht kann bei der Durchführung von selbstständigen Auslandsermittlungen ohne Einwilligung des Gebietsstaates in zweifacher Hinsicht Bedeutung erlangen. Zunächst könnten europarechtliche Vorgaben aus zwischenstaatlicher Perspektive einer selbstständigen Informationsgewinnung auf dem Gebiet eines anderen Mitgliedstaates generell entgegenstehen. Daneben verpflichtet das Europarecht die Mitgliedstaaten bei der Durchführung entsprechender Ermittlungen mitunter zur Beachtung von individualschützenden Garantien. Letztere Frage wird insbesondere mit Blick auf die Verpflichtungen aus der EMRK in Kapitel Vier behandelt. Hier stellt sich mithin die Frage, ob die regelmäßig[462] völkerrechtswidrige selbstständige Ermittlungstätigkeit zugleich zu einem Verstoß gegen Europarecht führt.

1) Europäisierung des Völkerrechts

Nach deutschem Recht werden die allgemeinen Regeln des Völkerrechts[463] über Art. 25 GG und völkerrechtliche Verträge nach Art. 59 Abs. 2 GG Bestandteil des nationalen Rechts. Das Europarecht kennt eine solche Transformationsklausel in Art. 216 Abs. 2 AEUV dem Wortlaut nach nur für völkerrechtliche Übereinkommen der EU[464], nicht aber für die allgemeinen Regeln des Völkerrechts.[465] Nichtsdestotrotz geht der EuGH in nunmehr ständiger Rechtsprechung von der Transformation völkergewohnheitsrechtlicher Regelungen in das Europarecht aus.[466] Der Erstreckung der Transformationswirkung auf das Völkergewohnheitsrecht und die allgemeinen Regeln des Völkerrechts folgt hierbei aus der Völkerrechtssubjektivität der EU.[467] Dies wiederum hat zur Folge, dass dem Völkerrecht über die Bindungswirkung und die Durchsetzungsmechanismen des Unionsrechts zur effektiven Wirksamkeit

---

462 Ausnahme wäre etwa die bloße Präsenz ausländischer Beamte auf fremdem Hoheitsgebiet.

463 Diese umfassen nach ständiger Rechtsprechung des BVerfG neben den allgemeinen Regeln des Völkerrechts auch das Völkergewohnheitsrecht, vgl. BVerfGE 23, 288, 317 = NJW 1968, 1667; 94, 315, 328 = NJW 1996, 2717; 96, 68, 86 = NJW 1998, 50.

464 Art. 216 Abs. 2 AEUV lautet: *Die von der Union geschlossenen Übereinkünfte binden die Organe der Union und die Mitgliedstaaten.*

465 *Kuijper,* in: Wouters/Nollkaemper/de Wet (Hrsg.), The Europeanisation of International Law, S. 87.

466 EuGH, Rs. C-286/90 (*Poulsen/Diva*), Slg. 1992, I-6019 Rn. 9; Rs. C-162/96, (*Racke*), Slg. 1998, I-3688 Rn. 45 f.; Rs. 308/06, (*Intertanko*), Slg. 2008, I-4057 Rn. 52; *Eeckhout,* EU External Relations Law, S. 383 ff.; *Rosas,* in: Wouters/Nollkaemper/de Wet (Hrsg.), The Europeanisation of International Law, S. 71, (79 ff.); *Vedder,* EuR-Beiheft 3/2007, 57 (86).

467 Vgl. Art. 47 EUV; *Vöneky/Beylage-Haarmann,* in: Grabitz/Hilf/Nettesheim (Hrsg.), Das Recht der EU, Art. 216 Rn. 35.

verholfen wird. Folglich müssen Mitgliedstaaten bei ihrem Handeln nicht nur das geschriebene Unionsrecht beachten, sondern sind zugleich an die europäisierten Regelungen des Völkerrechts gebunden. Soweit daher die selbstständige Informationsgewinnung ohne Einwilligung des Gebietsstaates gegen den völkergewohnheitsrechtlichen Grundsatz der Gebietshoheit verstößt, liegt zugleich ein Verstoß gegen Europarecht vor.

Ein Vorteil dieser Völkerrechtsbindung über das Europarecht stellt auch die *de facto* Erstreckung des Europarechts auf nachrichtendienstliches Handeln dar. Das Europarecht trifft selbst keine Regelung zu der nachrichtendienstlichen Tätigkeit ihrer Mitgliedstaaten.[468] Demgegenüber ist der völkerrechtliche Grundsatz der Gebietshoheit unabhängig von der Quelle staatlichen Handelns. Kollidiert eine staatliche Maßnahme mit der Exklusivzuständigkeit des Gebietsstaates, liegt ein Verstoß gegen die territoriale Souveränität vor, unabhängig davon, ob es sich um eine nachrichtendienstliche oder polizeiliche Maßnahme gehandelt hat. Dieser umfassende Schutz des Völkerrechts wird durch die Europäisierung des Völkerrechts nicht aufgegeben. Vielmehr besteht das Völkerrecht fortan mit seinem ursprünglichen Inhalt im Range des Europarechts. Es kommt folglich zu einer partiellen *de facto* Ausweitung des Europarechts, weil nunmehr auch die nachrichtendienstliche Tätigkeit vom Anwendungsbereich des Europarechts betroffen ist, soweit sie mit dem Grundsatz der Gebietshoheit unvereinbar ist.

Der betroffene Mitgliedstaat kann zur gerichtlichen Überprüfung dieses Verstoßes ein Vertragsverletzungsverfahren nach Art. 259 AEUV anstreben. Dadurch erhält das Völkerrecht innerhalb der Europäischen Union einen effektiven Durchsetzungsmechanismus.

2) Umgehung von Rechtshilfevereinbarungen

Im Hinblick auf den Ankauf von Steuerdaten-CDs wurde in dem Nichteinholen der Einwilligung des Gebietsstaates zum Teil eine Umgehung bestehender Rechtshilfevereinbarungen gesehen.[469] Dieser Ansicht liegt die Auffassung zugrunde, dass ein Staat, der trotz Möglichkeit der Informationserlangungen etwa über das EU-RhÜbk selbstständig grenzüberschreitend tätig wird, durch seinen Nichtrückgriff auf das bestehende Abkommen Europarecht verletzt. Neben dem Vertragsbruch als völkerrechtswidrige Handlung stünde wohl nach Ansicht von *Schwörer*[470] zudem ein Verstoß gegen den innerstaatlichen Vorbehalt des Gesetzes, der die Hoheitsträger an die Einhaltung bestehender gesetzlicher Regelungen bindet. Eine solche

---

468 Siehe hierzu etwa die Antwort der Bundesregierung auf eine Kleine Anfrage, BT-Drs. 18/168, S. 12.

469 So etwa *Schwörer*, wistra 2009, 452 (455).

470 *Schwörer*, wistra 2009, 452 (455); Unklar bleibt bei der Argumentation von *Schwörer* allerdings, ob durch die Umgehung des Rechtshilfevertrages eine selbstständige Völkerrechtsverletzung begründet wird oder ob diese letztlich nicht doch erst Folge des Verstoßes gegen die Gebietshoheit ist.

Schlussfolgerung setzt indes voraus, dass sich der Mitgliedstaat mit Abschluss des Übereinkommens zugleich zur ausschließlichen Abwicklung grenzüberschreitender Informationsgewinnung über den Weg der Rechtshilfe verpflichtet.[471] Der Begründung einer solch weitreichenden Verpflichtung steht allerdings schon das Interesse der Staaten am möglichst weitreichenden Erhalt ihrer Souveränität entgegen. Nur im Falle des Vorliegens bestimmter Voraussetzungen wollen sie sich zum Rückgriff auf das Mittel der internationalen Rechtshilfe in Strafsachen verpflichten.[472] Eine darüber hinausgehende Verpflichtung zum Verzicht auf jegliche andere Formen der Informationsgewinnung ist den Abkommen indes gerade nicht zu entnehmen. Ein Verstoß gegen Europarecht scheidet daher insoweit aus. Stellt man dagegen auf die Verletzung der Gebietshoheit als eine in Europarecht transformierte Regel des Völkerrechts ab, so begründet die eigenmächtige Informationsgewinnung auf fremdem Hoheitsgebiet sowohl einen Verstoß gegen Völker- als auch gegen Europarecht.[473]

IV) Vereinbarkeit mit nationalem Recht

1) Vereinbarkeit mit deutschem Recht

Die grenzüberschreitend ermittelnde Behörde muss zunächst nach nationalem Recht für die Vornahme von Auslandsermittlungen zuständig sein.[474] Darüber hinaus dürfte keine nationale Norm bestehen, die deutschen Behörden die Auslandsermittlung ohne Einwilligung des Gebietsstaates untersagt. Bisher ist eine solche Norm auf einfachgesetzlicher Ebene nicht ersichtlich. Dies könnte sich indes ändern, wenn Deutschland mit anderen Staaten ein „No Spy-Abkommen" schließen würde[475], dieses ein verbindliches Verbot zur Vornahme selbstständiger Ermittlungen enthalten würde und das Abkommen durch ein entsprechendes Umsetzungsgesetz innerstaatlich Geltung erlangen würde. Völkerrechtlich wäre ein solches Abkommen grundsätzlich möglich und könnte eine wirksame Beschränkung der Spionageaktivitäten[476] zwischen den Mitgliedstaaten bewirken.[477] Allerdings ist der Abschluss eines solchen Abkommens aus politischer Sicht aufgrund der fortbestehenden hohen Sicherheitsinteressen der Staaten äußerst unwahrscheinlich. Kaum ein Staat ist bereit eine Beschränkung seiner globalen Aktivitäten zur Informationsgewinnung

---

471 Siehe dazu bereits oben S. 132 f.

472 Ebenso *Coen*, NStZ 2001, 433; *Pawlik*, JZ 2010, 693 (694).

473 Im Ergebnis ebenso *Jahn*, in: Jahn/Kudlich/Streng (Hrsg.), FS für Heinz Stöckel, S. 260 (267, 273).

474 Siehe hierzu oben Kapitel 1.

475 Siehe hierzu etwa Reuters Deutschland v. 12.08.2013, „Deutsch-amerikanisches Anti-Spionage-Abkommen geplant", abrufbar unter http://de.reuters.com/ (letzter Abruf: 25.10.2014).

476 Auszugehen ist demnach von einem weiten Begriff der Spionage, der auch Informationsgewinnung zum Zwecke der Durchführung eines Strafverfahrens erfasst.

477 *Talmon*, BRJ 2014, 6 (7).

über die bereits bestehenden völkergewohnheitsrechtlichen Schranken hinaus zu akzeptieren. Folglich ist es bisher auch zu keinem Abschluss eines „No Spy-Abkommens" gekommen.

Allerdings ist der völkergewohnheitsrechtliche Grundsatz der Gebietshoheit von deutschen Behörden aufgrund der Inkorporation der allgemeinen Regeln des Völkerrechts durch Art. 25 S. 1 GG zu beachten.[478] Aufgrund des Anwendungsvorrangs der allgemeinen Regeln des Völkerrechts[479] und der Bindung deutscher Behörden an den Vorbehalt des Gesetzes sind Auslandsermittlungen daher ohne Verletzung der Gebietshoheit fremder Staaten durchzuführen. Insoweit ist auch *Schwörer*[480] zuzustimmen, der vom „*Territorialitätsprinzip als grenzüberschreitender Gesetzesvorbehalt*" spricht. Inwieweit allerdings die Nichteinhaltung dieser Verpflichtung letztlich zur Unverwertbarkeit der erlangten Informationen führt, soll an dieser Stelle noch offen bleiben.[481]

2) Vereinbarkeit mit dem Recht des Gebietsstaates

Für die ermittelnden Beamten ist die rechtswidrige Tätigkeit auf fremdem Hoheitsgebiet ohne Einwilligung des Gebietsstaates in besonderem Maße „*risikobehaftet*"[482]. Eine Verletzung der Gebietshoheit wird von den meisten Staaten strafrechtlich geahndet.[483] Dabei kann allerdings die Reichweite des strafrechtlichen bewehrten Verhaltens durchaus erheblich variieren und etwa bereits die bloße Präsenz ausländischer Beamter oder aber erst die Vornahme von Hoheitsakten unter Strafe stehen. Im Ausnahmefall ist jedoch für den Beamten eine Berufung auf Rechtfertigungsgründe wie Notstand denkbar, wenn etwa die Überschreitung der Grenze unumgänglich war, um eine falsche Identität zu wahren.

D) Ergebnis

Die selbstständige grenzüberschreitende Ermittlungstätigkeit deutscher Beamter ist in zahlreichen Abkommen mit anderen Staaten vorgesehen. Voraussetzung für die Vornahme entsprechender Handlungen ist regelmäßig die vorherige Einwilligung des Gebietsstaates. Eine Ermittlungstätigkeit ohne Einwilligung ist

---

478 Vgl. zum Berücksichtigungsgebot BVerfGE 75, 1, (18 f.) = NJW 1983, 1726; BVerfGE 59, 280, (283 ff.) = NJW 1982, 1214; BVerfGE 63, 332, (337 f.) = NJW 1983, 1726.

479 Art. 25 GG bewirkt demgegenüber keinen Geltungsvorrang, *Heinegg*, in: Epping/Hillgruber (Hrsg.), Beck-OK GG, Art. 25 Rn. 28.

480 *Schwörer*, wistra 2009, 452 (454).

481 Siehe dazu unten S. 245 ff.

482 Vgl. *Droste*, Handbuch des Verfassungsschutzrechts, S. 164.

483 So verurteilte etwa Italien im Jahre 2009 22 CIA Agenten in Abwesenheit wegen der Entführung eines muslimischen Geistlichen nach Ägypten; Siehe hierzu *The Guardian* v. 4.11.2009 abrufbar unter http://www.theguardian.com/world/2009/nov/04/cia-guilty-rendition-abu-omar (letzter Abruf: 25.10.2014).

demgegenüber nur für besondere Eilfälle vorgesehen. Die Regelungen verdeutlichen die Fortschritte in der internationalen Rechtshilfe in Strafsachen und sind Anzeichen für ein wachsendes Vertrauen insbesondere zwischen den Mitgliedsstaaten der Europäischen Union. Dort, wo diese Regelungen an ihre Grenzen stoßen oder wo sie im Verhältnis zu Drittstaaten keine Anwendung finden, greifen Staaten allerdings oftmals auf Maßnahmen zur Informationsgewinnung ohne Einwilligung des Gebietsstaates zurück. Eine pauschale Einordnung dieser Maßnahmen als völkerrechtswidrig ist zurückzuweisen. Vielmehr ist für jeden Einzelfall zu prüfen, ob die Maßnahme mit der ausschließlichen Kompetenz des Gebietsstaates zur Vornahme von Hoheitsakten kollidiert.

Aufgrund der Inkorporation des Völkerrechts in das Europarecht und das nationale Recht bestehen effektive Mechanismen zur Durchsetzung des völkergewohnheitsrechtlichen Grundsatzes der Gebietshoheit.

Insbesondere innerhalb der Europäischen Union sollte daher von deutschen Behörden immer zuvörderst der Rechtshilfeweg ausgeschöpft werden. Andernfalls droht im schlimmsten Fall ein Vertragsverletzungsverfahren wegen der Verletzung von als Europarecht geltendem Völkerrecht.

4. Kapitel: Die Bedeutung von *lex loci* und *lex fori*

Das folgende Kapitel befasst sich mit der Frage, welche Rechtsvorschriften deutsche Beamte im Rahmen selbstständiger Ermittlungen im Ausland zu beachten haben. Hierzu bedarf es sowohl einer Betrachtung der jeweils geltenden Verfahrensordnung, unter der spezifische Ermittlungsmaßnahmen vorgenommen werden, als auch der einschlägigen Garantien zum Schutze individueller Rechte. Der aufgeworfenen Frage liegt dabei die einhellige Annahme zugrunde, dass grenzüberschreitende Strafverfolgung nicht im rechtsfreien Raum stattfindet.[1] Die extraterritoriale Ausdehnung der staatlichen Ermittlungsarbeit beeinflusst nicht das Erfordernis nach klaren Vorgaben über Voraussetzungen und Reichweite von Ermittlungseingriffen. Vielmehr verstärkt sich durch das Hinzutreten ausländischer Akteure im Rahmen grenzüberschreitender Ermittlungen das Erfordernis nach Rechtssicherheit. Deutsche Hoheitsträger müssen Gewissheit darüber haben, welche rechtlichen Vorgaben sie anzuwenden haben, um den Interessen des Gebietsstaates sowie des betroffenen Individuums gerecht zu werden und um letztlich die Verwertbarkeit der gesammelten Informationen nicht zu gefährden. Der diesbezügliche Ruf nach Rechtssicherheit impliziert, dass für die Frage des anwendbaren Rechts eben nicht nur eine, sondern verschiedene Lösungsmöglichkeiten bestehen. Diese beruhen auf dem Umstand der fehlenden Existenz eines einheitlichen Strafverfahrensrechts in Europa und erst recht auf internationaler Ebene. Aufgabe der internationalen Rechtshilfe in Strafsachen ist es, die durch diese Heterogenität begründeten Schwierigkeiten bei transnationalen Ermittlungsverfahren zu einem angemessenen Ausgleich zu bringen. Hierzu gilt es einen Kompromiss für das grundsätzlich bestehende Interesse des ersuchten Staates an der Durchführung einer Beweiserhebung nach nationalem Recht und dem entgegenstehenden Interesse des Verwertungsstaates an einer möglichst weitgehenden Beachtung der eigenen Verfahrensvorschriften zu finden. Die Gegenläufigkeit der Interessen wird hierbei verschärft, wenn der eigentliche Akt der Beweiserhebung nicht durch Behörden des Gebietsstaates, sondern durch ausländische Beamte vorgenommen wird. Entscheidend ist in diesen Fällen immer das Verhältnis zwischen den von den ermittelnden Hoheitsträgern einzuhaltenden Vorgaben der eigenen Rechtsordnung und den Regelungen des Gebietsstaates. Zur Herausarbeitung allgemeiner Regeln bedarf es hierfür keiner Unterscheidung danach, ob die Maßnahme nachrichtendienstliche, präventiv-polizeiliche oder strafverfolgungsrechtliche Zwecke verfolgt. Maßgeblich ist vielmehr die Frage, ob deutsche Behörden mit Zustimmung des Gebietsstaates ermitteln, welche die

---

1 Eingehend in Bezug auf die Geltung individueller Rechte *Krüßmann*, Transnationales Strafprozessrecht, S. 655 ff.

Anwendbarkeit der *lex loci* voraussetzt, oder ob die Ermittlungen ohne Zustimmung des Gebietsstaates erfolgen.

Dieser Unterscheidung soll zunächst allgemein die Frage nach der Bedeutung des anwendbaren Rechts vorangestellt werden (**A**). Sodann wird das Verhältnis von *lex loci* und *lex fori* im Hinblick auf den Fall der Ermittlungen mit Zustimmung des Gebietsstaates untersucht (**B**). Hierbei gilt es anhand von Beispielen die tatsächliche Relevanz der unterschiedlichen Rechtsordnungen zu konkretisieren, die geltenden Lösungsmöglichkeiten kritisch darzustellen und Vorschläge für eine Verbesserung bestehender Schwierigkeiten zu untersuchen. In einem dritten Schritt ist das Verhältnis von *lex loci* und *lex fori* dann für den Fall der eigenmächtigen Informationsgewinnung zu bestimmen (**C**). Abschließend wird für beide Fälle gemeinsam auf die Bedeutung von Verpflichtungen zum Schutze individueller Rechte eingegangen (**D**).

A) Bedeutung des anwendbaren Rechts

Die Ausdehnung eines Ermittlungsverfahrens über die eigenen Staatsgrenzen hinaus führt oftmals zu einer Beteiligung ausländischer Rechtsordnungen. Allerdings kann die Art dieser Beteiligung für die verschiedenen Formen der internationalen Zusammenarbeit völlig unterschiedlich ausgestaltet sein. So wird etwa die Beweiserhebung durch Behörden des ersuchten Staates nach dem traditionellen Rechtshilfegrundsatz *locus regit actum* ausschließlich nach dem Recht des ersuchten Staates erfolgen.[2] Gleiches gilt regelmäßig bei der Vornahme von selbstständigen Ermittlungsmaßnahmen durch deutsche Beamte auf fremdem Hoheitsgebiet.[3] Demgegenüber sehen neuere Rechtsgrundlagen für die Vornahme von Ermittlungshandlungen durch Behörden des ersuchten Staates eine Geltung des Prinzips *forum regit actum* und mithin eine Fremdrechtsanwendung vor.[4]

Doch warum gelten hier keine einheitlichen Grundsätze, sondern vielmehr zwei gegenläufige Prinzipien? Die Antwort auf diese Frage erfordert eine Betrachtung der verschiedenen staatlichen Interessen bei der Kodifizierung von Regelungen zur internationalen Zusammenarbeit in Strafsachen. Hierbei lassen sich drei Interessengruppen identifizieren.

Zunächst bestehen bei der Vornahme selbstständiger Auslandsermittlungen teilweise erhebliche Souveränitätsvorbehalte des Gebietsstaates. Der Entscheidung über das anwendbare Recht kommt somit mitunter eine souveränitätsschützende Funktion zu. Sodann spielen aus Sicht der ermittelnden Beamten und angesichts der Vielzahl möglicher beteiligter Rechtsordnungen, praktische Erwägungen eine

---

2 Vgl. Art. 3 Nr. 1 EuRhÜbk; Siehe auch *Böse*, ZStW 2002 (114), 148 (155) m.w.N., wonach in diesem Fall die Anwendung der lex fori dem Rechtshilfeverkehr gleichsam immanent ist.

3 Vgl. Art. 40 Abs. 3 lit. a SDÜ; Art. 13 Abs. 3 lit. b EU-RhÜbk; Art. 14 Abs. 3 EU-RhÜbk.

4 Vgl. Art. 4 Abs. 1 EU-RhÜbk; Art. 9 Abs. 2 RL-EEA.

Rolle.[5] Nicht zuletzt muss bei der Entscheidung über das anwendbare Recht das von einer Ermittlungsmaßnahme betroffene Individuum in den Blick genommen werden. Insoweit entscheiden das anwendbare Recht und die Geltung bestimmter Individualgarantien letztlich über die Verwertbarkeit einer grenzüberschreitend gewonnenen Information.

I) Souveränitätsschützende Funktion

Während die Staaten, wie oben gezeigt[6], bei der Durchführung von Ermittlungshandlungen durch Behörden des Gebietsstaates heute vermehrt zu einer Anwendung fremden Rechts bereit sind, halten sie bei der Durchführung von selbstständigen Ermittlungen an der Bindung an das eigene Recht fest. Dies suggeriert eine besondere Bedeutung der Rechtsanwendung für die Souveränitätsinteressen des Gebietsstaates.

1) Strafrecht und Souveränität

Das Straf- und Strafverfahrensrecht ist in besonderem Maße mit der Souveränität eines Staates verbunden. Dies gilt zunächst mit Blick auf die umfassende Kompetenz von Staaten, ein bestimmtes Verhalten zum Gegenstand eines staatlichen Verfahrens zu machen.[7] Hierbei können die Staaten auf der Grundlage völkerrechtlich anerkannter Anknüpfungspunkte[8] auch an Sachverhalte, die sich zum Teil oder vollständig im Ausland abgespielt haben, Rechtsfolgen wie etwa die Einleitung eines strafrechtlichen Ermittlungsverfahrens knüpfen. Dieser umfassenden Regelungskompetenz steht jedoch die grundsätzlich[9] auf das eigene Territorium begrenzte Durchsetzungsgewalt gegenüber.[10] Zur Durchsetzung der aufgrund der umfassenden Regelungsgewalt begründeten Rechtsfolgen ist der Staat daher auf die Zusammenarbeit mit dem Staat angewiesen, in dem eine bestimmte Ermittlungsmaßnahme vorzunehmen ist.

Mit Blick auf die hohe Grundrechtsrelevanz strafrechtlicher Ermittlungseingriffe wird bei der Durchführung dieser Zusammenarbeit in besonderer Weise der

---

5 Siehe für einen Überblick über die praktischen Schwierigkeiten *Perron*, ZStW 2000 (112), 202 (204).

6 Siehe oben S. 107 ff.

7 Gemeint ist die sog. „Jurisdiction to prescribe".

8 Hierunter fallen neben dem Territorialitätsprinzip mit seinen Untergruppen, das aktive und passive Personalitätsprinzip, das Schutzprinzip, sowie das Universalitätsprinzip; Siehe hierzu eingehend *Staker*, in: Evans (Hrsg.), International Law, Kap. 11, S. 316 ff.

9 Eine Ausnahme der Erstreckung der Durchsetzungsgewalt auf Gebiete außerhalb des eigenen Staatsgebietes findet sich etwa im Internationalen Seerecht. Hier hat der Küstenstaat etwa gemäß Art. 73 SRÜ begrenzte Regelungs- und Durchsetzungsgewalt innerhalb seiner Ausschließlichen Wirtschaftszone.

10 Siehe dazu bereits oben S. 102 f.

Bezug zur staatlichen Souveränität deutlich. Regelmäßig erachten die Staaten den durch ihr nationales Strafverfahrensrecht gewonnenen Ausgleich zwischen dem Allgemeininteresse an einer möglichst effektiven Strafverfolgung und dem Interesse des Beschuldigten an der Fairness des Verfahrens[11], als bestmögliche Lösung.[12] Zugleich stehen die Staaten dem Strafverfahrensrecht anderer Staaten grundsätzlich skeptisch gegenüber. Nichtsdestotrotz erfordert die effektive Bekämpfung grenzüberschreitender Kriminalität im Wege der internationalen Zusammenarbeit in Strafsachen von den Staaten ein Mindestmaß an Anerkennung der Legitimität ausländischen Verfahrensrechts.[13] Im traditionellen Rechtshilferecht wird dieser Interessenkonflikt als Teil der Idee eines international arbeitsteiligen Strafverfahrens durch das Prinzip *locus regit actum* gelöst.[14] Gerade aufgrund der engen Bindung des Staates an sein eigenes Strafverfahrensrecht, wird der ersuchte Staat auch bei der Vornahme von Ermittlungshandlungen für einen anderen Staat nicht zu einer Übernahme fremder Verfahrensvorschriften gezwungen. Dem ersuchenden Staat bleibt es dann überlassen, ob und inwieweit er die unter der Geltung einer fremden Verfahrensordnung erhobenen Beweismittel in seinem eigenen Verfahren verwertet. Im Ergebnis muss also kein Staat die Wertungsentscheidungen eines anderen Staates zur Gewährleistung eines fairen Strafverfahrens übernehmen.

Durch die Fortentwicklung der internationalen Rechtshilfe in Strafsachen zum Prinzip *forum regit actum* und dem Prinzip der gegenseitigen Anerkennung hat jedoch innerhalb der Union ein Paradigmenwechsel stattgefunden.[15] Mit stetig wachsender Verzahnung der mitgliedstaatlichen Rechtsordnungen wächst auch das Vertrauen[16] in die Zuverlässigkeit und Fairness der Strafverfahrensordnungen anderer Mitgliedstaaten.[17] Die Durchführung eines international arbeitsteiligen Strafverfahrens wird nunmehr von der Überwindung nationaler Souveränitätsvorbehalte geprägt und erfolgt im Vertrauen auf die Fairness der Wertentscheidungen eines fremden Staates grundsätzlich[18] nach dessen Verfahrensrecht. Die bestehenden Souveränitätsvorbehalte werden dadurch ein Stück weit aufgehoben, wenngleich zu berücksichtigen ist, dass der ersuchte Staat auch unter der Geltung des Prinzips

---

11 *Gleß*, Beweisrechtsgrundsätze, S. 200 f. bezeichnet diese Interessenkollision als „*Grundkonflikt des Beweisrechts*".

12 *Brants*, in: Vervaele (Hrsg.), European Evidence Warrant, S. 103.

13 *Böse*, in: Ambos (Hrsg.), Europäisches Strafrecht post-Lissabon, S. 57 (59).

14 Der Begriff des international arbeitsteiligen Strafverfahrens beschreibt, dass im Kontext transnationaler Strafverfolgung, die beteiligten Staaten an einem einzigen Verfahren mitwirken, welches sich aus den jeweiligen einzelstaatlichen Komponenten zusammensetzt, *Schomburg/Lagodny*, NJW 2012, 348.

15 *Flore*, Journal des tribunaux 2002 (121), 273, 281.

16 Eingehend zur Entwicklung des gegenseitigen Vertrauens *Kaufhold*, EuR 2012, 408.

17 Kritisch dagegen etwa *Allegrezza*, ZIS 2010, 569 (571).

18 Eine Sicherung bestehender Grundwerte wird jedoch durch die Geltung von *ordre public* Vorbehalten in den jeweiligen Rechtsgrundlagen gewährleistet; Siehe dazu *Gleß*, Beweisrechtsgrundsätze, S. 168 f.

der gegenseitigen Anerkennung regelmäßig noch in weitem Umfang die Vornahme einer Ermittlungsmaßnahme verweigern kann.[19] Im Kontext des international arbeitsteiligen Strafverfahrens, in dem mitunter ein Staat die Beweiserhebung und ein anderer Staat die Beweisverwertung durchführt, hat das anwendbare Recht mit Blick auf die souveränitätsschützende Funktion daher allenfalls noch im Rahmen der Geltung von *ordre public* Vorbehalten eine besondere Bedeutung. Im Übrigen mögen die Staaten zwar nachwievor das eigene Strafverfahrensrecht als bestmögliche Gewähr für ein faires Verfahren erachten, sind jedoch weniger zurückhaltend bei der Anwendung fremden Verfahrensrechts.

2) Sonderfall: Transnationale Beweissammlung[20]

Die dargestellte Entwicklung ist nicht auf den Fall der selbstständigen Informationsgewinnung durch deutsche Beamte auf fremdem Hoheitsgebiet zu übertragen. Werden deutsche Beamte mit Zustimmung des Gebietsstaates etwa im Rahmen einer grenzüberschreitenden Observation[21], einer gemeinsamen Ermittlungsgruppe[22] oder als verdeckte Ermittler[23] tätig, so sind sie für die Vornahme von Ermittlungshandlungen zunächst an das jeweils geltende Verfahrensrecht des Gebietsstaates gebunden. Das Recht der transnationalen Beweissammlung ist folglich nicht Teil der allgemeinen Entwicklung des Rechtshilferechts zu einer Anwendung des Rechts des Verwertungsstaates.[24] Dies spricht dafür, dass die ursprünglich auch im traditionellen Rechtshilferecht existierenden Souveränitätsvorbehalte im Bereich der selbstständigen Informationsgewinnung durch ausländische Hoheitsträger fortbestehen. Doch worin liegt genau der Unterschied im Vergleich zu traditionellen Formen der Rechtshilfe? Der Verweis auf die ursprünglich bestehende Skepsis der Staaten im Hinblick auf das Verfahrensrecht anderer Staaten[25], ist keine Begründung für die unterschiedliche Praxis bei Rechtshilfemaßnahmen, die durch Behörden des ersuchten Staates vorgenommen werden. Vielmehr zeigt sich gerade in der grundsätzlichen Bereitschaft der Staaten für eine Anwendung des *forum regit actum* Prinzips die weitestgehende[26] Überwindung dieser Skepsis. Ein pauschaler Verweis auf die Souveränitätsinteressen des Gebietsstaates vermag daher nicht zu

19 Vgl. Art. 11 RL-EEA; Siehe dazu auch oben S. 109 ff.
20 Siehe zum Begriff *Gleß*, ZStW 2003 (115), 131 (133).
21 Vgl. Art. 40 SDÜ.
22 Vgl. Art. 13 EU-RhÜbk.
23 Vgl. Art. 14 EU-RhÜbk; Art. 29 RL-EEA.
24 Siehe hierzu auch *Gleß*, Beweisrechtsgrundsätze, S. 122 ff.
25 *Brants*, in: Vervaele (Hrsg.), European Evidence Warrant, S. 103.
26 Vorbehaltlich des Rückgriffs auf einen *ordre public* Vorbehalt; Vgl. auch Art. 10 Abs. 1 RL-EEA im Hinblick auf einen *lex loci*-Vorbehalt.

überzeugen[27], wenn der Staat ansonsten der Anwendung fremden Verfahrensrechts grundsätzlich offen gegenübersteht[28].

Allerdings weicht die Gewährung selbstständiger Informationsgewinnung durch ausländische Behörden in zwei entscheidenden Punkten von dem Normalfall der Rechtshilfezusammenarbeit ab, womit ein Rückgriff auf das Prinzip *locus regit actum* nachvollziehbar erscheint.

Zunächst ist dem Gebietsstaat bei der Vornahme von Ermittlungen durch ausländische Beamte der Ausgleichmechanismus des *ordre public* Vorbehalts[29] entzogen. Bei Vornahme einer Ermittlungsmaßnahme nach dem Recht des Verwertungsstaates kann der ersuchte Staat im traditionellen Rechtshilferecht die Gewährleistung seiner grundlegenden Wertentscheidungen durch Berufung auf einen *ordre public* Vorbehalt sichern.[30] Würde die selbstständige Informationsgewinnung durch ausländische Beamte dem Grundsatz *forum regit actum* folgen, müssten diese selbst, solange nicht Beamte des Gebietsstaates unmittelbar an den Ermittlungen beteiligt sind, die Vereinbarkeit ihrer Verfahrenshandlungen mit den wesentlichen Grundsätzen des Gebietsstaates sicherstellen. Dass eine solche Eigenkontrolle vom Gebietsstaat nicht als hinreichend erachtet wird, liegt auf der Hand.[31] Die Bindung an das Recht des Gebietsstaates kompensiert also zu einem gewissen Maße die fehlende Kontrollmöglichkeit der zuständigen Behörden.

Weiterhin bedeutet transnationale Beweissammlung regelmäßig einen Eingriff in die Gebietshoheit des anderen Staates. Der Gebietsstaat verzichtet kraft seiner souveränen Entscheidungshoheit auf die Ausübung seiner grundsätzlich exklusiven Durchsetzungsgewalt auf eigenem Staatsgebiet.[32] Allerdings sehen die gegenwärtigen Rechtsgrundlagen zur Vornahme von selbstständigen Ermittlungen auf fremdem Hoheitsgebiet keine vollständige Ersetzung der Durchsetzungsgewalt des Gebietsstaates vor[33], sondern vielmehr treten die ausländischen Behörden durch die Bindung an das Recht des Gebietsstaates temporär wie nationale Behörden auf.

---

27 Im Ergebnis ebenso, wenngleich mit anderer Begründung *Nagel*, Beweisaufnahme im Ausland, S. 168 f.

28 Insbesondere allerdings aufgrund der weitreichenden Möglichkeit zur Geltendmachung von Versagungsgründen.

29 Vgl. zur Bedeutung des *ordre public* Vorbehalts im „(...) *Spannungsverhältnis zwischen Vorbehalt und Anerkennung (...)*" *Böse*, in: Ambos (Hrsg.), Europäisches Strafrecht post-Lissabon, S. 57 (59).

30 Vgl. Art. 4 Abs. 1 letzter HS EU-RhÜbk, Art. 12 RB-EBA; Demgegenüber geht die RL-EEA in Art. 11 Abs. 1 lit. f von der Geltung eines europäischen *ordre public* Vorbehalts aus.

31 So dürfte für die Beamten des gebietsfremden Staates regelmäßig die Effektivität der Ermittlungshandlungen und die Sicherung der Verwertbarkeit der erlangten Informationen innerhalb der eigenen Rechtsordnung im Vordergrund stehen.

32 Vgl. *Staker*, in: Evans (Hrsg.), International Law, Kap. 11. S. 331 f.

33 Eine solche wäre *de facto* anzunehmen, wenn ausländische Behörden nach eigenem Verfahrensrecht Ermittlungseingriffe vornehmen könnten.

Die ausländischen Hoheitsträger können daher die weitergehenden Eingriffsgrundlagen des Verwertungsstaates nicht auf das Gebiet des anderen Staates ausdehnen. Das Prinzip *locus regit actum* bewirkt somit eine Begrenzung der extraterritorialen Ausdehnung von Hoheitsgewalt des ermittelnden Staates und kompensiert zugleich das durch die Grenzüberschreitung bewirkte Souveränitätsminus beim Territorialstaat. Das gegenseitige Vertrauen der Staaten drückt sich folglich im Rahmen der transnationalen Beweissammlung nicht in der Anerkennung und Anwendung fremden Verfahrensrechts aus, sondern in der Zustimmung zur Vornahme von selbstständigen Ermittlungen. Im ersteren Fall wird ein Mindestmaß an staatlicher Souveränität durch die Vornahme der gewünschten Ermittlungsmaßnahme durch eigene Behörden gewahrt, im zweiten Fall durch die Bindung der ausländischen Behörden an nationales Recht.[34]

Im Rahmen des Sonderfalls der transnationalen Beweissammlung entfaltet das anwendbare Recht über die Geltung des Prinzip *locus regit actum* folglich souveränitätsschützende Funktion. Im Bereich der traditionellen Rechtshilfe wurde dieser Schutzzweck innerhalb der EU indes durch das verstärkte gegenseitige Vertrauen der Mitgliedsstaaten in die jeweils ausländischen Verfahrensordnungen weitestgehend überflüssig. Dort entfaltet er seine Wirkung nur noch über die Geltung von *ordre public* Vorbehalten.[35]

II) Praktische Funktion

1) Notwendige Fremdrechtsanwendung

Die Entscheidung für die Geltung des *locus regit actum* Prinzips hat für die Vornahme von selbstständigen Ermittlungen durch deutsche Beamte erhebliche praktische Bedeutung. So können die Voraussetzungen für die Vornahme einer Ermittlungshandlung innerhalb der Verfahrensordnungen der Mitgliedstaaten der Union und erst recht im Vergleich zu den Voraussetzungen in Drittstaaten, mitunter erheblich divergieren.[36] Diese Unterschiedlichkeit war ursprünglich einer der tragenden Gründe für die Geltung der *lex loci* im Rahmen der traditionellen Rechtshilfe.[37] Von der Behörde des ersuchten Staates sollte nicht erwartet werden, eingehende Kenntnisse von dem Verfahrensrecht des ersuchenden Staates zu haben. Mit der Entwicklung

34 Im Ergebnis ebenso *Gleß*, Beweisrechtsgrundsätze einer grenzüberschreitenden Strafverfolgung, S. 126.

35 Soweit diese nicht wie bereits in Art. 11 Abs. 1 lit. f RL-EEA durch einen europäischen *ordre public* abgelöst wurden.

36 Eingehend zu spezifischen Unterschieden *Perron*, ZStW 2000 (112), 202 (211, 218 f.); Für Unterschiede bei der Zulässigkeit von Maßnahmen zur Telekommunikationsüberwachung siehe *Schuster*, NStZ 2006, 657 (658 f.).

37 *Nagel*, Beweisaufnahme im Ausland, S. 169 f. sieht in der Praktikabilität der Rechtshilfezusammenarbeit daher den wichtigsten Grund für die Geltung des *locus regit actum* Prinzips.

zum Prinzip *forum regit actum* im Bereich der traditionellen Rechtshilfe hat sich diese praktische Relevanz umgekehrt. Die Leistung von Rechtshilfe erfordert nunmehr Kenntnisse über das Verfahrensrecht[38] des ersuchenden[39] Staates. Allerdings wird die Situation für die Behörden des ersuchten Staates dadurch vereinfacht, dass der ersuchende Staat die anzuwendenden Rechtsvorschriften bereits mit seinem Ersuchen übermittelt.[40] Für deutsche Hoheitsträger, die etwa auf Grundlage des SDÜ oder EU-RhÜbk selbstständig grenzüberschreitend ermitteln und dabei an das Recht des Gebietsstaates gebunden sind, bleibt indes die ursprünglich mit einer Fremdrechtsanwendung verbundene Problematik bestehen. Sie müssen die Voraussetzungen einer fremden Rechtsordnung beachten, ohne hierauf im Einzelfall vorbereitet zu sein. Praktische Schwierigkeiten sind etwa insbesondere dort denkbar, wo die Ermittlungen in mehreren Staaten stattfinden oder wo aufgrund der Inanspruchnahme einer Eilfallkompetenz[41] keinerlei Vorbereitungszeit verbleibt.

2) Rechtsfolge bei Nichteinhaltung

Unklar ist, ob mit der Nichtanwendung der *lex loci* zugleich die ex-ante gegebene Einwilligung des Gebietsstaates in die Vornahme der selbstständigen Ermittlungshandlung entfällt und die Maßnahme somit zu einer Verletzung der Gebietshoheit führt. Die insoweit heranzuziehenden Grundsätze über die Staatenverantwortlichkeit gehen davon aus, dass nur ein solches Verhalten gerechtfertigt ist, welches sich im Rahmen einer gegebenen Einwilligung hält.[42] Demnach ist anzunehmen, dass die Vornahme von selbstständigen Ermittlungen ohne Einhaltung der Verfahrensvorschriften des Gebietsstaates ein nicht mehr von der Einwilligung gedecktes Verhalten darstellt und die rechtfertigende Wirkung der Einwilligung entfällt. Für die Richtigkeit dieses Ergebnisses sprechen die hohe Bedeutung der Gebietshoheit im zwischenstaatlichen Verhältnis und der besondere Ausnahmecharakter der Einwilligung[43].

Hierbei erscheint allerdings eine Geltendmachung der Verletzung der Gebietshoheit eher unwahrscheinlich, wenn die handelnden Beamten die sonstigen Voraussetzungen der Eilfallregelungen, wie insbesondere die Informationspflicht, erfüllt haben. Für die Praxis ist den ermittelnden Beamten daher bei Unmöglichkeit der

---

38 Siehe zur weiten Auslegung des in den jeweiligen Rechtsgrundlagen verwendeten Begriffs *„Formvorschriften und Verfahren"*, *Grotz*, in: Grützner/Pötz/Kreß (Hrsg.), Internationale Rechtshilfe in Strafsachen, Abschnitt III A 3.5 Rn. 7.

39 Bzw. im Rahmen der EEA *„anordnenden"* Staates.

40 Vgl. den Wortlaut von Art. 4 EU-RhÜbk Einhaltung der *„(...) ausdrücklich angegebenen Formvorschriften und Verfahren (...)"*.

41 Vgl. etwa Art. 40 Abs. 2 SDÜ.

42 Vgl. Art. 20 der ILC Articles on State Responsibility *"(...) to the extent that the act remains within the limits of that consent."*.

43 *Crawford/Olleson*, in: Evans (Hrsg.), International Law, Kap. 15, S. 465.

Einhaltung der Verfahrensvorschriften des Gebietsstaates unbedingt eine unverzügliche Unterrichtung der zuständigen Behörden des Gebietsstaates anzuraten.

III) Individualschützende Funktion

Die wichtigste Funktion[44] des anwendbaren Rechts ist die Gewährleistung einer hinreichenden Sicherung der Interessen des von einer Ermittlungsmaßnahme betroffenen Individuums.[45] Hierbei soll im Folgenden der Individualschutz in einem weiten Sinne verstanden werden. Gemeint ist das Zusammenspiel unterschiedlicher Garantien, die letztlich zur Gewährleistung eines insgesamt fairen Verfahrens[46] führen. Individualschutz wird dabei zum einen durch das anwendbare Verfahrensrecht und zum anderen durch die Geltung grund- und menschenrechtlicher Garantien gewährleistet.

1) Funktion des Verfahrensrechts

Die Bindung an das Prinzip *locus regit actum* im Rahmen der transnationalen Beweissammlung führt mitunter zu einer rechtlichen Aufspaltung des Verfahrens.[47] Die Erhebung eines Beweises erfolgt beispielsweise unter Anwendung französischen Strafprozessrechts, welcher sodann unter der Geltung deutschen Verfahrensrechts gerichtlich verwertet wird.[48] Diese Besonderheit der Gewinnung von Beweisen im Ausland erlangt Bedeutung für das Verfahren im Ganzen. *Gleß*[49] beschreibt die Funktion der Beweiserhebungsregeln zutreffend als Teil eines Verfahrenskomplexes, welcher in seiner Gesamtheit als faires und zuverlässiges Beweisverfahren akzeptiert wird. Die Vorschriften über die Beweiserhebung sind daher Teil eines einheitlichen Verfahrens und nicht eine für sich alleinstehende Materie.[50] Die Richtigkeit dieser Gesamtbetrachtung ergibt sich aus folgendem hypothetischen Beispiel: Angenommen deutsche Hoheitsträger ermitteln in völkerrechtskonformer Weise in einem Staat außerhalb der Union, wo das nationale Verfahrensrecht eine

---

44 Grundlegend zur Bedeutung des Grund- und Menschenrechtsschutzes im Auslieferungsverkehr EGMR Urteil v. 07.07.1989 „*Soering*", Series A, vol. 161, 1 = EuGRZ 1989, 314 ff. = NJW 1990, 2183; Siehe auch *Schädel,* Die Bewilligung internationaler Rechtshilfe in Strafsachen in der EU, S. 174.

45 Betroffen sein können hierbei sowohl der Beschuldigte, als auch Dritte.

46 Eingehend *Gleß*, Beweisrechtsgrundsätze, S. 141, 149 ff.

47 *Gleß*, JR 2008, 317 (319 f.); *Dies*., in: Samson/Dencker/Frisch/Frister/Reiß (Hrsg.), FS Grünwald, S. 197 (201).

48 Zur Maßgeblichkeit deutschen Verfahrensrechts für die Beweisverwertung *Böse*, ZStW 2002 (114), 148 (149); *Schuster,* Verwertbarkeit, S. 96.

49 *Gleß*, Beweisrechtsgrundsätze, S. 141 f.

50 *Gleß*, a.a.O., spricht von „(...) *Beweisgewinnungsvorschriften* (...), *welche die antizipierte Verwertbarkeit eines Beweismittels sichern sollen.*".

Beweisgewinnung durch den Einsatz eines Lügendetektors ausdrücklich vorsieht.[51] Innerhalb der Rechtsordnung des Gebietsstaates mag diese Art der Wahrheitsermittlung auf die Erhebung tatsächlich verwertbarer Beweise gerichtet sein und von der Rechtsgemeinschaft als Teil eines insgesamt fairen Verfahrens angesehen werden. Erfolgt nun aber die Verwertung des so gewonnenen Beweismittels unter einer anderen Rechtsordnung, kann dieses Gesamturteil über die Fairness des Verfahrens nicht mehr ohne Weiteres aufrechterhalten werden. Die deutsche Rechtsordnung hat den Einsatz des Lügendetektors gerade nicht als Teil eines fairen Verfahrens akzeptiert und würde entsprechend erlangte Beweismittel nicht verwerten.[52] Die Unverwertbarkeit des Beweismittels würde jedoch nicht den Umstand beseitigen, dass das Individuum aufgrund der Extraterritorialität der Ermittlungshandlung mit einem Eingriff konfrontiert wurde, den es unter Geltung der Beweisgewinnungsvorschriften des Verwertungsstaates schon gar nicht hätte erdulden müssen.[53] Erfolgt eine Ermittlungsmaßnahme beispielsweise gegen deutsche Staatsbürger im Ausland, werden diese unter der Geltung der Territorialrechtsordnung möglicherweise Ziel einer Ermittlungsmaßnahme, die an sich oder unter den spezifischen Voraussetzungen in Deutschland so nicht möglich gewesen wäre.[54] Die Anwendung der *lex loci* führt also mitunter zu einer Kollision mit der von der Verwertungsrechtsordnung allgemein getroffenen Wertentscheidungen zur Abwägung der widerstreitenden Interessen zwischen effektiver Strafverfolgung und Schutz des Individuums.[55] Die Entscheidung über das anwendbare Recht bedingt damit letztlich die territoriale Reichweite der von einer Verfahrensordnung getroffenen Abwägungen.[56] Hierbei wird jedoch innerhalb der Union die praktische Relevanz dieser Verfahrensaufspaltung durch die parallele Gewährleistung grund- und menschenrechtlicher Mindestgarantien[57] wieder ein Stück weit relativiert.[58]

---

51 Vgl. hierzu auch *Schnorr v. Carolsfeld*, in: Schroeder/Zipf (Hrsg.), FS für Maurach, S. 615 (623).

52 BGHSt 44, 308 (323 ff.) = NJW 1999, 657; BGH NStZ 2011, 474; Allgemein zur Geltung der Unterscheidung zwischen selbstständigen und unselbstständigen Beweisverwertungsverboten bei Auslandsbeweisen *Schuster*, Verwertbarkeit, S. 97 ff.

53 Vgl. speziell für den Fall der TKÜ *Schuster*, NStZ 2006, 657 (662).

54 Zur Verhinderung eines entsprechenden „Beweismittel-shoppings" vgl. daher die Verbote im Bereich des Beweismitteltransfers Art. 7 lit. b RB-EBA und Art. 6 Abs. 1 lit. b RL-EEA.

55 *Gleß*, Beweisrechtsgrundsätze, S. 142; *Dies.*, in: Vervaele (Hrsg.), European Evidence Warrant, S. 121 (124); *Nelles*, ZStW 1997 (109), 727 (737 f.).

56 Ebenso für den Fall des klassischen Beweismitteltransfers *Hecker*, in: Marauhn (Hrsg.), Bausteine eines europäischen Beweisrechts, S. 27 (34).

57 Mit Blick auf die Geltung des deutschen *ordre public* spricht *Böse*, ZStW 2002 (114), 148 (151) von einer „Überlagerung" des ausländischen Verfahrensrechts durch übergeordnete Wertungen des deutschen Rechts.

58 Siehe dazu unten S. 178 ff.

2) *Bedeutung von Mindestgarantien*

Die heutige Bedeutung der Grund- und Menschenrechte für die transnationale Strafverfolgung erschließt sich erst durch einen Blick auf die traditionelle Auffassung der Staaten hinsichtlich des Individualschutzes im Rahmen von Rechtshilfemaßnahmen.[59] An erster Stelle stand hierbei das Interesse der Staaten an einem möglichst weitreichenden Erhalt ihrer Souveränität und weniger der Schutz des von einer Rechtshilfemaßnahme betroffenen Individuums.[60] Individualschützende Garantien waren demnach in ihrem Geltungsbereich auf das jeweils eigene Territorium beschränkt und bei der Erhebung von Beweisen unter einer fremden Rechtsordnung durch ausländische Behörden nur eingeschränkt zu beachten.[61] Diese weitestgehende Lösung des Rechtshilferechts vom Schutz des Individuums konnte jedoch mit der stetigen Festigung regionaler und internationaler Menschenrechtsgarantien nicht aufrechterhalten werden.[62] Zudem ermöglichte die Weiterentwicklung des Rechtshilferechts nunmehr auch eine Ermittlungstätigkeit deutscher Behörden im Ausland, womit die Frage der Grundrechtsgeltung für solche Arten der Beweiserhebung relevant wurde.[63] Die Frage des anwendbaren Rechts beschränkt sich damit heute nicht mehr auf das jeweils anzuwendende nationale Verfahrensrecht. Vielmehr ist ein komplexes System nationaler, europarechtlicher und völkerrechtlicher Individualgarantien zu berücksichtigen. Dieses besteht seinerseits nicht nur aus vertraglichen Gewährleistungen, sondern umfasst hinsichtlich bestimmter Fundamentalgarantien auch Völkergewohnheitsrecht[64], was insbesondere im Verhältnis zu Drittstaaten von Relevanz ist.

Für die Mitglieder des Europarates und mittelbar über Art. 6 Abs. 2 EUV für die Mitgliedstaaten der Union[65] ist heute insbesondere die Europäische Menschenrechtskonvention von erheblicher Bedeutung. Dementsprechend bekennen sich die Vertragsstaaten des EU-RhÜbk[66] und des 2. ZP EuRhÜbk[67] zur Beachtung der

59 Eingehend *Krüßmann*, Transnationales Strafprozessrecht, S. 655 ff.

60 *Krüßmann*, a.a.O., S. 655 spricht insoweit drastisch von der „*Menschenrechtsfreiheit der zwischenstaatlichen Rechtshilfe*“ und begründet dies etwa mit dem fehlenden Verweis des EuRhÜbk auf die EMRK.

61 Freilich bestand aber demgegenüber im Zeitpunkt der Stellung eines ausgehenden Rechtshilfeersuchens die Pflicht zur Beachtung subjektiver Garantien; Siehe ferner zur Notwendigkeit der Beachtung des nationalen *ordre public* BGH NStZ 1983, 181.

62 Vgl. *Smeulers*, in: Vervaele (Hrsg.), European Evidence Warrant, S. 79.

63 Siehe dazu unten S. 172 ff.

64 *Bianchi*, EJIL 2008, 491, insbesondere mit Blick auf die Qualifikation bestimmter Garantien als ius cogens; *Meron*, AJIL 1986, 1; *Schädel*, Die Bewilligung internationaler Rechtshilfe in Strafsachen in der EU, S. 175; *Vogler*, ZStW 1993 (105), 3 (8).

65 *Schorkopf*, in: Grabitz/Hilf/Nettesheim (Hrsg.), Das Recht der Europäischen Union, Art. 6 EUV Rn. 46 ff.

66 Präambel EU-RhÜbk 3. Spiegelstrich.

67 Präambel 2. ZP EuRhÜbk.

Vorgaben der EMRK bei der Durchführung von Rechtshilfemaßnahmen.[68] Daneben[69] verpflichtet Art. 6 EUV die Mitgliedstaaten zur Beachtung der Charta der Grundrechte der Union[70] und der allgemeinen Rechtssätze. Diese weitreichende Geltung unionsrechtlicher Rechtshilfegrenzen spiegelt sich in den nach dem Prinzip der gegenseitigen Anerkennung erlassenen Instrumenten, in der Bindung an einen europäischen *ordre public*.[71] Darüber hinaus finden sich individualschützende Normen im sekundären Unionsrecht, etwa hinsichtlich des von den Mitgliedstaaten zu gewährleistenden Datenschutzes.[72]

Für die Tätigkeit deutscher Ermittler im Ausland ist demzufolge ein komplexes Regelungsgefüge zu beachten. Die Extraterritorialität der Ermittlungshandlung ist dabei insbesondere dann von Bedeutung, wenn sich die Maßnahme nicht gegen deutsche Staatsbürger richtet[73] oder auf dem Gebiet von Staaten erfolgt, die selbst nicht Partei der jeweils für Deutschland anwendbaren Menschenrechtsverträge sind. Die Beantwortung dieser Fragen wird dabei heute von der Prämisse geleitet, dass Staaten sich ihrer Verpflichtungen zum Schutze subjektiver Rechte nicht durch die Verlagerung von Ermittlungsmaßnahmen entledigen können. Zugleich bedarf es jedoch für die Praxis einer hinreichenden Konkretisierung der zu beachtenden Verfahrensgarantien. So erscheint etwa die Verpflichtung zur Gewährleistung eines *fairen Verfahrens*[74] als eine für den im Ausland ermittelnden Beamten nur schwer umsetzbare Vorgabe.[75] Zur Gewährleistung effektiven Individualschutzes bedarf es also einer Festsetzung konkreter Vorgaben über die Grenzen der Beweiserhebung. Soweit solche Vorgaben bereits identifiziert werden können, sind sie von enormer Bedeutung für die transnationale Beweissammlung und die hiermit verbundenen Fragestellungen.

Die individualschützende Funktion des anwendbaren Rechts wird somit durch zwei unterschiedliche Quellen beeinflusst. Einerseits durch das anzuwendende Verfahrensrecht und andererseits zugleich durch vorrangige nationale und europäische Mindestgarantien wie das Grundgesetz und die EMRK, die von den ermittelnden Beamten bei der Durchführung einer Beweiserhebung zu beachten sind.

---

68 Kritisch mit Blick auf eine bloße Funktion als Auslegungshilfe aber *Krüßmann*, Transnationales Strafprozessrecht, S. 658.

69 Zum Verhältnis der verschiedenen Grundrechtsgarantien nach einem Beitritt der EU zur EMRK *Schorkopf*, in: Grabitz/Hilf/Nettesheim (Hrsg.), Das Recht der Europäischen Union, Art. 6 EUV Rn. 56 f.

70 Zur Anwendbarkeit der Grundrechtecharta siehe unten S. 217 f.

71 Vgl. Art. 1 Abs. 4 RL-EEA; *Böse*, ZIS 2014, 152 (154).

72 Eingehend *Eisele*, in: Sieber/Satzger/v. Heintschel-Heinegg (Hrsg.), Europäisches Strafrecht, § 50.

73 Siehe unten S. 175 ff. im Hinblick auf die insoweit relevante Frage der Reichweite der Grundrechte.

74 Vgl. Art 6 EMRK; Art. 14 IPBPR.

75 Im Einzelnen siehe dazu unten S. 194 ff., 216 f.

IV) Ergebnis

Für die Vornahme von selbstständigen Ermittlungen im Ausland ist die Bestimmung der Bedeutung von *lex loci* und *lex fori* aus verschiedenen Gründen von Bedeutung. Die Bindung an das Recht des Gebietsstaates erfüllt mit Blick auf die besondere Symbolkraft der Ermittlungstätigkeit ausländischer Beamter zunächst eine souveränitätsschützende Funktion. Einer weitreichenden Ausdehnung strafverfahrensrechtlicher Regelungs- und Durchsetzungsgewalt stehen die Staaten aufgrund der besonderen Bedeutung des Strafrechts für die nationale Souveränität skeptisch gegenüber. Das Prinzip *locus regit actum* begrenzt diese Ausdehnung und sichert Einflussmöglichkeiten des Gebietsstaates.

Aus praktischer Sicht wird die Frage des anwendbaren Rechts vor allem dann von Bedeutung, wenn für die ermittelnden Beamten keine Zeit zur Vorbereitung auf die Auslandstätigkeit besteht. Erfolgt etwa kurzfristig ein Grenzübertritt auf Grundlage von Art. 40 Abs. 2 SDÜ zur Durchführung einer Observation, kann das Recht des Gebietsstaates mitunter aufgrund mangelnder Kenntnisse der Beamten nicht eingehalten werden. Rechtsfolge einer solchen Nichteinhaltung der *lex loci* kann die Verletzung der Gebietshoheit des betroffenen Staates sein.

Nicht zuletzt kommt dem anwendbaren Recht eine individualschützende Funktion zu. Diese wird bedingt durch das jeweilige Verfahrensrecht als auch durch überlagernde Grund- und Menschenrechtsgarantien.

B) *Lex Loci* und *Lex fori* bei Ermittlungen mit Zustimmung des Gebietsstaates

Vertragliche Regelungen – und wohl auch ad hoc Erklärungen – für die Durchführung einer transnationalen Beweissammlung sehen regelmäßig die Geltung des *locus regit actum* Grundsatzes vor.[76] Anhand konkreter Beispiele soll nunmehr im Folgenden untersucht werden zu welchen Konsequenzen dieser Grundsatz führt und in welchem Verhältnis hierbei die *lex loci* zum Recht des Verwertungsstaates steht. Hierzu gilt es insbesondere aufzuzeigen, inwieweit die jeweilige Verfahrensordnung für die Durchführung selbstständiger Auslandsermittlungen nach den geltenden Vorgaben überhaupt relevant werden kann; sprich, ob und inwieweit die Verlagerung einer Ermittlungstätigkeit in das Ausland gegebenenfalls zu einer Modifikation der Handlungsbefugnisse deutscher Hoheitsträger führt.

Im weiteren Verlauf ist sodann die Frage aufzuwerfen, welche Konsequenzen aus dem bestehenden System gezogen werden können.

76 Vgl. Art. 40 Abs. 3 lit. a SDÜ; Art. 13 Abs. 3 lit. b EU-RhÜbk; Art. 14 Abs. 3 EU-RhÜbk.

I) Die Geltung von *locus regit actum* im traditionellen Rechtshilferecht

Das traditionelle Rechtshilferecht sieht in Art. 3 Abs. 1 EuRhÜbk die Vornahme einer Ermittlungshandlung durch den ersuchten Staat nach dessen Verfahrensrecht vor. Die Einbettung der Ermittlungshandlung in den internationalen Kontext der Rechtshilfe hat somit keinen Einfluss auf die Qualifikation der Maßnahme als eigene Verfahrenshandlung des ersuchten Staates.[77] Die hierdurch entstehende Problematik ergibt sich klassischerweise bei Vernehmungen im Ausland, was durch folgendes Beispiel verdeutlicht werden soll[78]:

Im Zuge eines transnationalen Ermittlungsverfahrens wird ein deutscher Beschuldigter in Österreich durch einen Staatsanwalt vernommen. Bei der Vernehmung wird dem Beschuldigten die Hinzuziehung seines Verteidigers in rechtmäßiger Weise nach österreichischem Verfahrensrecht versagt, obwohl dessen Anwesenheit von den deutschen Behörden beantragt wurde. Im anschließenden Strafverfahren in Deutschland stellt sich die Frage, ob die im Wege der Rechtshilfe übermittelten Erkenntnisse aus dieser Vernehmung verwertet werden dürfen.

Nach deutschem Verfahrensrecht hätte der Beschuldigte in jedem Stadium des Ermittlungsverfahrens einen Verteidiger hinzuziehen können.[79] Es kommt folglich zu einer Kollision zwischen *lex loci* und *lex fori*, da deutsches Recht im vorliegenden Fall strengere Vorgaben zum Schutze des Beschuldigten enthält als österreichisches Recht.[80]

Dogmatischer Hintergrund des insoweit maßgeblichen Prinzips *locus regit actum* ist die allgemeine Auffassung der Notwendigkeit einer Begrenzung der Tätigkeit staatlicher Organe auf Handlungen entsprechend der jeweils national geltenden Rechtsordnung.[81] Durch die Beteiligung eines anderen Staates an dem Ermittlungsverfahren kommt es folglich zu keiner Modifikation der Handlungskompetenzen der Behörden des ersuchten Staates. Die *lex fori* führt in diesen Fällen mangels Berücksichtigungspflicht weder zu einer Erweiterung noch zu einer Begrenzung der Handlungsbefugnisse.

Nagel[82] sieht dagegen die maßgebliche Modifikation vielmehr im Verfahrensrecht des ersuchenden Staates. Das Prinzip *locus regit actum* sei als „Kollisionsregel" zu

77 Vgl. nur OLG Bremen NJW 1962, 2314; BGH GA 1964, 176; BGH NStZ 1985, 376.

78 Beispiel nach *Gleß*, ZStW 2013 (125), 573 (576 ff.); EGMR „*Stojkovic v. Frankreich und Belgien*", Urteil v. 27.10.2011, Case-No. 25303/08.

79 Vgl. § 137 Abs. 1 S. 1 StPO; Speziell im Hinblick auf Vernehmungen vgl. §§ 168 c Abs. 1, 163 a Abs. 3 S. 2 StPO.

80 *Gleß*, ZStW 2013 (125), 573 (577 m.w.N.) verweist insoweit darauf, dass die Anforderungen an einen Ausschluss des Verteidigers in Deutschland strenger sind, als in Österreich.

81 *Gleß*, in: Samson/Dencker/Frisch/Frister/Reiß (Hrsg.), FS Grünwald, S. 197 (206) m.w.N.

82 *Nagel*, Beweisaufnahme im Ausland.

verstehen, welche mit Blick auf die Rechtmäßigkeit der Beweiserhebung allein auf die Einhaltung der Verfahrensvorschriften des ersuchten Staates abstellt.[83] Diese an das internationale Privatrecht angelehnte Begründung ist in der Literatur auf Kritik gestoßen.[84] Die Einhaltung der Verfahrensvorschriften des ersuchten Staates könne ebenso wenig zu einer pauschalen Bejahung der Verwertbarkeit der erlangten Beweismittel führen, wie die Nichteinhaltung die automatische Begründung eines Verwertungsverbotes nach sich ziehe. Vielmehr stelle die Vereinbarkeit der Ermittlungshandlung mit dem Recht des ersuchten Staates lediglich eine bei Prüfung der Verwertbarkeit zu berücksichtigende Bedingung dar.[85] Die Richtigkeit dieser Auffassung soll mit Blick auf die individualschützende Funktion des anwendbaren Rechts an anderer Stelle untersucht werden.[86]

II) Übertragbarkeit auf die transnationale Beweissammlung?

1) Problemaufriss

Im Bereich der traditionellen Rechtshilfe erscheint die Bindung der zuständigen Behörden des ersuchten Staates an nationales Recht einleuchtend. Die ermittelnden Beamten bewegen sich innerhalb der anerkannten Kompetenzordnung und wenden das ihnen bekannte Verfahrensrecht an. Das betroffene Individuum wird nur mit solchen Ermittlungshandlungen konfrontiert, die es auch bei einem rein nationalen Strafverfahren erdulden müsste. Die Bereitschaft des Staates zur Leistung von Rechtshilfe soll sich demnach nicht auf die innerstaatliche Kompetenzordnung und die als zuverlässig akzeptierten Methoden zur Wahrheitsermittlung auswirken. Von dem ersuchten Staat wird eine Anwendung ausländischen Verfahrensrechts für die Vornahme einer Ermittlungshandlung nicht erwartet.[87] Wird die fragliche Ermittlungshandlung nunmehr aber etwa auf der Grundlage von Art. 40 SDÜ oder Art. 14 EU-RhÜbk durch deutsche Beamte auf fremdem Hoheitsgebiet vorgenommen, so vermag die traditionelle Begründung für die Bindung an die *lex loci* nicht mehr ohne Weiteres überzeugen. Wird von einem Staat nach traditioneller Auffassung die Anwendung fremden Verfahrensrechts nicht erwartet, müsste konsequenterweise aufgrund der durch den Grundsatz der Gesetzmäßigkeit der Verwaltung bewirkten Bindung deutscher Hoheitsträger an deutsches Recht[88], das Prinzip *forum regit actum* für derartige selbstständige Ermittlungshandlungen herangezogen werden. Dies ist jedoch bis heute nicht der Fall, sondern vielmehr wird den ermittelnden

83 *Nagel*, a.a.O., S. 301 ff.

84 *Böse*, ZStW 2002 (114), 148 (150 f.); *Gleß*, in: Samson/Dencker/Frisch/Frister/Reiß (Hrsg.), FS Grünwald, S. 197 (206 ff.); *Rose*, Der Auslandszeuge des deutschen Strafprozesses, S. 228;

85 *Böse*, ZStW 2002 (114), 148 (151); *Gleß*, ZStW 2003 (115), 131 (144).

86 Siehe unten S. 259 ff.

87 Siehe hierzu auch *Mavany*, Die Europäische Beweisanordnung, S. 161.

88 Siehe dazu sogleich S. 180 f.

Beamten eine Pflicht zur Fremdrechtsanwendung auferlegt.[89] Der Grundsatz, dass Organe eines Staates nur entsprechend der für sie geltenden Rechtsordnung tätig werden dürfen[90], bedarf daher für den Fall der transnationalen Beweissammlung einer Modifikation.

2) Lösungsansätze

a) Übertragung der Organstellung

Ausgehend von der souveränitätsschützenden Funktion des Prinzips *locus regit actum* könnte ein denkbarer Modifikationsansatz in der Organstellung der ermittelnden Beamten zu sehen sein. Die Bereitschaft des Gebietsstaates zur Durchführung selbstständiger Ermittlungen durch ausländische Beamte könnte an die temporäre Transformation der Organstellung dieser Beamte geknüpft sein. Für die Zeit der Auslandsermittlung würden die deutschen Beamten rechtshilferechtlich nicht mehr nur als Organe des deutschen Staates, sondern vielmehr auch als de facto Organe des Gebietsstaates zu qualifizieren sein.[91] Die selbstständige Informationsgewinnung ist dann als Ersatz für die Durchführung eines Ersuchens durch nationale Behörden anzusehen. Aufgrund der besonderen Umstände der Ermittlungssituation[92] treten die deutschen Beamte temporär an die Stelle der nationalen Behörden. In konsequenter Anwendung des genannten Grundsatzes muss die Ermittlungshandlung dann nach dem Recht des Gebietsstaates erfolgen.

Allerdings dürften im Ergebnis zwei entscheidende Argumente gegen eine solche temporäre Transformation der Organstellung sprechen. Zunächst mögen die deutschen Behörden aufgrund der Bindung an die *lex loci* zwar wie gebietsstaatliche Behörden auftreten, jedoch handelt es sich nachwievor um die Ausübung deutscher Hoheitsgewalt.[93] Es ist folglich Aufgabe Deutschlands und nicht des Gebietsstaates, die Wahrung der subjektiven Rechte des Beschuldigten sicherzustellen.[94] Die Organstellung ist jedoch eng mit der Ausübung von Hoheitsgewalt und der daraus folgenden Verantwortlichkeit für die Einhaltung übergeordneter Vorgaben verbunden.[95] Zudem erscheint die Übertragung der Organstellung aufgrund der

89 Zu den Hintergründen siehe bereits oben S. 159 ff.

90 *Gleß*, in: Samson/Dencker/Frisch/Frister/Reiß (Hrsg.), FS Grünwald, S. 197 (206).

91 Vgl. Art. 6 ILC der ILC Articles on State Responsibility.

92 Diese können etwa darin bestehen, dass sich eine verdeckte Ermittlungsmaßnahme gegen deutsche Staatsbürger richtet und die deutschen Behörden aufgrund bereits vorhandener Kenntnisse einen besonderen Ermittlungsvorteil haben.

93 Mit der Folge der Bindung an deutsche Grundrechte siehe nur BVerfGE 6, 290 (295); *Talmon*, NZWehrR 1997, 221 (227 f.); *Ders.*, in: Kämmerer (Hrsg.), An den Grenzen des Staates, S. 75 (76).

94 Siehe für den umgekehrten Fall der Vornahme einer Ermittlungshandlung durch Behörden des ersuchten Staates *Böse*, ZStW 2002 (114), 148 (152).

95 Dementsprechend gehen die ILC Artikel zur Staatenverantwortlichkeit in Art. 6 auch nur dann von einer Zurechnung der Handlungen eines ausländischen Organs

fortbestehenden Souveränitätsvorbehalte der beteiligten Staaten als eine bloße Fiktion. So kommt es bei der grenzüberschreitend selbstständigen Ermittlungstätigkeit insbesondere zu keiner Übergabe der Kontroll- und Leitungsbefugnisse über die ermittelnden Beamten an den Gebietsstaat.[96] Erst eine solche Übertragung souveränitätsgeleiteter Befugnisse dürfte jedoch als Indiz für die Organstellung anzusehen sein. Eine Begründung der Geltung des *locus regit actum* Prinzips über die Stellung der ermittelnden Beamten als de facto Organe des Gebietsstaates erscheint daher im Ergebnis eher fernliegend.

b) Schutz der Souveränität

Die Grundlage für die Bindung an die *lex loci* auch bei selbstständigen Auslandsermittlungen dürfte vielmehr allein im Schutze der Souveränität des Gebietsstaates zu sehen sein.[97] Würden Art. 40 SDÜ oder Art. 14 EU-RhÜbk dem ermittelnden Staat die Außerachtlassung der *lex loci* erlauben, käme es zu einer durchaus weitreichenden Übertragung von Gebietshoheit[98] auf einen ausländischen Staat. Für die Dauer der Ermittlungen würde der gebietsfremde Staat nicht nur Durchsetzungs-, sondern auch partielle Regelungsgewalt ausüben. Der Blick auf das traditionelle Rechtshilferecht zeigt jedoch, dass eine solch umfassende Übertragung von Hoheitsrechten von den Staaten nicht gewollt ist. Vielmehr gilt das Prinzip *forum regit actum* immer nur dort, wo der Gebietsstaat selber die jeweilige Ermittlungsmaßnahme durchführt.[99] Das Prinzip *locus regit actum* regelt folglich für den umgekehrten Fall, nämlich der Vornahme einer Ermittlungsmaßnahme durch einen fremden Staat, den Schutz der Gebietshoheit. Zwar gestattet der Gebietsstaat einem fremden Staat in gewissem Maße die Ausübung von Durchsetzungsgewalt, nicht aber ohne diesen hierbei an die *lex loci* zu binden.

Für die Fälle der transnationalen Beweissammlung liegt die Begründung für die Geltung von *locus regit actum* daher nicht in der Beschränkung eines Staates auf

---

aus, wenn dieses Organ ausschließlich für die Zwecke des „ausleihenden" Staates tätig wird. Bei der transnationalen Beweissammlung werden die deutschen Organe jedoch ausschließlich im nationalen Interesse tätig.

96 Vgl. Art. 40 Abs. 1 S. 3 SDÜ, wonach die gebietsstaatliche Behörde lediglich die Übergabe der Observation verlangen kann; Art. 14 Abs. 3 S. 2 EU-RhÜbk sieht lediglich die Absprache zwischen den beteiligten Staaten hinsichtlich der Überwachung verdeckter Ermittler vor; Eine Ausdrückliche Zuweisung der Leitungs- und Kontrollbefugnisse an die Behörden des Gebietsstaates findet sich dagegen in Art. 29 Abs. IV S. 2 RL-EEA.

97 Ebenso für den Bereich der traditionellen Rechtshilfe *Mavany*, Die Europäische Beweisanordnung, S. 161.

98 Siehe diesbezüglich zur Unterscheidung zwischen Gebietshoheit und territorialer Souveränität *Herdegen*, Völkerrecht, § 23 Rn. 1.

99 Vgl. Art. 4 Abs. 1 EU-RhÜbk; Art. 9 Abs. 2 RL-EEA.

die Durchsetzung seiner eigenen Verfahrensordnung[100], sondern im Schutze der Souveränität des Gebietsstaates und der Rechte seiner Bürger.[101]

III) Bedeutung der *lex fori* bei der transnationalen Beweissammlung

Die Bindung an das Recht des Gebietsstaates ergibt sich wie gezeigt aus den souveränitätsgeleiteten Vorgaben der einschlägigen Rechtshilfegrundlagen. Für den Ermittler vor Ort ist nunmehr entscheidend, inwieweit diese Regelungen des Gebietsstaates durch solche der *lex fori* überlagert werden.

Da im Rahmen der transnationalen Beweissammlung deutsche Hoheitsträger unmittelbare Akteure der Informationsgewinnung sind, muss die Frage nach der Reichweite der Handlungsbefugnisse zunächst mit Blick auf die Grundrechtsbindung deutscher Staatsgewalt untersucht werden. Hieraus könnten sich mitunter bereits spezifische Vorgaben ableiten lassen, welche die mögliche Modifikation von Handlungsbefugnissen durch die *lex loci* weniger problematisch machen. Darüber hinaus kann sich eine Verpflichtung zur Beachtung der eigenen Verfahrensordnung aus dem Grundsatz des Vorbehalts des Gesetzes und auch aus den anwendbaren Rechtshilfeinstrumenten selbst ergeben. Hier gilt es jeweils die Reichweite einer solchen Berücksichtigungspflicht zu untersuchen.

1) Begrenzung der Handlungsbefugnisse durch die Grundrechtsbindung bei Auslandssachverhalten

a) Extraterritoriale Geltung der Grundrechte

Die Frage der Anwendbarkeit der Grundrechte bei extraterritorialem Handeln deutscher Hoheitsträger soll an dieser Stelle zunächst einer dogmatischen Begründung zugeführt werden. Im Kern dürfte es dabei mittlerweile als unbestritten anzusehen sein, dass die Grundrechte im Ausland Geltung beanspruchen können.[102] Allerdings bestehen verschiedene Ansichten über die Voraussetzungen und Reichweite dieser Grundrechtsgeltung.

---

100 Vgl. BGH NStZ 1983, 181; NStZ 1996, 609.

101 Im Ergebnis ebenso, aber ohne Begründung *Kubiciel*, in: Ambos/König/Rackow (Hrsg.), Rechtshilferecht in Strafsachen, Art. 14 EU-RhÜbk Rn. 321.

102 Siehe nur BVerfGE 6, 291 (295); 57, 9 (23 f.); *Badura*, in: Merten/Papier (Hrsg.), Handbuch der Grundrechte in Deutschland und Europa, Bd. II, § 47 Rn. 4 m.w.N; *Herdegen*, in: Maunz/Dürig (Hrsg.), GG, Art. 1 Abs. 3 Rn. 71; *Talmon*, NZWehrR 1997, 221 (227 f.); *Ders.*, in: Kämmerer (Hrsg.), An den Grenzen des Staates, S. 75 (76); *Zimmermann*, ZRP 2012, 116 (117).

aa) Vertretene Auffassungen

Zu einer nahezu unbegrenzten Grundrechtsbindung bei Auslandssachverhalten führt die Annahme der Geltung eines Wirkungsprinzips, wonach der Geltungsbereich der Grundrechte deckungsgleich mit dem Wirkungsbereich deutscher Hoheitsgewalt ist.[103] Das Vorliegen einer „Wirkung" soll hierbei an der tatsächlichen Ausübung deutscher Hoheitsgewalt gemessen werden und nicht am Vorliegen einer Grundrechtsbeeinträchtigung.[104] Zum Teil wird wiederum die Ausübung deutscher Hoheitsgewalt mit dem Begriff „jurisdiction" gleichgesetzt und eine Grundrechtsbindung in Anlehnung an die Rechtsprechung des EGMR[105] nur bejaht, wenn Deutschland effektive Kontrolle über ein fremdes Gebiet ausübt.[106] Unklar bleibt bei dieser Auffassung indes, ob und inwieweit auch die Ausübung von „personal jurisdiction" etwa im Rahmen von Strafverfolgungsmaßnahmen ohne gleichzeitige effektive Gebietskontrolle zur Geltung der Grundrechte führt.[107]

Zum Teil wird die Grundrechtsgeltung von der Wirkung deutscher Hoheitsgewalt oder der Kontrolle über ein Gebiet oder Individuum (weitestgehend) gelöst und stattdessen an den Status des Einzelnen als Grundrechtsträger geknüpft.[108] Der für die Grundrechtsgeltung notwendige „jurisdictional link" wird demnach primär über die Staatsangehörigkeit vermittelt, womit deutsche Behörden bei Auslandsermittlungen gegen Deutsche die Grundrechte beachten müssten, nicht aber bei Ermittlungen gegen Ausländer.[109]

Schließlich wird vereinzelt, wenig überzeugend, eine Koppelung der Grundrechtsgeltung an die Völkerrechtskonformität der Auslandstätigkeit vertreten.[110] In der völkerrechtlichen Zulässigkeit der Vornahme von Hoheitsakten sei zugleich

---

103 So etwa *Badura*, in: Merten/Papier (Hrsg.), Handbuch der Grundrechte in Deutschland und Europa, Bd. II, § 47 Rn.4; *Scheller*, Ermächtigungsgrundlagen, S. 163 f.; *Yousif*, Die extraterritoriale Geltung der Grundrechte, S. 100 ff.

104 *Yousif*, Die extraterritoriale Geltung der Grundrechte, S. 75.

105 Vgl. insoweit EGMR „*Loizidou v. Türkei*" (Preliminary Objections), Urteil v. 23.3.1995, § 62; „*Bancovic*", Entsch. v. 12.12.2001, § 71 ff.

106 *Krieger*, in: Fleck (Hrsg.), Rechtsfragen der Terrorismusbekämpfung durch Streitkräfte, S. 223 (237), die für das Erfordernis einer strukturierten Ausübung von Hoheitsgewalt plädiert.

107 Das Problem erkennt auch *Yousif*, Die extraterritoriale Geltung der Grundrechte, S. 92 ff.; Siehe zur ausnahmsweisen Begründung von „Jurisdiction" durch die Ausübung von personeller Kontrolle EGMR „*Al-Skeini v. Vereinigtes Königreich*", Urteil v. 7.7.2011, § 149 f.; Unklar bleibt nach „*Al-Skeini*" inwieweit die ausnahmsweise Begründung der Anwendbarkeit der EMRK über die Ausübung personeller Kontrolle von einer gleichzeitigen Ausübung von Gebietskontrolle begleitet werden muss; Kritisch daher *Milanovic*, EJIL 2012 (23), 121 (130 ff.).

108 *Isensee*, in: Isensee/Kirchhof (Hrsg.), HStR V, § 115 Rn. 84.

109 *Isensee*, a.a.O., Rn. 87.

110 *Heintzen*, Auswärtige Beziehungen privater Verbände, S. 112.

die äußerste Grenze der Grundrechtsgeltung zu sehen.[111] Soweit deutsche Ermittler folglich im Rahmen selbstständiger Ermittlungen gegen den Grundsatz der Gebietshoheit verstoßen, wäre nach dieser Auffassung die Grundrechtsgeltung zu verneinen.

bb) Stellungnahme

Die Annahme einer Beschränkung der Grundrechtsgeltung auf Auslandssachverhalte mit einem hinreichenden Inlandsbezug (oder auch „jurisdictional link") vermittelt qua Staatsangehörigkeit oder effektiver Gebietskontrolle kann mit Blick auf den eindeutigen Wortlaut des Art. 1 Abs. 3 GG nicht überzeugen.[112] Vielmehr ist davon auszugehen, dass die Anordnung des Art. 1 Abs. 3 GG eine Bindung der Grundrechtsgeltung an den Wirkungsbereich deutscher Hoheitsgewalt vorsieht.[113] Die Ablehnung einer solchen Geltungskongruenz mit dem Argument der Gefahr einer uferlosen Ausweitung deutscher Grundrechte[114] erscheint systemfremd.

Zunächst liegt in der Koppelung der Grundrechtsgeltung an die Wirkung deutscher Hoheitsgewalt eine hinreichende Beschränkung. Grundrechte gelten gerade nicht gegenüber jedermann, sondern bedürfen einer Konfrontation mit deutscher Staatsgewalt. Das von *Isensee*[115] angebrachte Beispiel des Ausländers, der an die Tür der deutschen Botschaft klopft und mit Berufung auf die grundrechtlichen Leistungspflichten eine Unterstützung seines Lebensunterhaltes fordert, läuft daher schon deshalb ins Leere, weil auf ihn keine Auswirkung deutscher Hoheitsgewalt vorliegt. Zudem gelten die Grundrechte bei Feststellung einer Auswirkung deutscher Hoheitsgewalt auch im Ausland nur im Rahmen ihres jeweiligen Schutzbereichs.[116] Folglich gelten die Grundrechte im Ausland gegenüber Ausländern nur, sofern der Grundrechtstatbestand dies vorsieht.[117] Handelt es sich aber um ein solches Menschenrecht universellen Charakters, ist die Forderung nach einem besonderen Anknüpfungspunkt mit dem *telos* des Rechts nicht zu vereinbaren, wonach der „*Mensch gerade kraft seines Menschseins*" zu schützen ist.[118]

---

111 *Isensee*, in: Isensee/Kirchhof (Hrsg.), HStR V, § 115 Rn. 79.

112 Ebenso *Yousif*, Die extraterritoriale Geltung der Grundrechte, S. 100.

113 Siehe BVerfGE 100, 313 (363 f.) = NJW 2000, 55 (58) mit Blick auf die Fernmeldeüberwachung durch den BND.

114 Vgl. nur *Isensee*, in: Isensee/Kirchhof (Hrsg.), HStR V, § 115 Rn. 83; *Bungert*, Das Recht ausländischer Kapitalgesellschaften, S. 230.

115 *Isensee*, in: Isensee/Kirchhof (Hrsg.), HStR V, § 115 Rn. 83

116 Vgl. *Scheller*, Ermächtigungsgrundlagen, S. 164; *Yousif*, Die extraterritoriale Geltung der Grundrechte, S. 101; Auch dies kann freilich gegen das Beispiel von *Isensee* angeführt werden, da entsprechende Leistungsansprüche schon im Inland nicht ohne Weiteres bestehen.

117 Ebenso *Baldus*, Transnationales Polizeirecht, S. 147; *Rehbein*, Verwertbarkeit von nachrichtendienstlichen Erkenntnissen, S. 308.

118 *Rehbein*, Verwertbarkeit von nachrichtendienstlichen Erkenntnissen, S. 303 m.w.N.

Auch für die Bindung der Grundrechtsgeltung an die Ausübung effektiver Gebietskontrolle besteht kein durchgreifender Anhaltspunkt. Art. 1 Abs. 3 GG enthält anders als Art. 1 EMRK keine Koppelung der Grundrechtsgeltung an die Ausübung von „jurisdiction", welche nach allgemeinem sprachlichen Verständnis eine gewisse Dauer und Organisation erfordert und daher im Gegensatz zum Begriff „Hoheitsgewalt" temporäre und punktuelle Maßnahmen nicht erfasst.[119] Selbst wenn man jedoch die Grundrechtsgeltung an die Ausübung von „jurisdiction" koppeln würde, dürfte man inzwischen im Ergebnis zu einer weitestgehenden Annäherung an das Wirkungsprinzip kommen, da zunehmend auch bei der Prüfung von „jurisdiction" eine Abkehr vom Erfordernis der Gebietskontrolle zugunsten des Genügens personaler Kontrolle zu beobachten ist.[120]

Abzulehnen ist letztlich auch die Forderung nach der Völkerrechtskonformität deutscher Hoheitsausübung als Bedingung für die Grundrechtsgeltung. Die Ansicht impliziert zunächst ein irgendwie geartetes Stufenverhältnis zwischen Völkerrecht und Grundgesetz, ohne dies jedoch mit Blick auf den völkergewohnheitsrechtlichen Grundsatz der Achtung der Gebietshoheit zu konkretisieren. Insoweit ist allerdings festzustellen, dass Art. 25 S. 2 HS 1 GG nach ganz überwiegender Auffassung keinen „Überverfassungsrang" der allgemeinen Regeln des Völkerrechts festschreibt[121] und daher schon die Annahme einer Begrenzung der Geltung des Grundgesetzes durch übergeordnete Regeln des Völkerrechts fehlgeht. Zudem betrifft die Achtung der Grundrechte durch deutsche Beamte bei ihrer Tätigkeit im Ausland ausschließlich das Verhältnis zum Individuum und hat keinerlei Auswirkungen auf das vom Völkerrecht geregelte zwischenstaatliche Verhältnis.[122]

Es ist folglich davon auszugehen, dass deutsche Beamte bei ihren Auslandsermittlungen die Verpflichtung zur Beachtung der grundrechtlichen Gewährleistungen „mit im Gepäck tragen".[123]

b) Modifikation des Schutzbereichs bei Auslandssachverhalten?

aa) Ansätze für eine Beschränkung

Anknüpfend an die Frage der Grundrechtsgeltung bei selbstständigen Auslandsermittlungen deutscher Behörden stellt sich die Folgefrage, ob die Reichweite der grundrechtlichen Gewährleistung dieselbe ist, wie bei reinen Inlandssachverhalten

---

119 Eingehend zur Auslegung des Begriffs „jurisdiction" *Krieger*, ZaöRV 2002 (62), 669 (671).

120 Siehe zur Auslegung des Begriffs „jurisdiction" nach Art. 1 EMRK unten S. 206 ff.; Kritisch mit Blick auf die Rechtsprechung des EGMR *Milanovic*, EJIL 2012 (23), 121; Vgl. auch *Herdegen*, in: Maunz/Dürig (Hrsg.), GG, Art. 1 Abs. 3 Rn. 71.

121 Siehe nur *Herdegen*, in: Maunz/Dürig (Hrsg.), GG, Art. 25 Rn. 42 m.w.N.

122 Ebenso *Yousif*, Die extraterritoriale Geltung der Grundrechte, S. 88.

123 *Talmon*, NZWehrR 1997, 221 (232): *„Insoweit hat der alte Satz ‚Der Soldat trägt sein Recht mit sich' noch immer Gültigkeit"*; im Ergebnis ebenso *Baldus*, Transnationales Polizeirecht, S. 243.

oder ob es gegebenenfalls einer Modifikation bedarf. So ließe sich etwa aus praktischer Sicht die Kritik aufbringen, dass eine umfassende Grundrechtsbindung bei Auslandsermittlungen ein Hindernis für die Effektivität der internationalen Rechtshilfe in Strafsachen darstellt. Daher sei das staatliche Interesse an einer funktionierenden transnationalen Strafverfolgung, welches zugleich Ausdruck der Völkerrechtsfreundlichkeit des Grundgesetzes ist, als immanente Grundrechtsschranke zu verstehen.[124] Die Grundrechtsbindung bei Auslandssachverhalten würde demnach stets nur soweit reichen, wie sie die Effektivität der internationalen Zusammenarbeit nicht behindern würde. Wann indes eine Beschränkung der Effektivität anzunehmen ist, bleibt freilich fraglich, sodass hier weitreichende Interpretationsspielräume entstünden.

Weiterhin ließe sich argumentieren, dass dem jeweiligen Grundrecht bei überwiegendem Auslandsbezug ein nur eingeschränkter Geltungswille immanent ist, wodurch die Reichweite der grundrechtlichen Gewährleistung im Einzelfall beschränkt wird.[125]

bb) Stellungnahme

Im Ergebnis können diese Vorschläge für die Beschränkung des grundrechtlichen Schutzbereichs, jedenfalls für den Bereich der transnationalen Beweissammlung, nicht überzeugen.

Zunächst erscheint die Sorge vor einer Minderung der Effektivität grenzüberschreitender Strafverfolgung fernliegend. Bei der transnationalen Beweissammlung geht es gerade nicht um eine zusätzliche Prüfung ausländischer Entscheidungen am Maßstab des deutschen *ordre public*[126] oder den Versuch einer Bindung ausländischer Behörden an die Anforderungen deutscher Grundrechte[127], sondern um die fortbestehende Grundrechtsbindung deutscher Hoheitsträger bei selbstständigen Auslandsermittlungen. Der Schutz subjektiver Rechte durch die Grundrechte führt in diesem Fall nicht zur Einführung einer zusätzlichen Überprüfung von Ermittlungshandlungen. Vielmehr handeln die deutschen Beamte weiterhin innerhalb des

---

124 Vgl. zur Völkerrechtsfreundlichkeit des GG und der damit verbundenen Forderung zur Achtung fremder Rechtsordnungen BVerfGE 18, 112 (121); Kritisch *Herdegen*, in: Maunz/Dürig (Hrsg.), GG, Art. 1 Abs. 3 Rn. 78; *Yousif*, Die extraterritoriale Geltung der Grundrechte, S. 127 ff.

125 Ausgangspunkt dieser Auffassung ist die sog. Spanier-Entscheidung des BVerfGE 31, 58 (77); Vgl. auch BVerfGE 92, 26 (42) = NJW 1995, 2339 (2340); In diesem Sinne auch *Hillgruber*, in: Epping/Hillgruber (Hrsg.), Beck-OK GG, Art. 1 Rn. 77; *Scheller*, Ermächtigungsgrundlagen, S. 175 mit der Einschränkung, dass es einer Kompensation durch gleichwertigen Grundrechtsschutz des Gebietsstaates bedarf; Kritisch *Zimmermann*, ZRP 2012, 116 (117).

126 Vgl. § 73 IRG; Für Instrumente der gegenseitigen Anerkennung vgl. § 9 Abs. 2 RL-EEA.

127 Etwa durch die Übermittlung grundrechtlicher Mindestanforderungen als „Formvorschriften und Verfahren“ im Sinne des Art. 4 Abs. 1 EU-RhÜbk.

ihnen bekannten Ermittlungsrahmens, wenngleich unter der Geltung einer fremden Verfahrensordnung.[128] Die Grundrechte „begleiten" die deutschen Beamte somit über die Grenze und verhindern eine Aushebelung der den Beamten bereits bekannten Mindestgarantien.[129] Das eigentliche Ermittlungsverfahren bleibt durch die fortbestehende Begrenzung der Eingriffstiefe von Ermittlungshandlungen jedoch genauso effektiv oder ineffektiv, wie ein rein inländisches Ermittlungsverfahren. Die extraterritoriale Grundrechtsgeltung ist somit im Hinblick auf die Effektivität des Ermittlungsverfahrens neutral.

Zudem ließe sich bei der Durchführung einer grenzüberschreitenden Ermittlung kaum festlegen, welche nach der *lex loci* zulässige Ermittlungsmaßnahme noch mit den Grundrechten vereinbar ist und welche nicht. Hierfür wäre schließlich eine genaue Bestimmung des Verhaltens nötig, welches im Ausland nicht mehr unter den Schutzbereich des Grundrechts fällt.[130] Nach welchen Kriterien sich eine solche Neujustierung des Schutzbereichs richten soll, bleibt indes offen.[131] Für eine Reduktion des Schutzbereichs auf den Wesenskern des Grundrechts oder auf den eher nebulösen *ordre public* Gehalt fehlt es ebenso an einer tauglichen Rechtfertigung, wie schon für die Beschränkung des Schutzbereichs an sich.[132] Zur Verdeutlichung diene auch hier ein Blick auf die Praxis. Man denke etwa nur an die Fälle der grenzüberschreitenden Observation von Betäubungsmittellieferanten zwischen Deutschland und einem Nachbarstaat. Im Extremfall würde hier jeder Grenzübertritt eine Modifikation des Grundrechtsstandards bewirken. Der Beschuldigte wäre zwar kontinuierlich mit der Ausübung deutscher Hoheitsgewalt konfrontiert, könnte aber kaum vorhersehen, inwieweit er hiervor im Ausland durch grundrechtliche Mindestgarantien geschützt ist. Diese Unsicherheit über die Reichweite der Eingriffsmöglichkeiten staatlicher Gewalt berührt grundsätzliche Fragen im Hinblick auf das Verhältnis zwischen Staat und Individuum und der Dogmatik der Grundrechte.[133] Angesichts der heutigen Situation der internationalen Verbrechensbekämpfung, bei der die Ausübung deutscher Hoheitsgewalt auch im Ausland eher die Regel als die Ausnahme ist, kann eine solche Unsicherheit über die Reichweite des grundrechtlichen Schutzes nicht hingenommen werden.

---

128 Zur Modifikation der fremden Verfahrensordnung durch das Meistbegünstigungsprinzip siehe unten S. 193 ff.

129 Ebenso vollzieht sich die Durchführung einer Ermittlungsmaßnahme nach Anordnung durch einen anderen Mitgliedstaat im Rahmen der EEA nicht im grundrechtsfreien Raum, sondern es gilt ein europäischer *ordre public,* vgl. Art. 11 Abs. 1 lit. f RL-EEA.

130 *Yousif,* Die extraterritoriale Geltung der Grundrechte, S. 117 f.

131 *Yousif,* a.a.O.

132 Ebenso *Yousif,* a.a.O., S. 135 ff.; Vgl. auch *Scheller,* Ermächtigungsgrundlagen, S. 166.

133 Eine tiefer gehende Darstellung zum Geltungsgrund von Grund- und Menschenrechten würde über den Rahmen dieser Untersuchung hinausgehen. Siehe aber hierzu etwa *Schöbener/Knauff,* Allgemeine Staatslehre, § 5 Abschn. C.

Es ist im Interesse der Vorhersehbarkeit staatlichen Handelns vielmehr davon auszugehen, dass der Aufenthaltsort des Beschuldigten keine Modifikation des grundrechtlichen Schutzbereichs bewirkt. Soweit den Besonderheiten einer Auslandsermittlung Rechnung zu tragen ist[134], kann dies allenfalls im Rahmen der Prüfung der Verhältnismäßigkeit eines Eingriffs erfolgen.[135]

c) Zwischenergebnis

Zwischen der Geltung der Grundrechte und dem Wirkungsbereich deutscher Hoheitsgewalt besteht Kongruenz. Die Extraterritorialität staatlichen Handelns hat somit keinen Einfluss auf die Geltungsanordnung des Art. 1 Abs. 3 GG. Bei ihren selbstständigen Auslandsermittlungen sind deutsche Beamte auch dann an die Grundrechte gebunden, wenn die Ermittlungshandlung die Gebietshoheit des Territorialstaates verletzt.

Schließlich bewirkt der Aufenthaltsort des Beschuldigten keine Modifikation des grundrechtlichen Schutzbereichs. Die äußeren Umstände der Ermittlungsmaßnahme können allenfalls im Rahmen der Beurteilung der Verhältnismäßigkeit Berücksichtigung finden.

d) Rechtsfolge: Spezifische Handlungsvorgaben?

Die Bedeutung der aufgezeigten umfassenden Grundrechtsbindung für die vorliegende Fragestellung soll durch folgendes Beispiel dargestellt werden:

Deutsche Beamte führen auf der Grundlage von Art. 40 Abs. 1 SDÜ eine Observation auf dem Gebiet eines anderen Staates zur Aufklärung einer Diebstahlsserie durch. Zur Erreichung des Ermittlungszwecks und zur Absicherung der Observationsmaßnahmen ist zugleich eine Überwachung der Telekommunikation des Beschuldigten erforderlich, welche durch die zuständige Behörde des Gebietsstaates im Rahmen der Entscheidung über das Ersuchen, zur Vornahme durch deutsche Beamte bewilligt wurde. Nach dem Verfahrensrecht des Gebietsstaates, an welches die deutschen Ermittler über Art. 40 Abs. 3 lit. a SDÜ gebunden sind, ist die Durchführung einer TKÜ nach Anordnung durch einen Ermittlungsrichter zur Verfolgung aller Straftaten zulässig.[136]

---

134 Siehe *Krieger*, in: Fleck (Hrsg.), Rechtsfragen der Terrorismusbekämpfung durch Streitkräfte, S. 223 (242) für den Fall der Ausübung von Hoheitsgewalt durch deutsche Streitkräfte, die mitunter in Gebieten tätig werden, in denen eine effektive Gewährleistung von Grundrechten mangels Bestehens rechtsstaatlicher Strukturen kaum möglich ist.

135 Siehe hierzu die ausführlichen Darstellungen von *Scheller*, Ermächtigungsgrundlagen, S. 183 ff.; *Yousif*, Die extraterritoriale Geltung der Grundrechte, S. 127 ff.

136 Vgl. etwa den weiten Wortlaut des spanischen Art. 579 *Ley de Enjuiciamiento Criminal*, wobei auch dort inzwischen aufgrund der Rechtsprechung des EGMR, *Prado Bugallo v. Königreich Spanien*, Urteil v. 18.2.2003, §§ 30 ff. eine Beschränkung der TKÜ auf bedeutende Delikte erfolgt.

Die ermittelnden Beamten fragen sich, ob die Überwachung der Telekommunikation des Beschuldigten zulässig ist.

Bei Übernahme der Wertungen der *lex loci* in das deutsche Ermittlungsverfahren, käme es in diesem Beispielsfall augenscheinlich zu einer Kollision mit den Vorgaben der deutschen Verfahrensordnung, welche die Durchführung einer TKÜ gemäß § 100 a StPO auf bestimmte Katalogtaten beschränkt. Eine Überwachung der Telekommunikation zur Aufklärung eines einfachen Diebstahls wäre nach deutschem Recht damit nicht zulässig. Folglich wäre die Frage aufzuwerfen, ob eine Übernahme der Wertungen der *lex loci* gerechtfertigt ist oder ob es nicht vielmehr im Interesse des Beschuldigten einer beschränkenden Modifikation der *lex loci* für die Zwecke der deutschen Ermittlungen bedarf.[137]

Im Hinblick auf die dargestellte Grundrechtsbindung deutscher Hoheitsträger im Ausland könnte man jedoch auch zu dem zutreffenden Schluss kommen, dass sich eine solche Kollisionslage im vorliegenden Fall gar nicht erst ergibt.[138] Dem liegt die Annahme einer Verpflichtung deutscher Hoheitsträger zum Schutze von Art. 10 GG zugrunde, welche bereits die Stellung eines Ersuchens auf bestimmte Maßnahmen beschränkt. Folglich müssen deutsche Ermittler, unabhängig vom Ort der Ermittlungshandlung, diejenigen Vorgaben der *lex fori* beachten, die unmittelbar dem Schutze der Grundrechte des Betroffenen dienen. Zur Wahrung der strengen Verhältnismäßigkeitsanforderungen der Ermittlungsmaßnahme wäre daher das Ersuchen zur Durchführung einer TKÜ nur unter der Voraussetzung des Vorliegens einer Katalogtat nach § 100 a StPO zulässig.[139] Darüber hinaus ist zum Schutze von Art. 10 GG eine Bindung an den Richtervorbehalt des § 100 b Abs. 1 StPO zu fordern, sodass Ersuchen zur Durchführung einer TKÜ immer zugleich die Anordnung durch einen Richter fordern müssen.[140]

Für die Frage der Bestimmung der maßgeblichen Verfahrensordnung lässt sich aus dem dargestellten Beispiel folgende allgemeine Regel ableiten: Im Rahmen der transnationalen Beweissammlung kann die *lex loci* von vornherein nur in dem Umfang zur Anwendung kommen, wie sie mit den Schranken des Grundgesetzes vereinbar ist. Bei Unvereinbarkeit der Maßnahme mit den Vorgaben des Grundrechtsschutzes, kommt es schon zu gar keiner Kollisionslage zwischen *lex loci* und *lex fori*, da die Maßnahme aufgrund der umfassenden Grundrechtsbindung der deutschen Hoheitsträger ohnehin zu unterbleiben hat. Im dargestellten Beispielsfall bedeutet dies, dass gebietsstaatliches Recht im Hinblick auf die Durchführung der TKÜ von vornherein nur einen geringen Einfluss auf die Handlungsbefugnisse deutscher

137 Im Einzelnen siehe hierzu unten S. 193 ff.

138 Vgl. *Böse*, ZStW 2002 (114), 148 (159 ff.); *Schuster*, NStZ 2006, 657 (662).

139 *Schuster*, NStZ 2006, 657 (662); Zur Verhältnismäßigkeit der TKÜ *Bruns*, in: Hannich (Hrsg.), KK-StPO, § 100 a Rn. 29 f.

140 *Schuster*, NStZ 2006, 657 (661 f.), verweist diesbezüglich etwa auf die Anordnungskompetenz des britischen Innenministers. Diese wäre nicht hinreichend, um den Anforderungen des Art. 10 GG zu genügen.

Beamte haben kann. Eine Modifikation von Zulässigkeitsvoraussetzungen kommt nicht in Betracht, soweit diese dem Schutz des betroffenen Grundrechtes dienen.

Denkbar wäre ein Rückgriff auf die *lex loci* indes etwa in Bezug auf eine verhältnismäßige Ausdehnung der Dauer einer TKÜ, was durch folgende Abwandlung des Ausgangsfalles verdeutlicht werden soll:

Die im Rahmen der grenzüberschreitenden Observation durchgeführte TKÜ beschränkt sich auf eine Zielperson, die schwerwiegender Verstöße gegen das Betäubungsmittelgesetz verdächtigt wird.[141] *Die Taten werden allerdings in sehr unregelmäßigen größeren Abständen begangen, weshalb zu ihrer Aufklärung eine längerfristige Überwachung notwendig ist. Der zuständige Ermittlungsrichter des Gebietsstaates ordnet daher in rechtmäßiger Weise eine TKÜ für die Dauer von vier Monaten an.*[142]

Nach deutschem Recht wäre die erstmalige Anordnung der TKÜ gemäß § 100 b Abs. 1 S. 4 StPO auf höchstens drei Monate zu befristen. Die *lex loci* verlängert diesen Zeitraum um einen Monat, dessen vollständige Ausschöpfung durch deutsche Behörden nicht im Widerspruch zu ihrer Grundrechtsbindung steht. Hierfür spricht, dass die Ausdehnung des Überwachungszeitraums nur geringfügig ist und eine entsprechend langfristige Überwachung auch nach deutschem Recht grundsätzlich möglich wäre[143].

Die deutschen Grundrechte wirken folglich insoweit nicht handlungsbeschränkend für die deutschen Ermittler. Im Hinblick auf die Dauer der Überwachungsmaßnahme kommt es nunmehr tatsächlich zu einer Kollision zwischen *lex loci* und *lex fori*. Es bleibt allerdings zu untersuchen, ob das Ersuchen nicht aufgrund einer Bindung an deutsches Verfahrensrecht von vornherein auf die Dauer von drei Monaten zu beschränken ist.[144]

2) Geltung deutschen Verfahrensrechts aufgrund des Vorbehalts des Gesetzes

Ausgehend von der umfassenden Grundrechtsbindung deutscher Hoheitsträger bei Ermittlungen im Ausland ist nunmehr die Frage aufzuwerfen, ob sich eine weitergehende Beschränkung von Handlungsbefugnissen aus der Bindung an den Vorbehalt des Gesetzes[145] ergibt. Hierbei sind im Kontext von Auslandsermittlungen verschiedene Auslegungen des Vorbehalts des Gesetzes denkbar.

---

141 Vgl. § 100 a Abs. 2 Nr. 7 StPO.

142 Vgl. etwa Art. 100–2 des französischen *Code de Procédure Pénal.*

143 Vgl. § 100 b Abs. 1 S. 5 StPO, wonach die ursprünglich Anordnung um jeweils nicht mehr als drei Monate verlängert werden kann.

144 Siehe dazu sogleich und unten S. 189 ff.

145 Der Grundsatz der Gesetzmäßigkeit der Verwaltung enthält die Grundsätze des *Vorrangs* und des *Vorbehalts* des Gesetzes; Eingehend *Voßkuhle*, JuS 2007, 118.

a) Umfassende Bindung an deutsches Recht?

Art. 20 Abs. 3 GG sieht eine umfassende Bindung der Verwaltung an den Vorbehalt des Gesetzes vor, ohne dass hierbei eine Differenzierung zwischen Inlands- und Auslandssachverhalten getroffen wird.[146] Demnach müssen Eingriffshandlungen stets die Voraussetzungen der *lex fori* wahren und dürfen nicht über das hinausgehen, was unter vergleichbaren Umständen im Inland zulässig wäre.[147] Der Grundsatz der Gebietshoheit steht einer solchen extraterritorialen Anwendung deutschen Verfahrensrechts bei Vorliegen eines hinreichenden Inlandsbezuges nicht entgegen, da es sich insoweit lediglich um eine zulässige Ausdehnung der Regelungsbefugnis (*jurisdiction to prescribe*) und nicht der Durchsetzungsbefugnis (*jurisdiction to enforce*) handelt.[148] Folglich steht in Fällen der selbstständigen Ermittlungstätigkeit deutscher Hoheitsträger im Ausland die *lex fori* aus inländischer Sicht zunächst einmal gleichberechtigt neben der *lex loci*. Welche Konsequenzen sich aus dieser Doppelung ergeben, soll in einem nächsten Schritt sogleich erörtert werden.

b) Gelockerte Bindung an deutsches Recht?

Mitunter gebietet der besondere Kontext der transnationalen Informationssammlung auf der Grundlage völkerrechtlicher Verträge jedoch auch eine entsprechend angepasste Auslegung des Vorbehalts des Gesetzes.

So ließe sich etwa argumentieren, dass die völkerrechtliche Verpflichtung zur Anwendung der *lex loci* und das hierzu nach Art. 59 Abs. 2 S. 1 GG erlassene Zustimmungsgesetz eine hinreichende Legitimation für die ausschließliche Maßgeblichkeit der *lex loci* bereiten. Der durch das Zustimmungsgesetz inkorporierte Verweis der Rechtshilferegelung auf die *lex loci* würde dann die ausländische Rechtsordnung gleichsam für bestimmte Fälle an die Stelle der inländischen Verfahrensordnung setzen und dadurch den Anforderungen an den Vorbehalt des Gesetzes genüge tun.[149] Die Bindung an deutsches Recht würde sich in diesem Fall auf die Vorgaben des Grundgesetzes beschränken, während die jeweiligen Eingriffsvoraussetzungen der *lex loci* zu entnehmen wären.

Einer solchen beschränkten Geltung der *lex fori* ist jedoch nach zutreffender Auffassung entgegenzuhalten, dass der Verweis auf das Prinzip *locus regit actum* primär dem Schutze der Souveränität des Gebietsstaates dient.[150] Zudem dürfte ein Zustimmungsgesetz nach Art. 59 Abs. 2 GG, welches auf die ausländische Verfahrensordnung verweist, nicht in hinreichendem Maße die für grundrechtssensible Ermittlungsmaßnahmen notwendige Legitimation verschaffen.[151] *Baldus*[152] weist

146 *Ohler*, Die Kollisionsordnung des Allgemeinen Verwaltungsrechts, S. 316 m.w.N.
147 *Ohler*, a.a.O., S. 317.
148 *Baldus*, Transnationales Polizeirecht, S. 235.
149 Eingehend hierzu *Baldus*, Transnationales Polizeirecht, S. 237 ff.
150 *Ohler*, Die Kollisionsordnung des Allgemeinen Verwaltungsrechts, S. 317.
151 *Ohler*, a.a.O.
152 *Baldus*, Transnationales Polizeirecht, S. 241.

zudem zutreffend darauf hin, dass selbst bei Annahme einer hinreichenden Legitimationswirkung regelmäßig Schwierigkeiten im Hinblick auf die notwendige Zugänglichkeit der Eingriffsgrundlage bestehen. Für den Beschuldigten dürfte es kaum zumutbar sein, sich mit einer in fremder Sprache verfassten ausländischen Verfahrensnorm beschäftigen zu müssen.

Eine bloß gelockerte Bindung an deutsches Recht bei Auslandsermittlungen ist folglich abzulehnen.

3) Die Pflicht zur Berücksichtigung der lex fori *als Vorgabe des Rechtshilferechts am Beispiel der RL-EEA*

Darüber hinaus können die Regelungen der deutschen Verfahrensordnung bei Auslandsermittlungen auch aufgrund von Vorgaben des Rechtshilferechts relevant werden. Dies soll am Beispiel der Europäischen Ermittlungsanordnung und den dortigen Regelungen zu selbstständigen Ermittlungen erläutert werden.

a) Art. 6 Abs. 1 RL-EEA

Die aufgezeigte Geltung von *locus regit actum* in den Fällen der transnationalen Beweissammlung muss nicht zwingend bedeuten, dass eine Berücksichtigung der *lex fori* nach dem Rechtshilferecht zu keinem Zeitpunkt des Verfahrens erforderlich ist. Dies soll anhand des folgenden Beispiels erläutert werden:

Die Europäische Ermittlungsanordnung sieht in Art. 29 Abs. 1 den Erlass einer Anordnung zum Einsatz verdeckter Ermittler vor. Der Wortlaut der Regelung beinhaltet hierbei keine Beschränkung auf den Einsatz verdeckter Ermittler des Vollstreckungsstaates, sondern vielmehr ergibt sich aus der Zusammenschau mit der Leitungsbefugnis des Vollstreckungsstaates in Art. 29 Abs. 4 RL-EEA auch die Möglichkeit zum Einsatz deutscher Ermittler im Ausland.[153] Die Durchführung der verdeckten Ermittlung richtet sich gemäß Art. 29 Abs. 4 S. 1 RL-EEA nach dem Recht des Gebietsstaates. Dies könnte bei unbefangener Betrachtung zu dem Schluss führen, dass deutsche Ermittler ihre Handlungsbefugnisse mitunter erheblich ausweiten können, wenn dies nach der *lex loci* vorgesehen ist und nicht im Widerspruch zu ihrer Grundrechtsbindung steht.[154] Allerdings verhindert Art. 6 Abs. 1 lit. b RL-EEA ein „Befugnis-shopping", indem für den Erlass einer entsprechenden Anordnung eine Beachtung der innerstaatlichen Voraussetzungen und Grenzen für

153 Zudem wäre die in Art. 29 Abs. 4 S. 1 RL-EEA vorgesehene Bindung an das Prinzip *locus regit actum* bloß deklaratorisch, wenn ohnehin nur der Einsatz eigener Ermittler des Vollstreckungsstaates möglich wäre; So wohl auch die Auffassung der Bundesregierung in ihrer Antwort auf eine Kleine Anfrage BT-Drs. 18/1439 S. 12, die zumindest keine gegenteilige Auslegung vertritt.

154 Zur Grundrechtsbindung siehe oben S. 178 ff.

vergleichbare Maßnahmen vorgeschrieben wird.[155] Weiterhin ist die Anordnungsbehörde gemäß Art. 6 Abs. 1 lit. a RL-EEA zur Prüfung der Notwendigkeit und Verhältnismäßigkeit der Maßnahme verpflichtet.[156] Die Pflicht zur Berücksichtigung der *lex fori* wird folglich auf den Zeitpunkt der Anordnung der verdeckten Ermittlung vorverlagert.[157] Liegen nach deutschem Recht die Voraussetzungen für den Einsatz eines verdeckten Ermittlers nicht vor, kommt es schon zu keiner Kollisionslage zwischen *lex loci* und *lex fori*, da bereits die Anordnung der Maßnahme unzulässig ist. Das Verbot des „Befugnis-shopping" verhindert somit im Vorfeld eine Ausdehnung der eigenen Handlungsbefugnisse.

b) Rechtsfolge: Gleichlauf von lex loci und lex fori?

Die Reichweite der *lex fori*-Berücksichtigungspflicht nach Art. 6 Abs. 1 RL-EEA soll durch folgendes Beispiel dargestellt werden:

Aufgrund einer Information britischer Nachrichtendienste erfahren deutsche Behörden von der Existenz dreier deutscher Terrorverdächtiger in London. Diese sind nach ihrer Ausbildung in einem islamistischen Terrorlager zunächst nach England gereist, um von dort aus Anschläge in Deutschland zu planen. Zur raschen Aufklärung und Verfolgung der Terrorzelle ordnen die deutschen Behörden mit Zustimmung des Gerichts nach § 110 b Abs. 2 StPO[158] die Einschleusung eines verdeckten Ermittlers des BKA auf der Grundlage von Art. 29 RL-EEA an. Im Zuge der Ermittlungen möchte der als deutscher Konvertit getarnte Ermittler gerne die Privatwohnung eines zunächst noch unbekannten Verdächtigen betreten. Zum Schutze seiner Legende gibt sich der Ermittler hierzu[159] als Mitarbeiter der städtischen Wohnungsverwaltung aus, worauf ihm bereitwillig Zutritt zu der Wohnung gewährt wird. Die in der Wohnung erlangten Erkenntnisse tragen letztlich mit zu der Überführung der Terrorzelle bei. Im Rahmen des deutschen Strafverfahrens stellt sich die Frage, inwieweit diese Erkenntnisse verwertet werden können.

Die Frage nach der Verwertbarkeit soll an dieser Stelle zunächst nur aufgeworfen werden.[160] Vielmehr gilt es zunächst aufzuzeigen, in welchem Umfang das

155 Siehe hierzu *Zimmermann/Glaser/Motz*, EuCLR 2011, 56 (73); Spiegelbildlich sieht Art. 29 Abs. 3 lit. a RL-EEA zudem eine Versagungsmöglichkeit für den Vollstreckungsstaat vor, wenn die Durchführung der verdeckten Ermittlung in einem vergleichbaren innerstaatlichen Fall nicht genehmigt worden wäre.

156 Siehe hierzu *Böse*, ZIS 2014, 152 (153).

157 *Bachmaier Winter*, ZIS 2010, 580 (583 f.) hält die Regelung des Art. 6 Abs. 1 RL-EEA insoweit für deklaratorisch, da es sich um eine selbstverständliche Prüfungspflicht handele.

158 Siehe BGHSt 42, 103 = NJW 1996, 2518 für die Anforderungen an eine solche Zustimmung.

159 Mit Einverständnis der zuständigen britischen Behörde.

160 Eingehend zu möglichen Lösungsansätzen unten S. 254 ff.

vorstehende Beispiel zu einer Kollisionslage zwischen *lex loci* und *lex fori* führt. Ausgangspunkt ist hierbei die Regelung des Art. 6 Abs. 1 lit. b RL-EEA, wonach die Rechtmäßigkeit der Anordnung die Zulässigkeit einer verdeckten Ermittlung nach deutschem Recht in einem vergleichbaren innerstaatlichen Fall erfordert. Insoweit ist festzustellen, dass die verdeckte Ermittlung im Beispielsfall wegen des hinreichenden Verdachts einer Straftat nach §§ 129 a, b StGB für eine Katalogtat nach § 110 a Abs. 1 S. 1 Nr. 2 StPO angeordnet wurde[161], welche auch im Einzelfall von erheblicher Bedeutung war und deren Aufklärung auf andere Weise wesentlich erschwert wäre[162]. Hiervon zu unterscheiden ist jedoch die Frage nach der Zulässigkeit des Betretens der Wohnung des Verdächtigen, welche unabhängig von der Frage der Möglichkeit einer Anordnung einer verdeckten Ermittlung zu beurteilen ist. Diesbezüglich gestattet das deutsche Verfahrensrecht dem verdeckten Ermittler den Wohnungszutritt gemäß § 110 c StPO nur unter Verwendung seiner Legende und mit dem Einverständnis des Berechtigten. Hierbei darf das Einverständnis mithin nur durch die Verwendung der Legende, nicht aber durch die Vortäuschung eines Zutrittsrechts eingeholt werden.[163] Nach britischem Recht ist dem verdeckten Ermittler dagegen das Betreten der Wohnung nach vorheriger Anordnung durch die Behördenleitung unter Beachtung des Verhältnismäßigkeitsgrundsatzes ohne eine dem deutschen Recht vergleichbare Einschränkung gestattet.[164] Folglich war der Zutritt des deutschen Ermittlers unter Vortäuschung einer Zutrittsberechtigung nach britischem Recht rechtmäßig, während deutsches Recht eine solche Täuschung nicht als zulässige Ermittlungshandlung ansieht.

Dieser Konflikt von Handlungsbefugnissen lässt sich hierbei auch nicht durch einen Verweis auf die Grundrechtsbindung des deutschen Ermittlers lösen. Schließlich erscheint bei strikter Beachtung des Verhältnismäßigkeitsgrundsatzes und Einhaltung des Richtervorbehaltes aus § 110 b Abs. 2 S. 1 Nr. 2 StPO eine Verletzung von Art. 13 GG eher fernliegend. Zwar wird mit der Vortäuschung einer Zutrittsbefugnis

161 Vgl. §§ 74 a Abs. 1 Nr. 4, 120 Abs. 1 Nr. 6 GVG.

162 Vgl. § 110 a Abs. 1 S. 3 StPO.

163 *Bruns*, in: Hannich (Hrsg.), KK-StPO, § 110 c StPO Rn. 2; *Hilger*, NStZ 1992, 523 (525).

164 Die gesetzliche Regelung von sog. *Covert Human Intelligence Sources (CHIS)* in Part II des *Regulation of Investigatory Powers Act* enthält keine dem § 110 c StPO vergleichbare Regelung. Maßgeblich ist insoweit vielmehr die Reichweite der behördlichen Anordnung; Siehe hierzu eingehend *Harfield*, Covert Investigation, S. 69 ff., 134 f.; Vgl. zur Reichweite der Anordnung auch *Home Office UK* (Hrsg.), Covert Human Intelligence Sources Code of Practice, Kap. 3.25, wonach die Anordnung einer verdeckten Ermittlung sogar gleichzeitig die Nutzung technischer Überwachungsmittel durch den Ermittler innerhalb der Wohnung des Verdächtigen erfasst; Vgl. ebenso *Home Office UK* (Hrsg.), Covert Surveillance and Property Interference Code of Practice, Kap. 2.30.

ein gewisser hoheitlicher Druck auf den Beschuldigten ausgeübt[165], jedoch ist nicht auf Anhieb ersichtlich, warum dies eine intensivere Form der Täuschung als die zulässige Täuschung durch die Vorspiegelung einer Legende darstellt.[166] Mitunter ist im letzteren Fall der Missbrauch des Vertrauens des Beschuldigten sogar noch größer, als bei der Vorspiegelung einer kurzzeitigen Zutrittsbefugnis.[167] Zudem ist zu berücksichtigen, dass zwar ein vermeintliches Zutrittsrecht, aber keinerlei damit verbundene unmittelbare Zwangsbefugnisse vorgespiegelt wurden. Ohne das Einverständnis des Wohnungsinhabers wäre es folglich zunächst zu keinem Betreten der Wohnung gekommen. Das Vorspiegeln einer Zutrittsbefugnis wiegt also dort weniger schwer, wo der Berechtigte trotz Täuschung noch von der Maßgeblichkeit seines Einverständnisses ausgeht. Hätte sich der Ermittler folglich nicht als Mitarbeiter der Wohnungsverwaltung, sondern etwa als Prüfer des Gesundheitsamtes ausgegeben und hierbei die Notwendigkeit sofortiger Maßnahmen innerhalb der Wohnung vorgetäuscht, so stünde das Zwangselement deutlich im Vordergrund und dem Berechtigten hätten sich kaum Handlungsoptionen erschlossen. Da dies vorliegend nicht der Fall war, liegt auch keine Verletzung des Rechts auf ein faires Strafverfahren vor.[168] Die Täuschung über die Zutrittsbefugnis erreicht hier aufgrund der verbleibenden Entscheidungsfreiheit des Beschuldigten nicht ein solches Maß, dass von einer Aufgabe der Subjektstellung des Beschuldigten ausgegangen werden müsste.[169]

Im Ergebnis dürfte zudem bei der Aufklärung von schwerwiegenden Verbrechen der Schutz der Allgemeinheit vor schwersten Gewalttaten das Interesse des Beschuldigten an der Täuschungsfreiheit seines Einverständnisses überwiegen.

Folglich ist der Rückgriff auf die *lex loci* im Beispielsfall nicht durch übergeordnete Vorgaben des Grundgesetzes untersagt, wodurch die Regelung der *lex loci* zu einer partiellen Ausdehnung der Handlungsbefugnisse des verdeckten Ermittlers führen könnte. Inwieweit diese Abweichung von den Vorgaben der StPO jedoch mit dem Vorbehalt des Gesetzes vereinbar ist, bleibt noch zu klären.

---

165 Aus diesem Grund dürfte auch, anders als im Falle des Betretens mit (durch Täuschung erschlichenem) Einverständnis des Wohnungsinhabers, unstreitig ein Eingriff in den Schutzbereich des Art. 13 GG vorliegen. Siehe zur Frage des Vorliegens eines Eingriffs BGH NJW 1997, 1516 (1517).

166 a.A. *Bruns*, in: Hannich (Hrsg.), KK-StPO, § 110 c StPO Rn. 2.

167 Dies wäre etwa für den Fall denkbar, dass der VE über einen langen Zeitraum das Vertrauen des Beschuldigten gewinnt und unter Ausnutzung dieser Vertrauensbeziehung dessen Wohnung betritt.

168 Eingehend zur Bedeutung dieses Rechts im Hinblick auf den Einsatz kriminalistischer List *Soiné*, NStZ 2010, 596.

169 Vgl. zur Bedeutung von Art. 1 Abs. 1 GG im Zusammenhang mit dem Recht auf ein faires Verfahren BVerfGE 57, 250 (274 f.) = NJW 1981, 1719 (1722).

4) Ergebnis

Eine Unterscheidung zwischen *lex loci* und *lex fori* wird dort relevant, wo es zu einer Kollision zwischen beiden Rechtsordnungen kommt. Eine solche liegt vor, wenn das maßgebliche Recht des Gebietsstaates zu einer Ausweitung der Handlungsbefugnisse deutscher Hoheitsträger führen könnte. Aufgrund der umfassenden Grundrechtsbindung bei Auslandsermittlungen und den Vorgaben wie Art. 6 Abs. 1 RL-EEA zur Vermeidung eines „Befugnis-shopping“, kommt eine solche Kollisionslage im Rahmen der transnationalen Beweissammlung regelmäßig nur partiell im Hinblick auf die konkrete Ausgestaltung der Maßnahme in Betracht. Die *lex loci* kann folglich dann zu einer Befugnisausweitung führen, wenn die generellen Voraussetzungen für die Anordnung einer Maßnahme auch nach deutschem Recht vorliegen und die jeweiligen „Zusatz-Befugnisse“ nicht im Widerspruch zu den Vorgaben des Grundgesetzes stehen.

IV) Notwendigkeit einer „Austarierung“ von *lex loci* und *lex fori*

1) Problemaufriss: Konsequenz der parallelen Geltung von lex loci und lex fori

Die Bindung an das Recht des Gebietsstaates führt in den aufgezeigten Grenzen mitunter zu einem Auseinanderfallen der maßgeblichen Verfahrensregeln für die Beweiserhebung und die Beweisverwertung.[170] Die Relevanz dieses Phänomens ergibt sich aus einer Betrachtung des transnationalen Strafverfahrens als einheitliches arbeitsteiliges Verfahren[171]. Gerade die Einheitlichkeit des Verfahrens erfordert, dass auch bei einer grenzüberschreitenden Ermittlung die Beweiserlangung nicht außerhalb des Verfahrens steht, sondern elementarer Bestandteil des Selbigen ist. Es ist also selbstverständlich, dass die Extraterritorialität einer Ermittlungshandlung nicht zu einem Ignorieren der Erhebungssituation führen kann.[172] Der Verwertungsstaat kann folglich nicht die Erlangung eines Beweismittels als bloßes Faktum behandeln, sondern muss zur Gewährleistung subjektiver Rechte des Beschuldigten die genauen Umstände der Beweiserhebung mit in seine Bewertung der Verfahrensfairness einfließen lassen.[173]

---

170 Siehe nur *Bendler*, StV 2003, 133 (134); *Gleß*, in: Böse (Hrsg.), Europäisches Strafrecht, § 16 Rn. 7, 14; *Dies.*, in: Samson/Dencker/Frisch/Frister/Reiß (Hrsg.), FS Grünwald, S. 197 (201).

171 Zum Begriff des arbeitsteiligen Strafverfahrens *Lagodny*, in: Sieber/Satzger/v. Heintschel-Heinegg (Hrsg.), Europäisches Strafrecht, § 31 Rn. 39 ff.

172 Schomburg/Lagodny/Gleß/Hackner (Hrsg.), Internationale Rechtshilfe, Einleitung Rn. 10.

173 *Gleß*, Beweisrechtsgrundsätze, S. 418 ff. spricht insoweit vom Erfordernis eines *„adäquaten Interessenausgleichs als Voraussetzung für ein faires Gesamtverfahren“*.

Die Geltung des Prinzips *locus regit actum* ist hierbei solange unproblematisch, wie ein Gleichlauf zwischen den Eingriffsvoraussetzungen der Erhebungs- und der Verwertungsrechtsordnung besteht.[174] Weichen die vorgesehen Eingriffsmaßnahmen oder die hierfür erforderlichen Voraussetzungen indes von den Vorgaben der deutschen Verfahrensordnung ab, so bedarf es einer Bestimmung des Verhältnisses zwischen *lex loci* und *lex fori*.[175] Beispielsweise bestehen innerhalb der Mitgliedstaaten der Union nachwievor zum Teil erhebliche Unterschiede hinsichtlich der Zulässigkeit und Reichweite von technischen Überwachungsmaßnahmen.[176] Eine Ermittlungsmaßnahme, die von einer Rechtsordnung als zuverlässige Methode der Tatsachenfeststellung anerkannt wurde[177], ist mitunter der Verwertungsrechtsordnung in ihrer spezifischen Ausgestaltung nicht bekannt oder wird ausdrücklich nicht als zuverlässige Methode akzeptiert. Im Bereich der transnationalen Beweissammlung wäre dies nach den oben aufgezeigten Beispielen etwa der Fall, wenn die *lex loci* zu einer Ausweitung der Handlungsbefugnisse verdeckter Ermittler[178] oder der Dauer von technischen Überwachungsmaßnahmen[179] führen würde. Die einschlägigen Rechtsgrundlagen für die grenzüberschreitende Observation und verdeckte Ermittlung treffen hierbei nur sehr rudimentäre Aussagen über die jeweils zulässigen Ermittlungshandlungen.[180] So verbietet einzig Art. 40 Abs.3 lit. e und lit. f SDÜ den ermittelnden Beamten ausdrücklich das Betreten von Wohnungen[181] und das Anhalten oder Festnehmen der obervierten Person. Soweit eine entsprechende Beschränkung nicht besteht und auch keine diesbezüglichen Absprachen zwischen den beteiligten Staaten getroffen wurden, dürfen die ermittelnden Beamten daher jedenfalls nach dem Rechtshilferecht , die nach der *lex loci* für die jeweilige Ermittlungsform vorgesehenen Handlungen durchführen. Diese mögen zwar nach der gebietsstaatlichen Verfahrensordnung als zuverlässige Methoden der Sachverhaltsaufklärung anerkannt sein, nicht aber unbedingt nach deutschem Recht.[182] Es stellt sich folglich die Frage, ob im Hinblick auf die Bindung an den Vorbehalt des Gesetzes und die Sicherung einer fairen Beweiserhebung, maßgeblich auf die Einhaltung

174 *Ohler*, Die Kollisionsordnung des Allgemeinen Verwaltungsrechts, S. 318.

175 Vgl. *Gleß*, in: Samson/Dencker/Frisch/Frister/Reiß (Hrsg.), FS Grünwald, S. 197 (201).

176 Eingehend für die TKÜ *Hecker*, in: Marauhn (Hrsg.), Bausteine eines europäischen Beweisrechts, S. 27 (35); *Perron*, ZStW 2000 (112), 202 (218 ff.); *Schuster*, NStZ 2006, 657 (658 f.).

177 *Gleß*, ZStW 2003 (115), 131 (143 f.); *Dies.*, Beweisrechtsgrundsätze, S. 420 ff.

178 S. 183 f.

179 S. 180.

180 a.A. im Hinblick auf Art. 40, 41 SDÜ *Ohler*, Die Kollisionsordnung des Allgemeinen Verwaltungsrechts, S. 318.

181 Maßgeblich ist insoweit der Wohnungsbegriff nach der Rechtsordnung des Gebietsstaates, siehe *Krüßmann*, in: Böse (Hrsg.), Europäisches Strafrecht, § 18 Rn. 41.

182 Für den Fall der Zeugenvernehmung nach französischem und englischem Recht *Gleß*, ZStW 2003 (115), 131 (144).

der Vorschriften des Gebietsstaates abgestellt werden kann. Bei der Beantwortung dieser Frage und der Untersuchung verschiedener Lösungsmöglichkeiten[183] wird die individualschützende Funktion des anwendbaren Verfahrensrechts deutlich.

2) Maßgeblichkeit der lex loci für die Verwertungsentscheidung?

Für die Praxis ist entscheidend, dass die im Rahmen einer Auslandsermittlung gesammelten Beweismittel später auch tatsächlich vor einem deutschen Gericht verwertet werden können. Hierbei richtet sich die Beweisverwertung unstreitig nach deutschem Recht.[184] Unklar ist dagegen, inwieweit die besondere Situation der Beweiserhebung unter der Geltung des Prinzips *locus regit actum* für die Beurteilung der Beweisverwertbarkeit zu berücksichtigen ist.

a) Situation der klassischen Rechtshilfe: Ansicht der herrschenden Meinung

Im Rahmen der klassischen Rechtshilfesituation, bei der die ausländische Behörde auf ein Ersuchen hin einen Beweis unter Anwendung ihrer eigenen Verfahrensordnung erhebt[185], geht insbesondere die Rechtsprechung von der Maßgeblichkeit der *lex loci* aus. Demnach ist eine Maßnahme der Beweiserhebung im deutschen Strafverfahren dann als rechtmäßig anzuerkennen, wenn sie unter Einhaltung der Verfahrensregeln des ersuchten Staates durchgeführt wurde.[186] Erlaubt also beispielsweise das ausländische Recht die Vernehmung des Beschuldigten ohne Hinzuziehung eines Verteidigers[187], ist dies für die Beurteilung der Rechtmäßigkeit der Beweiserhebung solange unschädlich, wie die Maßnahme nicht dem deutschen *ordre public* widerspricht.[188] Weniger gravierende Abweichungen sind dann allenfalls im Rahmen der Beweiswürdigung zu berücksichtigen.[189]

Der dogmatische Hintergrund dieser Auffassung liegt in dem bereits dargestellten völkerrechtlichen Geltungsgrund des Prinzips *locus regit actum*. Das Territorialitätsprinzip schützt den ersuchten Staat vor einer Anwendung fremden Verfahrensrechts, sei es durch seine eigenen oder durch ausländische Beamte.[190] Konsequenterweise wäre die Auffassung der Rechtsprechung damit auch auf die Fälle der transnationalen Beweissammlung zu übertragen.

---

183 Siehe dazu unten S. 254 ff.

184 Siehe nur *Böse*, ZStW 2002 (114), 148 (149); *Jahn*, Gutachten C für den 67. DJT 2008, S. C 117; *Schuster*, Verwertbarkeit, S. 96.

185 Siehe oben zum Fall der Vernehmung durch eine ausländische Behörde S. 168.

186 BGHSt 2, 300 (304); 7, 15 (16); 35, 82 (83); 42, 86 (90).

187 Zum Beispiel *Gleß*, ZStW 2013 (125), 573 (576 ff.).

188 Vgl. nur BGH GA 1982, 40; NStZ 1998, 154 (155).

189 BGHSt 2, 300 (304).

190 Vgl. *Mavany*, Die Europäische Beweisanordnung, S. 161.

b) *Übertragbarkeit der herrschenden Ansicht auf die transnationale Beweissammlung?*

Anders als in der Situation der klassischen Rechtshilfe, werden bei der transnationalen Beweissammlung deutsche Ermittler selbst vor Ort tätig. Es wurde bereits gezeigt, dass in dieser besonderen Situation die Vorgaben der *lex fori* anwendbar bleiben und mitunter zu einem Konflikt mit den Regelungen der *lex loci* führen können. Die für den Bereich der klassischen Rechtshilfe vertretene Auffassung der Maßgeblichkeit der *lex loci* ist somit auf die hier relevanten Fälle der transnationalen Beweissammlung nicht ohne Weiteres übertragbar.

Im Folgenden gilt es daher nunmehr konkrete Lösungsvorschläge zu entwickeln, um potentielle Wertungsunterschiede zu einem Ausgleich zu bringen.

c) *Lösung bei Geltung eines strengen Gesetzesvorbehaltes: Meistbegünstigung*

Sofern mit der auch hier vertretenen Auffassung angenommen wird, dass die Bindung der Verwaltung an den Vorbehalt des Gesetzes unabhängig vom Ort der Maßnahme ist[191], so müssen die konkreten Vorgaben der deutschen Verfahrensordnung auch unter Geltung des Prinzips *locus regit actum* eingehalten werden. Kommt es nunmehr aufgrund der parallelen Geltung von *lex loci* und *lex fori* zu einer Differenz hinsichtlich der Voraussetzungen für eine Ermittlungsmaßnahme, so kann nur durch die Anwendung des Meistbegünstigungsprinzips ein für Gebiets- und Verwertungsstaat akzeptabler Ausgleich hergestellt werden. Hierbei erfolgt die Erhebung von Beweisen in der Praxis nur dann unter Anwendung der Vorgaben der Gebietsrechtsordnung, wenn diese strengere Voraussetzungen für die Durchführung der Eingriffsmaßnahme vorsieht.[192] Die ermittelnden Beamten würden demnach beide Verfahrensordnungen anwenden und jeweils im konkreten Fall der für den Beschuldigten günstigeren Ermächtigungsgrundlage den Vorzug geben.[193] Für die Durchführung einer selbstständigen Ermittlungsmaßnahme gilt damit nachwievor das Recht des Gebietsstaates. Die hierin vorgeschriebenen verfahrenstechnischen und inhaltlichen Regelungen müssen von den deutschen Ermittlern beachtet werden. Zugleich obliegt den Ermittlern jedoch die Pflicht, die Rechtmäßigkeit der Ermittlungsmaßnahme nach deutschem Recht zu überprüfen. Soweit gebietsstaatliches Recht strenger oder ebenso streng wie deutsches Recht ist, kommt es zu einem unproblematischen Gleichlauf beider Rechtsordnungen. Sieht das deutsche Recht

---

191 Siehe oben S. 181.

192 Abzugrenzen ist diese Form der Meistbegünstigung im Rahmen der Beweiserhebung von einer ebenfalls vertretenen Meistbegünstigung im Rahmen der Beweisverwertung; Vgl. etwa *Walther*, StV 1992, 561 (563); *Gane/Mackarel*, EJCCLCJ 1996, 98 (118 f.).

193 Vgl. *Perron*, ZStW 2000 (112), 202 (207) der die besondere Aufwendigkeit dieses Verfahrens kritisiert; Im Bereich der grenzüberschreitenden Beweisaufnahme im Zivilrecht sieht Art. 14 EG-VO 1206/2001 eine solche Meistbegünstigung des Betroffenen vor.

dagegen im Einzelfall strengere Anforderungen für eine Ermittlungsmaßnahme vor, wird das gebietsstaatliche Recht um dieses „Plus" modifiziert und sodann weiterhin im Rahmen des *lex loci* Verfahrens angewandt.

Hierbei ist zu berücksichtigen, dass diese Art der Meistbegünstigung die ermittelnden Beamten vor mitunter erhebliche praktische Herausforderungen stellt.[194] So wird von Kritikern eines Meistbegünstigungsprinzips vorgebracht, dass die Identifikation der jeweils für den Beschuldigten günstigeren Regel nicht immer auf der Hand liegt, sondern mitunter eine genaue Bedeutungsanalyse im Kontext der anwendbaren Rechtsordnung erfordert.[195] Für den Regelfall der selbstständigen Auslandsermittlung, bei dem es etwa um die Frage des Einsatzes technischer Überwachungsmittel oder die Handlungsmöglichkeiten verdeckter Ermittler geht, dürfte diese im Kern sicherlich berechtigte Kritik nicht durchgreifen. Die Schwierigkeit dürfte hier für die ermittelnden Beamten vielmehr in der Notwendigkeit der Kenntnis mitunter zahlreicher Verfahrensordnungen[196] liegen, als in der Identifikation der im Einzelfall günstigeren Norm.

An anderer Stelle wurde bereits festgestellt, dass eine solche Modifikation des Prinzips *locus regit actum* keine Verletzung der Rechte des Gebietsstaates darstellt, da in keinem Fall über die *lex loci* hinausgehende Ermittlungseingriffe vorgenommen werden und somit die Wertentscheidungen des Gebietsstaates geachtet bleiben.[197] Praktische Folge dieser Meistbegünstigung ist jedoch eine Besserstellung des Beschuldigten gegenüber einem rein nationalen Verfahren, da mitunter gerade die ausländische Rechtsordnung strengere Voraussetzungen vorsieht und damit für den Beschuldigten günstiger ist.[198] Da diese Besserstellung jedoch unmittelbare Folge der verfassungsrechtlichen Pflicht zur Einhaltung des Vorbehaltes des Gesetzes ist, handelt es sich um eine hinzunehmende Rechtsfolge.

d) Lösungen bei Annahme eines gelockerten Gesetzesvorbehaltes

Entgegen der hier vertretenen Auffassung könnte auch davon ausgegangen werden, dass der Verweis des nach Art. 59 Abs. 2 GG erlassenen Zustimmungsgesetzes auf die *lex loci* eine hinreichende Legitimation für die Durchführung von Ermittlungsmaßnahmen nach dem Recht des Gebietsstaates begründet[199]. In diesen Fall muss die Frage aufgeworfen werden, ob nicht die Pflicht zur Sicherung der Zuverlässigkeit und Fairness der Beweiserhebung ebenfalls eine „Austarierung" von *lex loci* und *lex fori* gebietet und wie diese erreicht werden könnte.

---

194 Auch insoweit kann wieder die Eilfall-Konstellation herangezogen werden, bei der die parallele Beachtung beider Rechtsordnungen kaum möglich sein dürfte.

195 So etwa *Gleß*, Beweisrechtsgrundsätze, S. 419 Fn. 37; *Vogel*, ZStW 2004 (116), 408 f.

196 So etwa bei Ermittlungen, die sich nicht auf das Gebiet eines Staates beschränken.

197 Siehe oben S. 115, S. 162.

198 Kritisch daher *Mavany*, Die europäische Beweisanordnung, S. 165 f; Vgl. auch *Schomburg*, EJCCLCJ 2000, 51 (56 f.).

199 Siehe oben S. 181.

aa) Die Pflicht zur Sicherung der Zuverlässigkeit und Fairness von Beweismitteln

Das ausschließliche Abstellen auf die Einhaltung der Verfahrensordnung des Gebietsstaates bei der Beurteilung der Rechtmäßigkeit der Beweisgewinnung ist in der Literatur auf Kritik gestoßen.[200] Eine überzeugende Argumentation bietet hierbei *Gleß*[201], die das Verfahren der Beweisverwertung im Gesamtkontext eines auf Zuverlässigkeit und Fairness basierenden Strafprozesses betrachtet. Die Einhaltung der Verfahrensordnung des ersuchten Staates könne allenfalls als Indiz für die Verwertbarkeit herangezogen werden. Entscheidend sei vielmehr die Gewährleistung einer zuverlässigen und fairen Beweisführung aus der Perspektive der Verwertungsrechtsordnung.[202] Auf welchem Wege eine solche Gewährleistung im Rahmen der transnationalen Beweissammlung gesichert werden kann, soll sogleich dargestellt werden.[203]

Der entscheidende Vorteil einer Abkehr von der gleichsam „blinden"[204] Übernahme eines im Ausland erhobenen Beweismittels zugunsten einer Gesamtbetrachtung von Zuverlässigkeit und Fairness eines Beweismittels wird insbesondere bei Betrachtung von Extremfällen deutlich. Denkbar ist etwa der Fall der Beteiligung deutscher Beamte an einer gemeinsamen Ermittlungsgruppe zur Verfolgung einer europaweit tätigen kriminellen Gruppierung. Die Ermittlungen der GEG finden in zahlreichen Mitgliedstaaten statt, wobei die Vornahme der Ermittlungshandlungen gemäß Art. 13 Abs. 3 lit. b EU-RhÜbk jeweils nach der Verfahrensordnung des Gebietsstaates erfolgt. Aufgrund seiner geografisch zentralen Lage wurde Deutschland von den an der GEG beteiligten Staaten als Verfahrensort gewählt, wodurch etwa die Beweisaufnahme durch Zeugenbefragungen vereinfacht wird.[205] Zentrales Beweismittel im Verfahren gegen die kriminelle Gruppierung sind Erkenntnisse aus heimlichen technischen Überwachungsmaßnahmen, die an jedem Aufenthaltsort

---

200 Siehe etwa *Schnorr v. Carolsfeld*, in: Schroeder/Zipf (Hrsg.), FS für Maurach, S. 615 (623), der darauf abstellt, „(...) *ob, gesetzt es wäre im Inland ebenso vorgegangen worden, um den Beweis zu erheben, aus den so ermittelten Tatsachen Schlüsse gezogen werden dürften.*"; *Thien*, Zeugenvernehmung im Ausland, S. 12, 51, 131; *Scheller*, Ermächtigungsgrundlagen, S. 325; Kritisch im Hinblick auf die Maßgeblichkeit der *lex loci* für Ermittlungshandlungen der geplanten Europäischen Staatsanwaltschaft *Zerbes*, ZIS 2015, 145 (147 ff.).

201 *Gleß*, Beweisrechtsgrundsätze, S. 141 ff.; *dies.*, ZStW 2003 (115), 131 (143 ff.); *dies.*, JR 2008, 317 (321).

202 *Gleß*, JR 2008, 317 (321).

203 Siehe unten S. 193 ff.

204 Beschränkt auf die Kontrolle der Wahrung des deutschen *ordre public*.

205 In der Praxis wird indes oftmals erst sehr spät über den Ort der Anklage entschieden und sog. „Spiegelverfahren" in verschiedenen Staaten geführt. Insbesondere fehlen bisher klare Regeln über die internationale Zuständigkeit bei transnationalen Sachverhalten; Siehe hierzu *Böse/Meyer*, in: Böse/Meyer/Schneider (Hrsg.), Conflicts of Jurisdiction in Criminal Matters in the European Union, Vol. I 2013, S. 8 f.

der Gruppierung durchgeführt wurden. Zum Teil erfolgte die Anordnung der Maßnahme hierbei durch einen Richter, zum Teil durch die Staatsanwaltschaft oder sogar durch die Polizei.[206] In einigen Staaten erfolgte die Durchführung der Maßnahme unter der Beteiligung von Nachrichtendiensten und erstreckte sich auf die Wohnräume der Beschuldigten. Eine Verurteilung der Beschuldigten ist nur auf der Grundlage einer Zusammenschau der in allen beteiligten Staaten erhobenen Erkenntnisse möglich. Die von der herrschenden Auffassung vertretene konsequente Anwendung des Prinzips *locus regit actum* würde in diesem Fall, die Einhaltung des deutschen *ordre public* vorausgesetzt, zu einer erheblichen Fragmentierung des Strafprozesses führen.[207] Das deutsche Gericht würde Wahrnehmungsobjekte verwerten, die unter einer Vielzahl unterschiedlichster Verfahrensordnungen erlangt wurden. Zugleich ist das Gericht dabei zur Gewährleistung eines insgesamt fairen Strafverfahrens verpflichtet. Eine solche Gewährleistung erscheint jedoch bei der dargestellten Fragmentierung der Beweiserhebung nur schwer durchführbar, wenn nicht sogar unmöglich.

Sicherlich bietet die Beschränkung des Prinzips *locus regit actum* durch die Bindung an den deutschen *ordre public* beziehungsweise bei Vornahme durch deutsche Hoheitsträger an die Gesamtheit der Grundrechte einen gewissen Mindestschutz.[208] Doch wie ist die Fairness zu beurteilen, wenn die grundlegenden rechtsstaatlichen Anforderungen nicht eindeutig verletzt sind, aber dennoch aus deutscher Sicht erhebliche Vorbehalte im Hinblick auf die Verwertbarkeit eines Beweismittels bestehen? Denkbar erscheint diese Konstellation insbesondere mit Blick auf die Verwertbarkeit nachrichtendienstlicher Erkenntnisse. Hier vermag der Rückgriff auf den *ordre public* nicht automatisch Abhilfe zu verschaffen, wenngleich die Verwertung aufgrund des Trennungsgebotes in einem deutschen Strafverfahren durchaus problematisch erscheint.[209] Erst durch die Beurteilung des jeweiligen Beweismittels aus der Perspektive der Verwertungsrechtsordnung, kann das erkennende Gericht im Wege einer Gesamtbetrachtung der widerstreitenden Interessen über die Zuverlässigkeit und Fairness des Verfahrens entscheiden. Nur wenn also aus deutscher Sicht beispielsweise im konkreten Fall die Gewinnung von Informationen unter Beteiligung von Nachrichtendiensten in hinreichendem Maße die Interessen des Beschuldigten wahrt, kann das Beweismittel verwertet werden. Über dieses Erfordernis kann die Einhaltung der Verfahrensordnung des Gebietsstaates nicht hinweghelfen, sondern nur als Ausgangspunkt einer eigenen Abwägungsentscheidung

---

206 Eingehend mit Blick auf die TKÜ *Schuster*, NStZ 2006, 657 (658 f.).

207 Das Problem erkennt auch *Hecker*, in: Marauhn (Hrsg.), Bausteine eines europäischen Beweisrechts, S. 27 (35); So auch *Zerbes*, ZIS 2015, 145 (148 ff.) und *Ligeti/Simonato*, NJECL 2013, 7)19 f.) im Hinblick auf Ermittlungshandlungen durch die geplante Europäische Staatsanwaltschaft.

208 Vgl. *Böse*, ZStW 2002 (114), 148 (151).

209 Zum Streit über den Rang des deutschen Trennungsgebotes siehe oben S. 43 ff.; Ein guter Überblick über die praktischen und rechtlichen Problem findet sich bei *Soiné*, NStZ 2007, 247 (248 ff.).

des verwertenden Gerichts angesehen werden.[210] Die Fairness eines Strafverfahrens kann insbesondere bei multinationalen Ermittlungsverfahren folglich nur dann effektiv gewährleistet werden, wenn die durch die Geltung des Prinzips *locus regit actum* bewirkte Verfahrensfragmentierung durch das verwertende Gericht einer abwägenden Gesamtbetrachtung unterworfen wird. Die hierbei heranzuziehenden Abwägungskriterien müssen sich an den Garantien zum Schutze individueller Recht des Beschuldigten orientieren. Welche Garantien anzuwenden sind und in welchem Verfahrensrahmen dies zu erfolgen hat, bleibt zu untersuchen.

bb) Lösungsmöglichkeiten de lege lata

(1) Meistbegünstigung im Rahmen der Beweiserhebung [211]

Wie schon bei Annahme eines strengen Gesetzesvorbehaltes, ließe sich auch bei der Annahme einer bloß gelockerten Bindung an die *lex fori* das Meistbegünstigungsprinzip zur Herstellung eines Ausgleichs zwischen beiden Rechtsordnungen heranziehen.[212] Geltungsgrund ist dann eben nicht der Vorbehalt des Gesetzes, sondern die Sicherung der Zuverlässigkeit und Fairness eines Beweismittels. Es gilt daher die Frage aufzuwerfen, ob mit einer Anwendung des Meistbegünstigungsprinzips im Rahmen der Beweiserhebung die Zuverlässigkeit und Fairness des Gesamtverfahrens hinreichend gewährleistet werden kann und dieser Vorteil die an sich unbegründete Besserstellung des Beschuldigten aufwiegt.

Gegen die Tauglichkeit des Meistbegünstigungsprinzips zur Gewährleistung der Zuverlässigkeit und Fairness des Beweismittels könnte zunächst argumentiert werden, dass die Einhaltung deutschen Verfahrensrechts bei der Beweiserhebung ebenso wenig absoluter Garant für die Verwertbarkeit des Beweismittels ist, wie die Einhaltung der *lex loci*.[213] Vielmehr kommt der Rechtmäßigkeit der Beweiserhebung nur indizielle Bedeutung als Abwägungsfaktor zu.[214] Allerdings dürfte diese Indikationswirkung bei der Einhaltung deutschen Verfahrensrechts deutlich größer sein, als bei der Einhaltung ausländischen Verfahrensrechts. Dies lässt sich mit der Austarierung der nationalen Regelungen über die Beweisgewinnung und die Beweisverwertung begründen. Die deutschen Regeln über die Beweiserhebung sind gerade spezifisch auf die Verwertung in einem deutschen Strafverfahren abgestimmt.[215] Erfolgt die Beweiserhebung im Ausland somit unter den strengeren Vorgaben der *lex fori*, werden die Wertungsentscheidungen des deutschen Gesetzgebers von Beginn an gewahrt. Damit besteht eine starke Vermutung für die Zuverlässigkeit und

---

210 *Böse*, ZStW 2002 (114), 148 (151).

211 Siehe im Ansatz etwa *Schünemann*, StV 2003, 116 (121).

212 Nach *Perron*, ZStW 2000 (112), 202 (207) scheint es sich hierbei um eine bereits praktizierte Lösung zu handeln.

213 *Ambos*, Beweisverwertungsverbote, S. 84.

214 *Böse*, ZStW 2002 (114), 148 (151); *Gleß*, JR 2008, 317 (321).

215 *Bendler*, StV 2003, 133 (134); *Gleß*, Beweisrechtsgrundsätze, S. 141; Vgl. auch *Esser*, Auf dem Weg zu einem europäischen Strafverfahrensrecht, S. 5.

Fairness des jeweiligen Beweismittels.[216] Die Bindung der ermittelnden Beamten an ein Meistbegünstigungsprinzip im Rahmen der Beweiserhebung führt folglich zu einer faktischen Nutzung der Vorteile des Prinzips *forum regit actum* bei gleichzeitigem Festhalten am Prinzip *locus regit actum* für die Fälle der transnationalen Beweissammlung. Die rechtliche Sonderstellung der selbstständigen Auslandsermittlung wird dadurch ein Stück weit aufgehoben und an die herkömmlichen Formen der Rechtshilfezusammenarbeit angenähert.

Vorteil dieser Modifikation des Prinzips *locus regit actum* ist die Verhinderung einer Fragmentierung des Strafverfahrens bei grenzüberschreitenden selbstständigen Ermittlungen. Das erkennende Gericht kann nunmehr auch bei Beweismitteln, die unter der Geltung zahlreicher unterschiedlicher Rechtsordnungen erlangt wurden, von deren Zuverlässigkeit und Fairness ausgehen, da im Einzelfall die diesbezüglichen Vorgaben der Verwertungsrechtsordnung gewahrt wurden. Dieser Vorteil vermag durch seine Gewichtigkeit zudem die Besserstellung des Beschuldigten wieder aufwiegen.

(2) Beachtung der Mindestvorgaben der EMRK

Eine weitere Möglichkeit zur Gewährleistung der Zuverlässigkeit und Fairness eines im Wege der selbstständigen Auslandsermittlung erlangten Beweismittels könnte in der Einhaltung gemeinsamer Mindestvorgaben für die Beweiserhebung gesehen werden.[217] So könnte die Notwendigkeit einer Modifikation des Prinzips *locus regit actum* zur Sicherung der Zuverlässigkeit und Fairness eines unter der *lex loci* erhobenen Beweismittels mit dem Argument abgelehnt werden, dass die Mitgliedstaaten der EMRK ohnehin an die Gewährleistung gemeinsamer Mindestgarantien gebunden sind und sich somit die Unterschiedlichkeiten der Verfahrensordnungen nicht erheblich auf die Zuverlässigkeit und Fairness der Beweismittel auswirken.[218]

An dieser Stelle soll hierzu zunächst abstrakt untersucht werden, ob die EMRK ein taugliches Instrument zum Ausgleich der durch das Prinzip *locus regit actum* bewirkten Fragmentierung des Strafverfahrens darstellt, ohne dass bereits auf spezifische Vorgaben eingegangen wird.[219]

Für die Durchführung eines strafrechtlichen Ermittlungsverfahrens gilt der allgemeine Fairnessgrundsatz des Art. 6 EMRK.[220] Die Tauglichkeit als Sicherungsinstrument für die Zuverlässigkeit und Fairness eines Beweismittels setzt voraus, dass aus diesem Grundsatz spezifische Vorgaben für die Beweiserhebung abgeleitet

---

216 Vgl. auch *Ligeti*, Strafrecht und strafrechtliche Zusammenarbeit in der Europäischen Union, S. 146 f.

217 Vgl. etwa *Jackson/Summers*, The Internationalisation of Criminal Evidence, S. 20 ff.

218 Siehe *Gleß*, in: Vervaele (Hrsg.), European Evidence Warrant, S. 124.

219 Siehe dazu unten S. 211 ff.

220 Zur autonomen Auslegung des Begriffs *„strafrechtliche Anklage“* siehe nur EGMR *„Müller-Hartburg v. Österreich“*, Urteil v. 19.2.2013, NJW 2014, 1791 (1792); EGMR *„Metzger v. Deutschland“*, Urteil v. 31.5.2001, NJW 2002, 2856.

werden können, die für alle Mitgliedstaaten gleichermaßen Anwendung finden. Einer solchen Auslegung des Art. 6 EMRK steht jedoch schon sein Charakter als menschenrechtliche Garantie und die damit verbundene Verknüpfung mit der Person des Beschuldigten entgegen.[221] Art. 6 EMRK bezweckt die Gewährleistung eines für den Beschuldigten fairen Verfahrens durch Gesamtwürdigung aller Verfahrensumstände, nicht aber die Implementierung spezifischer Vorgaben an die Mitgliedsstaaten für die Beweiserhebung und Beweisverwertung.[222] Der Einhaltung der jeweils geltenden nationalen Vorschriften über die Beweiserhebung kommt im Rahmen dieser Gesamtwürdigung nur eine indizielle Bedeutung zu.[223] Wenn aber der EGMR im Rahmen seiner Beurteilung der Vereinbarkeit einer Maßnahme mit Art. 6 EMRK nicht auf spezifische übergeordnete Mindestvorgaben zurückgreift, sondern die Zuverlässigkeit und Fairness des Verfahrens als Ganzes beurteilt[224], ist für die Sicherung der Zuverlässigkeit und Fairness eines Beweismittels im Rahmen der transnationalen Beweissammlung nicht viel gewonnen. Vielmehr bleibt die Verwertbarkeit des unter der *lex loci* erhobenen Beweismittels vor einem deutschen Gericht von dessen Beurteilung der Zuverlässigkeit und Fairness des Beweises abhängig, ohne dass die Einhaltung von aus Art. 6 abzuleitender Mindestvorgaben hierauf einen Einfluss hätte.[225] So mag die Erhebung und Verwertung eines Beweismittels unter der Verfahrensordnung des Gebietsstaates zwar im Rahmen einer Gesamtbetrachtung als „fair“ im Sinne von Art. 6 EMRK zu beurteilen sein, zugleich kann die deutsche Rechtsordnung jedoch eine andere Abwägungsentscheidung treffen.[226] Umgekehrt kann gerade aufgrund des Transfers des Beweismittels in eine andere Rechtsordnung ein Verstoß gegen Art. 6 EMRK entstehen[227], wenn etwa bei der Verwertung eines Beweismittels unter dem Recht des Gebietsstaates bestimmte Sicherungsgarantien Anwendung finden, die im Forumstaaat nicht gelten.[228] Die

221 *Esser*, in: Marauhn (Hrsg.), Bausteine eines europäischen Beweisrechts, S. 39 (42).

222 Ständige Rechtsprechung des EGMR: *„Delta v. Frankreich“*, Urteil v. 19.12.1990, § 35; *„Imbrioscia v. Schweiz“*, Urteil v. 24.11.1993, § 38; *Pélissier u. Sassi v. Frankreich“*, Urteil v. 25.3.1999, NJW 1999, 3545 (3545 f.), Rn. 46; *Ambos*, Beweisverwertungsverbote, S. 102 m.w.N.

223 EGMR *„Schenk v. Schweiz“*, Urteil v. 12.7.1988, § 46; *„Mantovanelli v. Frankreich“*, Urteil v. 18.3.1997, § 34; Siehe auch BGH, NStZ 2013, 596 (598).

224 Mit der Folge, dass ein in unzulässiger Weise erhobenes Beweismittel nur dann zum Verstoß gegen Art. 6 führt, wenn die spätere Verurteilung auf diesem Beweismittel beruht, vgl. EGMR *„Doorson v. Niederlande“*, Urteil v. 26.3.1996, § 76.

225 *Zerbes*, ZIS 2015, 145 (151 f.).

226 EGMR *„Sequeira v. Portugal“*, Entsch. v. 19.7.2001, „(...) *it is not for the Court to determine whether certain items of evidence were obtained unlawfully, but only to examine whether the unlawfulness in question resulted in the infringement of another right protected by the Convention.*“; EGMR *„Kahn v. Vereinigtes Königreich“*, Urteil v. 12.5.2000, Rep. 2000-V = JZ 2000, 993 m. Anm. *Kühne/Nash*.

227 Obwohl beide Verfahrensordnungen für sich mit Art. 6 EMRK im Einklang stehen.

228 Siehe *Schuster*, Verwertbarkeit, S. 125 für den Fall der unterschiedlichen Regelung von Frage- und Anwesenheitsrechten bei Zeugenvernehmungen im Ermittlungsverfahren.

EMRK verpflichtet die Mitgliedsstaaten zwar zur Gewährleistung bestimmter Mindestgarantien[229], überlässt die Art und Weise der Umsetzung jedoch den nationalen Verfahrensordnungen. Damit bleibt die für die transnationale Beweissammlung entscheidende Frage der Verwertbarkeit unter der Geltung des Prinzips *locus regit actum* erhobener Beweismittel unbeantwortet.[230]

Der Tauglichkeit der EMRK als Sicherungsinstrument für die Vornahme grenzüberschreitender selbstständiger Ermittlungen steht folglich ihre verfahrensrechtliche Neutralität entgegen. Art. 6 bezweckt nicht die Schaffung einer *„Modellstrafprozessordnung"*[231], sondern die Gewährleistung eines insgesamt fairen Strafverfahrens. Für die Praxis ist jedoch entscheidend, dass bereits im Rahmen des Ermittlungsverfahrens die spätere Verwertbarkeit des jeweiligen Beweismittels gesichert werden kann. Diese Verwertungsentscheidung ist jedoch nur sekundär von der Einhaltung konventionsrechtlicher Mindestvorgaben abhängig und beruht primär auf der Wertungsentscheidung der nationalen Verfahrensordnung.[232] Für sich alleine kann die EMRK daher nicht zur Sicherung der Verwertbarkeit im Ausland gewonnener Beweismittel herangezogen werden.[233]

(3) Bindung an nationalen ordre public Vorbehalt

Traditionell kennt das Rechtshilferecht, wie gezeigt, eine Verpflichtung zur Anwendung fremden Verfahrensrechts nur in Kombination mit der Geltung eines nationalen *ordre public* Vorbehalts.[234] Denkbar wäre nunmehr die Sicherung der Zuverlässigkeit und Fairness eines im Wege der transnationalen Beweissammlung gewonnen Beweismittels durch die Überlagerung der *lex loci* mit einem deutschen *ordre public* Vorbehalt.[235] Die Vornahme[236] einer Ermittlungshandlung nach der Verfahrensordnung des Gebietsstaates wäre somit unzulässig[237], soweit die Maßnahme nicht mit den wesentlichen Grundsätzen der deutschen Rechtsordnung vereinbar wäre. Allerdings ist diese Beschränkung der Auslandsermittlungskompetenz deutscher Behörden nicht erst Folge der Notwendigkeit einer Sicherung der

229 Im Einzelnen siehe unten S. 216 f.

230 *Esser*, in: Marauhn (Hrsg.), Bausteine eines europäischen Beweisrechts, S. 39 (42); *Gleß*, in: Vervaele (Hrsg.), European Evidence Warrant, S. 124 f.; *Dies.*, Beweisrechtsgrundsätze, S. 177 ff.

231 *Esser*, a.a.O.

232 Ebenso *Gleß*, in: Vervaele (Hrsg.), European Evidence Warrant, S. 124.

233 Siehe aber unten für die Heranziehung der EMRK im Rahmen eines europäischen Beweiszulassungsverfahrens S. 201 f.

234 Vgl. nur Art. 4 Abs. 1 EU-RhÜbk „(...) *nicht den Grundprinzipien des Rechts des ersuchten Mitgliedstaats zuwiderlaufen.*"; Art. 9 Abs. 2 RL-EEA „(...) *nicht im Widerspruch zu den wesentlichen Rechtsgrundsätzen des Vollstreckungsstaates stehen.*"

235 Vgl. für den Bereich der traditionellen Rechtshilfe *Böse*, ZStW 2002 (114), 148 (151).

236 Im Bereich der traditionellen Rechtshilfe griffe der *ordre public* Vorbehalt dagegen erst zum Zeitpunkt der Beweisverwertung.

237 Beziehungsweise wäre die entsprechende Eingriffsgrundlage anpassungsbedürftig.

Zuverlässigkeit und Fairness eines Beweismittels, sondern bereits der aus Art. 1 Abs. 3 GG folgenden Grundrechtsbindung bei grenzüberschreitenden Sachverhalten.[238] Die Bindung an die deutschen Grundrechte[239] ist damit jeder Auslandstätigkeit deutscher Behörden immanent und wird durch die Bindung an das Prinzip *locus regit actum* nicht aufgehoben. Zugleich zielt die Pflicht zur Beachtung der Grundrechte eben primär auf die Wahrung der subjektiven Rechte des Beschuldigten, nicht aber auf die Sicherung der Verwertbarkeit des Beweismittels. Die Vereinbarkeit einer unter ausländischem Recht vorgenommenen Ermittlungshandlung mit dem deutschen *ordre public* ist folglich, ebenso wie die Einhaltung der Vorgaben der EMRK, kein Garant für die Bewertung des Beweismittels als zuverlässig und fair. So mag beispielsweise die Beweiserhebung im Ausland unter der Beteiligung von Nachrichtendiensten keinen Verstoß gegen einen nationalen oder europäischen *ordre public* darstellen[240], zugleich aber mit Blick auf die Sicherung der Zuverlässigkeit und Fairness des Beweismittels im Rahmen der Beweisverwertung besondere Vorkehrungen erfordern.[241] Hinzu kommt, dass die Feststellung von Verstößen gegen den deutschen *ordre public* bisher von der Rechtsprechung meist auf Extremfälle wie der Anwendung verbotener Vernehmungsmethoden beschränkt war.[242] Die Nichteinhaltung deutschen Verfahrensrechts führt daher nur im Ausnahmenfall zum Verstoß gegen die wesentlichen Rechtsgrundsätze.[243]

Die Bindung im Ausland ermittelnder Beamter an die Grundrechte ist folglich weder eine Modifikation des Prinzips *locus regit actum* noch ein taugliches Instrument zur Sicherung der Verwertbarkeit der erlangten Beweismittel.[244] Es handelt sich vielmehr um eine Garantie des Rechtsstaates zum Schutze individueller Rechte, die unabhängig vom Aufenthaltsort des Betroffenen gilt.

(4) Zwischenergebnis

Unter geltendem Recht ist die Sicherung der Zuverlässigkeit und Fairness von Beweisen, die nach einer ausländischen Verfahrensordnung erhoben wurden, effektiv nur im Wege der Geltung eines Meistbegünstigungsprinzips hinsichtlich der Eingriffsvoraussetzungen zu gewährleisten. Der Rückgriff auf Mindestgarantien zum

238 Siehe dazu oben S. 172 ff.; Vgl. nur BVerfGE 100, 313 (362 ff.) = NJW 2000, 55 (58); *Stoltenberg*, ZRP 2008, 111; *Zimmermann*, ZRP 2012, 116 (117).

239 Und damit nicht lediglich an den nebulösen *ordre public*-Gehalt.

240 Zur Vereinbarkeit informationeller Kooperation mit dem Trennungsgebot siehe oben S. 73; Vgl. auch *Soiné*, NStZ 2007, 247 f.

241 Zur Verwertung nachrichtendienstlicher Erkenntnisse siehe unten S. 234 ff.

242 Sie für den Fall der Anwendung einer nach dem *lex loci* rechtmäßigen (hier: Vernehmung mithilfe Lügendetektor), aber unter § 136 a Abs. 1 StPO fallenden Vernehmungsmethode OLG Frankfurt, NStZ 1988, 425.

243 BGH, NStZ 2013, 596 (599).

244 *Gleß*, ZStW 2013 (125), 573 (582) spricht in diesem Zusammenhang treffend vom *ordre public* Vorbehalt als „*Notregelung*"; Vgl. für den Bereich der Auslieferung auch *Lagodny*, NJW 1988, 2147 f.

Schutze subjektiver Rechte ist dagegen kein Garant für die spätere Verwertbarkeit der erlangten Beweise.

cc) Vorschläge de lege feranda

(1) Forum regit actum für die transnationale Beweissammlung

Im Bereich der traditionellen Rechtshilfe haben sich die mit der Geltung des Prinzips *locus regit actum* verbundenen Probleme durch die Entwicklung zum Prinzip *forum regit actum* ein Stück weit entschärft.[245] Hiernach wendet der ersuchte Staat[246] bei der Durchführung der Ermittlungsmaßnahme die Form- und Verfahrensvorschriften des ersuchenden[247] Staates an. Der Begriff der Form- und Verfahrensvorschriften ist hierbei allerdings nicht als tatsächliche Beschränkung auf reine Formalien zu verstehen, sondern umfasst auch inhaltliche Vorgaben an die Ermittlungsmaßnahme.[248]

Allerdings wird, wie schon umgekehrt im Falle der Geltung des Prinzips *locus regit actum*, die Ausweitung von Handlungsbefugnissen der nationalen Behörden auch bei Anwendung der *lex fori* durch die Berücksichtigung der *lex loci* begrenzt.[249] Die Bindung an die *lex fori* kann folglich auch hier nur in dem Umfang zu einer Kollision mit der *lex loci* führen, wie es mit dem *ordre public* vereinbar ist und die Anordnungsvoraussetzungen für eine Ermittlungsmaßnahme auch nach nationalem Recht vorliegen.[250]

Für den Sonderfall der selbstständigen Ermittlungstätigkeit deutscher Beamte auf fremdem Territorium dürfte eine Übertragung dieses neuen Prinzips aufgrund der dargestellten besonderen Souveränitätsvorbehalte jedoch noch in weiter Ferne liegen.[251] Allerdings soll an dieser Stelle dennoch die Frage aufgeworfen werden, ob eine Übertragung des Prinzips *forum regit actum* tatsächlich zu einer Lösung aller Probleme führt oder ob nicht vielmehr ähnliche Schwierigkeiten unter umgekehrten Vorzeichen auftreten.

---

245 Vgl. Art. 4 Abs. 1 EU-RhÜbk; Art. 8 2. ZP EuRhÜbk; Art. 12 RB-EBA; Art. 9 Abs. 2 RL-EEA.

246 Beziehungsweise nach der Terminologie der Instrumente des Prinzips der gegenseitigen Anerkennung der „Empfänger einer Anordnung".

247 Beziehungsweise „anordnenden".

248 *Grotz*, in: Grützner/Pötz/Kreß (Hrsg.), Internationale Rechtshilfe in Strafsachen, Abschnitt III A 3.5, Rn. 7; *Nagel*, Beweisaufnahme im Ausland, S. 151.

249 Vgl. Art. 10 Abs. 1 RL-EEA, hierzu *Böse*, ZIS 2014, 152 (155); Kritisch *Zimmermann/Glaser/Motz*, EuCLR 2011, 56 (78 f.); Vgl. auch § 73 S. 1 IRG.

250 Vgl. oben für den umgekehrten Fall der Bindung an das Recht des Gebietsstaates S. 182 ff.

251 Am ehesten denkbar wäre eine Hinwendung zum Prinzip *forum regit actum* für die Durchführung einer GEG, da hier regelmäßig Beamte des Gebietsstaates an den Ermittlungen teilnehmen. Allerdings müsste in diesem Fall der Verwertungsstaat, dessen Verfahrensregeln bereits für die Beweiserhebung gelten würden, im Vorfeld bestimmt werden. Dies dürfte die Praxis angesichts der oftmals schwierigen Prognostizierbarkeit des Ermittlungsverlaufs vor neue Probleme stellen.

Festzuhalten ist zunächst, dass auch die Einhaltung deutscher Verfahrensvorschriften im Rahmen der Beweiserhebung noch keine hinreichende Bedingung für die anschließende Verwertbarkeit des Beweismittels darstellt.[252] Vielmehr kann ein Verwertungsverbot nach einer Abwägung des Gerichts auch unabhängig von den Umständen der Beweiserhebung eingreifen.[253]

Die Anwendung der *lex fori* kann im Falle der transnationalen Beweissammlung zudem dann problematisch werden, wenn sich die Ermittlungsmaßnahme nicht gegen einen deutschen Beschuldigten richtet. In diesem Fall wird der Beschuldigte mitunter mit einer Maßnahme konfrontiert, die er unter Geltung der gebietsstaatlichen Verfahrensordnung jedenfalls in ihrer konkreten Ausgestaltung nicht hätte erdulden müssen.[254] Es kommt somit spiegelbildlich zu dem gleichen Problem, wie wenn deutsche Beamte gegen einen deutschen Beschuldigten unter Anwendung ausländischen Verfahrensrechts ermitteln. Auch in diesem Fall müsste der Beschuldigte mitunter eine ihm nach der nationalen Verfahrensordnung in der konkreten Ausgestaltung unbekannte Ermittlungsmaßnahme gegen sich ergehen lassen.

Im Bereich der traditionellen Rechtshilfe wird diese Problematik durch die Implementierung von *ordre public* Vorbehalten und Pflichten zur Berücksichtigung der *lex loci*[255] zugunsten des Gebietsstates zum Teil aufgefangen.[256] Demnach begrenzen die grundlegenden Wertentscheidungen des Gebietsstaates die Fremdrechtsanwendung und die damit verbundenen Auswirkungen auf das Individuum. Im Rahmen von selbstständigen Ermittlungen durch ausländische Hoheitsträger könnte diese Begrenzungsfunktion des *ordre public* jedoch nur durch entsprechende Berichts- und Kontrollpflichten zugunsten der nationalen Behörden effektiv gewährleistet werden, da eine Eigenkontrolle ausländischer Beamter am Maßstab eines fremden *ordre public* kaum vergleichbar wirksam erscheint.[257] Dies würde für die Durchführbarkeit

252 Zur Problematik der sogenannten selbstständigen Beweisverwertungsverbote allgemein *Meyer-Mews*, JuS 2004, 39; speziell für den Bereich der Rechtshilfe *Ambos*, Beweisverwertungsverbote, S. 84; *Schuster*, Verwertbarkeit, S. 97, 122.

253 Siehe dazu unten S. 225 ff.

254 Zu denken ist etwa wieder an eine Ausdehnung des Zeitraums einer technischen Überwachungsmaßnahme oder der Befugnisse eines verdeckten Ermittlers; Für den Fall der Durchführung einer Ermittlungsmaßnahme durch nationale Behörden nach ausländischem Recht *Gleß*, in: Böse (Hrsg.), Europäisches Strafrecht, § 16 Rn. 21.

255 Vgl. Art. 10 Abs. 1 RL-EEA.

256 Art. 4 Abs. 1 EU-RhÜbk lautet etwa „(...) *sofern die angegebenen Formvorschriften und Verfahren nicht den Grundprinzipien des Rechts des ersuchten Mitgliedstaats zuwiderlaufen.*"; zur Auslegung des Begriffs „Grundprinzipien" als nationaler *ordre public* siehe *Grotz*, in: Grützner/Pötz/Kreß (Hrsg.), Internationale Rechtshilfe in Strafsachen, Abschnitt III A 3.5, Rn. 7; Die *European Criminal Policy Initiative*, ZIS 2013, 412 (417) begrüßt diesen Sicherungsmechanismus grundsätzlich, sieht hierin aber aufgrund der weitreichenden Verweigerungsmöglichkeiten zugleich eine Schwächung des *forum regit actum* Prinzips und dessen Vorzüge.

257 So erscheint bereits die Forderung nach einer Kenntnis der jeweils geltenden Grundprinzipien des Gebietsstaates abwegig.

selbstständiger Ermittlungsmaßnahmen erhebliche praktische Herausforderungen schaffen.[258] Auch die Bindung der ermittelnden Beamten an nationale Grundrechte dürfte für den Gebietsstaat nicht immer ein hinreichendes Schutzinstrument darstellen, da insoweit etwa die Vorgaben zum Schutze der Privatsphäre des betroffenen Individuums mitunter deutlich unter denen des Gebietsstaates liegen können. Denkbar erscheint allenfalls eine Bindung ausländischer Beamte an einen europäischen *ordre public*.[259]

Eine weitgehende „Mitnahme" der eigenen Verfahrensordnung ohne zeitgleiche Bindung an die *lex loci* liegt folglich aufgrund der dargestellten Schwierigkeiten für die Fälle der transnationalen Beweissammlung noch in weiter Ferne.

(2) Harmonisierung des Strafverfahrensrechts

Die Zuverlässigkeit und Fairness eines Beweismittels könnte unabhängig von dem Ort seiner Erhebung gewährleistet werden, wenn die jeweils anwendbare Verfahrensordnung im Wesentlichen die gleichen Eingriffsvoraussetzungen vorsähe, wie die Verwertungsrechtsordnung. Erforderlich wäre hierfür eine Harmonisierung der unterschiedlichen Verfahrensordnungen, die allerdings aus praktischer und rechtlicher Sicht derzeit nicht absehbar ist. Zunächst käme eine entsprechende Angleichung der Strafprozessordnungen realistischerweise nur auf europäischer, nicht aber auf globaler Ebene in Betracht.[260] Innerhalb der EU wäre neben dem erheblichen Aufwand einer Vollharmonisierung[261] und dem damit verbundenen mangelnden politischen Willen seitens der Mitgliedsstaaten zudem das Subsidiaritätsprinzip zu beachten.[262]

Damit müssen deutsche Behörden im Falle der Ermittlung in Drittstaaten auch in Zukunft auf andere Instrumente zur Sicherung der Zuverlässigkeit und Fairness der erlangten Beweismittel abstellen. Im Bereich der EU erscheint dagegen eine

---

258 Insbesondere bei der Inanspruchnahme von Eilfallkompetenzen erscheint eine solche Kontrolle kaum durchführbar.

259 Vgl. für die Implementierung eines europäischen *ordre public* Vorbehalts Art. 11 Abs. 1 lit. f RL-EEA.

260 *Gleß*, ZStW 2013 (125), 573 (588); Jenseits der politischen Differenzen, würde schon eine Annäherung des adversatorischen Prozesssystems des Common Law an das inquisitorische System des Civil Law erhebliche Schwierigkeiten bereiten; Auf Ebene der internationalisierten Strafverfolgung durch die ad-hoc Tribunale des UN-Sicherheitsrates für das ehemalige Jugoslawien (ICTY) und Ruanda (ICTR) wird indes ein „*Amalgam*" beider Prozesssysteme angewandt, *Cassese*, International Criminal Law, S. 342 ff.

261 Siehe dagegen die Vorschläge zur punktuellen Harmonisierung im Bereich der Kriminalität zulasten der finanziellen Interessen der EU durch den „Corpus Juris" Entwurf oder zur Errichtung einer Europäischen Staatsanwaltschaft, vgl. COM(2013) 534 final.

262 *Böse*, in: Momsen/Bloy/Rackow (Hrsg.), Fragmentarisches Strafrecht, S. 233 (249 f.); *Gleß*, ZStW 2013 (125), 573 (588).

Harmonisierung trotz aller Schwierigkeiten machbar, ist jedoch zurzeit noch nicht absehbar.[263]

(3) Einführung eines europäischen Beweiszulassungsverfahrens

Wie soeben gezeigt, ist die Weiterentwicklung der Rechtshilfe zur Anwendung des Prinzips *forum regit actum* im Bereich der transnationalen Beweissammlung aufgrund der besonderen Souveränitätsvorbehalte der Staaten nicht sehr wahrscheinlich. Damit besteht zum einen die Gefahr einer fehlenden Akzeptanz der erlangten Beweismittel als zuverlässige und faire Wahrnehmungsobjekte zur Sachverhaltsaufklärung im Verwertungsstaat, als auch die Gefahr einer mitunter unzureichenden Beachtung übergeordneter Individualrechte.[264]

Zur Lösung dieser Probleme schlägt *Gleß*[265] vor, die Rechtmäßigkeit der Beweiserhebung am Maßstab eines vereinheitlichten europäischen Referenzrahmens zu überprüfen. Insoweit könnte die grenzüberschreitende selbstständige Beweiserhebung nachwievor unter der Geltung des Prinzips *locus regit actum* erfolgen. Allerdings wäre das zuständige Gericht nur dann zur Verwertung des Beweismittels verpflichtet, wenn es zuvor dessen Vereinbarkeit mit dem übergeordneten Referenzrahmen festgestellt hat. Sofern die EMRK als entsprechender Referenzrahmen herangezogen werden soll, wäre eine Fortentwicklung der bestehenden übergeordneten Grundsätze erforderlich.[266] Hierzu wären Mindestanforderungen für die faire und zuverlässige Beweiserhebung zu entwickeln, die sich nicht bloß auf eine wertende Gesamtbeurteilung beschränken.[267] Dort, wo die EMRK mit Blick auf ihren fehlenden Charakter als Modellverfahrensordnung an ihre Grenzen stößt, müssten auf europäischer Ebene gemeinsame Mindestanforderungen an die Beweiserhebung formuliert werden.[268]

Der Vorschlag von *Gleß* bietet verschiedene Vorteile. Anstelle eines pauschalen Hinweises auf die Geltung menschenrechtlicher Mindestanforderungen bei der Beweiserhebung mit unklarer Rechtsfolge für die Beweisverwertung[269], ermöglicht

---

263 Siehe zur Möglichkeit der Schaffung eines supranationalen Strafverfahrensrechts und den diesbezüglich entgegenstehenden Souveränitätsinteressen der Mitgliedstaaten *Hecker*, in: Marauhn (Hrsg.), Bausteine eines europäischen Beweisrechts, S. 27 (36); Siehe zu möglichen Vorteilen einer supranationalen Lösung am Beispiel eines europäischen Finanz-StGB *Schwarzburg/Hamdorf*, NStZ 2002, 617 (623).

264 *Gleß*, ZStW 2013 (125), 573 (606).

265 *Gleß*, Beweisrechtsgrundsätze, S. 435 ff.; *Dies.*, ZStW 2003 (115), 131 (148 ff.).

266 *Gleß*, ZStW 2003 (115), 131 (150).

267 *Gleß*, a.a.O., mit dem Hinweis, dass eine solche Rechtsfortbildung insbesondere auf Ebene der mitgliedstaatlichen Gerichte in Kombination mit einer Vorlagepflicht zur Sicherung einer europaweit einheitlichen Rechtsprechung denkbar wäre; Vgl. auch *Hecker*, in: Marauhn (Hrsg.), Bausteine eines europäischen Beweisrechts, S. 27 (36).

268 *Gleß*, Beweisrechtsgrundsätze, S. 419 f.

269 Siehe mit Blick auf Art. 6 EMRK oben S. 194 f.

die Einführung eines europäischen Beweiszulassungsverfahrens eine formalisierte Gewährleistung der Zuverlässigkeit und Fairness von Beweismitteln. Hierzu wird der Fokus auf die Verwertungssituation gelegt, wodurch die Beweiserhebung unter der Geltung des Prinzips *locus regit actum* weniger von Relevanz ist. Zugleich akzeptiert das verwertende Gericht das erlangte Beweismittel nicht „blind", sondern überprüft seine Vereinbarkeit mit einem klar definierten Referenzrahmen. Durch die Pflicht zur Verwertung bei Einhaltung der Rahmenbedingungen wird die grenzüberschreitende Ermittlungsarbeit erheblich vereinfacht. Sobald die Anforderungen des Referenzrahmens klar definierbar sind, bedarf es keiner weiteren Modifikation des Prinzips *locus regit actum* mehr. Die ermittelnden Beamten müssen nicht länger eine parallele Prüfung der Eingriffsvoraussetzungen der deutschen Verfahrensordnung vornehmen, sondern können unter Anwendung der *lex loci* ermitteln, wobei die Grenze nur durch die Anforderungen des Referenzrahmens vorgegeben wird[270]. Die Effektivität der grenzüberschreitenden Beweissammlung wird bei genauer Definition des Referenzrahmens in Kombination mit einer Verwertungspflicht kaum beeinträchtigt, während zugleich eine hinreichende Gewährleistung von Individualrechten möglich ist. Der Referenzrahmen fängt die durch das Prinzip *locus regit actum* bewirkte Verfahrensfragmentierung damit zum Teil auf, ist jedoch zugleich weniger aufwendig als eine Harmonisierung der mitgliedstaatlichen Verfahrensordnungen.[271]

Allerdings dürfte in absehbarer Zukunft die Schaffung eines solchen Referenzrahmens auf das Gebiet der EU beschränkt sein. Sofern deutsche Beamte dagegen selbstständig in Drittstaaten ermitteln, ist weiterhin auf die Meistbegünstigung im Rahmen der Beweiserhebung zurückzugreifen, um eine hinreichende Gewährleistung des Zuverlässigkeit und Fairness von Beweismitteln zu bieten. Weiterhin wäre bei der Schaffung des Referenzrahmens auch eine grenzüberschreitende Ermittlungstätigkeit von Nachrichtendiensten zu berücksichtigen. Nur wenn auch die Nachrichtendienste bei der Informationserhebung zum Zwecke der Strafverfolgung[272] an die gemeinsamen Mindestvorgaben gebunden wären, könnte etwa die Problematik der Reichweite der Nutzungsmöglichkeit nachrichtendienstlicher Erkenntnisse entschärft werden.[273]

V) Ergebnis

Für die selbstständige Ermittlung deutscher Beamter im Ausland ist das Recht des Gebietsstaates maßgeblich. Die Bindung an eine fremde Verfahrensordnung darf indes nicht zu einer Aushebelung von Mechanismen zum Schutze individueller Recht führen. Die bislang in der Rechtsprechung zur klassischen Rechtshilfe

---

270 Welcher freilich den Anforderungen der Grundrechtsbindung genügen muss.
271 *Hecker*, in: Marauhn (Hrsg.), Bausteine eines europäischen Beweisrechts, S. 27 (36).
272 Zur Verlagerung der nachrichtendienstlichen Tätigkeit in den Bereich der Strafverfolgung siehe oben S. 54 ff.
273 Eingehend unten S. 234 ff.

vorherrschende Auffassung des Genügens der Einhaltung der *lex loci* für die Verwertbarkeit eines Beweismittels ist daher für die transnationale Beweissammlung abzulehnen und stattdessen eine Modifikation des Prinzips *locus regit actum* vorzunehmen. Bis zur Schaffung eines einheitlichen europäischen Referenzrahmens für die Sicherung der Zuverlässigkeit und Fairness von grenzüberschreitend erlangten Beweismitteln, ist hierzu ein Meistbegünstigungsprinzip für die Beweiserhebung anzuwenden.

Das Eingreifen dieses Prinzips setzt hierbei stets das Bestehen einer Kollisionslage zwischen *lex loci* und *lex fori* voraus. Soweit eine bestimmte Handlungsbefugnis schon nicht mit den deutschen Grundrechten oder dem Verbot des „Befugnis-Shopping" vereinbar ist, scheidet eine derartige Befugniskollision bereits aus. In allen anderen Fällen wenden deutsche Beamte das Verfahrensrecht des Gebietsstaates nur insoweit an, als es strengere oder vergleichbare Eingriffsvoraussetzungen wie die deutsche Verfahrensordnung vorsieht. Ist dagegen das deutsche Recht strenger, wird die *lex loci* um das jeweilige „Eingriffsplus" modifiziert. Für die oben genannten Beispiele[274] bedeutet dies konkret einer Begrenzung der erstmaligen Anordnung einer TKÜ auf die Dauer von drei Monaten und die Beschränkung des Wohnungszutritts eines verdeckten Ermittlers auf Zutrittsgewährungen im Zusammenhang mit der Verwendung der Legende.

C) *Lex Loci* und *Lex fori* bei Ermittlungen ohne Zustimmung des Gebietsstaates

Ermitteln deutsche Hoheitsträger im Ausland ohne Zustimmung des Gebietsstaates, ist die Frage nach dem Verhältnis von *lex loci* und *lex fori* weitaus weniger problematisch, als im Falle der beispielsweise[275] rechtshilferechtlich geregelten transnationalen Beweissammlung. Dies soll durch folgendes Beispiel verdeutlicht werden:

Im Rahmen eines Auslandseinsatzes der Bundeswehr im Staat „Wüstenien" kommt es immer wieder zu Anschlägen auf deutsche Soldaten durch Aufständische. Zur frühzeitigen Warnung vor entsprechenden Gefahrenlagen werden Angehörige des Bundesnachrichtendienstes ebenfalls im Lager der Bundeswehr stationiert. Dem BND gelingt es – ohne gesonderte Zustimmung des Gebietsstaates – die Mobilkommunikation des Aufständischen „T" nach Maßgabe des § 3 Abs. 1 Nr. 6 lit. a G-10 wegen des Verdachts einer Straftat nach § 129 b StGB zu überwachen *und dadurch Hinweise auf geplante Anschläge gegen die Bundeswehr zu erlangen. Nach dem Recht von „Wüstenien" wäre eine solche Maßnahme nur nach vorheriger Anordnung durch einen Richter zulässig gewesen.*

In einem späteren Strafverfahren gegen „T" stellt sich die Frage, ob der BND die TKÜ durch einen Richter hätte anordnen lassen müssen.

---

274 Siehe hierzu S. 180, 183.

275 Alternativ käme auch der Fall einer ad hoc Zustimmung in Betracht.

Im Unterschied zu der Durchführung von grenzüberschreitenden Ermittlungsmaßnahmen auf Grundlage eines entsprechenden Rechtshilfevertrages gibt es im vorliegenden Fall keinen Verweis auf die *lex loci.* Eine Pflicht zur Berücksichtigung des Verfahrensrechts von „*Wüstenien*" könnte sich folglich allenfalls aus den allgemeinen Regeln des Völkerrechts ergeben, woran deutsche Hoheitsträger über Art. 25 und Art. 20 Abs. 3 GG gebunden sind. Das Bestehen eines solchen völkerrechtlichen Anwendungsbefehls erscheint jedoch zweifelhaft.

Ausgangspunkt ist zunächst der völkerrechtliche Grundsatz der Gebietshoheit. Insoweit stellt die besonders eingriffsintensive Ermittlungsmaßnahme des BND ohne Zustimmung des Gebietsstaates grundsätzlich[276] eine Verletzung der Gebietshoheit dar.[277] Diese Verletzung besteht jedoch allein aufgrund der eigenmächtigen Ausübung von extraterritorialer Hoheitsgewalt. Die Bindung an die *lex loci* hat hierauf keinen Einfluss, solange nicht die Zustimmung des Gebietsstaates zu der spezifischen Ermittlungsmaßnahme vorliegt. Die Nichteinhaltung der *lex loci* könnte somit allenfalls zu einer weiteren Verletzung des Völkerrechts führen. Dagegen spricht jedoch, dass das Verfahrensrecht eines Staates zunächst nur dessen eigene Organe bindet.[278] Die Ausweitung dieser Bindung auf die Organe eines anderen Staates erfordert das Bestehen eines entsprechenden Anwendungsbefehls.[279] Die *lex loci* wirkt also nicht von sich aus, sondern ihre Geltung ist das Ergebnis eines Kooperationsprozesses zwischen den beteiligten Staaten. Wo es an einer solchen Kooperation fehlt, kommt es auch zu keiner Geltung des Prinzips von *locus regit actum.* Folglich kommt es bei der Durchführung von selbstständigen Ermittlungsmaßnahmen ohne Kenntnis des Gebietsstaates auch nicht zu einer Kollisionslage zwischen *lex loci* und *lex fori.* Vielmehr führen die deutschen Hoheitsträger die Informationsgewinnung allein nach Maßgabe der *lex fori* durch. Zugleich gehen sie jedoch das Risiko ein, dass die gewonnenen Informationen aufgrund der Völkerrechtswidrigkeit der Maßnahme in einem späteren Strafprozess unverwertbar sind.[280]

Im Hinblick auf die im Fall aufgeworfene Fragestellung bleibt festzuhalten, dass die Maßnahme nicht schon aufgrund der fehlenden richterlichen Anordnung rechtswidrig ist. Mangels Bestehens eines Anwendungsbefehls für die *lex loci* genügt vielmehr die Einhaltung der Voraussetzungen des G-10 Gesetzes.

---

276 Mögliche Rechtfertigungsgründe aus dem *ius ad bellum* sollen hier der Einfachheit halber außer Betracht gelassen werden.

277 Eingehend zur Reichweite des Schutzes der Gebietshoheit siehe oben S. 134 ff.

278 Vgl. *Ohler,* Die Kollisionsordnung des Allgemeinen Verwaltungsrechts, S. 316.

279 *Baldus,* Transnationales Polizeirecht, S. 237 ff. bezeichnet dies als eine Regelung des „*Internationalen Verwaltungsrechts*".

280 Eingehend hierzu unten S. 245 ff.

D) Internationale Garantien zum Schutze individueller Rechte

Abschließend soll untersucht werden, welche internationalen Garantien deutsche Beamte bei Auslandsermittlungen im Hinblick auf den Schutz individueller Rechte einzuhalten haben. Die Einhaltung dieser Garantien ist für sich alleine, wie gezeigt, kein Garant für die spätere Verwertbarkeit des Beweismittels.[281] Nichtsdestotrotz bedarf es einer Berücksichtigung der einschlägigen menschenrechtlichen Gewährleistungen, da ein Überschreiten der eigenen Staatsgrenze nicht immer automatisch zu einer Entledigung von entsprechenden Verpflichtungen führt.

Das System individualschützender Garantien besteht hierbei aus nationalen[282], europarechtlichen sowie völkerrechtlichen Gewährleistungen. Im Hinblick auf die hier relevante transnationale Beweissammlung stellen sich die Fragen der Anwendbarkeit und der spezifischen Bedeutung der Garantien für die Ermittlungstätigkeit deutscher Hoheitsträger im Ausland.

Diese Fragen haben hierbei aufgrund folgender Erwägungen, ungeachtet der parallelen Geltung deutschen Verfahrensrechts, Relevanz für die Durchführung transnationaler Ermittlungen:

Erstens können internationale Menschenrechtsgarantien wie die der EMRK zur Auslegung von Inhalt und Reichweite von Ermittlungseingriffen nach der *lex fori* herangezogen werden.[283] Zweitens kann ein Eingriff in Individualrechtsgüter, welcher zwar deutschem Verfahrensrecht entspricht, aber zugleich menschenrechtlichen Anforderungen nicht genügt, zur völkerrechtlichen Verantwortlichkeit Deutschlands führen.[284]

I) Europäische Garantien zum Schutze subjektiver Rechte

Der Schutz subjektiver Rechte bei grenzüberschreitenden Ermittlungen wird nicht nur durch nationale Grundrechte gewährleistet, sondern beruht darüber hinaus auf Grund- und Menschenrechtlichen Garantien innerhalb des Europarates oder der Europäischen Union. Im Folgenden soll untersucht werden, wann deutsche Behörden zur Beachtung dieser Garantien verpflichtet sind und welche konkreten Vorgaben für die Durchführung grenzüberschreitender Ermittlungsmaßnahmen zu beachten sind. Die Darstellung beschränkt sich dabei auf Vorgaben hinsichtlich der

---

281 Siehe oben S. 194 ff.

282 Zur Grundrechtsbindung siehe bereits oben S. 172 ff.

283 Grundlegend zum Verhältnis zwischen EMRK und dem deutschen Recht BVerfGE 111, 307 (315 ff.) = NJW 2004, 3407 (3408); BVerfGE 131, 268 (295) = NJW 2012, 3357 (3360); OLG München NStZ 2014, 358 (359), Kritisch hierzu *Zehetgruber*, HRRS 2013, 397; Vgl. auch zuletzt zur rechtsstaatswidrigen Tatprovokation BGH NStZ 2016, 52.

284 Vgl. Art. 1, 46 EMRK; Vgl. *Grabenwater/Pabel*, EMRK, § 2 Rn. 1; Eingehend im Hinblick auf Maßnahmen der Streitkräfte im Auslandseinsatz *Krieger*, ZaöRV 2002 (62), 669.

im Rahmen selbstständiger Auslandsermittlungen besonders relevanten heimlichen Überwachung des Beschuldigten[285].

1) Vorgaben der EMRK

a) Territorialer Geltungsbereich

Die Vertragsstaaten des Europarates sind gemäß Art. 1 EMRK dazu verpflichtet gegenüber „*everyone within their jurisdiction*“[286] die subjektiven Rechte der EMRK zu gewährleisten. Im Rahmen der Vornahme von Auslandsermittlungen sind drei Fallgruppen denkbar, in denen nach dieser Regelung eine Verpflichtung zur Beachtung der EMRK besteht.[287]

aa) Ermittlung im Gebiet eines anderen Vertragsstaates

Zunächst findet die EMRK auf Fälle der Ermittlungstätigkeit in einem anderen Vertragsstaat des Europarates Anwendung. Hierzu bedarf es keiner erhöhten Anforderungen an die Begründung des Vorliegens von „*jurisdiction*“, da die Territorien der Vertragsstaaten einen einheitlichen Menschenrechtsraum (oder *Convention legal space*) bilden.[288]

bb) Ermittlungen in einem kontrollierten Gebiet

Findet die Ermittlungstätigkeit dagegen auf dem Gebiet eines Drittstaates statt, werden an die Feststellung der Ausübung von Hoheitsgewalt durch einen Vertragsstaat erhöhte Anforderungen gestellt. Einen für das Recht bewaffneter Konflikte wichtigen Anwendungsfall[289] stellt die Ausübung von *effective overall control* über ein bestimmtes Gebiet dar.[290] Für die hier relevanten Fälle der nachrichtendienstlichen und polizeilichen Auslandsermittlung wäre diese Fallgruppe daher nur dort

---

285 Die besondere Relevanz ergibt sich schon aus der sachlichen Beschränkung der einschlägigen Rechtsgrundlagen auf die Mittel der Observation und verdeckten Ermittlung, die insbesondere keine Vernehmung des Beschuldigten vorsehen.

286 Vgl. bereits oben S. 175 zum Begriff „*jurisdiction*“ im Vergleich zur deutschen Fassung „*Hoheitsgewalt*“; Zur Maßgeblichkeit der englischen und französischen Fassung vgl. nach-Art. 59 EMRK.

287 Siehe hierzu *Grabenwarter/Pabel*, EMRK, § 17 Rn. 13 ff.; *Meyer-Ladewig*, EMRK, Art. 1 Rn. 7 f.

288 *Grabenwarter/Pabel*, EMRK, § 17 Rn. 16.

289 Zum Verhältnis von Menschenrechten und humanitärem Völkerrecht siehe nur *Krieger*, Journal of Conflict and Security Law, 2006 (11), 265 ff.; *Orakhelashvili*, EJIL 2008 (19), 161 ff.

290 EGMR „*Loizidou v. Türkei*“ (Preliminary Objections), § 62; Siehe aber auch „*Bancovic*“, § 71 ff., wonach die Bombardierung eines Gebietes keine Ausübung effektiver Kontrolle über dieses Gebiet darstellt.

relevant, wo Deutschland zugleich durch seine Streitkräfte effektive Kontrolle über ein Territorium ausübt.[291]

cc) Ermittlungen unter Ausübung von Kontrolle über eine Person

Außerhalb einer Situation effektiver Gebietskontrolle kommt eine Bindung nach Art. 1 EMRK dann in Betracht, wenn die Organe des Vertragsstaates eine Person oder Personengruppe unter ihre Gewalt und Kontrolle bringen.[292] Nach der Rechtsprechung des EGMR erfordert die Ausübung von Gewalt und Kontrolle ein physisches Element, welches insbesondere bei der Festnahme einer Person gegeben ist.[293] Die hier relevante verdeckte Ermittlung gegen einen Beschuldigten dürfte daher regelmäßig nicht ausreichen, um die Anwendbarkeit der EMRK nach Art. 1 zu begründen.[294]

Eine andere Beurteilung wäre jedoch mitunter dann gerechtfertigt, wenn deutsche Beamte auf Grundlage völkerrechtlicher Verträge oder *ad hoc* Vereinbarungen[295] auf dem Territorium eines Drittstaates ermitteln und sich die Tätigkeit aufgrund ihres Umfangs, Dauer und Grades an Selbstständigkeit im Rahmen einer Gesamtbetrachtung als allein dem Vertragsstaat zurechenbares Exekutivhandeln darstellt.[296] Entscheidendes Kriterium dürfte hierbei die zumindest partielle Ersetzung der Verwaltungsfunktionen des Gebietsstaates sein.[297] Demnach führt nicht

---

291 Denkbar wäre etwa die Vornahme von Ermittlungen durch den BND innerhalb der durch die Bundeswehr kontrollierten Gebiete in Afghanistan.

292 EGMR „*Issa u.a. v. Türkei*“, Urteil v. 16.11.2004, § 71; Siehe zu den verschiedenen Untergruppen der Ausübung von „Gewalt und Kontrolle“ *Grabenwarter/Pabel*, EMRK, § 17 Rn. 15.

293 EGMR „*Al-Skeini v. Vereinigtes Königreich*“, Urteil v. 7.7.2011, § 149 f.; „*Al-Jedda v. Vereinigtes Königreich*“, Urteil v. 7.7.2011, § 85; Eine kritische Analyse der Urteile findet sich bei *Milanovic*, EJIL 2012 (23), 121 (130 ff.); Darüber hinaus wurde die Ausübung von „jurisdiction“ bei der effektiven Kontrolle über ein unter fremder Flagge fahrendes Schiff bejaht; Siehe EGMR „*Medvedyev v. Frankreich*“, Urteil v. 29.3.2010, §§ 65 ff.; Zuletzt hat der EGMR in „*Jaloud v. The Netherlands*“, Urteil v. 20.11.2014, § 152 die Ausübung von Kontrolle über eine Person auch für solche Personen bejaht, die einen Verkehrs-Checkpoint passieren.

294 Vgl. zum Nichtgenügen einer „virtuellen Kontrolle“ durch die Überwachung von Datenströmen *Talmon*, JZ 2014, 783 (784).

295 Maßgeblich ist insoweit die Völkerrechtsmäßigkeit der Ermittlungshandlung; Kritisch in Bezug auf die Maßgeblichkeit der Völkerrechtsmäßigkeit im Zusammenhang mit der Ausübung personaler Kontrolle *Milanovic*, Extraterritorial Application of Human Rights Treaties, S. 200 „(…) *the territorial state's sovereignty is in any event immaterial for the question of whether the individuals in that state are entitled to human rights protection against a third state.*“

296 EGMR „*Al-Skeini v. Vereinigtes Königreich*“, Urteil v. 7.7.2011, § 135; *Grabenwarter/Pabel*, EMRK, § 17 Rn. 15; Vgl. auch EGMR „*Gentilhomme u.a. v. Frankreich*“, Urteil v. 14.5.2002, § 20.

297 Vgl. *Grabenwarter/Pabel*, EMRK, § 17 Rn. 15.

jede selbstständige Auslandsermittlung mit Kenntnis des Gebietsstaates zu einer Anwendbarkeit der EMRK, sondern vielmehr muss die deutsche Ermittlungstätigkeit in weitem Umfang an die Stelle der Strafverfolgungsbemühungen des Gebietsstaates treten. Ein solcher Fall wäre etwa denkbar, wo sich die Ermittlung ausschließlich gegen einen deutschen Staatsbürger richtet und der Gebietsstaat deutschen Behörden eine umfassende Ermittlungskompetenz eingeräumt hat. Mit Blick auf die Staatenpraxis und die bestehenden Rechtsgrundlagen zur transnationalen Beweissammlung[298] erscheint eine solch weitreichende Übertragung jedoch eher unwahrscheinlich. Außerhalb einer Situation des Zusammenbruchs staatlicher Strukturen, dürfte die Einräumung von Ermittlungsbefugnissen für ausländische Beamte regelmäßig im Interesse des Souveränitätsschutzes beschränkt sein.

Zudem erscheint generell die Tauglichkeit des Kriteriums der Zurechenbarkeit der Ermittlungstätigkeit zur Begründung des Vorliegens von *„jurisdiction"* problematisch. Die völkerrechtliche Verantwortlichkeit eines Staates für das Handeln seiner Organe[299] im zwischenstaatlichen Verhältnis ist unabhängig von der Frage seiner menschenrechtlichen Verpflichtungen im Verhältnis zu dem betroffenen Individuum zu beurteilen.[300]

Kann aber die Staatenverantwortlichkeit nicht als taugliches Kriterium zur Begrenzung der menschenrechtlichen Verantwortlichkeit herangezogen werden, stellt sich weiterhin die Frage, ob verdeckte Auslandsermittlungen mangels Ausübung von physischer Kontrolle im quasi menschenrechtsfreien Raum stattfinden oder ob nicht vielmehr die Fallgruppe der Kontrolle über eine Person inzwischen die Möglichkeit einer Rechtsverletzung ausreichen lässt.[301]

Letzteres Verständnis würde die Geltung der EMRK im Ergebnis an das Wirkungsprinzip des Art. 1 Abs. 3 GG und dessen umfassende Geltungsanordnung[302] annähern und die Anwendbarkeitsschwelle des Jurisdiktionsbegriffs in Art. 1 EMRK de facto aufheben[303]. Eine solche Auslegung von Art. 1 EMRK würde dabei jedoch übersehen, dass dem Begriff der *„Jurisdiction"* im Gegensatz zum weiteren Begriff der *„Hoheitsgewalt"* gerade ein irgendwie geartetes Kontrollelement inhärent ist.[304] Demnach ließe sich die letztgenannte Fallgruppe auch dahin gehend verstehen, dass nicht die Zurechenbarkeit der Ermittlungstätigkeit zu einem Mitgliedstaat maßgeblich ist, sondern vielmehr der Umstand, dass die Ermittlung im Rahmen einer effektiven Ausübung von übertragener Gebietshoheit erfolgt. Im Gegenschluss befinden sich Zielpersonen verdeckter Ermittlungen in Drittstaaten regelmäßig nicht *„within*

298 Siehe hierzu oben S. 111 ff.

299 Vgl. Art. 4 der ILC Articles on State Responsibility.

300 Siehe hierzu auch *Papp*, Extraterritoriale Schutzpflichten, S. 69 f.

301 Siehe hierzu *Milanovic*, Extraterritorial Application of Human Rights Treaties, S. 207.

302 Siehe dazu oben S. 174 ff.

303 Vgl. *Milanovic*, a.a.O., S. 208.

304 *Krieger*, ZaöRV 2002 (62), 669 (671); Vgl. auch *Papp*, Extraterritoriale Schutzpflichten, S. 70 f.; Wie hier *Talmon*, JZ 2014, 783 (784 f.).

the jurisdiction" eines Mitgliedstaates. Art. 1 EMRK fordert folglich nach zutreffender Auffassung und unter Zugrundelegung der gegenwärtigen Rechtsprechung das Bestehen eines Kontrolltatbestandes, welcher sich aus der Kontrolle über ein Gebiet oder über eine Person ergeben kann.[305] Zugleich ist jedoch angesichts der jüngsten Judikatur des EGMR in *Jaloud*[306] zu beachten, dass die Anforderungen an die notwendige Kontrollintensität tendenziell abnehmen und es daher nicht auszuschließen ist, dass künftig auch bereits die Vornahme verdeckter Ermittlungshandlungen das „*Schwellenkriterium*"[307] des Art. 1 EMRK erfüllen werden.

dd) Ausdehnung des Anwendungsbereichs möglich?

Mit Blick auf die heimliche Ermittlungstätigkeit in Drittstaaten erscheint das gefundene Ergebnis hinsichtlich der Anwendbarkeit der EMRK unbefriedigend. Solange der Staat keine effektive Kontrolle über das Gebiet oder eine Person ausübt, ist er an die Vorgaben der EMRK nicht gebunden. Diese Auslegung von Art. 1 EMRK wird zum Teil in der Literatur mit dem Argument angegriffen, dass im Bereich von negativen Pflichten (Abwehrrechten) das für die Begründung von „*jurisdiction*" notwendige Kontrollelement in der Ausübung von effektiver Kontrolle über die handelnden Organe des Staates gesehen werden kann.[308] Damit käme die EMRK auch dort zur Anwendung, wo es an der Ausübung von effektiver Kontrolle über ein Gebiet oder eine Person gerade fehlt.

Wenngleich dieser Ansatz dem Grunde nach ein denkbares Modell für die Durchsetzung universellen Menschenrechtsschutzes darstellt, scheint er unter dem aktuellen Vertragstext weitestgehend „*aus der Luft gegriffen*"[309]. Der Wortlaut des Art. 1 EMRK („*within their jurisdiction*") gibt eine Gleichstellung der Kontrolle über das geschützte Individuum mit der Kontrolle über das Organ nicht her. Die Koppelung von „*jurisdiction*" an Organkontrolle würde zudem, ebenso wie das Wirkungsprinzip, den *telos* von Art. 1 EMRK, nämlich die räumlichen Begrenzung der Konventionsgeltung[310], weitestgehend wirkungslos machen. Schließlich dürfte regelmäßig von einer hinreichenden Organkontrolle auszugehen sein, sodass die Abwehrrechte der EMRK de facto universelle Geltung beanspruchen könnten[311].

---

305 Ebenso *Papp*, Extraterritoriale Schutzpflichten, S. 77.

306 Siehe dazu oben Fn. 293.

307 *Talmon*, JZ 2014, 783 (784 m.w.N.).

308 *Milanovic*, Extraterritorial Application of Human Rights Treaties, S. 215 f.; *Jankowska-Gilberg*, Extraterritorialität der Menschenrechte, S. 173 ff.

309 *Papp*, Extraterritoriale Schutzpflichten, S. 79.

310 EGMR „*Soering v. Vereinigtes Königreich*", Urteil v. 7.7.1989, § 86; EGMR „*Bancovic*", Urteil v. 12.12.2001, § 66, „*Article 1 sets a limit, notably territorial, on the reach of the Convention. In particular, the engagement undertaken by a Contracting State is confined to 'securing' ('reconnaître' in the French text) the listed rights and freedoms to persons within its own 'jurisdiction.'*".

311 Mit demselben Argument lehnt *Talmon*, JZ 2014, 783 (785) die Begründung von Hoheitsgewalt aufgrund des bloßen Umstandes einer Rechtsverletzung

Hinzu kommt, dass auch für eine Unterscheidung zwischen positiven und negativen Verpflichtungen keine Anhaltspunkte bestehen.[312]

Unter dem gegenwärtigen Art. 1 EMRK bleibt es also vorerst dabei, dass die Begründung der Anwendbarkeit der EMRK im Rahmen von Ermittlungen in Drittstaaten eher die Ausnahme, als die Regel darstellt. Folglich müssen deutsche Beamte bei der Durchführung von verdeckten Ermittlungen in Drittstaaten die Vorgaben der EMRK nur dann einhalten, wenn die Maßnahme innerhalb eines von Deutschland kontrollierten Gebietes vorgenommen wird, Deutschland auf Einladung des Gebietsstaates für bestimmte Bereiche die Strafverfolgungsaufgabe des Gebietsstaates vollständig übernommen hat oder ein hinreichendes Maß an Kontrolle über eine Person erreicht wurde.

ee) Exkurs: Verantwortlichkeit des Gebietsstaates?

Die Frage, ob neben dem ermittelnden Staat auch der Gebietsstaat für Verletzungen der EMRK verantwortlich gemacht werden kann, erscheint problematisch und soll daher hier nur kurz aufgeworfen werden.

Zwar hat der EGMR bereits festgestellt, dass im Falle der konventionswidrigen Vernehmung sowohl der ersuchte Staat als auch der Verwertungsstaat die Menschenrechtsverletzung zu verantworten haben.[313] Dem lag jedoch die klassische Rechtshilfesituation zugrunde, in welcher der ersuchte Staat (= Gebietsstaat) selbst die gewünschte Ermittlungsmaßnahme durchführt. Bei der hier relevanten transnationalen Beweissammlung beschränkt sich der ersuchte Staat demgegenüber regelmäßig auf die Gewährung von Ermittlungen durch ausländische Hoheitsträger. Anknüpfungspunkt für einen Eingriff in Konventionsrechte könnte in diesem Fall jedoch die Zustimmung zu der Ermittlungsmaßnahme sein. Sofern in dieser Zustimmung die jeweilige Eingriffsmaßnahme und das betroffene Individuum bereits hinreichend bestimmt sind, dürfte angesichts der weiten Auslegung des Eingriffsbegriffs durch den EGMR, viel für das Bestehen eines selbstständigen Eingriffs durch den Gebietsstaat sprechen.[314]

Sofern dagegen die bloße Zustimmung noch nicht die Eingriffsschwelle überschreitet, ließe sich die menschenrechtliche Verantwortlichkeit des Gebietsstaates

---

(sog. *„cause-and-effect“ notion*) ab. Andernfalls käme Art. 1 EGMR keine eigenständige Bedeutung mehr zu.

312 *Papp*, Extraterritoriale Schutzpflichten, S. 79.

313 EGMR *„Stojkovic v. Frankreich und Belgien“*, Urteil v. 27.10.2011, § 55; *Gleß*, ZStW 2013 (125), 573 (586).

314 Zur Auslegung des Eingriffsbegriffs durch den EGMR, insbesondere auch im Hinblick auf die Beteiligung ausländischer Hoheitsträger *Marauhn/Merhof*, EMRK/GG, Kap. 7, Rn. 14; Vgl. auch EGMR *„Soering v. UK“*, Urteil v. 07.07.1989, § 88 u. 91; EGMR *„Bader u. Kanbor v. Schweden“*, Urteil v. 08.11.2005, § 41 ff. im Hinblick auf die Verantwortlichkeit bei Auslieferungen.

mitunter auch durch eine Verletzung von „*positive obligations*" begründen.[315] Dies wäre etwa denkbar, wenn der Gebietsstaat die Ermittlungen ausländischer Hoheitsträger nicht in hinreichendem Maße kontrolliert um Menschenrechtsverletzungen zu vermeiden.[316]

b) Spezifische Vorgaben für die Ermittlungstätigkeit

Unter Geltung des hier vertretenen Meistbegünstigungsprinzips richten sich die Voraussetzungen für Ermittlungsmaßnahmen nach der *lex fori*, sofern nicht die mitunter ebenfalls anzuwendende *lex loci* im Einzelfall strengere Voraussetzungen vorschreibt.[317] Bei der Auslegung und Anwendung des deutschen Verfahrensrechts sind dann zudem die Vorgaben der EMRK als „*Auslegungshilfe (...) heranzuziehen*"[318], sofern die Konvention nach den genannten Grundsätzen Anwendung findet.

Im Folgenden soll daher im Überblick dargestellt werden, welche Anforderungen die EMRK an die Durchführung von heimlichen Ermittlungen[319] stellt.

aa) Vorgaben aus Art. 8 EMRK

Heimliche Ermittlungsmethoden können einen Eingriff in das Recht auf Privatleben darstellen.[320] Dieses wird neben den Schutzgütern des Familienlebens, der Wohnung sowie der Korrespondenz von Art. 8 Abs. 1 EMRK geschützt.[321] Zur Bestimmung des (menschen-) rechtlichen Rahmens heimlicher Ermittlungsmethoden bedarf es einer Feststellung über die Reichweite des Schutzbereichs des Rechts auf Privatleben sowie der möglichen Rechtfertigung von Eingriffen.

---

315 Eingehend *Klatt*, ZaöRV 2011 (71), 691.

316 Speziell im Hinblick auf den Schutz der Privatsphäre EGMR „*Jalba v. Rumänien*", Urteil v. 18.02.2014, § 27.

317 Siehe oben S. 189 ff. und 203 ff.

318 BVerfGE 131, 268 (295) = NJW 2012, 3357 (3360).

319 Im Rahmen der transnationalen Beweissammlung fallen hierunter insbesondere der Einsatz von verdeckten Ermittlern bzw. Undercover Agents, die Observation, der Einsatz von V-Leuten sowie im beschränkten Umfang die Nutzung von Überwachungstechnik.

320 Angesichts der begrenzten Ermittlungskompetenz deutscher Beamter im Ausland sollen Eingriffe in andere Rechte (wie etwa das Recht auf Schutz der Wohnung) außer Betracht bleiben.

321 *Schilling*, Internationaler Menschenrechtsschutz, S. 112 spricht treffend von Art. 8 als „*Sammelmenschrecht*"; Zugleich weißt *Hauck*, Heimliche Strafverfolgung, S. 196 darauf hin, dass sich die Schutzgüter des Art. 8 Abs. 1 EMRK zwar ähneln, aber keinesfalls identisch sind, weshalb heimliche Ermittlungsmethoden in verschiedener Weise für Art. 8 EMRK relevant werden können.

(1) Eingriff in den Schutzbereich

Ausgangspunkt einer Bestimmung des Schutzbereichs des Rechts auf Privatleben ist zunächst die nüchterne Feststellung, dass eine abschließende Definition des Schutzbereichs nur schwer möglich ist.[322] Die maßgebliche Weichenstellung setzt die Rechtsprechung dort, wo die erlangte Information einen spezifischen Bezug zum Privatleben aufweist[323] und der Einzelne eine berechtigte Erwartung an die Privatheit der Information hat[324]. Diese Voraussetzungen liegen beim Einsatz verdeckter Ermittlungsmethoden gegen einen Beschuldigten regelmäßig vor.[325] Hier hat sich die Überwachung bereits auf eine Person konzentriert und dient nicht lediglich der Aufrechterhaltung der allgemeinen Sicherheit und Ordnung, sondern der Strafverfolgung.[326] Bei der Nutzung technischer Mittel zur Überwachung von unmittelbar geführten Gesprächen[327], der Telekommunikation[328] oder der Email- und Internetkommunikation[329] liegt stets ein Eingriff in den Schutzbereich des Art. 8 EMRK vor. Schwieriger wird die Feststellung eines Eingriffs in den Schutzbereich beim Einsatz verdeckter Ermittler oder V-Leute, ohne dass diese zugleich technische Überwachungsmittel verwenden.[330] Zwar ist auch hier aufgrund der längerfristigen Überwachung der Lebensumstände einer Person der notwendige spezifische Bezug zum Privatleben gegeben, sodass zumindest der Schutzbereich von Art. 8 Abs. 1 EMRK eröffnet ist.[331] Allerdings ist sich der Beschuldigte oftmals bewusst, dass die Begehung gewisser Straftaten (insbesondere im Bereich der organisierten Kriminalität) den Einsatz verdeckt operierender Ermittlungsbeamter auslösen kann.

---

322 EGMR „*PG JH v. Vereinigtes Königreich*“, Urteil v. 25.11.2001, § 56 „*Private life is a broad term not susceptible to exhaustive definition*“.

323 EGMR „*Dudgeon v. Vereinigtes Königreich*“, Urteil v. 22.10.1981, § 60.

324 EGMR „*Peck v. Vereinigtes Königreich*“, Urteil v. 28.1.2003, §§ 57 ff.; BVerfGE 120, 180 (201); Siehe hierzu auch *Marauhn/Thorn*, in: Dörr/Grote/Marauhn (Hrsg.), EMRK/GG Konkordanzkommentar, Art. 8 Rn. 27.

325 Eingehend *Hauck*, Heimliche Strafverfolgung, S. 200 f.

326 Zur maßgeblichen Differenzierung siehe EGMR „*Wisse v. Frankreich*“, Urteil v. 20.12.2005, §§ 26, 29 f.

327 EGMR „*Peck v. Vereinigtes Königreich*“, Urteil v. 28.1.2003, §§ 59 ff.; „*PG JH v. Vereinigtes Königreich*“, Urteil v. 25.11.2001, § 57, wonach auch die Überwachung auf öffentlichen Plätzen durch visuelle oder akustische Überwachungsmittel von Relevanz ist, sofern es sich nicht lediglich um eine allgemeine, anlasslose Überwachung handelt.

328 Als Eingriff in das Recht auf Privatsphäre und das Recht auf freie Korrespondenz: EGMR „*Klass v. Deutschland*“, Urteil v. 6.9.1978, § 41; „*Malone v. Vereinigtes Königreich*“, Urteil v. 2.8.1984, § 64; „*Halford v. Vereinigtes Königreich*“, Urteil v. 25.6.1997, § 44.

329 EGMR „*Copland v. Vereinigtes Königreich*“, Urteil v. 3.4.2007, § 41.

330 Siehe dagegen zum Einsatz technischer Überwachungsmittel durch verdeckt ermittelnde Personen EGMR „*Allan v. Vereinigtes Königreich*“, Urteil v. 5.11.2002, § 35; „*MM v. Niederlande*“, Urteil v. 8.4.2003, §§ 36 ff.

331 *Hauck*, Heimliche Strafverfolgung, S. 201 m.w.N.

Dies erforderte nach Auffassung des EGMR aufgrund der fehlenden Erwartung von Privatheit eine Ablehnung der Schutzbedürftigkeit des Betroffenen und die Verneinung eines Eingriffs in den Schutzbereich.[332] Es erscheint indes höchst fragwürdig, ob die latente Ahnung des Beschuldigten über einen möglichen Einsatz verdeckt ermittelnder Personen zur Aufklärung der von ihm begangenen Straftaten, mit einer fehlenden Erwartung an Privatheit gleichzusetzen ist. Vielmehr dürfte genau das Gegenteil der Fall sein. Der Beschuldigte wird zur Vermeidung einer Überführung noch stärker auf die Geheimhaltung seiner Tätigkeit achten. Zudem ist es aus dogmatischer Sicht problematisch, das Kriterium der Erwartung von Privatheit nicht an den Schutzbereich zu knüpfen, sondern an die Frage des Vorliegens eines Eingriffs. Letzterer ist gerade unabhängig von den Erwartungen des Individuums zu beurteilen.[333] Diese Widersprüchlichkeit erkannte auch der EGMR und sieht seither den Einsatz verdeckt ermittelnder Personen als Eingriff in den Schutzbereich an.[334]

Wichtig ist, dass der Betroffene für die Geltendmachung einer Verletzung seines Rechts aus Art. 8 EMRK nicht das Vorliegen einer konkreten Überwachungsmaßnahme nachweisen muss, sondern lediglich sein spezifisches Risiko Zielperson, einer solchen Maßnahme zu werden.[335]

(2) Rechtfertigung von Eingriffen

Der Eingriff in die Schutzgüter des Art. 8 EMRK durch verdeckte Ermittlungsmaßnahmen ist gerechtfertigt, wenn eine gesetzliche Eingriffsgrundlage besteht, die Maßnahme ein legitimes Ziel verfolgt und in einer demokratischen Gesellschaft zur Erreichung dieses Zieles notwendig ist.[336]

Der sogenannte *„quality of law-“* Test erfordert hierbei zunächst die rechtliche Verankerung und Zugänglichkeit der Eingriffsgrundlage sowie die Vorhersehbarkeit der jeweiligen Rechtsfolgen.[337] Problematisch könnte die erste Voraussetzung werden, wenn die für die Ermittlungsmaßnahme maßgebliche *lex loci* die Zulässigkeit eines Eingriffs nicht auf der Grundlage eines formellen Gesetzes, sondern auf der

---

332 EGMR *„Lüdi v. Switzerland“*, Urteil v. 15.6.1992, § 40 betreffend den Fall eines Drogenschmugglers, der nach Ansicht des EGMR vorhersehen musste, dass er auf verdeckt ermittelnde Personen treffen könnte; Ungenau daher *Schädler/Jakobs*, in: Hannich (Hrsg.), KK-StPO, MRK, Art. 8 Rn. 5, die auf das Urteil als Beispiel für einen zulässigen Eingriff verweisen, obwohl der EGMR gerade die Eingriffsqualität der Maßnahme abgelehnt hatte.

333 *Hauck*, Heimliche Strafverfolgung, S. 204.

334 EGMR *„A v. Frankreich“*, Urteil v. 23.11.1993, § 36.

335 EGMR *„Klass v. Deutschland“*, Urteil v. 6.9.1978, § 34; *„Iordachi v. Moldawien“*, Urteil v. 10.2.2009, §§ 30–34.

336 EGMR *„Volokhy v. Ukraine“*, Urteil v. 2.11.2006, § 44; Siehe auch *Kreicker*, in: Sieber/Satzger/v.Heintschel-Heinegg (Hrsg.), Europäisches Strafrecht, § 51 Rn. 55 f.

337 Siehe nur EGMR *„Sunday Times v. Vereinigtes Königreich“*, Urteil v. 26.4.1979, §§ 49 ff.; *„Silver v. Vereinigtes Königreich“*, Urteil v. 25.3.1983, §§ 85 ff.; Spezifisch zu Gesetzen zur Regelung von Abhörmaßnahmen *Meyer-Ladewig*, EMRK, Art. 8 Rn. 35 f.

Basis von Richterrecht regelt.[338] Insoweit erkennt der EGMR jedoch die Besonderheiten des *Common Law* Rechtskreises an und legt den Begriff „*law*“ entsprechend weit aus.[339] Allerdings muss die jeweilige Eingriffsgrundlage, unabhängig von ihrer Natur als Parlamentsgesetz oder Richterrecht, hinreichend konkret sein, um für den Einzelnen die Anwendungsvoraussetzungen und Reichweite der Regelung vorhersehbar zu machen.[340] Hieraus folgert *Hauck*[341] die Unzulässigkeit des Rückgriffs auf Ermittlungsgeneralklauseln zur Regelung heimlicher Ermittlungsmaßnahmen.[342] Eine Generalklausel sei nicht hinreichend klar, um die Vorhersehbarkeit der Maßnahme zu gewährleisten, da sie insbesondere nicht zwischen offenen und heimlichen Maßnahmen unterscheidet.[343] Dieser Schlussfolgerung kann jedoch zumindest in ihrer Pauschalität nicht gefolgt werden. Vielmehr erkennt auch der EGMR an, dass sich die notwendige Klarheit und Voraussehbarkeit einer Regelung nicht ausschließlich aus ihrem Wortlaut ergeben muss, sondern zusätzlich eine gefestigte Rechtsprechungspraxis herangezogen werden kann.[344] So ist etwa der Einsatz von V-Leuten in Deutschland zwar bisher nicht speziell gesetzlich geregelt[345], aber zugleich hinsichtlich seiner Voraussetzungen und Grenzen durch eine ständige Rechtsprechungspraxis vorgegeben.[346] Insoweit ist es für den Einzelnen

---

338 *Hauck*, Heimliche Strafverfolgung, S. 208.

339 Grundlegend EGMR „*Sunday Times v. Vereinigtes Königreich*“, Urteil v. 26.4.1979, § 47 “*The Court observes that the word “law” in the expression “prescribed by law” covers not only statute but also unwritten law. Accordingly, the Court does not attach importance here to the fact that contempt of court is a creature of the common law and not of legislation. It would clearly be contrary to the intention of the drafters of the Convention to hold that a restriction imposed by virtue of the common law is not “prescribed by law” on the sole ground that it is not enunciated in legislation: this would deprive a common-law State which is Party to the Convention of the protection of Article 10 (2) (art. 10–2) and strike at the very roots of that State’s legal system.*”.

340 Konkret im Hinblick auf Regelungen zur Durchführung von Überwachungsmaßnahmen EGMR „*Malone v. Vereinigtes Königreich*“, Urteil v. 2.8.1984, § 67; „*Amann v. Schweiz*“, Urteil v. 16.2.2000, § 56; „*Volokhy v. Ukraine*“, Urteil v. 2.11.2006, § 52; Siehe aber auch „*Uzun v. Deutschland*“, Urteil v. 2.9.2010, §§ 66 ff., wo der EGMR für die GPS-Überwachung geringere Anforderung an die Detailliertheit der Eingriffsgrundlage im Vergleich zu TKÜ-Maßnahmen fordert.

341 *Hauck*, Heimliche Strafverfolgung, S. 208, 213.

342 Konkret folgert *Hauck*, a.a.O., die Konventionswidrigkeit der deutschen Praxis zur Regelung des Einsatzes von V-Leuten über die Generalklausel der §§ 161 Abs. 1 S. 1, 163 Abs. 1 S. 2 StPO.

343 *Hauck*, a.a.O.

344 Grundlegend EGMR „*S.W. v. Vereinigtes Königreich*“, Urteil v. 22.11.1995, § 36.

345 Siehe aber hierzu einen entsprechenden Gesetzentwurf der Bundesregierung v. 25.3.2015 zur Reform des Verfassungsschutzes, welcher vorsieht in das BVerfSchG einen § 9 b zur Nutzung von V-Leuten einzufügen.

346 BVerfGE 57, 250 (284); BVerfG StV 1995, 561; BGHSt GrS 32, 115 ff.; BGHSt 41, 42 (43).

durchaus vorhersehbar, bei welcher Art von Delikten der Einsatz von V-Leuten überhaupt in Betracht kommt und welche Rahmenbedingungen hierfür erfüllt sein müssen. Solange der Einsatz der V-Person daher nicht mit der Nutzung technischer Überwachungsmittel kombiniert wird, kann auch eine durch Rechtsprechung hinreichend konkretisierte Generalklausel als ausreichende gesetzliche Grundlage für Eingriffe in Art. 8 EMRK angesehen werden. Maßgeblich darf nicht die Art der Konkretisierung sein (qua Rechtsprechung oder Gesetz), sondern ihre Tauglichkeit zur Verhinderung von willkürlichen Eingriffen.[347] An dieser Tauglichkeit dürften aber auch mit Blick auf die deutsche Praxis zum Einsatz von V-Leuten angesichts der ausdifferenzierten Rechtsprechung keine durchgreifenden Zweifel bestehen.[348]

Die eigentliche Maßnahme muss eines der in Art. 8 Abs. 2 EMRK aufgeführten Ziele verfolgen sowie in einer demokratischen Gesellschaft notwendig sein. Letzteres erfordert hinsichtlich der Durchführung von heimlichen Ermittlungsmaßnahmen deren zwingende Notwendigkeit und Verhältnismäßigkeit.[349] Das Interesse der Allgemeinheit an der Vornahme des Ermittlungseingriffs muss in einem angemessenen Verhältnis zu dem individuellen Schutzinteresse des Betroffenen stehen.[350] Dies dürfte regelmäßig dort der Fall sein, wo der Einsatz verdeckter Ermittlungsmethoden zur Aufklärung von schwerer und schwerster Kriminalität herangezogen wird.

(3) Ergebnis

Art. 8 Abs. 1 EMRK bewirkt als „*Sammelmenschenrecht*“[351] einen umfassenden Schutz der Privatsphäre. Der Einsatz verdeckter Ermittlungsmethoden stellt auch dann regelmäßig einen Eingriff in den Schutzbereich des Art. 8 EMRK dar, wenn seine Durchführung keinen Rückgriff auf technische Überwachungsmittel erfordert. Zur Rechtfertigung von Eingriffen ist insbesondere eine hinreichend konkrete Ermächtigungsgrundlage erforderlich, die für den Einzelnen den Anwendungsbereich der Ermittlungsmaßnahme vorhersehbar macht. Die notwendige Konkretisierung kann hierbei auch durch die Heranziehung einer gefestigten Rechtsprechung erreicht werden.

---

347 Siehe zu dem Erfordernis des Schutzes vor „*arbitrary interference*“ EGMR „*Bykov v. Russland*“, Urteil v. 10.3.2009, § 76.

348 Vgl. BGH NStZ 1995, 513; Vgl. *Soiné*, NStZ 2013, 83 f.; Kritisch *Gusy*, ZRP 2012, 230 (233); a.A. *Lilie/Rudolph*, NStZ 1995, 514 (515); *Krüger*, NJW 1982, 855 (857); Siehe aber auch BVerfG StV 2000, 233, wonach eine gesetzliche Grundlage erforderlich ist, wenn eine Befragung durch V-Leute vorgenommen wird.

349 EGMR „*Klass v. Deutschland*“, Urteil v. 6.9.1978, § 42; „*Volokhy v. Ukraine*“, Urteil v. 2.11.2006, § 43 wonach die Maßnahme „*strictly necessary*“ sein muss.

350 EGMR „*Chassagnou u.a. v. Frankreich*“, Urteil v. 29.4.1999, §§ 112 f.; *Kreicker*, in: Sieber/Satzger/v.Heintschel-Heinegg (Hrsg.), Europäisches Strafrecht, § 51 Rn. 56.

351 *Schilling*, Internationaler Menschenrechtsschutz, S. 112.

bb) Vorgaben aus Art. 6 EMRK

Wie bereits an anderer Stelle festgestellt wurde[352], entnimmt der EGMR dem Recht auf ein faires Verfahren aus Art. 6 EMRK keine konkreten Vorgaben für das Ermittlungsverfahren, sondern beurteilt das gesamte Verfahren im Hinblick auf seine Fairness.[353] In Bezug auf die hier interessierenden verdeckten Ermittlungsmethoden kann aus der Rechtsprechung des EGMR bereits geschlussfolgert werden, dass der Einsatz solcher Methoden nicht schon per se zur Unfairness des Gesamtverfahrens führt.[354] Andernfalls wäre die vom EGMR verfolgte Gesamtbetrachtung in Wahrheit doch eine Beurteilung von Einzelmaßnahmen und die Differenzierung zwischen fairen und unfairen Verfahren bei verdeckten Ermittlungen überflüssig.[355]

Sofern sich kein Verstoß gegen das Gesamtrecht auf ein faires Verfahren feststellen lässt, wird die Nutzung verdeckter Ermittlungsmethoden für das Recht aus Art. 6 EMRK allerdings mit Blick auf die Gewährleistungen zur Selbstbelastungsfreiheit und zum Schweigerecht relevant.[356] Insbesondere bei der Kontaktaufnahme mit dem Beschuldigten durch von den Ermittlungsbehörden eingesetzte V-Leute kann es zu Situationen kommen, in denen der Beschuldigten aufgrund seiner Unkenntnis über die wahre Identität der V-Person unfreiwillig Informationen preisgibt.[357] Hierbei ist Art. 6 EMRK verletzt, wenn die Aussage des Beschuldigten nicht bloß auf einem Irrtum beruht, sondern diese von einem gewissen Zwangselement begleitet wird.[358] Soweit dagegen die äußeren Umstände der Gesprächssituation auf die Freiwilligkeit der Kommunikationsbereitschaft des Beschuldigten schließen lassen und dieser Informationen über die Tat aufgrund seines Irrtums über die Identität der V-Person gleichsam „ausplaudert", liegt kein Verstoß gegen die von Art. 6 EMRK geschützte Selbstbelastungsfreiheit vor.[359] Der für die Praxis wichtige Einsatz von verdeckten

---

352 Siehe oben S. 194 ff.

353 Eingehend *Esser*, Auf dem Weg zu einem europäischen Strafverfahrensrecht, S. 402 m.w.N.

354 EGMR „*Ramanauskas v. Litauen*", Urteil v. 5.2.2008, § 49; Hauck, Heimliche Strafverfolgung, S. 214; a.A. mit Blick auf das deutsche Recht *Köhler*, ZStW 1995 (107), 10 (24 f., 32, 41).

355 *Hauck*, Heimliche Strafverfolgung, S. 214.

356 *Hauck*, Heimliche Strafverfolgung, S. 217 m.w.N.

357 Zur Abgrenzung zwischen unzulässiger Täuschung und zulässiger kriminalistischer List unter dem deutschen Verfahrensrecht siehe *Soiné*, NStZ 2010, 596; Vergleichbar ist die Situation bei der Vernehmung durch einen verdeckten Ermittler, vgl. BGH NStZ 2008, 110.

358 Mehr als eine bloße Täuschung hat der EGMR im Fall „*Allan v. Vereinigtes Königreich*", Urteil v. 5.11.2002, § 52 angenommen, wo die V-Person als Zellengenosse des Beschuldigten eine Aussage erreichen sollte. Der Auftrag der Polizei lautete hierbei „*push him for what you can*".

359 EGMR „*Bykov v. Russland*", Urteil v. 10.3.2009, § 102 „*Unlike the applicant in the Allan case, the applicant was not detained on remand but was at liberty on his own premises attended by security and other personnel. The nature of his relations*

Ermittlern oder V-Personen folgt daher unter Geltung der EMRK auch im Ausland unter vergleichbaren Rahmenbedingungen, wie unter der deutschen Verfahrensordnung. Insbesondere fordert auch der EGMR die Existenz hinreichender Vorkehrungen zur Vermeidung einer missbräuchlichen Nutzung dieser Ermittlungsmethoden, indem transparente Verfahren zur Genehmigung, Durchführung und Überwachung entsprechender Maßnahmen geschaffen werden.[360]

Das Recht auf ein faires Verfahren kann sich mithin trotz der vom EGMR verfolgten Gesamtbetrachtung mittelbar auf den Akt der Beweiserhebung erstrecken.[361] Für die Vornahme von verdeckten Ermittlungen im Ausland ist dies insbesondere mit Blick auf die Teilrechte der Selbstbelastungsfreiheit und des Schweigerechts relevant.

2) Vorgaben der EU-Grundrechtecharta

Hauptziel der EU-Grundrechtecharta ist die Grundrechtsbindung der europäischen Hoheitsgewalt.[362] Eine Heranziehung der Charta kommt für die Fälle der verdeckten Ermittlung daher insbesondere dort in Betracht, wo EU-Organe wie Europol oder Eurojust an den Ermittlungen etwa im Rahmen Gemeinsamer Ermittlungsgruppen beteiligt sind.[363] Darüber hinaus sieht Art. 51 Abs. 1 EU-GrCharta die Bindung der Mitgliedstaaten an die Grundrechte bei der Durchführung des Rechts der Union vor. Die Reichweite dieser Geltungsanordnung ist im Einzelnen umstritten, wobei auf eine Darstellung der unterschiedlichen Auffassungen verzichtet wird.[364] Der EuGH geht in ständiger Rechtsprechung von einer Grundrechtsbindung der Mitgliedstaaten aus, wenn diese im „*Anwendungsbereich des Gemeinschaftsrechts*" handeln.[365] Diese weite Auslegung von Art. 51 Abs. 1 EU-GrCharta würde auch eine Grundrechtsbindung bei der Durchführung von Maßnahmen der internationalen Rechtshilfe in Strafsachen bewirken, soweit diese auf der Grundlage unionsrechtlicher

---

with V. – subordination of the latter to the applicant – did not impose any particular form of behaviour on him. In other words, the applicant was free to see V. and to talk to him, or to refuse to do so; Grundlegend für die deutsche Verfahrensordnung BGHSt 42, 139 = NJW 1996, 2940.

360 EGMR „*Ramanauskas v. Litauen*", Urteil v. 5.2.2008, § 53; „*Khudobin v. Russland*", Urteil v. 26.10.2006, § 135.

361 *Hauck*, Heimliche Strafverfolgung, S. 215.

362 Siehe zum Zweck der Charta *Borowsky*, in: Meyer (Hrsg.), EU-GrCharta, Art. 51 Rn. 16.

363 Zur Beteiligung von EU-Organen an Gemeinsamen Ermittlungsgruppen siehe das „Handbuch zu gemeinsamen Ermittlungsgruppen", Rats-Dok. 15790/1/11, S. 13 f.; *Hauck*, Heimliche Strafverfolgung, S. 247.

364 Eingehend *Borowsky*, in: Meyer (Hrsg.), EU-GrCharta, Art. 51 Rn. 24 ff.; *Lenaerts*, EuR 2012, 3.

365 EuGH „*ERT*", Urteil v. 18.6.1991, Slg. 1991, I-2925 Rn. 42.

Regelungsinstrumente erfolgen.[366] Im Hinblick auf den materiellen Gehalt der grundrechtlichen Gewährleistungen bewirkt Art. 52 Abs. 1 S. 1 EU-GrCharta eine inhaltliche Identität der Charta-Rechte mit den jeweils entsprechenden Garantien der EMRK.[367] Unter bestimmten Voraussetzungen[368] können die Grundrechte der Charta auch einen weitergehenden Schutz gewährleisten, als die ihnen entsprechenden Garantien der EMRK.[369]

3) Vorgaben durch EU-Sekundärrecht

Zur Sicherung einheitlicher Verfahrensgarantien auf EU-Ebene schlug die Kommission 2004 einen entsprechenden Rahmenbeschluss über bestimmte Beschuldigtenrechte innerhalb der EU vor.[370] Gegenüber dem einzelfallbezogenen Schutz der Verfahrensgarantien der EMRK durch den EGMR hätte dieser Rahmenbeschluss den Vorteil einer allgemeingültigen Festschreibung bestimmter Verfahrensgarantien geboten.[371] Allerdings wäre insbesondere die praxisrelevante Frage der rechtlichen Rahmenbedingungen für den Einsatz technischer Überwachungsmittel nicht von der Regelung erfasst gewesen.[372] Die Umsetzung des Vorschlages scheiterte zudem letztlich aufgrund bestehender Zweifel der Mitgliedstaaten hinsichtlich der Kompetenz der Union zum Erlass entsprechender Harmonisierungsregelungen im Bereich des Strafprozessrechts.[373]

An die Stelle einer umfassenden Regelung durch einen Rahmenbeschluss traten schließlich die unter dem „Stockholmer Programm“ entwickelten Richtlinien über

---

366 Vgl. Art. 11 Abs. 1 lit. f RL-EEA, der ausdrücklich auf die Grundrechte der Charta als unionsrechtliche Vollstreckungsgrenze Bezug nimmt.

367 *Borowsky*, in: Meyer (Hrsg.), EU-GrCharta, Art. 52 Rn. 30 m.w.N.; So wohl auch *Kingreen*, in: Calliess/Ruffert (Hrsg.), EUV/AEUV, Charta der Grundrechte, Art. 52 Rn. 47; Einschränkend dagegen *Jarass*, Charta der Grundrechte der EU, Art. 52 Rn. 63.

368 Siehe hierzu im Einzelnen bei *Borowsky*, in: Meyer (Hrsg.), EU-GrCharta, Art. 52 Rn. 30b ff.

369 Siehe etwa die Ausführungen von *Hauck*, Heimliche Strafverfolgung, S. 247, der etwa im Hinblick auf den Schutz persönlicher Daten oder der Wohnung von verschiedenen Schutzniveaus ausgeht.

370 KOM(2004) 328 endg. v. 28.4.2004.

371 *Esser*, in: Sieber/Satzger/v.Heintschel-Heinegg (Hrsg.), Europäisches Strafrecht, § 53 Rn. 56; *Heine*, Die Rechtsstellung des Beschuldigten im Rahmen der Europäisierung des Strafverfahrens, S. 145.

372 *Esser*, in: Sieber/Satzger/v.Heintschel-Heinegg (Hrsg.), Europäisches Strafrecht, § 53 Rn. 54.

373 *Esser*, a.a.O., Rn. 57 m.w.N.

Sprachmittlung[374] und Information[375] im Strafverfahren.[376] Diese haben jedoch für die Praxis der heimlichen Beweiserhebung keine Bedeutung.

Für die Durchführung grenzüberschreitender Ermittlungsmaßnahmen existiert ein entsprechender Rahmenbeschluss zum Schutz personenbezogener Daten.[377] Dieser Rahmenbeschluss könnte jedoch künftig durch eine Richtlinie zum Schutz natürlicher Personen bei der Verarbeitung personenbezogener Daten durch die zuständigen Behörden zum Zwecke der Verhütung, Aufdeckung, Untersuchung oder Verfolgung von Straftaten abgelöst werden.[378] Die Richtlinie würde die geplante Datenschutz-Grundverordnung[379] ergänzen, stößt aber bislang bei den Mitgliedstaaten insbesondere mit Blick auf die Zuständigkeit der EU auf Zurückhaltung.[380] Die geplante Richtlinie soll sowohl die rein innerstaatliche als auch die grenzüberschreitende Datenverarbeitung durch Polizei und Justiz erfassen, nicht aber die Erlangung von Daten durch die Nachrichtendienste.[381] Inhaltlich wird vor allem der Blankettcharakter der in Art. 7 vorgesehenen Zulässigkeitsgründe für eine Datenverarbeitung kritisiert, wonach die „*Wahrnehmung einer gesetzlichen Aufgabe*" ausreichend ist.[382] Ob die Richtlinie daher letztendlich zu einer Verschärfung der für deutsche Behörden bereits bestehenden Rechtslage führen wird, bleibt fraglich.[383]

---

374 RL 2010/64/EU v. 20.10.2010 über das Recht auf Dolmetscherleistung und Übersetzung im Strafverfahren.

375 RL 2012/13/EU v. 27.4.2012 über das Recht auf Belehrung im Strafverfahren.

376 Siehe hierzu die Entschließung des Rates v. 30. 11. 2009 über einen Fahrplan zur Stärkung der Verfahrensrechte von Verdächtigen oder Beschuldigten im Strafverfahren, (ABl. C 295 v. 4. 12. 2009, 1) welcher Bestandteil des Stockholmer Programms ABl. C 115 v. 4.5.2010 (2.4) wurde; Zur Umsetzung der Richtlinien in Deutschland siehe *Christl*, NStZ 2014, 376; Kritisch zur Erfolgstauglichkeit der Herangehensweise der EU *Gleß*, StV 2013, 317 (322); Siehe zudem Ratsdok. 6603/15 v. 26.02.2015 zum Vorschlag für eine Richtlinie über vorläufige Prozesskostenhilfe.

377 RB 2008/977/JI des Rates v. 27.11.2008 über den Schutz personenbezogener Daten, die im Rahmen der polizeilichen und justiziellen Zusammenarbeit in Strafsachen verarbeitet werden.

378 KOM(2012) 10 endg. v. 25.1.2012; Siehe hierzu *Brodowski*, ZIS 2013, 455 (458); *Ders.*, ZIS 2012, 558 (559); Allgemein zum europäischen Datenschutz *Masing*, NJW 2012, 2305 (2310 f.).

379 KOM(2012) 11 endg. v. 25.1.2012; Im Oktober 2014 hat der Rat eine partielle allgemeine Ausrichtung zur Datenschutz-Grundverordnung angenommen, Rats-Dok. 13772/14.

380 Siehe den jüngsten Sachstandbericht des Rates vom 25.11.2014, Rats-Dok. 15730/14.

381 Vgl. Art. 2 Abs. 3 lit. a des Entwurfs.

382 *Brodowski*, ZIS 2012, 558 (559); BRAK, Stellungnahme Nr. 45, Oktober 2012, S. 4.

383 Ebenso *Brodowski*, ZIS 2012, 558 (559).

Teil Zwei

5. Kapitel: Die Verwertung von im Ausland erlangten Informationen

Das letzte Kapitel der Untersuchung widmet sich der Verwertung der im Ausland erlangten Informationen. Die Begriffe „Verwertung" und „Information" sollen hierbei als allgemeine Oberbegriffe verstanden werden, welche weder eine Beschränkung im Hinblick auf die Quelle der Information, noch der Art ihrer Nutzung vorgeben. Dementsprechend soll unter dem Oberbegriff der Informationsverwertung sowohl die Verwertung von erlangten Informationen als Beweis in einem Strafverfahren als auch die sonstige Verwendung von Informationen, etwa zur Weitergabe an ausländische Stellen, betrachtet werden. Hierbei liegt der Schwerpunkt aufgrund der besonderen praktischen Bedeutung allerdings auf der Verwertung der Informationen in einem Strafverfahren. Die Quelle der Information kann dabei die Ermittlungstätigkeit eines Nachrichtendienstes oder einer Strafverfolgungsbehörde sein. Weiterhin kann die Information im Rahmen der Rechtshilfe oder aber beispielsweise unter Verletzung fremder Gebietshoheit erlangt worden sein. Die konkrete Ermittlungsmaßnahme mag mitunter den Anforderungen der *lex loci*, nicht aber der deutschen Verfahrensordnung genügen. Zudem kann der Ermittlungseingriff eine Verletzung völkerrechtlich verbürgter Individualrechte darstellen.

Diese verschiedenen Konstellationen sollen im Folgenden jeweils im Hinblick auf die Verwertbarkeit der Informationen untersucht werden.

A) Verwertung als Beweis im Strafverfahren

Die Verwertung von im Ausland erlangten Beweisen im deutschen Strafverfahren ist eine vielschichtige Problematik, deren vollständige Aufarbeitung den Rahmen der vorliegenden Untersuchung sprengen würde. Es soll daher auf eine allgemeine Wiederholung bereits erarbeiteter Konzepte[1] weitestgehend verzichtet werden und stattdessen die Fragestellung speziell im Hinblick auf den Sonderfall der selbstständigen Auslandsermittlung durch deutsche Behörden untersucht werden. Es gilt zu prüfen, ob und inwieweit die bereits bestehenden Konzepte zur Verwertung von Auslandsbeweisen auf diese Fälle zu übertragen sind.

I) Grundlagen der strafprozessualen Beweisverwertung

Bevor der Blick auf den Sonderfall der Verwertung von Auslandsbeweisen gerichtet werden kann, gilt es die leitenden Grundsätze für die Verwertung von Beweisen im Strafprozess darzustellen. Sodann ist die Frage aufzuwerfen, ob diese Grundsätze

1 Grundlegend *Schuster*, Verwertbarkeit, S. 83 ff.

auch auf Auslandsbeweise anwendbar sind und inwieweit die Ratio der Beweisverwertungsverbote hierfür dienlich gemacht werden kann.

1) Beweisverbote

a) Terminologie

Der Begriff der Beweisverbote umfasst sowohl Beweis*erhebungs*- als auch Beweis*verwertungs*verbote.[2] Das Beweiserhebungsverbot untersagt die Aufklärung bestimmter Sachverhalte (Beweisthemaverbot), die Verwendung bestimmter Beweismittel (Beweismittelverbot) sowie gewisse Arten der Beweisgewinnung (Beweismethodenverbot).[3] Mit dem Beweisverwertungsverbot wird dagegen die Berücksichtigung eines bereits vorhandenen Beweismittels für den Prozess der Wahrheitsfindung im Strafverfahren untersagt.[4] Die Begründung des Beweisverwertungsverbotes kann hierbei sowohl in Abhängigkeit eines Verstoßes gegen ein Beweiserhebungsverbot (sog. unselbstständiges Beweisverwertungsverbot) oder aber unabhängig von der Rechtmäßigkeit der Beweisgewinnung (sog. selbstständiges Beweisverwertungsverbot) erfolgen.[5] Bei Rechtmäßigkeit der Beweisgewinnung kann sich ein selbstständiges Beweisverwertungsverbot aus einer ausdrücklichen Regelung der StPO[6] oder aus Vorgaben des Grundgesetzes[7] ergeben. Jenseits der ausdrücklichen Regelung von Beweisverwertungsverboten kennt das deutsche Recht indes keine umfassende Festsetzung von Verwertungsverboten etwa in Form eines entsprechenden Katalogs.[8] Damit kann insbesondere die Frage, wann ein Verstoß gegen die Vorgaben der Beweiserhebung[9] zu einem Beweisverwertungsverbot führt, nicht allgemeingültig beantwortet werden, sondern bedarf der Auseinandersetzung mit zahlreichen unterschiedlichen Theorien, welche allesamt versuchen einen

---

2 *Beulke*, Strafprozessrecht, § 23 Rn. 455; *Ders.*, JURA 2008, 653 (654); *Rogall*, ZStW 1979 (91), 1 (4 ff.).

3 *Beulke*, Strafprozessrecht, § 23 Rn. 455; Zur fehlenden Bedeutung dieser Unterscheidung siehe etwa *Jahn*, Gutachten C für den 67. DJT 2008, S. C 28 f.

4 Vgl. *Beulke*, Strafprozessrecht, § 23 Rn. 455; *Paul*, NStZ 2013, 489 (490).

5 Grundlegend *Rogall*, ZStW 1979 (91), 1 (3 f.).

6 Vgl. § 252 StPO.

7 Insbesondere aus Art. 2 Abs. 1 i.V.m. Art. 1 Abs. 1 GG bei Eingriffen in den absolut geschützten Kernbereich der Persönlichkeitsentfaltung; Siehe zuletzt zur Unverwertbarkeit eines heimlich aufgezeichneten Selbstgesprächs in einem PKW BGH NJW 2012, 945; Siehe zudem *Lucke*, HRRS 2011, 527 zum sog. Beweisverwertungsverbot von Verfassungs wegen.

8 Nach BGHSt 38, 214 (223) wäre eine umfassende Normierung von Beweisverwertungsverboten dem deutschen Recht ohnehin fremd.

9 Die maßgeblichen Vorgaben können sich hierbei aus verschiedenen Rechtsquellen ergeben. Neben der StPO kommen insbesondere auch Vorgaben für das Ermittlungsverfahren aus dem GG in Betracht, *Rehbein*, Verwertbarkeit von nachrichtendienstlichen Erkenntnissen, S. 140 f. m.w.N.

gerechten Ausgleich zwischen dem Strafverfolgungsinteresse der Allgemeinheit und der Schutzwürdigkeit des Beschuldigten zu schaffen.[10] Inwieweit diese Theorien jedoch auch auf die Verwertung von Auslandsbeweisen Anwendung finden, soll hier zunächst offen bleiben.[11]

Die Verbote zur Verwertung von Beweisen im Strafverfahren sind zudem abzugrenzen von den Regelungen zur sonstigen Verwendung erlangter Informationen. Hierbei kommen etwa eine Verwendung als Spurenansatz für weitere Ermittlungsmaßnahmen oder eine Übermittlung der Information an andere Behörden zur Ermöglichung von Maßnahmen der Gefahrenabwehr in Betracht.[12] Ein Verwendungsverbot untersagt, anders als das Verwertungsverbot, nicht bloß die Verwertung der Information als Beweismittel im Strafverfahren, sondern jegliche Nutzung.[13]

b) *Begründung von Beweisverboten*

Die Frage nach dem Zweck der Beweisverbote ist nicht bloß dogmatischer Natur, sondern dient als Basis für die eigentliche Begründung von Beweisverwertungsverboten, auch jenseits der bereits bekannten Konstellationen.[14] Stellt man etwa mit der herrschenden Auffassung den Schutz des Individuums in den Mittelpunkt[15], kommt es für die Frage des Bestehens eines Verwertungsverbotes bei Auslandsermittlungen darauf an, ob die Grundrechte des Betroffenen hinreichende Beachtung gefunden haben. Die Gewährleistung eines fairen Verfahrens wird zur obersten Maxime der Beweiserhebung, anstelle einer Wahrheitsfindung um jeden Preis.[16] Mit dem Schutz der Verfahrensfairness geht allerdings nicht nur die Achtung individueller Rechte einher, sondern zugleich die Gewährleistung der Rechtsstaatlichkeit als überindividueller Schutzzweck.[17] Letzterer dürfte allerdings nur im Ausnahmefall betroffen sein, da an die Begründung eines Verstoßes gegen das Rechtsstaatsprinzip regelmäßig höhere Anforderungen zu stellen sind als an die Verletzung subjektiver Rechte. So mögen bestimmte Verfahrensverstöße zwar einen rechtswidrigen Eingriff in

---

10 *Beulke*, JURA 2008, 653 (654); Vgl. auch *Dencker*, in: Eser/Goydke/Maatz/Meurer (Hrsg.), FS für Meyer-Goßner, S. 237 (239).

11 Siehe aber sogleich S. 231 ff.

12 Vgl. zur Verwendungsmöglichkeit als Spurenansatz *Gazeas*, Übermittlung nachrichtendienstlicher Erkenntnisse an Strafverfolgungsbehörden, S. 532 ff.; Zur Verwendung für Zwecke der Gefahrenabwehr *Zöller*, in: Roggan/Kutscha (Hrsg.), Handbuch der inneren Sicherheit, S. 447 (499 ff.).

13 *Dencker*, in: Eser/Goydke/Maatz/Meurer (Hrsg.), FS für Meyer-Goßner, S. 237 (243); *Singelnstein*, ZStW 2008 (120), 854 (891).

14 Ebenso *Rehbein*, Verwertbarkeit von nachrichtendienstlichen Erkenntnissen, S. 149.

15 Siehe statt Aller *Beulke*, Strafprozessrecht, § 23 Rn. 454; *Ders.*, JURA 2008, 653 (654); *Schuster*, Verwertbarkeit, S. 52;

16 Vgl. BGHSt 14, 358 (365); BGH NStZ 1983, 466 (467).

17 *Amelung*, in: Schünemann/Achenbach/Bottke/Haffke/Rudolphi (Hrsg.), FS für Roxin, S. 1259 (1264).

die Grundrechte des Betroffenen darstellen, zugleich aber noch nicht die Schwelle eines Verstoßes gegen die unverzichtbaren Erfordernisse des Rechtsstaates überschreiten.[18]

Nach zutreffender Auffassung stellt der Schutz der individuellen Rechte daher zwar den primären, nicht aber den einzigen Zweck der Beweisverbote dar.[19]

c) Bestimmung von Beweisverwertungsverboten

Unabhängig von der noch zu beantwortenden Frage, ob und inwieweit die Situation der Beweisgewinnung für die Verwertung von Auslandsbeweisen überhaupt eine Rolle spielt oder welche Verfahrensordnung für die Bestimmung eines Verfahrensverstoßes maßgeblich ist[20], besteht mittlerweile innerhalb der Dogmatik der Beweisverbotslehre Einigkeit darüber, dass nicht jeder Fehler auf der Seite der Beweiserhebung zu einem Verwertungsverbot führt[21]. Allerdings bestehen in Rechtsprechung und Literatur zum Teil sehr unterschiedliche Ansätze zur Bestimmung eines Beweisverwertungsverbotes. Diese sollen hier nur im Überblick wiedergeben werden.

aa) Ansatz der Rechtsprechung

Die Rechtsprechung verfolgt heute zur Bestimmung eines Beweisverwertungsverbotes im Wesentlichen eine Abwägungslösung, welche das staatliche Interesse an einer funktionstüchtigen Strafverfolgung den subjektiven Interessen des Betroffenen am möglichst umfassenden Schutz seiner Individualrechte gegenüberstellt.[22] Im Rahmen dieser Abwägung stellt die Rechtsprechung unter anderem darauf ab, ob die bei der Beweiserhebung verletzte Verfahrensnorm dem Rechtskreis des Beschuldigten oder vielmehr dem Interesse eines Dritten zuzurechnen ist[23] und ob der Schutzzweck der Norm gerade die verfahrensrechtliche Stellung des Beschuldigten selbst betrifft und daher ein Verstoß besonders schwerwiegend ist[24]. Mit Blick auf

18 Siehe zum Recht auf ein faires Verfahren zuletzt BVerfG NStZ 2006, 46 (47).

19 *Rehbein*, Verwertbarkeit von nachrichtendienstlichen Erkenntnissen, S. 155 geht dagegen wohl von einem Gleichlauf beider Schutzzwecke aus.

20 Siehe unten S. 254 ff.

21 BVerfG NJW 2011, 2417 (2418); BVerfG NJW 2011, 2783 (2784); *Greven*, in: Hannich (Hrsg.), KK-StPO, Vor § 94 Rn. 10.

22 Vgl. nur BVerfG NStZ 2012, 496 (498); NJW 2009, 3225; BGHSt 47, 172 (179).

23 Ursprünglich war diese „Rechtskreistheorie", BGHSt 11, 213, 214 f., die vom BGH verwendete Methode zur Bestimmung eines Beweisverwertungsverbotes. Heute handelt es sich dagegen bei der Frage nach dem maßgeblichen Rechtskreis nur um einen Wertungsgesichtspunkt innerhalb der von der Rechtsprechung durchgeführten Gesamtabwägung. Klarstellend insoweit *Rogall*, JZ 2008, 818 (823) m.w.N; Siehe kritisch zur heutigen Relevanz der „Rechtskreistheorie" auch die Anmerkung von *Gleß*, NStZ 2010, 98 zu BGHSt 53, 191.

24 BGHSt 46, 189 (195 f.).

den Schutz individueller Rechte als primärem Zweck der Beweisverbote erscheint ein Rückgriff auf die Rechtskreistheorie als ein Abwägungskriterium durchaus nachvollziehbar, da eben ein Verstoß gegen allein Drittinteressen dienende Normen regelmäßig nicht zu einer Gefährdung des Beweisverbotszweckes führen kann.[25] Für die vorliegende Frage der Verwertbarkeit von Informationen aus verdeckten Ermittlungsmaßnahmen dürfte der Rekurs auf die Rechtskreistheorie im Rahmen der Abwägung allerdings ohnehin keine Rolle spielen, da sich Verwertungsverbote insbesondere aus Verstößen gegen die jeweils anwendbaren Eingriffsgrundlagen ergeben können, welche unproblematisch dem Rechtskreis des Beschuldigten zuzuordnen sind. Es kommt mithin bei Anwendung der Abwägungslösung vor allem auf die Schwere des Delikts und das Gewicht des Verfahrensverstoßes an.[26]

bb) Ansätze in der Literatur

Gegen die Abwägungslösung der Rechtsprechung wenden sich Ansätze in der Literatur, die eine Bestimmung von Beweisverboten aus grundrechtlicher Perspektive vornehmen. Hierbei ist insbesondere die von *Amelung*[27] entwickelte Informationsbeherrschungslehre zu nennen.[28] Nach dieser Lehre kann ein Beweisverwertungsverbot aus einem informationellen Folgenbeseitigungsanspruch bei unzulässigem Eingriff in das Recht aus Art. 2 Abs. 1 i.V.m. Art. 1 Abs. 1 GG auf Zurückhaltung bestimmter Informationen folgen. Die maßgeblichen subjektiven Rechte zum Schutze der Privatheit werden als Informationsbeherrschungsrechte bezeichnet.[29] Das Verwertungsverbot ist damit nach der Informationsbeherrschungslehre nicht Folge einer Abwägung der widerstreitenden Interessen, sondern beruht auf dem Verletzungserfolg.[30]

Einen weiteren Ansatz verfolgt die Schutzzwecktheorie, welche ohne Vornahme einer Gesamtabwägung ein Verwertungsverbot annimmt, wenn dies der Schutzzweck der jeweils verletzten Norm gebietet.[31] Allerdings besteht innerhalb dieser

25 Ebenso *Rogall*, JZ 2008, 818 (823).

26 *Beulke*, Strafprozessrecht, § 23 Rn. 458.

27 *Amelung*, Informationsbeherrschungsrechte im Strafprozess, S. 29 ff.; Kritisch hierzu *Rogall*, in: Samson/Dencker/Frisch (Hrsg.), FS für Grünwald, S. 523; Dazu wiederum *Amelung*, in: Schünemann/Achenbach/Bottke/Haffke/Rudolphi (Hrsg.), FS für Roxin, S. 1259 (1263 ff.); Kritisch auch *Jahn*, Gutachten C für den 67. DJT 2008, S. C 65 ff.; Hierzu wiederum *Amelung*, JR 2008, 327.

28 Siehe aber auch die von *Jahn*, Gutachten C für den 67. DJT 2008, S. C 66 f. vorgeschlagene „Beweisbefugnislehre".

29 Vgl. auch *Böse*, ZStW 2002 (114), 148 (159); Daneben nennt *Amelung*, Informationsbeherrschungsrechte im Strafprozess, S. 14 ff. die „*Sicherung der Wahrheitsfindung*" sowie die „*Legitimation des Staates zum Strafen*" als maßgebliche Schutzzwecke zur Begründung von Verwertungsverboten.

30 Siehe hierzu *Schuster*, Verwertbarkeit, S. 63.

31 Grundlegend *Grünwald*, JZ 1966, 489 (493 ff.); *Rudolphi*, MDR 1970, 93 (98 ff.); Siehe auch *Jäger*, Beweisverwertung und Beweisverwertungsverbote im Strafprozess, S. 137 ff. der eine beweisgegenständliche Schutzzwecklehre vorschlägt.

Theorie kein einheitlicher Ansatz zur Bestimmung des maßgeblichen Schutzzwecks und zur Begründung des hieraus abzuleitenden Verwertungsverbotes.[32]

cc) Stellungnahme

Wenngleich die Informationsbeherrschungslehre mit Blick auf den Schutz subjektiver Rechte als den primären Zweck der Beweisverbote ein geeignetes Instrument zur Gewährleistung der grundrechtlichen Garantien zum Schutze der Privatheit darstellt, soll für die Fälle der hier interessierenden Verwertung von Auslandsbeweisen der Abwägungslehre der Rechtsprechung gefolgt werden. Gerade bei der Erstreckung des Ermittlungsverfahrens über die nationalen Grenzen hinaus bedarf es der Berücksichtigung einer Vielzahl unterschiedlicher Faktoren, für die einzig die Abwägungslehre die nötige Flexibilität bietet. Insbesondere die Fragen nach den Auswirkungen einer Verletzung fremder Gebietshoheit oder völkerrechtlich garantierter Individualrechte auf die Verwertbarkeit der erlangten Informationen könnten im Rahmen einer Gesamtabwägung unter Einbeziehung der Schwere der Tat[33] und dem Gewicht der Rechtsverletzung sowie dem Interesse an der Gewährleistung einer effektiven grenzüberschreitenden Strafverfolgung beantwortet werden.[34] Dem kann auch nicht entgegengehalten werden, dass eine Abwägung im Rahmen der Beweisverwertung deshalb unzulässig ist, weil diese bereits durch den Gesetzgeber beim Erlass von Verfahrensvorschriften vorgenommen wurde.[35] Die auf die Verwertbarkeit beschränkte Abwägung der Rechtsprechung ist eine andere als die des Gesetzgebers, welche eine an den Vorgaben des Grundgesetzes orientierte Rechtmäßigkeit der Beweiserhebung zum Gegenstand hat.[36]

Den Kritikern einer Abwägungslösung ist indes zuzugeben, dass die gerade für die Fälle der Verwertung von Auslandsbeweisen wichtige Flexibilität der Verwertungsregelungen mit einem gewissen Maße an Rechtsunsicherheit erkauft wird.[37] Führt der Ermittlungseingriff etwa zu einem rechtswidrigen Eingriff in das Recht auf Schutz der Privatheit, ist das Verwertungsverbot nicht immer die sichere Fehlerfolge, sondern es kann durch ein Überwiegen anderer Faktoren im Einzelfall abgelehnt werden.

---

32 *Beulke*, Jura 2008, 653 (655).

33 Die Berücksichtigung der Tatschwere kann freilich bei Verteidigungsrechten wenn überhaupt nur sehr eingeschränkt berücksichtigt werden, da diese gerade dazu dienen, jedem Beschuldigten ein Mindestmaß an Schutz zukommen zu lassen, ohne dass insoweit nach der Tatschwere differenziert wird. Vgl. zur Kritik am Kriterium der Tatschwere auch *Roxin/Schünemann*, Strafverfahrensrecht, § 24 Rn. 41.

34 Zur Notwendigkeit einer Modifikation der rein national orientierten Beweisverbotslehren *Gleß/Peters*, StV 2011, 369 (374).

35 So aber etwa *Amelung*, in: Schünemann/Achenbach/Bottke/Haffke/Rudolphi (Hrsg.), FS für Roxin, S. 1259 (1275); *Beulke*, Strafprozessrecht, § 23 Rn. 458.

36 *Hauck*, Heimliche Strafverfolgung, S. 500.

37 *Amelung*, NJW 1991, 2533 f. charakterisiert die Abwägungslehre deshalb als „*konturenlos*“.

Sofern allerdings die Gewährleistung der Zuverlässigkeit und Fairness eines Beweismittels als oberste Maxime der (grenzüberschreitenden) Sachverhaltsaufklärung angesehen wird[38], lässt sich die mit der Abwägungslösung einhergehende Rechtsunsicherheit auf ein vertretbares Maß reduzieren. Das Gericht muss die Schwere des jeweiligen Verfahrensverstoßes genau analysieren und dem Schutz der Individualrechte gegenüber dem staatlichen Aufklärungsinteresse einen hohen Stellenwert einräumen.[39] Die Abwägung wird damit nicht zu einem „Würfelspiel" mit zufälligem Ausgang, sondern erfolgt unter sorgfältiger Berücksichtigung zu gewichtender Faktoren.

Für die Verwertung von Auslandsbeweisen gilt es nun zu untersuchen, welches Gewicht dem Völkerrecht, dem Verfahrensrecht des Gebietsstaates, dem Verfahrensrecht des Verwertungsstaates und den völkerrechtlichen Individualrechten im Rahmen dieser Abwägung zukommen soll. Anhand der Gewichtung dieser Abwägungskriterien wird die Entscheidung über die Verwertbarkeit eines im Ausland erlangten Beweismittels vorhersehbarer und der Einwand der Rechtsunsicherheit weniger erheblich.[40] Zugleich dient die Gewichtung der Abwägungsparameter einer Begrenzung der für die Verwertungsentscheidung maßgeblichen Kriterien[41], sodass auch der Vorwurf einer *„Inflation von Abwägungsparametern"*[42] nicht als durchgreifendes Argument gegen die Abwägungslösung angebracht werden kann.[43]

Es gilt mithin im Folgenden zu untersuchen, ob und inwieweit die dargestellten Ansätze der Beweisverbotsdogmatik auf die Verwertung von Auslandsbeweisen übertragbar sind und welches Gewicht im Falle der Bejahung der Übertragbarkeit den einzelnen Faktoren im Rahmen einer Abwägung zukommen sollte.

2) Übertragbarkeit der Verbotsdogmatik auf Auslandsbeweise

Die Bestimmung eines unselbstständigen Beweisverwertungsverbotes nach Maßgabe der Abwägungslösung setzt voraus, dass auch bei Vorliegen eines Auslandsbeweises die Umstände der Beweiserhebung in den Blick genommen werden können. Klammert man dagegen das Beweiserhebungsverfahren aufgrund seiner Verlagerung auf das Gebiet eines anderen Staates aus, bleiben für die Begründung von Verwertungsverboten nur durch den *ordre public* gezogene absolute Grenzen übrig.[44]

---

38 *Gleß*, ZStW 2003 (115), 131 (148).

39 Vgl. *Gleß*, ZStW 2013 (125), 573 (607).

40 Im Ergebnis ebenso *Rehbein,* Verwertbarkeit von nachrichtendienstlichen Erkenntnissen, S. 164.

41 Indem Kriterien mit einem verhältnismäßig geringen Gewicht von vornherein nur am Rande in die Abwägung aufgenommen werden.

42 *Jahn*, Gutachten C für den 67. DJT 2008, S. C 47.

43 Kritisch zur Einschätzung von *Jahn* äußert sich auch *Rogall*, JZ 2008, 818 (823 f.).

44 *Gleß*, JR 2008, 317 (320).

a) Beweiserhebung durch Behörden des Gebietsstaates

Im Bereich der traditionellen Rechtshilfe, wo die Beweiserhebung durch Organe des Gebietsstaates vorgenommen wird, klammert die Rechtsprechung die Beurteilung der Rechtmäßigkeit der Beweiserhebung nach der *lex fori* weitestgehend aus. Für die Rechtmäßigkeit der Beweiserhebung komme es allein auf die Einhaltung der ausländischen Verfahrensvorschriften an, da eine Einhaltung deutschen Verfahrensrechts von den Behörden des Gebietsstaates nicht erwartet werden könne.[45] Zudem sei die Rechtmäßigkeit der Beweiserhebung nach der *lex loci* für deutsche Gerichte regelmäßig nur in einem eingeschränkten Umfang überprüfbar.[46]

Überträgt man diese Auffassung auf die dargestellte Systematik der Beweisverbote, bleibt für die Begründung von unselbstständigen Beweisverwertungsverboten kaum noch Raum. Nach der auch hier vertretenen Abwägungslösung liegt der Grund für ein unselbstständiges Beweisverwertungsverbot schließlich in der Verwirklichung eines Handlungsunrechts.[47] Wo sich jedoch ausländische Behörden im Rahmen der für sie geltenden Verfahrensordnung bewegen, kann von der Verwirklichung eines Handlungsunrechts keine Rede sein.[48] Dieses ließe sich dann allenfalls mit dem Argument begründen, dass deutsche Behörden nicht in hinreichendem Maße auf die Einhaltung deutscher Vorgaben hingewirkt haben.[49] Der Verstoß gegen ein Beweiserhebungsverbot führt daher solange nicht zu einem Beweisverwertungsverbot, wie die Maßnahme mit dem Recht des Gebietsstaates übereinstimmt, den deutschen Behörden kein Vorwurf im Hinblick auf ihre Hinwirkungspflicht gemacht werden kann und nicht die Schwelle eines *ordre public* Verstoßes überschritten wurde.[50] Die herkömmliche Systematik der Beweisverwertungsverbote wird damit für Auslandsbeweise modifiziert, indem die Umstände der Beweiserhebung nur noch im eingeschränkten Maße überprüft werden.[51]

b) Beweiserhebung durch deutsche Hoheitsträger

Die dargestellte Rechtsprechung zur Maßgeblichkeit der *lex loci* ist auf die selbstständige Beweiserhebung durch deutsche Hoheitsträger nicht übertragbar. Nach

---

45 Ständige Rechtsprechung vgl. nur BGHSt 1, 219 (221); 7, 15 (16); 35, 82 (83); BGH NStZ 1983, 181; NStZ 1985, 376.

46 Dies gilt nach der neusten Rechtsprechung des BGH jedenfalls für den Fall, dass die Ermittlungen im Gebietsstaate zunächst für ein dort geführtes Strafverfahren erfolgt sind. Vgl. BGH StV 2014, 193 LS 3 m. Anm. *Schuster.*

47 *Schuster,* Verwertbarkeit, S. 57.

48 *Schuster,* a.a.O., S. 101 ff.

49 *Schuster,* a.a.O., S. 119 f.

50 Vgl. *Gleß,* JR 2008, 317 (320 f.); *Mavany,* Die Europäische Beweisanordnung, S. 160 ff.; *Rogall,* JZ 2008, 818 (830); Zur Kritik an der fehlenden Maßgeblichkeit deutschen Rechts im Hinblick auf die Gewährleistung der Zuverlässigkeit und Fairness des Beweismittels siehe oben S. 189 ff.

51 *Gleß,* JR 2008, 317 (320); Vgl. auch *Gleß/Peters,* StV 2011, 369 (374).

der hier vertretenen Lösung bedarf es aufgrund der strengen Geltung des Gesetzesvorbehalts für die Fälle der transnationalen Beweissammlung einer Modifikation des Prinzips *locus regit actum* durch ein Meistbegünstigungsprinzip im Rahmen der Beweiserhebung.[52] Damit wird die Rechtmäßigkeit der Beweiserhebung nach deutschem Recht nicht fingiert[53], sondern es bedarf einer Überprüfung der Beweiserhebung am Maßstab der um die jeweils strengeren Vorgaben der *lex fori* modifizierten *lex loci.* Die Verwirklichung eines Handlungsunrechts beschränkt sich damit nicht auf Verstöße gegen Vorgaben des ausländischen Rechts, die unzureichende Hinwirkung deutscher Behörden oder den deutschen *ordre public.* Vielmehr findet die inländische Beweisverbotsdogmatik aufgrund der (punktuellen) Einbeziehung[54] der *lex fori* im Rahmen der Beweiserhebung auch für die Verwertung von Auslandsbeweisen volle Anwendung.

Die Rechtmäßigkeit der Handlungen deutscher Beamter bleibt folglich auch dann in vollem Umfang überprüfbar, wenn die Ermittlungen auf dem Gebiet eines anderen Staates vorgenommen wurden.

c) Ergebnis

Die von der Rechtsprechung vollzogene Ausblendung der Umstände der Beweiserhebung kann nicht auf die Fälle der selbstständigen Auslandsermittlungen durch deutsche Hoheitsträger übertragen werden. Vielmehr gilt hinsichtlich der Verwertung der auf diesem Wege gewonnenen Beweise die inländische Beweisverbotsdogmatik. Damit bleibt auch die Abwägungslösung der Rechtsprechung anwendbar, sodass bei der Beurteilung des Vorliegens eines Beweisverwertungsverbotes etwa die Schwere des Verfahrensfehlers gegen die Schwere des Strafvorwurfs abgewogen werden kann[55].

II) Berücksichtigung der Informationsquelle

Informationsgewinnung im Ausland bedeutet nicht zwangsläufig eine Beschränkung auf die Erhebung von Beweisen durch Strafverfolgungsbehörden zum Zwecke der Durchführung eines Strafverfahrens. Vielmehr hat die bisherige Untersuchung gezeigt[56], dass eine selbstständige Auslandstätigkeit auch zu nachrichtendienstlichen oder präventiv-polizeilichen Zwecken erfolgen kann. Dies ruft die Frage

---

52 Siehe oben S. 193 ff. Die Frage, wie sich dieses Meistbegünstigungsprinzip auf die verschiedenen Erhebungssituationen und die Verwertung der Beweise auswirkt, wird weiter unten behandelt, S. 258 ff.

53 *Gleß*, JR 2008, 317 (320).

54 Die Ermittlungsmaßnahme erfolgt nach den formalen und inhaltlichen Vorgaben der *lex loci.* Lediglich dort, wo das deutsche Recht höhere Eingriffsvoraussetzungen vorsieht, wird das ausländische Recht um dieses „Plus" modifiziert.

55 Speziell im Hinblick auf die Rechtmäßigkeit der Beweiserhebung wegen Verletzung der Gebietshoheit BVerfGE 109, 38 (58).

56 Siehe dazu oben unter Kapitel 1.

hervor, inwieweit derartige Informationen, unabhängig von den konkreten Umständen ihrer Erlangung[57], zum Zwecke der Strafverfolgung verwertet werden können. Hierbei gilt es zu untersuchen, ob eine Informationsteilung überhaupt zulässig ist und wie eine solche praktisch durchgeführt werden kann.

1) Rechtsgrundlagen für die Informationsteilung

Im Hinblick auf die rechtlichen Grundlagen für eine Informationsteilung gilt es jeweils zu unterscheiden zwischen der Öffnungsklausel, welche überhaupt eine Weitergabe von Kenntnissen an andere Behörden ermöglicht und der Verwendungsklausel, welche die Voraussetzungen und Grenzen der Erkenntnisverwertung für das Strafverfahren regelt.

a) Nachrichtendienstliche Informationen

aa) Öffnungsklausel des Nachrichtendienstrechts

Die Zulässigkeit einer Übermittlung von Informationen der Nachrichtendienste an die Strafverfolgungsbehörden richtet sich nach den §§ 19, 20 BVerfSchG.[58] Im Grundsatz unterliegt die Übermittlung von nachrichtendienstlichen Informationen damit dem alleinigen Ermessen der Nachrichtendienste und einer strengen Zweckbindung, die oftmals die Verwendung entsprechender Informationen zum Zwecke der Strafverfolgung untersagt.[59] Im Bereich der Staatsschutzdelikte, zu denen insbesondere auch die §§ 129 a, 129 b StGB zählen[60], besteht demgegenüber gemäß § 20 Abs. 1 BVerfSchG eine Verpflichtung[61] zur Weitergabe entsprechender Informationen. Hinsichtlich der Verwendung der übermittelten Informationen unterscheidet § 20 Abs. 1 BVerfSchG nicht zwischen der Nutzung für Strafverfolgungs- oder Gefahrenabwehrzwecke. Demnach können im Bereich der Staatsschutzdelikte die Informationen trotz präventiver Zwecksetzung durch die Nachrichtendienste auch für repressive Zwecke verwendet werden.[62] Für die Nachrichtendienste ist es damit grundsätzlich zulässig, ihre im Ausland erlangten Informationen an Strafverfolgungsbehörden weiterzugeben. Hierin ist solange kein Verstoß gegen

57 Insbesondere die insoweit oftmals relevante Frage der Auswirkung der Völkerrechtsmäßigkeit der Maßnahme auf die Verwertung wird gesondert betrachtet.

58 Vgl. § 9 BNDG und § 11 MADG zur entsprechenden Anwendung der Regelungen des BVerfSchG auf BND und MAD.

59 Vgl. § 19 Abs. 1 BVerfSchG; *Griesbaum/Wallenta*, NStZ 2013, 369 (377).

60 Vgl. § 20 Abs. 1 S. 2 BVerfSchG i.V.m. §§ 74 a Abs. 1 Nr. 4, 120 Abs. 1 Nr. 6 GVG.

61 Die Verpflichtung besteht nach § 23 BVerfSchG nicht, sondern vielmehr ein Übermittlungsverbot, wenn überwiegende schutzwürdige Interessen bestehen. Insoweit besteht trotz der grundsätzlichen Verpflichtung ein gewisser Beurteilungs- und Ermessensspielraum, dessen Grenze jedoch § 138 StGB darstellt, *Haedge*, Das neue Nachrichtendienstrecht für die Bundesrepublik Deutschland, S. 165.

62 *Griesbaum/Wallenta*, NStZ 2013, 369 (377).

das Trennungsgebot zu sehen[63], wie die eigentliche Informationsgewinnung im Einklang mit der Aufgabenzuweisung an die Nachrichtendienste steht und nicht spezifisch zum Zwecke der Strafverfolgung durchgeführt wird.[64]

bb) Strafprozessuale Verwendungsklausel

Die Zulässigkeit der Verwendung nachrichtendienstlich erlangter Informationen zu Beweiszwecken richtet sich nach § 161 Abs. 2 StPO.[65] Die Norm sieht als Verwendungsvoraussetzung vor, dass der unter Geltung des Nachrichtendienstrechts[66] durchgeführte Ermittlungseingriff auch nach der StPO hätte angeordnet werden können. Damit wird die Idee des hypothetischen Ersatzeingriffs einer ausdrücklichen gesetzlichen Regelung zugeführt[67], um eine Umgehung von Eingriffsschwellen zu vermeiden[68].

(1) Problematik

Unklar bleibt nach dem Wortlaut der Norm indes[69], ob die abstrakte Möglichkeit der Anordnung einer vergleichbaren Ermittlungsmaßnahme für die jeweilige Straftat nach der StPO für die Bejahung des hypothetischen Ersatzeingriffs hinreichend ist, oder ob nicht vielmehr neben den Voraussetzungen der nachrichtendienstlichen Eingriffsgrundlage zugleich die der StPO vorliegen müssen.[70] Maßgeblicher

---

63 Eingehend zum Trennungsgebot siehe oben S. 71 ff.

64 *Zöller*, in: Roggan/Kutscha (Hrsg.), Handbuch zum Recht der inneren Sicherheit, S. 447 (499).

65 BT-Drs. 16/5846, S. 64; *Griesbaum*, in: Hannich (Hrsg.), KK-StPO, § 161 Rn. 35.

66 Oder unter Geltung des Polizeirechts.

67 BT-Drs. 16/5846, S. 64; *Wohlers*, in: Wolter (Hrsg.), SK-StPO, § 161 Rn. 51 f.; *Pflieger*, in: Dölling/Duttge/Rössner (Hrsg.), Gesamtes Strafrecht, § 161 StPO Rn. 19.

68 BT-Drs. 16/5846, S. 64; Eingehend *Gazeas*, Übermittlung nachrichtendienstlicher Erkenntnisse an Strafverfolgungsbehörden, S. 522 ff.

69 § 161 Abs. 2 S. 1 StPO lautet: *„Ist eine Maßnahme nach diesem Gesetz nur bei Verdacht bestimmter Straftaten zulässig, so dürfen die aufgrund einer entsprechenden Maßnahme nach anderen Gesetzen erlangten personenbezogenen Daten ohne Einwilligung der von der Maßnahme betroffenen Personen zu Beweiszwecken im Strafverfahren nur zur Aufklärung solcher Straftaten verwendet werden, zu deren Aufklärung eine solche Maßnahme nach diesem Gesetz hätte angeordnet werden dürfen.“*

70 Zum Problem siehe etwa *Jahn*, Gutachten C für den 67. DJT 2008, S. C 76 f.; *Jäger*, Beweisverwertung, S. 122 f.; *Singelnstein*, ZStW 2008 (120), 854 (880 f.); Der überwiegende Teil der Rechtsprechung hält eine abstrakte Beurteilung für ausreichend, vgl. BGH NStZ 1989, 375 (376); NJW 2003, 2034 (2035 f.); NStZ 2004, 449 (450); In diesem Sinne auch *Griesbaum*, in: Hannich (Hrsg.), KK-StPO, § 161 Rn. 35; Demgegenüber ist nach Auffassung der neueren Rechtsprechung, vgl. insbesondere zur Regelung des § 100 d Abs. 5 Nr. 3 BGHSt 54, 69 (80) = NJW 2009, 3448 (3451), sowie der überwiegenden Auffassung in der Literatur, vgl. nur *Gazeas*, Übermittlung nachrichtendienstlicher Erkenntnisse an Strafverfolgungsbehörden, S. 526; *Jäger*,

Zeitpunkt für das Vorliegen der Voraussetzungen der StPO wäre hierbei der Zeitpunkt der strafprozessualen Verwertung[71], welche einen weiteren Grundrechtseingriff darstellt[72].

Für die Notwendigkeit einer konkreten Betrachtung der strafprozessualen Eingriffsvoraussetzungen ließen sich mitunter die besonderen Charakteristika der nachrichtendienstlichen Informationsgewinnung anführen. Die erlangten Informationen entstammen regelmäßig aus dem verdachtsunabhängigen Vorfeld[73] und wurden zum Teil unter geringeren Eingriffsvoraussetzungen als unter Geltung der StPO erhoben.[74] In Kombination mit der weitreichenden Übermittlungsbefugnis nach § 19 Abs. 1 BVerfSchG könnte bei bloß abstrakter Betrachtung der Rechtmäßigkeit im Sinne des § 161 Abs. 2 StPO die Befürchtung vor einer nahezu lückenlosen dualen Verwendbarkeit der erlangten Daten entstehen. Eine mit nachrichtendienstlichen Mitteln erlangte Information wäre mitunter weitestgehend problemlos aus dem Vorfeld in den Bereich der Strafverfolgung transferierbar, ohne dass die Beschränkungen der StPO für die Erhebung von Beweisen zum Zwecke der Strafverfolgung eingreifen würden.[75] Hieran wird neben der Gefahr einer Umgehung grundrechtsbezogener Schutzvorkehrungen kritisiert, dass nachrichtendienstlich gewonnene Informationen durch die Einführung als Beweis zu einem Zweck verwendet werden, zu dem sie nicht hätten erhoben werden dürfen.[76] Aufgrund des Fehlens der Voraussetzung eines Anfangsverdachts als rechtsstaatliche Eingriffsschranke ist die Tätigkeit der Nachrichtendienste auf den Zweck der Aufklärung beschränkt[77]. Die weitreichende Übermittlung der auf diesem Feld erlangten Informationen an die Strafverfolgungsbehörden könnte zu einer Umgehung dieser Zweckbeschränkung führen.[78]

(2) Stellungnahme

Ausgangspunkt der Bestimmung der Reichweite von § 161 Abs. 2 StPO ist der in der Gesetzesbegründung[79] beschriebene Zweck der Norm. Demnach soll verhindert werden, dass die gesetzgeberische Wertung zur Bindung eingriffsintensiver

Beweisverwertung, S. 122; *Wohlers*, in: Wolter (Hrsg.), SK-StPO, § 161 Rn. 52 f.; Wohl auch *Pflieger*, in: Dölling/Duttge/Rössner (Hrsg.), Gesamtes Strafrecht, § 161 StPO Rn. 19, die konkrete Betrachtung der Eingriffsvoraussetzungen erforderlich.

71 BGHSt 54, 69 (80) = NJW 2009, 3448 (3451).

72 BVerfGE 100, 313 (360); 109, 279 (375 f.).

73 Vgl. § 9 Abs. 1 S. 1 BVerfSchG, wonach für die Informationserhebung lediglich erforderlich ist, dass „(...) *Tatsachen die Annahme rechtfertigen,* (...)".

74 *Gazeas*, Übermittlung nachrichtendienstlicher Erkenntnisse an Strafverfolgungsbehörden, S. 534 ff.

75 *Singelnstein*, ZStW 2008 (120), 854 (881).

76 *Singelnstein*, ZStW 2008 (120), 854 (881).

77 Vgl. § 3 Abs. 1 BVerfSchG, § 1 Abs. 2 BNDG, § 1 Abs. 1 MADG.

78 *Singelnstein*, ZStW 2008 (120), 854 (882).

79 BT-Drs. 16/5846, S. 64.

Maßnahmen an den Verdacht bestimmter schwerwiegender Straftaten, nicht dadurch umgangen wird, dass eine vergleichbare Maßnahme ohne Vorliegen entsprechender Anhaltspunkte nach anderen Eingriffsgrundlagen vorgenommen wird und sodann dennoch zum Gegenstand des Strafverfahrens wird. Die bezweckte Verhinderung einer Umgehung der gesetzgeberischen Wertung bezieht sich damit allerdings auf die Bindung an bestimmte Straftatenkataloge, nicht aber auf die konkreten Eingriffsvoraussetzungen.[80] Dadurch wird jedoch den Befürchtungen vor einer Umgehung der strafprozessualen Anordnungsvoraussetzungen in hinreichendem Maße Rechnung getragen, ohne dass zugleich die Besonderheiten der nachrichtendienstlichen Informationsgewinnung außer Acht gelassen werden.

Dies soll am Beispiel des Einsatzes verdeckter Ermittler verdeutlicht werden. Für die Nachrichtendienste wäre der Einsatz eines verdeckten Ermittlers (oder Under Cover Agents[81]) bereits im Vorfeld des strafprozessualen Anfangsverdachts, ohne Beschränkung auf bestimmte Straftaten oder besondere Subsidiaritätserwägungen zulässig.[82] Die entsprechende Regelung der StPO[83] fordert dagegen für den Einsatz eines verdeckten Ermittlers das Vorliegen eines Anfangsverdachts[84] hinsichtlich einer Katalogtat beziehungsweise hinsichtlich eines Verbrechens von erheblicher Bedeutung, wobei letzteres zusätzlich eine konkrete Wiederholungsgefahr erfordert oder die besondere Bedeutung der Tat die Maßnahme gebietet und andere Methoden aussichtslos wären.[85] Die hierbei schutzwürdige gesetzgeberische Wertung im Sinne des § 161 Abs. 2 StPO liegt in der Beschränkung der Maßnahme auf bestimmte Katalogtaten beziehungsweise Verbrechen mit besonderer Bedeutung.

Demgegenüber handelt es sich bei der im Nachrichtendienstrecht fehlenden Bindung an einen Anfangsverdacht oder gesteigerte Subsidiaritätserwägungen um Besonderheiten, die der nachrichtendienstlichen Tätigkeit geradezu immanent sind. Würde man für die Verwertbarkeit nachrichtendienstlicher Erkenntnisse eine Kongruenz der Eingriffsvoraussetzungen fordern, würden diese Besonderheiten der nachrichtendienstlichen Tätigkeit nicht hinreichend berücksichtigt werden. Vielmehr wird in der Übermittlungspflicht des § 20 Abs. 1 BVerfSchG deutlich, dass der Gesetzgeber in bestimmten Fällen die besonderen Umstände der Vorfeld-Informationsgewinnung in Kauf nimmt und keine Anpassung an die strafprozessualen

---

80 Ebenso *Griesbaum*, in: Hannich (Hrsg.), KK-StPO, § 161 Rn. 35; *Rehbein*, Verwertbarkeit von nachrichtendienstlichen Erkenntnissen, S. 235; a.A. insbesondere mit Blick auf die Auslegung der Gesetzesbegründung *Gazeas*, Übermittlung nachrichtendienstlicher Erkenntnisse an Strafverfolgungsbehörden, S. 525 Fn. 199.

81 Zu Unterschieden zwischen dem strafprozessualen VE und dem nachrichtendienstrechtlichen UCA siehe oben S. 66 f.

82 Vgl. aber § 9 Abs. 1 S. 2 BVerfSchG, wonach der Einsatz unzulässig ist, wenn die Erforschung des Sachverhalts auf andere, den Betroffenen weniger beeinträchtigende Weise möglich ist.

83 Vgl. § 110 a StPO.

84 BGH NStZ 1997, 249 (250); *Bruns*, in: Hannich (Hrsg.), KK-StPO, § 110 a Rn. 13.

85 Vgl. § 110 a Abs. 1 S. 2–4 StPO.

Voraussetzungen vorsieht. Die Gegenauffassung würde konsequenterweise dazu führen, dass Nachrichtendienste im Bereich der Staatsschutzdelikte zur Sicherung der Verwertbarkeit der erlangten Informationen und zur Erreichung des in § 20 Abs. 1 BVerfSchG vorgesehenen Übermittlungszwecks, von vornherein unter den strengeren Voraussetzungen der Strafprozessordnung ermitteln müssten. Nur so könnte gewährleistet werden, dass auch im relevanten Zeitpunkt der Verwertung alle Voraussetzungen der strafprozessualen Eingriffsgrundlage vorlägen.[86] Eine solche Modifikation der nachrichtendienstlichen Tätigkeit erscheint jedoch mit der Einführung des § 161 Abs. 2 StPO vom Gesetzgeber nicht gewollt. Insbesondere die Forderung nach dem Vorliegen eines strafprozessualen Anfangsverdachts würde die nachrichtendienstliche Aufklärungstätigkeit für die spätere Nutzung zur Strafverfolgung faktisch unbrauchbar machen.

§ 161 Abs. 2 StPO ist demnach vielmehr so zu verstehen, dass die Einführung von Erkenntnissen aus *„vergleichbaren Maßnahmen“*[87] unter Berücksichtigung der für diese jeweils geltenden Besonderheiten möglich ist, solange die gesetzgeberische Wertung im Hinblick auf die Beschränkung der „Eingriffswürdigkeit“ einer Straftat gewahrt bleibt, mithin die Maßnahme für die in Rede stehende Straftat abstrakt auch nach der StPO hätte angeordnet werden können.

Wurden indes im Rahmen der Informationserhebung die einschlägigen Vorgaben des Nachrichtendienstrechts nicht eingehalten, begründet dies nach zutreffender Auffassung kein zwingendes Verwertungsverbot.[88] Vielmehr gelten auch hier die Grundsätze der unselbstständigen Beweisverwertungsverbote, sodass eine entsprechende Abwägung im Hinblick auf die Schwere des Verfahrensfehlers und die des Tatvorwurfs vorzunehmen ist.

(3) Folge: unbeschränkte Verwertbarkeit?

Nachrichtendienstliche Informationen können folglich zwar grundsätzlich umfassend an die Strafverfolgungsbehörden übermittelt werden[89], erfordern jedoch für ihre Verwertung als Beweise in einem Strafverfahren, dass eine entsprechende Ermittlungsmaßnahme im Hinblick auf die jeweilige Straftat auch nach der StPO hätte angeordnet werden können. Dieses Ergebnis wird durch den Verzicht auf eine Kongruenz der Eingriffsvoraussetzungen zwar den Besonderheiten der nachrichtendienstlichen Informationsgewinnung gerecht, bedarf aber mit Blick auf die besondere Grundrechtsrelevanz der Informationsübermittlung einer weitergehenden

---

86 Dies fordert *Singelnstein*, ZStW 2008 (120), 854 (881 f.) ausdrücklich auch in Bezug auf den jeweiligen Verdachtsgrad.

87 BT-Drs. 16/5846, S. 64.

88 Ebenso *Gazeas*, Übermittlung nachrichtendienstlicher Erkenntnisse an Strafverfolgungsbehörden, S. 528 ff.; *Rehbein*, Verwertbarkeit von nachrichtendienstlichen Erkenntnissen, S. 232 f.; *Schmitt*, in: Meyer-Goßner/Schmitt, StPO, § 161 Rn. 18c; a.A. *Singelnstein*, ZStW 2008 (120), 854 (888 f.).

89 Unter der Bedingung, dass kein Übermittlungsverbot nach § 23 BVerfSchG eingreift.

Rechtfertigung. Hierzu ist mit dem BVerfG zu fordern, dass der besondere Zweck der nachrichtendienstlichen Informationsgewinnung in Relation zu dem jeweiligen Verwendungszweck gesetzt wird.[90] Die Änderung der Zweckrichtung einer Information vom nachrichtendienstlichen in den strafrechtlichen Kontext bedarf daher zusätzlich der Überprüfung am Maßstab des Verhältnismäßigkeitsgrundsatzes.[91] Sofern folglich das Nachrichtendienstrecht eine Informationserhebung ohne Vorliegen eines Anfangsverdachts oder einer Gefahr, lediglich zum Zwecke des Schutzes hochrangiger Rechtsgüter zulässt[92], muss sich diese Zweckrichtung auch im Rahmen der Informationsverwertung widerspiegeln. Demzufolge erfordert die Verwertbarkeit nach § 161 Abs. 2 StPO nicht nur die abstrakte Möglichkeit der Anordnung einer vergleichbaren Maßnahme, sondern auch die Gleichrangigkeit der Zweckrichtung im Hinblick auf das jeweils betroffene Schutzgut. Kann die Ermittlungsmaßnahme somit auch nach der StPO angeordnet werden, begründet dies noch keine unbeschränkte Verwertbarkeit der nachrichtendienstlichen Information, sondern es muss sich darüber hinaus um eine Straftat handeln, welche aufgrund des besonderen Wertes des durch die Tat betroffenen Schutzgutes eine Zweckänderung rechtfertigt.[93] Im Bereich der Staatsschutzdelikte, wo nach § 20 Abs. 1 BVerfSchG ohnehin eine Übermittlungspflicht besteht, sind diese erhöhten Anforderungen an die Qualität der Straftat und dem damit verbundenen Rang der betroffenen Schutzgüter aufgrund der besonderen Wertungsentscheidung des Gesetzgebers unproblematisch.[94] Erfolgt die Übermittlung dagegen auf der Grundlage der allgemeinen Übermittlungsbefugnis nach § 19 Abs. 1 S. 1 BVerfSchG, kommt eine Verwertung der Informationen als Beweis nur zur Aufklärung solcher Delikte in Betracht, die aufgrund ihrer besonderen Schwere eine Zweckänderung rechtfertigen.[95]

Außerhalb dieser Deliktsgruppen oder bei Nichtvorliegen der Voraussetzungen des § 161 Abs. 2 StPO, bleibt nach zutreffender Auffassung allerdings eine Verwendung der erlangten Informationen als Spurenansatz möglich.[96] Die Strafverfolgungsbehörden können in diesem Fall die nachrichtendienstliche Information zum Anlass nehmen, eigene Ermittlungen auf Grundlage der StPO zu initiieren. Für die Zulässigkeit einer solchen Verwendung spricht zunächst, dass ein neues Verfahren

90 BVerfGE 100, 313 (360, 389).

91 BVerfGE 100, 313 (390); *Rehbein*, Verwertbarkeit von nachrichtendienstlichen Erkenntnissen, S. 252 ff.

92 Vgl. § 3 Abs. 1 BVerfSchG.

93 Vgl. BVerfG 100, 313 (392).

94 Siehe zu dem Ansatz *Rehbein*, Verwertbarkeit von nachrichtendienstlichen Erkenntnissen, S. 255 ff.

95 *Rehbein*, Verwertbarkeit von nachrichtendienstlichen Erkenntnissen, S. 255 verweist insoweit zutreffend auf die Kataloge in §§ 74 a, 120 GVG, § 100 a StPO und § 138 StGB.

96 BT-Drs. 16/5846, S. 64; *Griesbaum*, in: Hannich (Hrsg.), KK-StPO, § 161 Rn. 36; Vgl. auch BVerfG NJW 2005, 2766; a.A. *Zöller*, in: Roggan/Kutscha (Hrsg.), Handbuch zum Recht der inneren Sicherheit, S. 447 (502).

in Gang gesetzt wird, bei dem die Ermittlungsbehörden erneut alle Zulässigkeitsvoraussetzungen beachten müssen. Zudem darf die Notwendigkeit einer Sicherung der Verfahrensfairness nicht zu einer Blindstellung des Staates um jeden Preis führen.

Die hier vertretene Auffassung dürfte letztlich auch aus praktischer Sicht nicht zur der befürchteten weitreichenden Umgehung strafprozessualer Eingriffsvoraussetzungen führen, da eine häufige Verwertung nachrichtendienstlicher Informationen zu Beweiszwecken ohnehin nicht zu erwarten ist. Aus Gründen des nachrichtendienstlichen Quellenschutzes[97] ist die Zweckbeschränkung bei der Übermittlung von Informationen durch die Nachrichtendienste schließlich eher die Regel als die Ausnahme.[98] Eine umfassende Verwendung der aus dem Vorfeld stammenden Informationen zu Beweiszwecken ist damit zumindest seitens der Nachrichtendienste nicht gewollt.

b) Präventiv-polizeiliche Informationen

aa) Polizeirechtliche Öffnungsklausel

Auch die Polizeigesetze enthalten Öffnungsklauseln zur Übermittlung präventiv-polizeilich gewonnener Informationen an die Strafverfolgungsbehörden.[99] Im Hinblick auf die Verwertung von im Ausland erlangten Informationen dürften insoweit die Regelungen des BKAG von besonderer Relevanz sein.[100] Diese sehen in § 20 v Abs. 5 S. 1 Nr. 3 BKAG eine Übermittlung von präventiv-polizeilich erhobenen Informationen[101] an andere Polizeibehörden des Bundes und der Länder sowie an sonstige öffentliche Stellen zum Zwecke der Strafverfolgung vor. Voraussetzung hierfür ist, dass ein entsprechendes Auskunftsverlangen durch die Strafverfolgungsbehörden zulässig wäre. Ein solches Auskunftsverlangen ist nach § 161 Abs. 1 StPO insbesondere auch hinsichtlich präventiv-polizeilich erlangter Informationen möglich[102], sofern durch die Auskunft keine Gefahr für das Wohl des Bundes oder eines Landes entsteht[103] und darüber hinaus keine

97 Nach *Soiné*, NStZ 2007, 247 (248) bezeichnen die Nachrichtendienste den Quellenschutz als das wichtigste Anliegen für ihre Tätigkeit.

98 Vgl. § 19 Abs. 1 S. 2 BVerfSchG; Die Übermittlung der Information erfolgt daher regelmäßig mit dem Zusatz „nicht gerichtsverwertbar“, *Griesbaum/Wallenta*, NStZ 2013, 369 (377).

99 Vgl. nur § 26 Abs. 1 Nr. 1 NWPolG; § 32 Abs. 2 Nr. 4 BPolG; § 20 v Abs. 5 Nr. 3 BKAG.

100 Zur Auslandszuständigkeit des BKA siehe oben S. 20 ff.

101 Maßgeblich sind Informationen, die nach den §§ 20 a ff. BKAG zur Erfüllung der Gefahrenabwehraufgabe des BKA nach § 4 a Abs. 1 BKAG erhoben worden sind.

102 *Wohlers*, in: Wolter (Hrsg.), SK-StPO, § 161 Rn. 21.

103 Vgl. § 96 StPO, wonach die oberste Dienstbehörde bei entsprechender Gefahr eine Information sperren kann; Vgl. auch § 5 Abs. 2 S. 1 Nr. 2 VwVfG.

Zeugnisverweigerungsrechte[104], Beschlagnahmeverbote oder bereichsspezifische Geheimhaltungspflichten eingreifen.[105] Entstammen die Informationen aus einer technischen Wohnraumüberwachung[106], einer Online-Durchsuchung[107] oder einer Telekommunikationsüberwachung, so ist die Übermittlung nur zum Zwecke der Verfolgung von Straftaten zulässig, die im Höchstmaß mit mindestens 5 Jahren Freiheitsstrafe bedroht sind.[108]

bb) Strafprozessuale Verwendungsklausel

Sofern das Polizeirecht eine Übermittlung der Informationen an die Strafverfolgungsbehörden erlaubt, richtet sich die anschließende Frage der Verwendung nach den Vorgaben der Strafprozessordnung.[109] Die Verwertung der Information zu Beweiszwecken bestimmt sich damit nach den bereits dargestellten Voraussetzungen des § 161 Abs. 2 StPO. Erforderlich ist demnach die Möglichkeit der Anordnung einer vergleichbaren Ermittlungsmaßnahme für die jeweilige Tat sowie die Vereinbarkeit des Verwendungszwecks mit dem Erhebungszweck.[110] Die Verwertung von rechtmäßig gewonnenen präventiv-polizeilichen Informationen ist damit bei der Verfolgung von schweren Straftaten regelmäßig möglich.[111] Verstieß die Informationserhebung gegen die Voraussetzungen der polizeirechtlichen Eingriffsgrundlage, kommt es nicht zu einem automatischen Verwertungsverbot, sondern es ist im Rahmen einer Abwägung zu entscheiden, ob trotz Rechtswidrigkeit der Informationserhebung die Anforderungen an ein faires Verfahren gewahrt bleiben.[112]

Stammt die Information aus einer akustischen Wohnraumüberwachung[113], ist die Verwertung zu Beweiszwecken nach dem insoweit spezielleren § 100 d Abs. 5 Nr. 3

---

104 Siehe zur Sicherung von Zeugnisverweigerungsrechten bei heimlicher Informationserhebung *Paeffgen*, in: Hanack/Hilger/Mehle/Widmaier (Hrsg.), FS für Peter Rieß, S. 413 et seq.

105 *Zöller*, in: Roggan/Kutscha (Hrsg.), Handbuch zum Recht der inneren Sicherheit, S. 447 (494 f. m.w.N.); a.A. wohl *Griesbaum/Wallenta*, NStZ 2013, 369 (376), wonach der Auskunftsanspruch nach § 161 Abs. 1 StPO keinerlei Beschränkung unterliegt.

106 Vgl. § 20 h BKAG.

107 Vgl. § 20 k BKAG.

108 Vgl. § 20 v Abs. 5 Nr. 3 BKAG.

109 Dies verkennt der BGH in der sog. „Blockhüttenentscheidung", NStZ 1992, 601 (602), wo auf die polizeirechtliche Übermittlungsbefugnis als Verwertungsgrundlage abgestellt wird; Zur diesbezüglichen Kritik siehe die Anmerkung von *Welp*, NStZ 1992, 601 (603).

110 Siehe zuvor S. 235 ff.; BVerfG NJW 2012, 907 (911 f.).

111 Eine entsprechende Verhältnismäßigkeitsprüfung klingt auch bei BGH NStZ 1992, 601 (602) an, wenngleich der BGH hier im Rahmen der Begründung der Verwertbarkeit mit Notwendigkeiten der Gefahrenabwehr argumentiert; Zur Kritik siehe *Rehbein*, Verwertbarkeit von nachrichtendienstlichen Erkenntnissen, S. 241 f. m.w.N.

112 BVerfG NJW 2012, 907 (910); a.A. *Singelnstein*, ZStW 2008 (120), 854 (888 f.).

113 Vgl. § 20 h BKAG.

StPO nur zulässig, wenn zur Aufklärung der in Rede stehenden Straftat die Überwachungsmaßnahme auch nach § 100 c StPO hätte angeordnet werden können.[114] Zudem verweist § 100 d Abs. 5 Nr. 3 StPO mit dem Begriff der „verwertbaren Daten" indirekt auf die Beweisverbote des § 100 c Abs. 4 – 6 StPO, wonach insbesondere Vorkehrungen zum Schutz des Kernbereichs privater Lebensgestaltung getroffen werden müssen.[115]

Liegen die strafprozessualen Voraussetzungen zur Verwertung der präventiv-polizeilichen Informationen zu Beweiszwecken nicht vor, können diese ebenso wie nachrichtendienstliche Informationen, als Ansatzpunkte für eigene Ermittlungen der Strafverfolgungsbehörden verwendet werden.[116] Insbesondere bei schwerwiegenden Grundrechtseingriffen wie etwa durch technische Überwachungsmaßnahmen, steht die Übermittlung jedoch in besonderem Maße unter dem Vorbehalt der Verhältnismäßigkeit.

2) Praktische Durchführung einer Informationsteilung

Sofern die zu verwendende Information unter der Geltung nachrichtendienstrechtlicher oder präventiv-polizeilicher Eingriffsgrundlagen erhoben wurde, stellt sich für die Praxis die Frage nach den Möglichkeiten einer Kenntniserlangung durch die Strafverfolgungsbehörden. Während dies für die Zusammenarbeit zwischen Polizei- und Strafverfolgungsbehörden weitestgehend unproblematisch ist[117], bedarf es einiger kurzer Anmerkungen hinsichtlich der Zusammenarbeit mit den Nachrichtendiensten, da insoweit mitunter das Trennungsgebot[118] gewisse Schranken aufstellt[119].

Neben der Übermittlung von Informationen durch die Nachrichtendienste an die Strafverfolgungsbehörden auf Grundlage eines entsprechenden Auskunftsersuchens oder einer bestehenden Übermittlungspflicht[120], ist eine weitestgehend informelle Informationsteilung etwa im Rahmen einer GEG unter Beteiligung ausländischer

---

114 Siehe hierzu im Einzelnen BGH NJW 2009, 3448 (3450 ff.), wobei der BGH für diese Fälle grundsätzlich die Rechtmäßigkeit der Erhebung nach dem Polizeirecht fordert; *Bruns*, in: Hannich (Hrsg.), KK-StPO, § 100 d Rn. 19; *Hegmann*, in: Graf (Hrsg.), Beck-OK StPO, § 100 d Rn. 14.

115 *Hegmann*, in: Graf (Hrsg.), Beck-OK StPO, § 100 d Rn. 14.

116 *Griesbaum/Wallenta*, NStZ 2013, 369 (376); *Schmitt*, in: Meyer-Goßner/Schmitt (Hrsg.), StPO, § 161 Rn. 18e; *Wohlers*, in: Wolter (Hrsg.), SK-StPO, § 161 Rn. 52; Kritisch *Singelnstein*, ZStW 2008 (120), 854 (884 ff.).

117 Dies folgt schon aus der Doppelkompetenz der Polizei zur Gefahrenabwehr und Strafverfolgung, vgl. *Griesbaum*, in: Hannich (Hrsg.), KK-StPO, § 163 Rn. 22.

118 Siehe dazu oben S. 71 ff.

119 Zum Problem im Hinblick auf die Teilnahme von Strafverfolgungsorganen an nachrichtendienstlichen Befragungen *Soiné*, NStZ 2007, 247 (249).

120 Zur praktischen Ausgestaltung dieser Übermittlung durch die Nutzung moderner Kommunikationsmittel siehe *Zöller*, in: Roggan/Kutscha (Hrsg.), Handbuch zum Recht der inneren Sicherheit, S. 447 (450 f.).

Nachrichtendienste[121] oder mit Blick auf die Terrorbekämpfung innerhalb des GTAZ[122] denkbar. Zur Sicherung der Vorgaben des Trennungsgebotes muss bei dieser Kooperationsform durch organisatorische Vorkehrungen gewährleistet werden, dass Nachrichtendienst und Polizei keine Ermittlungseinheit bilden, sondern sich die Zusammenarbeit tatsächlich auf die Informationsteilung beschränkt.[123]

Anstelle der Übermittlung einer Information kommt auch eine Weitergabe der Informationsquelle in Betracht. Führt der Nachrichtendienst etwa im Rahmen seiner Auslandstätigkeit einen Informanten oder eine V-Person, kann er sich dazu entscheiden, nicht bloß die von der Quelle erlangten Informationen an die Strafverfolgungsbehörden weiterzugeben, sondern gleichsam die Führung der Informationsquelle zu übertragen.[124] Hierbei ist im Hinblick auf das Trennungsgebot regelmäßig eine vollständige Übergabe der Führung erforderlich.[125]

Schließlich sei noch darauf hinzuweisen, dass das deutsche Recht keine Regelung zur Verwertung von „geheimen Beweismitteln" kennt.[126] Anders als etwa in Großbritannien, wo nachrichtendienstlich erlangte Informationen zum Schutze nationaler Sicherheitsinteressen als „*Closed Material Procedures (CMPs)*" in das Strafverfahren eingeführt werden können, genügt eine Beschränkung der Kenntnisnahme durch den Strafrichter in Deutschland nicht den Anforderungen an das Recht auf rechtliches Gehör.[127] Soweit folglich aufgrund von Geheimhaltungsbedürfnissen eine vollständige Offenlegung der Information im Rahmen einer Strafverfahrens vermieden werden sollte, muss dies durch entsprechende Beschränkungen der Rückführbarkeit auf die Informationsquelle erfolgen. Zu denken sind hier insbesondere an Vorkehrungen zum Schutze der Identität einer nachrichtendienstlichen Quelle oder sogar an die Einführung von Beweismittelsurrogaten.[128]

---

121 Eingehend zur Informationsteilung innerhalb einer GEG siehe unten S. 279 ff.

122 Konkret im Hinblick auf die Möglichkeit zum direkten Informationsaustausch *Weisser*, NVwZ 2011, 142 (144) m.w.N.

123 *Baumann*, DVBl 2005, 798 (804); *Zöller*, JZ 2007, 763 (768).

124 *Soiné*, NStZ 2007, 247 (250 ff.) auch im Hinblick auf die notwendigen Vorkehrungen zum Schutze nachrichtendienstlicher Quellen in der Hauptverhandlung etwa durch Identitätsverfremdung oder Beweismittelsurrogate.

125 *Soiné*, a.a.O.

126 BVerfG NStZ 1981, 357 (360); Vgl. auch *Vashakmadze*, in: Cole/Fabbrini/Vedaschi (Hrsg.), Secrecy, national security and the vindication of constitutional law, S. 44 ff.

127 Eingehend mit den Unterschieden innerhalb der EU befasst sich die Studie von *Bigo/Carrera/Hernanz/Scherrer*, National security and secret evidence in legislation and before the courts: exploring the challenges.

128 Siehe zu den jeweiligen Maßnahmen *Marsch*, in: *Bigo/Carrera/Hernanz/Scherrer*, National security and secret evidence in legislation and before the courts: exploring the challenges, S. 106 ff.; *Soiné*, NStZ 2007, 247 (251 f.).

3) Ergebnis

Die Herkunft einer Information spielt im Rahmen ihrer Verwertung zu Beweiszwecken eine wichtige Rolle. Die von Nachrichtendiensten oder Polizeibehörden im Ausland erhobenen Informationen sind regelmäßig nicht auf einen Verwendungszweck beschränkt, sondern können unter gewissen Voraussetzungen zum Zwecke der Strafverfolgung umgewidmet werden. Voraussetzungen für die Verwertung als Beweismittel sind die abstrakte Anordnungsmöglichkeit im Hinblick auf die jeweilige Straftat nach der StPO sowie die Vergleichbarkeit von Verwendungs- und Erhebungszweck. Bei der Verfolgung von besonders schwerwiegenden Katalogtaten ist eine solche Vergleichbarkeit grundsätzlich zu bejahen.

III) Berücksichtigung der Umstände der Informationsgewinnung

Im Folgenden gilt es die spezifischen Umstände der Informationsgewinnung und ihren Einfluss auf die Informationsverwertung zu untersuchen. Hierzu sind nunmehr die für die Entstehung von Beweisverwertungsverboten maßgeblichen Faktoren zu identifizieren und die Gewichtigkeit ihrer jeweiligen Verletzung zu bestimmen. Am Ende der Untersuchung soll ein Leitfaden stehen, anhand dessen sich die im Rahmen selbstständiger Auslandsermittlungen gewonnenen Informationen in die allgemeine Beweisverbotsdogmatik einordnen lassen und somit klare Vorgaben für die Verwertbarkeit entstehen.

1) Störungen auf der zwischenstaatlichen Ebene

Das gesamte Recht der internationalen Rechtshilfe in Strafsachen ist aufgrund seiner zwischenstaatlichen Ausgestaltung von völkerrechtlichen Grundsätzen und Vorgaben durchzogen.[129] Im Hinblick auf die Fälle der selbstständigen Auslandsermittlung sind hierbei zwei Faktoren im Rahmen der Untersuchung der Verwertbarkeit zu berücksichtigen.[130] Zunächst könnte ein durch die eigenmächtige Vornahme von Ermittlungshandlungen begründeter Verstoß gegen die territoriale Souveränität des Gebietsstaates zu einem Verwertungsverbot führen.[131] Darüber hinaus wäre es denkbar, ein Verwertungsverbot mit dem Verstoß gegen rechtshilferechtliche Bestimmungen zu begründen. Beide Faktoren sollen im Folgenden hinsichtlich ihrer Relevanz für die Beweisverwertung untersucht werden.

---

129 Vgl. nur BGH StV 2014, 193 (194, 196); *Ambos*, Beweisverwertungsverbote, S. 81; *Nagel*, Beweisaufnahme im Ausland, S. 18; *Schuster*, Verwertbarkeit, S. 24 ff.

130 Siehe zu dem Ansatz auch *Gleß*, JR 2008, 317 (322).

131 Zur Begründung eines Verstoßes gegen die Gebietshoheit siehe oben S. 136 ff.

a) Informationsgewinnung unter Verletzung fremder Gebietshoheit

aa) Problematik

Die Vornahme von Ermittlungshandlungen durch deutsche Beamte ohne Einwilligung des Gebietsstaates stellt nicht bloß einen theoretischen Sonderfall dar, sondern ist trotz der wachsenden Ausdifferenzierung der rechtshilferechtlichen Regelungen nachwievor von praktischer Bedeutung.[132] Nicht eindeutig geklärt ist jedoch bislang, welchen Einfluss die Verletzung fremder Gebietshoheit auf die Verwertbarkeit der erlangten Informationen als Beweismittel hat. Konkret geht es also um die Frage, ob sich aus der Verwirklichung eines völkerrechtlichen Delikts Rechtsfolgen für ein rein innerstaatliches Verfahren ergeben können, welche durch die Begründung eines Beweisverwertungsverbotes gleichsam als Reflexwirkung[133] dem Beschuldigten zugutekommen. Als Beispielsfall möge hier die Vornahme einer grenzüberschreitenden Observation dienen, welche ohne vorheriges Rechtshilfeersuchen und ohne Vorliegen eines Eilfalles nach Art. 40 Abs. 2 SDÜ eigenmächtig durchgeführt wird. Hier lassen sich im Hinblick auf die Verwertung folgende Fragen anbringen: Führt die unstreitige[134] Völkerrechtswidrigkeit der Maßnahme zu einem automatischen Verwertungsverbot oder kommt es auf das Verhalten des betroffenen Gebietsstaates an? Berührt die Verletzung der territorialen Souveränität zugleich schutzwürdige Interessen des von der Maßnahme betroffenen Individuums? Können die jeweiligen Umstände des Einzelfalles zum Gegenstand einer Abwägung gemacht werden oder wiegt jede Verletzung der Gebietshoheit gleich schwer?

Zur Beantwortung dieser Fragestellungen werden in Rechtsprechung und Literatur unterschiedliche Ansätze vertreten.

Die Rechtsprechung klammert das Individuum bei der Begründung eines völkerrechtlich determinierten Beweisverwertungsverbots weitestgehend aus.[135] Maßgeblich sei nach Auffassung des BGH vielmehr das Verhalten des betroffenen Gebietsstaates. Sofern dieser aufgrund bestehender rechtshilferechtlicher Regelungen der Verwertung einer Information widersprechen konnte und auch der Verwertung der eigenmächtig erlangten Information nicht zustimmt, könne diese in einem anschließenden innerstaatlichen Strafverfahren nicht verwertet werden.[136]

---

132 Siehe etwa BGHSt 37, 30; BVerfG NJW 2011, 2417 (2420).

133 Vgl. BGHSt 37, 30 (33).

134 Siehe oben S. 139.

135 So führte BGHSt 37, 30 (33) aus, „(...) *dass der Einzelne, der von einer völkerrechtswidrigen Maßnahme betroffen ist* (...), *sich in einem anschließenden gegen ihn gerichteten inländischen Strafverfahren wegen einer im Inland begangenen Straftat grundsätzlich nicht auf die vom Gewahrsamsstaat verübte Völkerrechtswidrigkeit berufen kann, um daraus strafprozessuale Vorteile für sich herzuleiten.*“

136 BGHSt 34, 334 (343); Zustimmend *Ambos*, Beweisverwertungsverbote, S. 98; *Heine*, in: Kunz/Herren/Cottier/Matteotti (Hrsg.), FS für von Büren, S. 917 (932 f.); *Riegel*, eucrim 2009, 99 (105).

Demgegenüber wird in der Literatur zum Teil ein Ansatz verfolgt, welcher ein Beweisverwertungsverbot unabhängig von dem Verhalten des betroffenen Staates begründet, nämlich allein aufgrund der Tatsache der Verwirklichung eines völkerrechtlichen Delikts durch die eigenmächtige Beweiserhebung.[137] Ausgangspunkt dieser Argumentation ist der Charakter des völkerrechtlichen Grundsatzes der exklusiven Gebietshoheit als über Art. 25 GG in innerstaatliches Recht transformiertes Völkergewohnheitsrecht.[138] Diese innerstaatliche Geltung des Völkerrechts führe zu der von Amts wegen zu berücksichtigenden Pflicht, eine begangene Völkerrechtsverletzung wieder gut zu machen.[139] Eine solche Wiedergutmachung setze jedoch voraus, dass die Völkerrechtswidrigkeit der Informationsgewinnung nicht noch durch die anschließende Verwertung als Beweismittel in einem Strafverfahren ausgenutzt wird.[140] Zum Teil soll dies nur dort gelten, wo dem ermittelnden Staat aufgrund der Eigenmächtigkeit seines Handelns zugleich der Vorwurf der Arglistigkeit gemacht werden könne.[141] *Tiedemann*[142] will demgegenüber aufgrund der fundamentalen Bedeutung der Gebietshoheit grundsätzlich[143] für jede Form der völkerrechtswidrigen Beweisgewinnung ein Beweisverwertungsverbot bejahen.

bb) Stellungnahme

Die Problematik der dargestellten Ansichten liegt in der Vermischung unterschiedlicher Fragestellungen. Rechtsprechung und Teile der Literatur argumentieren bei der Begründung von Verwertungsverboten nicht mit der herkömmlichen Dogmatik der Beweisverbote, sondern stellen maßgeblich auf zwischenstaatliche und souveränitätsgeleitete Erwägungen ab. Stattdessen sollte bei der Begründung eines aus der Verletzung fremder Gebietshoheit resultierenden Beweisverwertungsverbotes streng zwischen der völkerrechtlichen und der innerstaatlichen Ebene unterschieden werden.[144] Hierzu ist zunächst die Frage aufzuwerfen, ob sich aus dem *Völkerrecht* eine Verpflichtung des eigenmächtig handelnden Staates zur Nichtverwertung der erlangten Informationen ergibt. Wird eine solche Verpflichtung bejaht, ist zu prüfen, inwieweit es für die Herbeiführung der Rechtsfolge auf das Verhalten des

---

137 *Tiedemann*, in: Kaufmann/Bemmann/Krauss/Volk (Hrsg.), FS für Paul Bockelmann, S. 819 (825 ff.); *Vogler*, in: Herzberg (Hrsg.), FS für Oehler, S. 379 (384 ff.).

138 Zur Einbeziehung des Völkergewohnheitsrechts in die „allgemeinen Regeln des Völkerrechts“, *Herdegen*, in: Maunz/Dürig, GG, Art. 25 Rn. 23.

139 *Tiedemann*, in: Kaufmann/Bemmann/Krauss/Volk (Hrsg.), FS für Paul Bockelmann, S. 819 (826 f.).

140 *Tiedemann*, a.a.O.

141 *Vogler*, in: Herzberg (Hrsg.), FS für Oehler, S. 379 (384 ff.).

142 *Tiedemann*, in: Kaufmann/Bemmann/Krauss/Volk (Hrsg.), FS für Paul Bockelmann, S. 819 (827).

143 Etwas anderes soll lediglich bei der Aufklärung gravierender Gewaltverbrechen gelten.

144 Vgl. zu dem Ansatz auch *Vogel*, in: Grützner/Pötz/Kreß (Hrsg.), Internationale Rechtshilfe in Strafsachen, Vor § 1 IRG Rn. 21 ff.

verletzten Staates ankommt. Lässt sich aus dem Völkerrecht keine pauschale Verpflichtung zur Nichtverwertung ableiten, ist in einem zweiten Schritt zu prüfen, wie sich die über Art. 25 GG relevante Rechtswidrigkeit der Beweiserhebung nach *innerstaatlichem Recht* auf die Beweisverwertung auswirkt.

(1) Völkerrechtliche Ebene

Die Verpflichtung zur Wiedergutmachung von Nachteilen, die einem anderen Staat durch das eigene völkerrechtswidrige Handeln entstanden sind, ist ein generelles Prinzip des Völkerrechts.[145] Zugleich fehlt es jedoch an einer allgemeinen Regel des Völkerrechts, welche zu einer Beschränkung der innerstaatlichen Strafverfolgung als Sanktion eines Völkerrechtsverstoßes führt.[146] Ein Beweisverwertungsverbot als Folge einer souveränitätsverletzenden Beweisgewinnung müsste sich demnach aus den allgemeinen Regeln über die Staatenverantwortlichkeit herleiten lassen.

Voraussetzung ist hierfür zunächst, dass es sich bei der Verletzung fremder Gebietshoheit überhaupt um einen kompensationsfähigen Nachteil handelt. In der Terminologie der ILC-Artikel über die Staatenverantwortlichkeit kann es sich um einen „*moral damage*" handeln, welcher gerade keine materiell messbare Einbuße voraussetzt.[147] Allerdings dürfte mit Blick auf die Staatenpraxis zumindest eine gewisse Erheblichkeit der Verletzungshandlung zu fordern sein, damit diese letztlich als „*moral damage*" im Sinne des Art. 31 Abs. 2 der ILC-Artikel über die Staatenverantwortlichkeit zu qualifizieren ist.[148] Jenseits der Fälle der rechtswidrigen Anwendung von Gewalt auf fremdem Hoheitsgebiet erscheint es indes schon fraglich, ob die durch eine heimliche Ermittlungsmaßnahme bewirkte Souveränitätsverletzung tatsächlich in jedem Fall zu einem „Prestige-Schaden"[149] für den Gebietsstaat führt. Das BVerfG lässt es unter Hinweis auf die jüngere Staatenpraxis sogar als möglich

---

145 Siehe bereits StIGH, „*Factory at Chorzów*", Urteil v. 26.7.1927, P.C.I.J., Series A, Nr. 9, S. 21 wonach gilt: „*It is a principle of international law that the breach of an engagement involves an obligation to make reparation in an adequate form*".

146 *Herdegen*, EuGRZ 1986, 1; Zustimmend *Vogel*, in: Grützner/Pötz/Kreß (Hrsg.), Internationale Rechtshilfe in Strafsachen, Vor § 1 IRG Rn. 23.

147 ILC Kommentar, Yearbook of the International Law Commission, 2001, vol. II, Part II, S. 92.

148 Im Fall der Versenkung der unter Drittstaatsflagge fahrenden „*Rainbow Warrior*" durch französische Spezialeinheiten in einem neuseeländischen Hafen, stimmten Frankreich und Neuseeland in dem anschließenden Schiedsverfahren, UNRIAA, vol. XX, 1990, S. 215 (267), Rn. 109 darin überein, dass Voraussetzung für die Berufung auf „*moral damage*" eine „*[u]nlawfull action against non-material interests, such as acts affecting the honor, dignity or prestige of a State* (...)" ist.; Zur (gewaltfreien) Entführung eines Beschuldigten BGH NStZ 1984, 563; NJW 1987, 3087; BVerfG NJW 1995, 651.

149 „*Rainbow Warrior Case*", UNRIAA, vol. XX, 1990, S. 215 (267), Rn. 110 „(...) *damage* (...) *resulting from the affront to the dignity and prestige not only of New Zealand as such, but of its highest judicial and executive authorities as well*".

erscheinen, den Schutz hochrangiger Rechtsgüter zur Rechtfertigung eines Eingriffs in die Gebietshoheit heranzuziehen.[150] Die Frage der Völkerrechtsmäßigkeit wird damit letztlich einer Verhältnismäßigkeitsprüfung unterzogen.

Unterstellt man dagegen das Vorliegen eines nicht materiellen Schadens aufgrund der hohen Bedeutung der Gebietshoheit sowie der durch die Nähe zu einem ausländischen Strafverfahren begründeten besonderen Qualität des Eingriffs[151], müsste die Nichtverwertung der erlangten Beweise die einschlägige Wiedergutmachungsleistung darstellen. Das Verbot zur Verwertung des völkerrechtswidrig erlangten Beweises müsste also den Zustand wiederherstellen, der vor der Verletzung der Pflicht zur Achtung fremder Gebietshoheit bestand.[152] Hierzu kann es erforderlich sein, dem Gebietsstaat etwas (z. B. ein Beweismittel) zurückzugeben (bzw. nicht zu verwerten), was ohne die verletzende Handlung nicht erlangt worden wäre.[153] Allerdings ist hierbei zugleich der Grundsatz zu berücksichtigen, dass dem verletzten Staat nicht mehr zugesprochen werden darf, als ihm bei Einhaltung der Verpflichtung auch zustehen würde.[154] Die in Rede stehende Verpflichtung wird dabei als *primary obligation* bezeichnet. Erst bei Verletzung dieser *primary obligation* entsteht die Ersatzpflicht als *secondary obligation.*[155] Besteht folglich eine *primary obligation*, welche die Mitnahme von Beweismitteln unter einen Erlaubnisvorbehalt stellt, so wäre die Nichtverwertung regelmäßig die notwendige Handlung zur Erfüllung der *secondary obligation.*

Es geht damit zunächst um die Frage, inwieweit dem Gebietsstaat quasi ein Verfügungsrecht über die auf seinem Territorium durch ausländische Organe gesammelten Beweismittel zusteht.[156] An diesem Punkt ist es nunmehr erforderlich, genau zwischen den verschiedenen Formen der rechtshilferechtlichen Zusammenarbeit zu unterscheiden.[157]

Sehen etwa die anwendbaren Rechtshilfeverträge vor, dass die Mitnahme und Verwertung einer Information als Beweismittel in einem ausländischen

---

150 BVerfGE 109, 38 (58).

151 Anders dürfte wohl die einfache Grenzverletzung, ohne Vornahme von Ermittlungshandlungen zu beurteilen sein.

152 ILC Kommentar, Yearbook of the International Law Commission, 2001, vol. II, Part II, S. 91; So auch *Tiedemann*, in: Kaufmann/Bemmann/Krauss/Volk (Hrsg.), FS für Paul Bockelmann, S. 819 (826 f.).

153 ILC Kommentar, Yearbook of the International Law Commission, 2001, vol. II, Part II, S. 96 nennt als Beispiele etwa die Rückführung von auf fremdem Gebiet rechtswidrig festgenommenen Personen oder die Rückgabe unzulässig beschlagnahmter Gegenstände.

154 ILC Kommentar, a.a.O., S. 96.

155 *Combacau/Alland*, NYIL 1985, 81 (83).

156 Siehe hierzu allgemein *Gleß*, NStZ 2000, 57 (60 f.); Vgl. auch *Böse*, ZStW 2002 (114), 148 (179).

157 Vgl. auch *Vogel*, in: Grützner/Pötz/Kreß (Hrsg.), Internationale Rechtshilfe in Strafsachen, Vor § 1 IRG Rn. 23.

Strafverfahren immer zunächst der Zustimmung des Gebietsstaates bedarf oder waren Organe des Gebietsstaates unmittelbar an der Beweiserhebung beteiligt und das Beweismittel somit zunächst in den Gewahrsam dieses Staates gelangt, so würde die eigenmächtige Mitnahme eine Primärpflicht verletzen. Wiedergutmachung in Form der Wiederherstellung[158] durch Nichtverwertung würde daher den Zustand schaffen, der vor der Verletzung der Gebietshoheit bestand, und wäre mithin die notwendige Konsequenz.[159]

Ist die Mitnahme der erlangten Informationen dagegen ohne vorherige Zustimmung erlaubt, oder jedenfalls nicht verboten, so stellt die dennoch erfolgte Mitnahme schon keine Primärpflichtverletzung dar. Für einen sekundären Anspruch auf Nichtverwertung besteht dann kein Anknüpfungspunkt. So liegt der Fall regelmäßig bei der eigenmächtigen Informationsgewinnung ohne Kenntnis des Gebietsstaates. Hier ist die Frage der Informationsmitnahme weder erlaubt noch verboten. Die maßgeblich verletzte Primärrechtsnorm ist stattdessen die Pflicht zur Achtung fremder Gebietshoheit. Damit muss jedoch die zugleich entstehende Sekundärverpflichtung ausschließlich auf die Verletzung der Gebietshoheit reagieren, nicht aber auf die Mitnahme der Informationen ohne vorherige Zustimmung. Zur Kompensation einer Verletzung der Gebietshoheit ist indes anders als im ersten Fall, das Verwertungsverbot nicht die zwingende Konsequenz.[160]

Im Beispielsfall der ohne Vorliegen der Voraussetzungen des Art. 40 Abs. 2 SDÜ durchgeführten grenzüberschreitenden Observation, würde die Völkerrechtswidrigkeit der Maßnahme daher nicht zu einem Beweisverwertungsverbot *qua Völkerrecht* führen, da ein Zustimmungsrecht des Gebietsstaates nicht völkerrechtlich geregelt war.

Fordert man anstelle eines Verwertungsverbotes eine Löschungspflicht, ändert dies an der vorliegenden Konstellation nichts. Rein faktisch würde zwar auch die Löschung der Information die Kenntnisse des verletzenden Staates wieder „auf null setzen" und somit den ursprünglichen Wissensstand wiederherstellen. Allerdings wäre dies ebenso wie die Nichtverwertung letztlich insoweit nicht geboten, als die Nichtmitnahme der Informationen zu keinem Zeitpunkt als Primärpflicht geschuldet war. Der Löschung würde somit wie schon dem Beweisverwertungsverbot keine entsprechende Primärpflicht gegenüberstehen.

Die Verneinung eines aus der Staatenverantwortlichkeit folgenden Beweisverwertungsverbotes führt freilich nicht zu der Konsequenz, dass der verletzende Staat überhaupt keine Wiedergutmachung zu leisten hat. Dort, wo eine Wiederherstellung

158 Vgl. Art. 35 der ILC Artikel.

159 Unter der Voraussetzung, dass der Gebietsstaat einer Verwertung widerspricht und das rechtswidrig erlangte Beweismittel zurückverlangt, vgl. BGHSt 34, 334 (343); a.A. wohl *Heine*, in: Kunz/Herren/Cottier/Matteotti (Hrsg.), FS für von Büren, S. 917 (933), der ein konkludentes Rückgabeverlangen für ausreichend erachtet.

160 Vgl. auch IGH „*Avena*", ICJ Reports 2004, 12, § 123; BVerfG NStZ 2011, 103 (105); Anders dagegen im Falle eines „*flagrant breach of the international principle of territoriality*", Court of Appeal Den Haag, NYIL 2001, 233 (313).

ausscheidet, kommt eine Pflicht zur Leistung von Kompensationszahlungen[161] oder zur Entschuldigung[162] in Betracht.[163]

Für die Fälle der hier relevanten selbstständigen Informationsgewinnung ohne Einwilligung des Gebietsstaates hat dies zur Folge, dass der Verwertung der erlangten Informationen als Beweismittel nicht zwingend eine völkerrechtliche Verpflichtung entgegensteht. Das Verhalten des verletzten Gebietsstaates ist für diese Fälle im Hinblick auf die Verwertung daher nicht von Relevanz.

(2) Innerstaatliche Ebene

Die Ablehnung eines völkerrechtlichen Beweisverwertungsverbotes bedeutet nicht, dass die Rechtswidrigkeit der Beweiserhebung für die Verwertung keine Bedeutung hat. Vielmehr ist den genannten Auffassungen dahingehend zuzustimmen, dass auch die völkergewohnheitsrechtliche Verpflichtung zur Achtung fremder Gebietshoheit über Art. 25 GG innerstaatliche Wirkung entfaltet.[164] Allerdings lässt sich dann die Frage der Beweisverwertung auch nach den innerstaatlichen Grundsätzen bestimmen. Wenn das Völkerrecht für die meisten Fälle kein Verwertungsverbot vorschreibt, kann sich ein solches nur noch aus der Dogmatik der unselbstständigen Beweisverwertungsverbote ergeben.[165]

Ebenso wie bei der Nichteinhaltung der Eingriffsvoraussetzungen ist daher zu prüfen, ob die Rechtswidrigkeit der Beweiserhebung im konkreten Einzelfall auch zu einem Beweisverwertungsverbot führt. Dies ist auch im Falle der Völkerrechtswidrigkeit der Maßnahme anhand einer Abwägung der widerstreitenden Interessen zu bestimmen.[166] Damit wird die Völkerrechtsmäßigkeit der Ermittlungsmaßnahme in die allgemeine Beweisverbotsdogmatik eingebettet und als (wichtiger) Abwägungsfaktor im Rahmen der Prüfung der Verwertbarkeit von im Ausland erlangten Beweisen qualifiziert. Zugleich verbleibt jedoch die Möglichkeit besondere Umstände wie die Schwere der aufzuklärenden Straftat[167], die Möglichkeit zur rechtshilfekonformen Sachverhaltsaufklärung, die Bedeutung der Gebietsverletzung und das Verhalten des verletzten Staates oder das Bestehen einer anderweitigen zwischenstaatlichen Kompensationsleistung[168] zu berücksichtigen. Beispielsweise macht es

---

161 Vgl. Art. 36 der ILC Artikel „Compensation".

162 Vgl. Art. 37 der ILC Artikel „Satisfaction".

163 Vgl. auch Art. 34 der ILC Artikel sowie ILC Kommentar, Yearbook of the International Law Commission, 2001, vol. II, Part II, S. 96.

164 *Tiedemann*, in: Kaufmann/Bemmann/Krauss/Volk (Hrsg.), FS für Paul Bockelmann, S. 819 (826).

165 *Vogel*, in: Grützner/Pötz/Kreß (Hrsg.), Internationale Rechtshilfe in Strafsachen, Vor § 1 IRG, Rn. 21.

166 *Vogel*, a.a.O., Rn. 23.

167 Vgl. BVerfGE 109, 38 (58).

168 Hier ist vor allem an die Verschaffung von Genugtuung im Sinne des Art. 37 der ILC Artikel etwa durch formelle Entschuldigung zu denken.

nach zutreffender Auffassung von *Vogel*[169] für die Feststellung eines Beweisverwertungsverbotes durchaus einen gewichtigen Unterschied, ob für die fragliche Maßnahme nach der *lex loci* ein Richtervorbehalt bestand oder nicht. So dürfte bei willkürlicher Umgehung eines Richtervorbehaltes aufgrund der besonderen Qualität des souveränitätsverletzenden Verhaltens regelmäßig von einem Beweisverwertungsverbot auszugehen sein. Liegt demgegenüber keine willkürliche Umgehung eines Richtervorbehalts vor, dürfte ein Verwertungsverbot nur anzunehmen sein, wenn die Verletzung der Gebietshoheit in keinem Verhältnis zum bezweckten Rechtsgüterschutz steht und der Gebietsstaat die Nichtverwertung verlangt.[170]

Festzuhalten bleibt, dass nicht jede völkerrechtswidrige Informationsgewinnung zu einem Beweisverwertungsverbot führt, sondern dies eine Betrachtung und Abwägung der jeweiligen Umstände des Einzelfalles erfordert.

b) Informationsgewinnung durch Umgehung von Rechtshilferecht

Der Vollständigkeit halber soll ein kurzer Blick auf die Fälle geworfen werden, bei denen die grenzüberschreitende Informationsgewinnung zwar nicht zu einer Gebietsverletzung führt, aber dennoch eine Umgehung rechtshilferechtlicher Voraussetzungen vorliegt.[171]

aa) Die einseitige Umgehung

Im Fall der Durchführung einer grenzüberschreitenden Observation auf Grundlage von Art. 40 Abs. 1 SDÜ wäre eine solche Umgehung etwa denkbar, wenn für die eigentliche Maßnahme zwar eine Einwilligung des Gebietsstaates vorliegt, die ermittelnden ausländischen Organe aber gegen erlassene Auflagen verstoßen. Wichtig für die Praxis ist in diesem Zusammenhang insbesondere die Verletzung von Spezialitätsvorbehalten, welche die Verwertung eines Beweismittels an bestimmte Bedingungen knüpfen.[172] Die Pflicht zur Beachtung von derartigen Bedingungen durch deutsche Hoheitsträger ergibt sich hierbei aus § 72 IRG.[173] Der BGH belegt die einseitige Verletzung eines Rechtshilfevertrages durch den ersuchenden[174] oder

169 *Vogel*, in: Grützner/Pötz/Kreß (Hrsg.), Internationale Rechtshilfe in Strafsachen, Vor § 1 IRG, Rn. 23 m.w.N.

170 Vgl. *Vogel*, a.a.O., Rn. 23.

171 Vgl. zur Unterscheidung auch *Gleß*, JR 2008, 317 (322).

172 *Ambos*, Beweisverwertungsverbote, S. 85 ff.; *Böse*, ZStW 2002 (114), 148 (172 ff.); Siehe zu dem Fall der nachträglichen Geltendmachung eines Spezialitätsvorbehalts BGH NStZ 2007, 345; *Gleß/Eymann*, StV 2008, 318.

173 § 72 IRG lautet: *Bedingungen, die der ersuchte Staat an die Rechtshilfe geknüpft hat, sind zu beachten; Vogler*, in: Grützner/Pötz/Kreß (Hrsg.), Internationale Rechtshilfe in Strafsachen, § 73 IRG, Rn. 1.

174 BGHSt 34, 334 (344).

den ersuchten Staat[175] regelmäßig mit einem Beweisverwertungsverbot. Gerade mit Blick auf die Nichteinhaltung von erlassenen Auflagen durch den ersuchenden Staat erscheint dieses Ergebnis auch aus völkerrechtlicher Sicht schlüssig.[176] Mit dem Erlass der Auflage erhält der ersuchte Staat in gewisser Weise ein Verfügungsrecht über die erlangten Beweise, sodass nach den Grundsätzen über die Staatenverantwortlichkeit das Verwertungsverbot letztlich den Zustand wiederherstellen würde, der ohne die Verletzung der Auflage bestanden hätte.[177] Sofern der ersuchte Staat daher einer Verwertung der vertragswidrig erlangten Beweismittel widerspricht, ist von einem Beweisverwertungsverbot auszugehen, wenn dadurch der völkerrechtliche Vertragsbruch geheilt werden kann.[178] Begnügt sich der ersuchte Staat demgegenüber mit anderen Kompensationsleistungen[179], können auch die im Einzelfall vertragswidrig erlangten Beweismittel verwertet werden.

bb) Die einvernehmliche „Umgehung"

Erfolgt die Gewinnung von Beweismitteln demgegenüber einvernehmlich zwischen den beteiligten Staaten außerhalb des Rechtshilfeweges, beziehungsweise ohne Vorliegen aller durch den jeweiligen Vertrag vorgesehenen Voraussetzungen, geht der BGH grundsätzlich von der Verwertbarkeit der erlangten Beweismittel aus.[180] Voraussetzung ist jedoch, dass die jeweiligen Beweismittel auch bei Beachtung des Rechtshilferechts durch den ersuchten und den ersuchenden Staat hätten erlangt werden können.[181] Dieses Ergebnis ist sowohl aus völkerrechtlicher Sicht als auch im Hinblick auf die Bindung an den nationalen Vorbehalt des Gesetzes schlüssig.[182]

Aus völkerrechtlicher Sicht stellt sich zunächst die Frage, ob Staaten einvernehmlich außerhalb bestehender Rechtshilfevereinbaren handeln dürfen. Ausgangspunkt ist hierbei die staatliche Souveränität, kraft derer die Staaten sich zur Leistung von

---

175 BGH NStZ 2007, 417; BGH StV 2014, 193 (194) allerdings mit dem Hinweis, dass sich bei Verletzung des Prinzips *forum regit actum* durch den ersuchten Staat das Verwertungsverbot letztlich aus der Nichteinhaltung der maßgeblichen inländischen Beweiserhebungsregeln ergibt.

176 Siehe dagegen oben S. 151 für den Fall der Umgehung von bestehenden rechtshilferechtlichen Regelungen durch eine selbstständige Informationsgewinnung am Beispiel des Ankaufs von Steuer-CDs, woraus sich keine automatische Verletzung von Völkerrecht ergibt.

177 Vgl. oben S. 248 f.

178 Vgl. *Gleß/Eymann*, StV 2008, 318 (320 f.).

179 Vgl. etwa Art. 37 ILC Artikel.

180 BGH StV 2014, 193 (194 f.).

181 BGH, a.a.O.

182 Im Ergebnis ebenso *Schuster*, StV 2014, 198 (199 f.); a.A. *Zehetgruber*, NZWiSt 2013, 464 f. mit dem Argument die bewusste Nichteinhaltung selbst auferlegter Regeln stehe im Widerspruch zu den Prinzipien der Rechtstaatlichkeit und insbesondere zum Prinzip der Rechtssicherheit.

Rechtshilfe unter bestimmten Bedingungen verpflichten können.[183] Diese Verpflichtung berührt aber zu keinem Zeitpunkt die ebenfalls aus der Souveränität folgende Handlungsfreiheit der Staaten außerhalb bestehender rechtshilferechtlicher Übereinkünfte *ad hoc* Vereinbarungen zur Gewährung von Rechtshilfe zu treffen.[184] Eine anderweitige Auslegung der Rechtshilfeverträge stünde regelmäßig im Widerspruch zu dem staatlichen Willen zur möglichst weitreichenden Offenhaltung von Handlungsoptionen.[185]

Aus völkerrechtlicher Sicht liegt daher in der einvernehmlichen Umgehung bestehender Regelungen kein Verwertungsverbot begründender Rechtsverstoß vor.

Im Hinblick auf den nationalen Gesetzesvorbehalt stellt sich sodann ferner die Frage, ob deutsche Behörden nur bei Vorliegen aller Voraussetzungen eines Rechtshilfevertrages um Rechtshilfe ersuchen dürfen oder ob hierauf im Einvernehmen mit den Behörden des ersuchten Staates verzichtet werden kann. Dies kann beispielsweise relevant werden, wenn der Rechtshilfevertrag eine Verpflichtung zur Erledigung von Ersuchen zur Durchführung einer TKÜ nur bei Vorliegen einer richterlichen Anordnung aus dem Verwertungsstaat vorsieht.[186] Erfolgt nunmehr die Leistung von Rechtshilfe einvernehmlich ohne das Vorliegen einer richterlichen Anordnung aus dem ersuchten Staat, zieht der BGH zutreffend den Gedanken des hypothetischen Ersatzeingriffs heran. Sofern hiernach die Beweismittel dem ersuchenden Staat auch bei Vorliegen der jeweiligen Voraussetzungen des Rechtshilfevertrages übermittelt worden wären, führt die einvernehmliche „Umgehung" nicht zu einem Beweisverwertungsverbot.[187]

c) Ergebnis

Störungen auf der zwischenstaatlichen Ebene führen nicht zwingend zur Annahme von Beweisverwertungsverboten.[188] Aus völkerrechtlicher Sicht ist ein Verwertungsverbot bei völkerrechtswidriger Beweisgewinnung vielmehr nur dort angezeigt, wo die Nichtverwertung geeignet ist den ursprünglichen Zustand wiederherzustellen. Dies betrifft jedoch nur die Fälle, in denen die eigenmächtige Informationsmitnahme bereits eine Primärpflichtverletzung darstellt. Jenseits der völkerrechtlichen Begründung eines Beweisverwertungsverbotes bestimmt sich die Verwertbarkeit des Beweismittels nach der Dogmatik der unselbstständigen Beweisverwertungsverbote. Es ist daher unter Abwägung aller relevanten Umstände zu ermitteln, ob die Rechtswidrigkeit der Beweisgewinnung im Einzelfall zur Nichtverwertbarkeit führt.

---

183 BGH StV 2014, 193 (195).
184 BGH StV 2014, 193 (195); a.A. *Zehetgruber*, NZWiSt 2013, 464 (465 f.).
185 Ebenso *Coen*, NStZ 2011, 433; *Pawlik*, JZ 693 (694); Vgl. auch oben im Hinblick auf den Ankauf von Steuer-CDs S. 151.
186 So der Sachverhalt in BGH StV 2014, 193.
187 BGH StV 2014, 193 (195); Zustimmend *Schuster*, StV 2014, 198 (200).
188 a.A. *Gleß*, JR 2008, 317 (326).

Bei der Umgehung von Rechtshilfevoraussetzungen führt regelmäßig der einseitige Verstoß zu einem völkerrechtlichen Beweisverwertungsverbot. Im Falle einer einvernehmlichen Nichteinhaltung von Rechtshilfevoraussetzungen bestimmt sich die Verwertbarkeit nach dem Gedanken des hypothetischen Ersatzeingriffs.

2) Störungen auf der Verfahrensebene

Bei der Durchführung von selbstständigen Ermittlungen im Ausland sind deutsche Behörden an das Recht des Gebietsstaates gebunden.[189] Im Hinblick auf die Verwertbarkeit der somit unter Geltung des Prinzips *locus regit actum* gewonnenen Beweise sind zwei problematische Konstellationen denkbar.[190] Zunächst kommt der Fall in Betracht, dass die Beweiserhebung zwar unter Einhaltung der *lex loci* vorgenommen wird, aber zugleich gegen Vorgaben des deutschen Rechts verstößt.[191] Daneben ist der umgekehrte Fall denkbar, wo die Ermittlungsmaßname zwar den Vorgaben der deutschen Rechtsordnung genügt, nicht aber den Anforderungen des Rechts des Gebietsstaates. Im Folgenden soll untersucht werden, wie diese Konstellationen mit Blick auf die Gewährleistung fairer und zuverlässiger Beweismittel im Rahmen der Verwertungsentscheidung berücksichtigt werden können. In Abgrenzung zu den Lösungsvorschlägen von *Schuster*[192], wird die Frage hierbei speziell im Hinblick auf die Sonderfälle der selbstständigen Ermittlungstätigkeit deutscher Beamter auf fremdem Hoheitsgebiet untersucht.

a) Nichteinhaltung deutschen Rechts

Die Gretchenfrage in den Fällen der Nichteinhaltung deutschen Rechts bei gleichzeitiger Erfüllung der Voraussetzungen des gebietsstaatlichen Rechts lautet: Genügt die Einhaltung der *lex loci* im Rahmen der Beweiserhebung zur Gewährleistung der Zuverlässigkeit und Fairness eines Beweismittels? Im Hinblick auf die dargestellte strenge Bindung an den Gesetzesvorbehalt[193] gilt es nunmehr zu untersuchen, ob und inwieweit sich die hier vertretene Lösung einer Meistbegünstigung im Rahmen der Beweiserhebung auf die Systematik der Beweisverwertungsverbote anwenden lässt.

aa) Die Auffassung der Rechtsprechung zur klassischen Rechtshilfe

Im Bereich der klassischen Rechtshilfesituation geht der BGH in ständiger Rechtsprechung davon aus, dass es für die Verwertbarkeit eines im Ausland erlangten

---

189 Eingehend zum Geltungsgrund des Prinzips *locus regit actum* oben S. 157 ff.; Vgl. nur Art. 14 Abs. 3 EU-RhÜbk; Art. 40 Abs. 3 lit. a SDÜ; Art. 29 Abs. 4 RL-EEA.

190 Ebenso *Krüßmann*, Transnationales Strafprozessrecht, S. 677; *Mavany*, Die Europäische Beweisanordnung, S. 160 ff.

191 Für konkrete Beispiele siehe oben S. 180, 183 f.

192 *Schuster*, Verwertbarkeit, S. 95 ff.

193 Siehe oben S. 181 f.

Beweismittels auf die Einhaltung der Vorgaben der ausländischen Rechtsordnung ankommt.[194] Bei Rechtmäßigkeit der Beweiserhebung nach der *lex loci* ist demnach nur dort Raum für die Begründung eines Beweisverwertungsverbotes, wo deutsche Behörden nicht in hinreichendem Maße auf die Einhaltung deutschen Rechts hingewirkt haben[195] oder wo die nach der *lex loci* vorgesehene Maßnahme ausnahmsweise gegen den deutschen *ordre public* verstößt[196]. Ansonsten führt die Auffassung der Rechtsprechung dazu, dass die an sich austarierte Systematik von Beweiserhebungsregeln und Verwertungsverboten aufgespalten wird.[197] Mitunter sieht sich ein deutscher Beschuldigter mit Aufenthaltsort im Ausland auf einmal mit einer Ermittlungsmaßnahme konfrontiert, die unter vergleichbaren Umständen im Inland nicht hätte durchgeführt werden können.[198]

Es wurde jedoch bereits gezeigt[199], dass die für die Geltung des Prinzips *locus regit actum* herangezogene Begründung der Rechtsprechung auf Fälle der transnationalen Beweissammlung nicht übertragbar ist. Hier erfordert die Bindung an den Vorbehalt des Gesetzes eine Berücksichtigung der *lex fori.* Zudem besteht in den Fällen der selbstständigen Informationsgewinnung durch deutsche Hoheitsträger eine unmittelbare Einwirkungsmöglichkeit. Die Einhaltung deutschen Rechts kann daher auch erwartet werden, ohne dass die Geltungsgründe des Prinzips *locus regit actum* verletzt werden.[200] Die schon für die Fälle der traditionellen Rechtshilfe stark kritisierte[201] Lösung der Rechtsprechung ist daher auf die hier interessierenden Fälle der transnationalen Beweissammlung nicht übertragbar. Die Sicherung der Zuverlässigkeit und Fairness von Beweismitteln kann daher bis zur Einführung eines gemeinsamen Verfahrensrechts oder eines übergeordneten Beweiszulassungsverfahrens nur durch eine Modifikation des Prinzips *locus regit actum* erreicht werden.[202]

---

194 Die große Mehrzahl der Fälle befasst sich hierbei mit der Verwertbarkeit von ausländischen Vernehmungsprotokollen; Siehe bereits RGSt 11, 391; RGSt 40, 109; BGHSt 1, 219 (221); 7, 15 (16); 35, 82 (83); BGH NStZ 1983, 181; NStZ 1985, 376; NStZ 2000, 547.

195 BGH NStZ 1988, 563; JZ 1997, 45 m. Anm. *Nagel*, NStZ 1998, 148.

196 BGH StV 1982, 153 (154); GA 1982, 40; NStZ 1998, 154 (155).

197 *Gleß*, ZStW 2013 (125), 573 (575 f.); *Sommer*, StraFo 2003, 351 f.

198 *Krüßmann*, Transnationales Strafprozessrecht, S. 343 ff. beschreibt dies als „*transplant*-Effekt".

199 Siehe oben S. 231 ff.

200 Siehe speziell zu den Geltungsgründen bei der transnationalen Beweissammlung oben S. 159 ff.

201 Siehe nur *Gleß*, ZStW 2003 (115), 131 (143 ff.); *Krüßmann*, Transnationales Strafprozessrecht, S. 333 ff.; *Pitsch*, Strafprozessuale Beweisverbote, S. 136 ff.; *Sommer*, StraFo 2003, 351 (352 f.).

202 Eingehend oben S. 193 ff.

Während folglich der hier geschilderte Fall der Rechtmäßigkeit der Beweiserhebung nach der *lex loci* bei gleichzeitiger Rechtswidrigkeit nach der *lex fori*[203] bei Anwendung eines strengen *locus regit actum* Prinzips im Bereich der traditionellen Rechtshilfe keine weiteren Probleme für die Frage der Verwertbarkeit aufwerfen dürfte[204], bleibt dies für den Fall der transnationalen Beweissammlung weiterhin offen.

bb) Gesamtbetrachtung als geeignete Lösung?

Lehnt man entgegen der hier vertretenen Auffassung für den Bereich der transnationalen Beweissammlung eine strenge Bindung an den Gesetzesvorbehalt ab[205], käme als Korrektiv eine Art Gesamtbetrachtung des Verfahrens in Betracht.[206] Hierbei wäre in Anlehnung an die Art. 6 Prüfung des EGMR[207] zu untersuchen, ob die im Einzelfall nach der *lex loci* zulässige[208] Maßnahme die Fairness des Verfahrens verletzt, etwa weil ein gleich geeignetes, aber milderes Mittel zur Verfügung stand.[209] Solange jedoch das Verfahren in einer Gesamtschau als fair zu bewerten ist, bliebe für die Begründung eines Beweisverwertungsverbotes auch bei Rechtswidrigkeit der Beweiserhebung nach deutschem Recht kein Raum.[210]

Der Vorteil eines solchen Ansatzes liegt sicherlich in seiner Flexibilität im Hinblick auf die Verwertungsentscheidung. So könnte ein geringeres Schutzniveau durch das ausländische Recht etwa durch die besonderen Umstände der Auslandsermittlung oder die Schwere der Tat ausgeglichen werden.

---

203 *Jahn*, Gutachten C für den 67. DJT 2008, S. C 119 beschreibt dies als *„in räumlicher Dimension gekreuzte[r] BVV."*

204 Ausnahmen wären der Verstoß gegen eine Hinwirkungspflicht sowie die Unvereinbarkeit der Maßnahme mit dem deutschen *ordre public*.

205 Siehe dazu oben S. 181 f.

206 Siehe für den Bereich der traditionellen Rechtshilfe *Mavany*, Die Europäische Beweisanordnung, S. 166 f.; Vgl. aber auch *Beulke*, Jura 2008, 653 (664); *Gleß*, JR 2008, 317 (326); Zur Klarstellung sei insoweit noch darauf verwiesen, dass die hier besprochene Gesamtabwägungslösung freilich eine andere Frage behandelt, als die insgesamt hier vertretene Abwägungslösung zur Bestimmung von Beweisverwertungsverboten (siehe hierzu oben S. 230 ff.). Erstere beschäftigt sich einzig mit der Frage, wie eine Kollision zwischen *lex loci* und *lex fori* zu lösen ist, während letztere alle Abwägungsparameter (wie die Fragen der Völkerrechtsmäßigkeit oder Vereinbarkeit mit subjektiven Rechten) berücksichtigt, um die Frage nach der Verwertbarkeit eines Beweismittels zu beantworten.

207 Siehe dazu oben S. 216 f.

208 Aber nach deutschem Recht rechtswidrige.

209 *Mavany*, Die Europäische Beweisanordnung, S. 166.

210 *Mavany*, a.a.O.

Zudem vermeidet der Ansatz durch die fortgeführte Anwendung des Prinzips *locus regit actum* eine mitunter durch das Meistbegünstigungsprinzip hervorgerufene Besserstellung des Beschuldigten.[211]

Im Hinblick auf ihre Praxistauglichkeit muss sich die Gesamtabwägungslösung allerdings eine entscheidende Frage gefallen lassen: Welcher Referenzrahmen soll für die Bestimmung der Fairness des Gesamtverfahrens herangezogen werden?

Wie schon bei der Prüfung von Art. 6 EMRK, fehlt es gerade an übergeordneten Vorgaben für die Ausgestaltung des Ermittlungsverfahrens. Eine Gesamtabwägung sieht sich daher immer dem Vorwurf der Rechtsunsicherheit ausgesetzt.[212] Man stelle sich etwa nur die Fälle einer multinationalen Ermittlungstätigkeit vor, bei denen am Ende Verwertungsentscheidungen hinsichtlich einer Vielzahl von Beweisen zu treffen sind, welche unter Geltung der unterschiedlichsten Rechtsordnungen erhoben wurden. Anhand welcher Vorgaben soll hier der deutsche Richter letztendlich entscheiden, welche Ermittlungsmaßnahme noch zulässig ist und welche bereits zur Unfairness des gesamten Verfahrens führt? Das Prinzip *locus regit actum* führt in diesen Fällen zu einem verfahrensrechtlichen Flickenteppich, den eine Gesamtabwägung nicht zu ordnen vermag. Neben dem Fehlen eines Referenzrahmens erscheint es zudem problematisch, dass die an Art. 6 EMRK orientierte Gesamtabwägung eben auf das subjektive Recht auf Durchführung eines fairen Verfahrens gerichtet ist, nicht aber auf die Beurteilung der Zuverlässigkeit und Fairness eines konkreten Beweismittels.[213] Die Gesamtabwägungslösung lässt damit im Einzelfall eine Verwertung von Beweisen zu, welche nach deutschem Recht nicht hätten erlangt werden können, solange eben die Schwelle des Fair-Trial-Verstoßes nicht überschritten wurde. Damit bleibt es aber bei der kritisierten Sonderstellung der Auslandsbeweise. Anstatt, dass der Blick auf das konkrete Beweismittel gerichtet wird, kommt es zu einer Betrachtung des gesamten Verfahrens. Hiervon profitieren im Ergebnis weder der Beschuldigte noch die Strafverfolgungsbehörden, da die Verwertbarkeit letztlich auf den nicht immer voraussehbaren Umständen des Ermittlungsverfahrens beruht. Die Verlagerung der Ermittlungshandlungen auf das Gebiet eines anderen Staates führt somit zu einer Sonderbehandlung der auf diesem Wege erlangten Beweismittel, welche auch bei einer Gesamtabwägung nachwievor Fragen im Hinblick auf die Zuverlässigkeit und Fairness der Beweismittel und ihrer Verwertbarkeit aufwerfen.

Die Gesamtabwägung stellt daher trotz ihrer Vorteile keine geeignete Lösung zur Frage der Verwertbarkeit von Beweisen dar, welche unter Verstoß gegen deutsches Recht bei gleichzeitiger Einhaltung der *lex loci* gewonnen wurden.

211 *Mavany*, a.a.O lehnt diese Besserstellung insbesondere mit Blick auf die Schwere der oftmals transnational verfolgten Straftaten ab.

212 Dies erkennt auch *Mavany*, a.a.O, S. 167.

213 Vgl. nur EGMR, „*Schenk v. Schweiz*", Urteil v. 12.7.1988, §§ 45 f.; *Schneider*, Beweisverbote aus dem Fair-Trial-Prinzip, S. 57 ff.

cc) Transnationale Beweissammlung unter dem Meistbegünstigungsprinzip

Nach der hier vertretenen Auffassung bedarf es bei der transnationalen Beweissammlung aufgrund der strengen Geltung des Gesetzesvorbehaltes einer Modifikation des Prinzips *locus regit actum.*[214] Die Vornahme einer Ermittlungshandlung erfolgt weiterhin unter dem Dach der *lex loci*, welche aber im Einzelfall um die jeweils strengeren Voraussetzungen des deutschen Rechts modifiziert wird.[215] Soll etwa im Zuge eines transnationalen Ermittlungsverfahrens ein verdeckter Ermittler des BKA in Großbritannien auf der Grundlage von Art. 29 RL-EEA eingesetzt werden, richtet sich die Form des Verfahrens ausschließlich nach britischem Recht. Allerdings werden die Befugnisse des verdeckten Ermittlers im Einzelfall etwa durch die Regelung des § 110c StPO beschränkt, sodass ein Betreten von Wohnungen nur unter Verwendung der Legende, nicht aber unter Vortäuschung einer Zutrittsberechtigung zulässig ist.[216]

Durch diese Anpassung der *lex loci* kommt es zur einer Gleichstellung der transnationalen Beweissammlung mit der inländischen Beweiserhebung.[217] Der Beschuldigte wird nicht mit Eingriffen konfrontiert, die mitunter bei Durchführung der Maßnahme unter Anwendung der *lex loci* ohne Berücksichtigung der *lex fori* möglich wären. Die von der deutschen Verfahrensordnung vorgegebenen Sicherungsinstrumente zur Gewährleistung der Zuverlässigkeit und Fairness eines Beweismittels werden folglich durch die räumliche Verlagerung der Beweiserhebung nicht ausgehebelt.[218] Somit beschränkt sich die Überprüfung der Rechtmäßigkeit der Beweiserhebung auch nicht wie im Bereich der traditionellen Rechtshilfe auf die Einhaltung der Grenzen des *ordre public*, sondern erstreckt sich auf die jeweiligen Eingriffsvoraussetzungen nach der *lex fori.* Dies hat zur Folge, dass im Rahmen der Entscheidung über die Verwertbarkeit der im Ausland erlangten Informationen die herkömmliche Systematik der Beweisverbote Anwendung finden kann.

Stimmt die Beweiserhebung mithin zwar mit den Vorgaben der *lex loci*, nicht aber mit denen der deutschen Verfahrensordnung überein, kommt die Begründung eines unselbstständigen Beweisverwertungsverbotes in Betracht. Der Verstoß gegen eine deutsche Beweiserhebungsregel führt daher nicht zwingend zu einem Verwertungsverbot, sondern eröffnet eine Abwägungsentscheidung.[219] Es kommt

---

214 Eingehend oben S. 189 ff.

215 Nach *Perron*, ZStW 2000 (112), 202 (207) handelt es sich hierbei um einen bereits von den Ermittlungsbehörden praktizierten Lösungsversuch.

216 Nach britischem Recht wäre dagegen eine solche Täuschung zulässig, siehe dazu oben S. 183 f.

217 Kritisch im Hinblick auf die dadurch bewirkte Besserstellung des Beschuldigten *Mavany*, Die Europäische Beweisanordnung, S. 166; *Vogel*, in: Grützner/Pötz/Kreß (Hrsg.), Internationale Rechtshilfe in Strafsachen, Vor § 1 IRG Rn. 41.

218 *Gleß*, ZStW 2013, 573 (575 f.) beschreibt die dem Beweismittel inhärente Aussage über seine Zuverlässigkeit und Fairness treffend als die „*Rechtskonnotation*" eines Beweismittels.

219 Siehe zur Abwägungslösung oben S. 230 ff.

dabei insbesondere auf die Bedeutung des Verfahrensverstoßes und die Schwere der aufzuklärenden Straftat an.[220] So dürfte etwa in dem genannten Beispiel des Betretens einer Wohnung unter Vortäuschung einer Zutrittsberechtigung, dann ein Verwertungsverbot anzunehmen sein, wenn die Maßnahme beispielsweise zur Aufklärung eines Vermögensdelikts herangezogen wird. Handelt es sich dagegen um Maßnahmen zur Aufklärung und Verfolgung schwerer terroristischer Gewalttaten, wird nicht jeder Verstoß gegen die deutschen Eingriffsvorgaben zu einem Verwertungsverbot führen.[221]

Der Unterschied dieser Lösung zu einer Gesamtabwägung liegt auf der Hand: Den Referenzrahmen für die Gewährleistung eines zuverlässigen und fairen Beweismittels bilden nicht die nebulösen Vorgaben des aus Art. 6 EMRK abzuleitenden Fair-Trial-Prinzips, sondern die Wertungsentscheidungen des deutschen Gesetzgebers. Das Gericht kann aufgrund der Modifikation der *lex loci* um die strengeren Vorgaben der deutschen Verfahrensordnung letztlich im Rahmen der Verwertungsentscheidung die gleichen Grundsätze anwenden, wie bei einem rein innerstaatlich gewonnenen Beweis.[222]

b) Nichteinhaltung ausländischen Rechts

Die zweite Problemkonstellation betrifft nunmehr den Fall, dass die Ermittlungsmaßnahme zwar mit deutschem Recht, nicht aber mit dem Recht des Gebietsstaates zu vereinbaren ist.[223] Hier stellt sich im Rahmen der Verwertungsentscheidung die Frage, ob insoweit auf die strengeren Voraussetzungen der *lex loci* oder auf die der deutschen Verfahrensordnung abzustellen ist.

aa) Die Position der Rechtsprechung und Teilen der Literatur

Die Rechtsprechung und einige Stimmen in der Literatur gehen davon aus, dass im Einzelfall strengere Vorgaben des ausländischen Rechts keinen Einfluss auf die Verwertbarkeit der erlangten Beweismittel haben.[224] Der BGH begründet dies pauschal damit, dass die Berücksichtigung strengeren ausländischen Rechts nicht verlangt werden könne.[225] *Nagel*[226] führt an, der Schutz der Beschuldigtenrechte könne nur im

---

220 *Beulke*, Strafprozessrecht, § 23 Rn. 458 m.w.N.; *Rogall*, JZ 2008, 818 (824).

221 Davon unberührt bleiben freilich die Fälle der Kernbereichsverletzung, vgl. BGHSt 50, 206 (210 ff.); 51, 1 (4), oder der bewussten bzw. willkürlichen Begehung von Verfahrensverstößen, vgl. BGH NStZ-RR 2007, 242 f.

222 Freilich unter der Voraussetzung, dass nicht anderweitige Faktoren, wie etwa die Völkerrechtswidrigkeit der Maßnahme, in die Abwägungsentscheidung einzubeziehen sind.

223 Vgl. *Krüßmann*, Transnationales Strafprozessrecht, S. 677.

224 BGH GA 1976, 218 (219); NStZ 1985, 376; *Böse*, ZStW 2002 (114), 148 (152); *Nagel*, Beweisaufnahme im Ausland, S. 308; *Scheller*, Ermächtigungsgrundlagen, S. 325.

225 BGH GA 1976, 218 (219).

226 *Nagel*, Beweisaufnahme im Ausland, S. 308.

Gesamtzusammenhang mit den sonstigen Vorgaben der verfahrensbeherrschenden Rechtsordnung gesehen werden.

Im Ergebnis führt diese Auffassung dazu, dass dem Beschuldigten mitunter ein geringeres Schutzniveau zukommt, als es bei einem Verfahren des Gebietsstaates der Fall wäre.

bb) Die Gegenauffassung

Teile der Literatur lehnen die dargestellte Ansicht zur ausnahmsweisen Maßgeblichkeit der *lex fori* ab und fordern eine Berücksichtigung strengeren ausländischen Verfahrensrechts im Rahmen der Verwertungsentscheidung.[227] *Mavany*[228] führt zur Begründung an, dass die gegenteilige Ansicht der Rechtsprechung im Ergebnis zu einer Art „*Rosinentheorie*" führen würde, da immer nur die Einhaltung des jeweils geringeren Schutzniveaus zu fordern wäre. Zudem sei ein Umkehrschluss aus § 369 ZPO heranzuziehen, wo die Maßgeblichkeit der *lex fori* für diese Fälle ausdrücklich geregelt ist. Aus dem Fehlen einer entsprechenden Regelung in der StPO lasse sich auf den gegenteiligen Willen des Gesetzgebers schließen.[229]

Nach Auffassung von *Pitsch*[230] stellt die Maßgeblichkeit deutschen Rechts eine unzulässige „*Missachtung und Diskriminierung ausländischen Rechts*" dar. Für *Sommer*[231] erfordert die Justizförmigkeit des gesamten Verfahrens eine maßgebliche Berücksichtigung des ausländischen Rechts.

cc) Stellungnahme

Ausgangspunkt einer Stellungnahme muss eine Differenzierung zwischen völkerrechtlicher und innerstaatlicher Ebene sein. Die Maßgeblichkeit der *lex loci* könnte schließlich hinsichtlich beider Ebenen unterschiedlich einzustufen sein.

(1) Völkerrechtliche Ebene

Sofern die einschlägigen Rechtsgrundlagen für die Vornahme selbstständiger Ermittlungshandlungen eine Bindung an das Verfahrensrecht des Gebietsstaates vorsehen[232], handelt es sich um eine notwendige Bedingung im Hinblick auf die Völkerrechtsmäßigkeit der Maßnahme. Der ersuchte Staat gestattet ausländischen

---

227 *Mavany*, Die Europäische Beweisanordnung, S. 168; *Pitsch*, Strafprozessuale Beweisverbote, S. 148 f.; *Sommer*, StraFo 2003, 351 (354); Im Grundsatz auch *Schuster*, Verwertbarkeit, S. 112 f.

228 *Mavany*, Die Europäische Beweisanordnung, S. 168.

229 § 369 ZPO lautet: „*Entspricht die von einer ausländischen Behörde vorgenommene Beweisaufnahme den für das Prozessgericht geltenden Gesetzen, so kann daraus, dass sie nach den ausländischen Gesetzen mangelhaft ist, kein Einwand entnommen werden.*"

230 *Pitsch*, Strafprozessuale Beweisverbote, S. 149.

231 *Sommer*, StraFo 2003, 351 (354).

232 Vgl. nur Art. 40 Abs. 3 lit. a SDÜ.

Organen eben nur dann die Vornahme von Hoheitsakten auf seinem Staatsgebiet, wenn diese sich bei der Ausführung an die Wertungsentscheidungen des Gebietsstaates halten. Für die hier vertretene Meistbegünstigung im Rahmen der Beweiserhebung bedeutet dies, dass die Ermittlungsmaßnahme ausschließlich nach der *lex loci* zu erfolgen hat, wenn diese strengere Voraussetzungen vorsieht. Sieht dagegen deutsches Recht ein höheres Schutzniveau vor, wird durch die Maßgeblichkeit der *lex fori* die Wertungsentscheidung des Gesetzgebers des Gebietsstaates nicht berührt, sodass ausnahmsweise eine Modifikation des Prinzips *locus regit actum* in Betracht kommt.[233] Missachten die ausländischen Organe dagegen bei der Durchführung ihrer Ermittlungshandlung die strengeren Vorgaben der *lex loci*, werden also die Vorgaben des völkerrechtlichen Erlaubnissatzes nicht eingehalten, kann sich ein Verwertungsverbot aufgrund der Völkerrechtswidrigkeit der Maßnahme ergeben.

Wie schon bei der Verletzung der Gebietshoheit, besteht jedoch für die Begründung eines solchen völkerrechtlichen Verwertungsverbotes keine allgemeine Regel.[234] Unter Anwendung der allgemeinen Regeln über die Staatenverantwortlichkeit ist folglich zu prüfen, ob der völkerrechtliche Wiedergutmachungsanspruch die Nichtverwertung der Beweismittel verlangt. Dies setzt jedoch voraus, dass der ermittelnde Staat durch die Mitnahme bereits eine Primärpflicht verletzt hat.[235]

(2) Verwertungsebene

Davon zu unterscheiden ist nunmehr jedoch die Ebene der innerstaatlichen Verwertung. Hier kommen im Hinblick auf die Nichteinhaltung der strengeren Vorgaben der *lex loci* zwei Anknüpfungspunkte für ein Verwertungsverbot in Betracht.

Zunächst stellt die Verletzung der Pflicht zur Einhaltung der *lex loci* einen Verstoß gegen § 72 IRG dar.[236] Die Völkerrechtswidrigkeit der Ermittlungsmaßnahme schlägt somit auf die Rechtmäßigkeit nach nationalem Recht durch. Wie schon bei der Verletzung der Gebietshoheit gilt es nunmehr unter Anwendung der Abwägungslösung zu bestimmen, ob die Rechtswidrigkeit der Beweiserhebung hinreichend gewichtig ist, um zu einem Beweisverwertungsverbot zu führen.[237] Als Abwägungskriterien können hierbei die Schwere der aufzuklärenden Straftat[238], die Möglichkeit zur rechtshilfekonformen Sachverhaltsaufklärung, die Bedeutung der Gebietsverletzung

233 Siehe dazu oben S. 193 ff.

234 *Herdegen*, EuGRZ 1986, 1; Zustimmend *Vogel*, in: Grützner/Pötz/Kreß (Hrsg.), Internationale Rechtshilfe in Strafsachen, Vor § 1 IRG Rn. 23.

235 Siehe oben S. 247 ff.

236 § 72 IRG lautet: *Bedingungen, die der ausländische Staat an die Rechtshilfe geknüpft hat, sind zu beachten.*

237 Siehe für den Fall der Gebietsverletzung oben S. 250 f.

238 Vgl. BVerfGE 109, 38 (58).

und das Verhalten des verletzten Staates oder das Bestehen einer anderweitigen zwischenstaatlichen Kompensationsleistung[239] herangezogen werden.

Weiterhin gilt es zu prüfen, ob die Nichteinhaltung der strengeren Vorgaben der *lex loci* einen Einfluss auf die Sicherung der Zuverlässigkeit und Fairness der erlangten Beweismittel hat.

Insoweit wurde bisher festgestellt, dass eine strenge Anwendung des Prinzips *locus regit actum* mitunter zu einer nicht haltbaren Aufspaltung eines aufeinander abgestimmten Systems von Beweiserhebungs- und Beweisverwertungsvorschriften führen würde.[240] Aufgrund der strengen Bindung an den Gesetzesvorbehalt und zur Sicherung der Zuverlässigkeit und Fairness der im Ausland erlangten Beweismittel wurde daher gefordert, deutsches Verfahrensrecht im Rahmen der Verwertungsentscheidung für maßgeblich zu erachten, sofern dieses strengere Voraussetzungen für einen Eingriff vorsieht, als das Recht des Gebietsstaates.[241] In diesem Fall wirkt sich daher die hier vertretene Meistbegünstigung sowohl auf der völkerrechtlichen als auch auf der innerstaatlichen Ebene aus. Mit der Bindung an die strengeren Vorgaben des deutschen Rechts bei der Beweiserhebung, wird die Völkerrechtsmäßigkeit der Maßnahme nicht beeinflusst[242]. Zugleich wird die Bindung an den Vorbehalt des Gesetzes geachtet und die Zuverlässigkeit und Fairness des Beweismittels gesichert.

Im Falle der Nichteinhaltung der *lex loci* bei gleichzeitiger Wahrung der Vorgaben der *lex fori* ergibt sich jedoch ein anderes Bild. Während auf der völkerrechtlichen Ebene aufgrund des gebotenen Respekts vor der Wertungsentscheidung des gebietsstaatlichen Gesetzgebers eine Meistbegünstigung im Sinne einer Bindung an die strengeren Vorgaben der *lex loci* erforderlich ist, bedarf es dies auf der Ebene der innerstaatlichen Verwertung nicht. Die im ersten Fall herangezogene Begründung der Notwendigkeit einer Wiederherstellung der Einheit von Beweiserhebungs- und Verwertungsregeln greift nicht, da es aufgrund der Wahrung deutschen Rechts schon nicht zu einer Aufspaltung gekommen ist.[243] Mit der Wahrung der *„Rechtskonnotation"*[244] des Beweismittels besteht jedoch auch kein Grund an dessen Zuverlässigkeit und Fairness zu zweifeln. Damit greift das hier vertretene Meistbegünstigungsprinzip in der vorliegenden Konstellation ausschließlich auf der völkerrechtlichen Ebene.

Im Rahmen der Verwertungsentscheidung kann die Nichteinhaltung der *lex loci* dagegen nicht mit dem Argument der Notwendigkeit einer Sicherung und

---

239 Hier ist vor allem an die Verschaffung von Genugtuung im Sinne des Art. 37 der ILC Artikel etwa durch formelle Entschuldigung zu denken.

240 Siehe oben S. 168 ff.

241 Siehe oben S. 189 ff.

242 Dies wurde damit begründet, dass die souveräne Entscheidung des Gebietsstaates zur Vornahme von Ermittlungsmaßnahmen unter bestimmten Voraussetzungen dann nicht beeinflusst wird, wenn die Maßnahme unter noch strengeren Voraussetzungen durchgeführt wird.

243 Zur Problematik siehe *Gleß*, in: Böse (Hrsg.), Europäisches Strafrecht, § 16 Rn. 14.

244 *Gleß*, ZStW 2013 (125), 573 (575).

Zuverlässigkeit eines Beweismittels zur Begründung eines unselbstständigen Beweisverwertungsverbotes herangezogen werden.

Dem kann auch nicht entgegenhalten werden, dass das Fehlen einer dem § 369 ZPO entsprechenden Regelung dieser Konstellation[245], einen gegenläufigen Willen des Gesetzgebers indiziere.[246] Vorrangiges Ziel der strafprozessualen Beweisverbote ist eben die Begrenzung der verfahrensrechtlichen Aufklärungspflicht zur Wahrung übergeordneter Werte und nicht bloß die Disziplinierung der Strafverfolgungsorgane.[247] Da dieses Ziel im Hinblick auf die unselbstständigen Beweisverwertungsverbote bei Einhaltung der Vorgaben der deutschen Verfahrensordnung stets gewahrt bleibt, ist eine dem § 369 ZPO vergleichbare Regelung entbehrlich.

Im Ergebnis bleibt somit festzuhalten, dass bei Einhaltung deutschen Rechts, strengere Vorgaben der *lex loci* im Rahmen der Verwertungsentscheidung nur bedingt berücksichtigt werden müssen. Ein Verwertungsverbot kommt demnach in Betracht, wenn die Nichtverwertung notwendige Rechtsfolge des völkerrechtlichen Delikts oder das Ergebnis eines Abwägungsprozesses nach innerstaatlichem Verfahrensrecht ist. Als ein wichtiges Abwägungskriterium ließe sich auch insoweit die von *Vogel*[248] angebrachte Unterscheidung zwischen Ermittlungsmaßnahmen mit und ohne Richtervorbehalt heranziehen.

c) Ergebnis

Das hier vertretene Meistbegünstigungsprinzip ist daher wie folgt anzuwenden:

Deutsche Beamte überprüfen jede im Ausland durchzuführende Ermittlungsmaßnahme nicht nur am Maßstab der *lex loci*, sondern auch mit Blick auf die deutschen Vorgaben. Sieht das deutsche Recht im Einzelfall strengere Voraussetzungen für einen Ermittlungseingriff vor, wird das ausländische Recht um dieses *Plus* modifiziert und die Maßnahme anhand der strengeren Vorgaben durchgeführt. Wurden die strengeren deutschen Vorgaben nicht eingehalten, führt dies zur Rechtswidrigkeit der Beweiserhebung und die Verwertbarkeit bestimmt sich anhand einer Abwägungsentscheidung durch das erkennende Gericht.

Sieht dagegen das ausländische Recht strengere Voraussetzungen vor, so gilt das Meistbegünstigungsprinzip nur zum Schutze der Souveränität des Gebietsstaates. Deutsche Behörden sind dann aufgrund einer durch § 72 IRG transformierten völkerrechtlichen Verpflichtung an die strengeren Vorgaben der *lex loci* gehalten und müssen die Maßnahme diesen entsprechend durchführen. Im Rahmen der Verwertungsentscheidung ist sodann jedoch regelmäßig auf die Einhaltung deutschen Rechts abzustellen. Im Einzelfall kann die Nichteinhaltung ausländischen Rechts

---

245 Für den Wortlaut von § 369 ZPO siehe Fn. 229.

246 So aber *Jahn*, Gutachten C für den 67. DJT 2008, S. C 120; *Mavany*, Die Europäische Beweisanordnung, S. 168.

247 Siehe nur *Beulke*, Jura 2008, 653 (654).

248 *Vogel*, in: Grützner/Pötz/Kreß (Hrsg.), Internationale Rechtshilfe in Strafsachen, Vor § 1 IRG, Rn. 23 m.w.N.

jedoch zu einem Verwertungsverbot führen, wenn etwa der Gebietsstaat bereits ein hinreichendes Verfügungsrecht an dem Beweismittel hatte oder die Schwere der Souveränitätsverletzung in keinem angemessenen Verhältnis zur Schwere des Tatvorwurfs steht.

3) *Verwertungsverbote und subjektive Rechte*

Die Beweiserhebungsmaßnahme im Ausland kann nicht nur gegen die strengeren Vorgaben der *lex fori* verstoßen, sondern zugleich gegen anwendbare Garantien zum Schutze subjektiver Rechte. Deutsche Hoheitsträger bleiben bei ihren Auslandsermittlungen umfassend an die Grundrechte gebunden und müssen darüber hinaus regelmäßig auch die Vorgaben völkerrechtlich garantierter Individualrechte beachten.[249] Es gilt daher nunmehr zu untersuchen, welchen Einfluss eine Verletzung subjektiver Rechte im Rahmen der Beweiserhebung auf die Beweisverwertung hat.

a) Verletzung von Grundrechten

Verstößt die Beweiserhebungsmaßnahme gegen die Grundrechte des Beschuldigten, so prüft die Rechtsprechung, ob die anschließende Verwertung der auf diesem Wege erlangten Erkenntnisse eine erneute Grundrechtsverletzung darstellen würde.[250] Eine solche ist dabei ohne weitere Abwägung anzunehmen, wenn die Beweiserhebungsmaßnahme in den absolut geschützten Kernbereich der Persönlichkeit eingegriffen hat.[251] In diesem Fall sind die erlangten Erkenntnisse aufgrund eines selbstständigen Beweisverwertungsverbotes für die Sachverhaltsaufklärung gesperrt.[252] Jenseits der Fälle eines Kernbereichseingriffs führt indes nicht jeder Verstoß gegen die Vorgaben des Grundgesetzes zu einem Beweisverwertungsverbot. Vielmehr hat das BVerfG insoweit klargestellt, dass sich ein Verwertungsverbot erst aus einer Abwägung der grundrechtlich geschützten Interessen mit den Belangen

---

249 Siehe eingehend zur Grundrechtsbindung oben S. 172 ff.; Zur Bindung an EMRK und IPBPR und dem Erfordernis effektiver Kontrolle S. 206 ff.

250 Vgl. nur jüngst BGH NStZ 2012, 277 (278); BGH NStZ 2005, 700, wonach aufgezeichnete Selbstgespräche aufgrund ihres höchstpersönlichen Charakters regelmäßig nicht verwertbar sind; Siehe dagegen BVerfGE 80, 367 = NJW 1990, 563 (564), wonach Tagebücher und ähnliche Aufzeichnungen nicht automatisch von der Verwertung ausgenommen sind, sondern es auf den konkreten Inhalt ankommt. Nur wenn sich dieser auf den absolut geschützten Kernbereich der Persönlichkeit bezieht kommt es zu einem Verwertungsverbot. Stehen die Aufzeichnungen dagegen in einem unmittelbaren Bezug zu strafbaren Handlungen fehlt es an einem solchen Kernbereichsbezug. Zur Kritik siehe nur *Ellbogen*, NStZ 2001, 460 (462 ff.).

251 Anzuwenden ist hierbei die sog. Sphärentheorie des BVerfG, welche zwischen dem Sozialbereich, der Privatsphäre und der Intimsphäre unterscheidet, vgl. BVerfGE 34, 238 (245 ff.).

252 BGH NStZ 2012, 277 im Hinblick auf Selbstgespräche.

einer funktionstüchtigen Strafrechtspflege ergeben kann.[253] Insoweit wirkt sich der Verstoß gegen ein Grundrecht nicht anders aus, als der Verstoß gegen die jeweils einschlägigen Verfahrensvorgaben. Ein Rückgriff auf die Grundrechte zur Begründung eines Beweisverwertungsverbotes stellt daher eher die Ausnahme dar, da die maßgebliche Grundrechtsabwägung schon durch den Gesetzgeber beim Erlass der Eingriffsgrundlage durchgeführt wurde.[254]

b) Verletzung völkerrechtlicher Individualrechte

Einen grundsätzlich anderen Weg beschritt die Rechtsprechung dagegen lange Zeit bei der Verwertung von Informationen, die unter Verstoß gegen völkerrechtlich garantierte Individualrechte erlangt wurden. In Betracht kommen insoweit insbesondere Verstöße gegen die EMRK oder den IPBPR, welche als völkerrechtliche Verträge über Art. 59 Abs. 2 GG durch Bundesgesetz in innerstaatliches Recht transformiert wurden und dort im Range einfachen Bundesrechts Geltung beanspruchen.[255] In den wenigen Fällen, in denen die Rechtsprechung über die Folgen eines Verstoßes gegen diese Individualrechte zu entscheiden hatte, wurde ein Verwertungsverbot als Abwägungsergebnis bisher nicht in Betracht gezogen. Vielmehr berücksichtigte die Rechtsprechung die insoweit völkerrechtswidrige Beweiserhebung im Rahmen der Beweiswürdigung[256] oder der Strafzumessung[257]. Im Hinblick auf diese deutsche Praxis stellte der EGMR fest, dass prozessuale Folge einer schwerwiegenden Menschenrechtsverletzung regelmäßig nur ein Verwertungsverbot oder eine vergleichbare Reaktion sein kann.[258] Die hierauf ergangene jüngste Entscheidung des BGH zu der Problematik lässt nunmehr einen Wandel in der Rechtsprechung vermuten. Hier reagierte der BGH auf einen Verstoß gegen den Grundsatz des fairen Verfahrens durch eine unzulässige Tatprovokation mit der Annahme eines

---

253 BVerfG NJW 2009, 3225 im Hinblick auf die Verwertung von Beweismitteln, die aus einer grundrechtswidrigen Wohnungsdurchsuchung stammen; Anm. *Sachs*, JuS 2010, 751.

254 *Schuster*, Verwertbarkeit, S. 54.

255 Im Hinblick auf die EMRK BVerfG NJW 2004, 3407 (3408); *Schaller*, EuR 2006, 656 (657 f.) m.w.N.

256 BGHSt 46, 93 (103 ff.) für den Fall eines Verstoßes gegen das Recht des Beschuldigten auf Konfrontation eines Belastungszeugen aus Art. 6 Abs. 3 lit. d EMRK; Fortgeführt durch BGH NStZ 2007, 166 (167).

257 BGHSt 52, 48 = NStZ 2008, 168 im Hinblick auf eine Verletzung der Pflicht zur Belehrung über konsularischen Beistand nach Art. 36 WÜK; Siehe aber hierzu BVerfG NJW 2011, 207 (208 ff.) wonach die deutschen Gerichte die vom IGH geforderte ergebnisneutrale Prüfung zu berücksichtigen haben und damit die Möglichkeit zur Annahme eines Beweisverwertungsverbotes offen gehalten werden muss; Eingehend *Gleß/Peters*, StV 2011, 369.

258 EGMR „*Furcht v. Germany*", Urteil v. 23.10.2014, § 64.

Verfahrenshindernisses.[259] Es bleibt abzuwarten, nach welchen Kriterien der BGH künftig dieses schärfste Schwert des Prozessrechts von der Möglichkeit eines Verwertungsverbotes abgrenzen wird.

c) Stellungnahme

Ausgangspunkt einer Stellungnahme muss die Feststellung sein, dass die Durchführung eines transnationalen Ermittlungsverfahrens keinen Einfluss auf die Verpflichtung eines Staates zur Beachtung der jeweils anwendbaren Menschenrechtsverträge haben kann.[260] Davon zu unterscheiden ist jedoch die Frage, ob die Verletzung dieser Primärpflicht in jedem Fall zu einem Verwertungsverbot führen muss[261], oder ob es hierbei nicht vielmehr einer differenzierten Betrachtung bedarf.

aa) Differenzierung anhand der verletzten Norm

Eine solche Differenzierung ergibt sich zunächst aus der Art der verletzten Individualrechtsnorm. Handelt es sich um ein völkervertraglich garantiertes Recht, welches aufgrund seiner Bedeutung dem Bereich des *ius cogens* zuzurechnen ist, besteht für eine Abwägungs-, Beweiswürdigungs- oder Strafzumessungslösung kein Raum. Vielmehr genießt hier, wie beim Eingriff in den grundrechtlich geschützten Kernbereich privater Lebensführung, das Schutzinteresse des Einzelnen in jedem Fall Vorrang vor dem staatlichen Verfolgungsinteresse.[262] Entsprechend erlangte Beweismittel unterliegen somit einem strikten Verwertungsverbot. Eine solche völkerrechtlich zwingende Anordnung findet sich etwa in Art. 15 der UN Anti-Folterkonvention[263] für durch Folter erlangte Beweismittel. Inwieweit künftig auch eine korrespondierende Begründung von Beweisverwertungsverboten bei Verletzungen von Art. 3 EMRK unterhalb von Folter möglich ist, bleibt nach der Rechtsprechung des EGMR im Fall *Gäfgen*[264] allerdings noch offen.[265]

---

259 BGH NStZ 2016, 52; BVerfG NJW 2015, 1083 (1084) sieht demgegenüber die Annahme eines Verfahrenshindernisses nur für extreme Ausnahmefälle vor.

260 *Vogel*, in: Grützner/Pötz/Kreß (Hrsg.), Internationale Rechtshilfe in Strafsachen, Vor § 1 IRG Rn. 40.

261 In diesem Sinne wohl *Gleß*, JR 2008, 317 (326); *Pitsch*, Strafprozessuale Beweisverbote, S. 140.

262 *Ambos*, Beweisverwertungsverbote, S. 100 f.; Zur Praxis des EGMR *Heine*, NStZ 2013, 680.

263 UN Convention against Torture and Other Cruel, Inhuman or Degrading Treatment or Punishment v. 10.12.1984.

264 EGMR „*Gäfgen v. Germany*", Urteil v. 01.06.2010, §§ 128 f. und 178.

265 Die Fragestellung soll hier nur aufgeworfen werden. Siehe aber hierzu *Grabenwater*, NJW 2010, 3128 (3130); Kritisch *Esser*, NStZ 2008, 657.

bb) Differenzierung anhand der Eingriffsschwere

Hinsichtlich solcher Individualrechte, die nicht zum Bereich des zwingenden Völkerrechts gehören, ist ein automatisches Verwertungsverbot nicht vorgesehen. Entsprechend geht auch der IGH davon aus, dass zum Ausgleich der Völkerrechtswidrigkeit einer Ermittlungsmaßnahme zwar ein Verfahren zur Überprüfung und Neubeurteilung von Strafurteil und Strafzumessung erforderlich ist, welches die Bedeutung der verletzten Konventionsrechte berücksichtigt.[266] Bei der Erfüllung dieser Verpflichtung kommt dem konventionswidrig handelnden Staat jedoch ein Handlungsspielraum zu[267], sodass insbesondere nicht zwingend ein Beweisverwertungsverbot als Ausgleichsmaßnahme erforderlich ist[268].

Hier bietet sich in Anlehnung an die Dogmatik bei reinen Grundrechtsverletzungen[269] vielmehr eine Abstufungslösung an.[270] Ausgangspunkt ist hierbei die völkerrechtsfreundliche Auslegung der jeweiligen Grundrechte, über welche die völkerrechtlich garantierten Individualrechte auch innerstaatlich zur Geltung gelangen können.[271]

Die Abstufungslösung ähnelt der von den Vertragsstaaten des Rom Statuts vorgesehenen Abwägungslösung in Art. 69 Abs. 7 IStGH-Statut.[272] Auch hiernach hat die Völkerrechtswidrigkeit der Maßnahme nicht zwingend ein Verwertungsverbot zur Folge, sondern dieses bestimmt sich letztlich nach dem Einfluss des Verstoßes auf die Zuverlässigkeit und Fairness des Beweismittels.

Zunächst ist allerdings festzustellen, dass im Rahmen der Abstufung die ursprünglich von der Rechtsprechung herangezogene Beweiswürdigungslösung kein geeignetes Instrument darstellt. Hierbei bleibt völlig unklar, welcher Maßstab bei den unterschiedlich denkbaren Individualrechtsverletzungen zur Bestimmung der Glaubwürdigkeit heranzuziehen ist. Zudem darf nicht vergessen werden, dass die Reaktionen auf einen Rechtsverstoß durch Annahme eines niedrigen Beweiswertes oder durch Begründung eines Verwertungsverbotes, nicht vergleichbar sind. Nur im

---

266 IGH *„La Grand"*, ICJ Reports 2004, 12 (Rn. 125).

267 IGH a.a.O.

268 Vgl. BVerfG NJW 2007, 499 (503); Der BGH entschied sich daher für eine „Vollstreckungslösung", BGHSt 52, 48; Kritisch zu dieser Lösung BVerfG NJW 2011, 207 (208 ff.); *Paulus/Müller*, StV 2009, 495 (500 f.); Für ein Verwertungsverbot *Gleß/Peters*, StV 2011, 369 (376 f.).

269 Vgl. nur BVerfG NJW 2009, 3225.

270 a.A. wohl *Gleß*, JR 2008, 317 (326); *Pitsch*, Strafprozessuale Beweisverbote, S. 140, die auch bei Verletzung von Individualrechten außerhalb des Bereichs von *ius cogens* regelmäßig von einem Verwertungsverbot ausgehen.

271 Grundlegend im Hinblick auf die Garantien der EMRK und die Rechtsprechung des EGMR BVerfGE 128, 326 (Ls. 2) = NStZ 2011, 450.

272 Ebenso Art. 95 VBR der Ad-hoc-Tribunale.

letzteren Fall kann schließlich der Einfluss des rechtswidrig erlangten Beweismittels auf den Prozess der Wahrheitsfindung vollständig verhindert werden.[273]

Stattdessen sollten mit dem BVerfG zur abgestuften Reaktion auf Individualrechtsverletzungen die Mittel von Strafzumessung, Verwertungsverbot und Verfahrenshindernis herangezogen werden.[274] Die Eingriffsschwere ist folglich gegen das Interesse an einer der materiellen Gerechtigkeit dienenden Strafrechtspflege abzuwägen.[275] So ließe sich beispielsweise die jüngste Rechtsprechung des BGH zur rechtsstaatswidrigen Tatprovokation[276] auch auf einen transnationalen Kontext übertragen:

Auf der Grundlage von Art. 29 Abs. 1 RL-EEA ermitteln deutsche Hoheitsträger verdeckt in den Niederlanden gegen drei Tatverdächtige (A, B und C). Zur Erlangung von hinreichenden Beweisen über ihre Verstrickung in den Handel mit Betäubungsmitteln, wollen die Ermittler mit den Verdächtigen zum Schein eine Geschäftsbeziehung aufbauen.

Hierzu wird der einschlägig vorbestrafte A zum Kauf einer großen Menge Betäubungsmittel veranlasst. Die Ermittler reden hierzu derart auf A ein, dass nicht mehr von einer bloß „passiven“[277] *Einwirkung gesprochen werden kann.*

B wird in der gleichen Weise überredet. Allerdings ist B nicht vorbestraft und verschafft den Ermittlern lediglich eine geringe Menge an Betäubungsmitteln.

Der ebenfalls nicht vorbestrafte C wird von den Ermittlern erst durch erhebliche Drohungen zum Kauf von Betäubungsmitteln gebracht.

Anhand dieser Beispiele lässt sich die vorgeschlagene Abstufungslösung verdeutlichen. In allen Fällen gehen die verdeckten Ermittler über den zulässigen Einsatz von polizeilicher List hinaus und verstoßen daher gegen den in Art. 6 Abs. 1 EMRK garantierten Grundsatz des fairen Verfahrens.[278] Zugleich dürfte im Hinblick auf die Schwere der Rechtsverletzung nicht in allen Fällen die gleiche prozessuale Reaktion erforderlich sein.

So erscheint es möglich, die Rechtsverletzung des „A“ durch einen entsprechenden Abschlag bei der Strafzumessung zu berücksichtigen. Bei „B“ wird die unzulässige Einwirkung dagegen durch den Umstand verstärkt, dass für die Ermittler schon keine hinreichenden Anhaltspunkte bestanden, um von seiner Bereitschaft zur Begehung von Straftaten auszugehen.[279] Eine Abwägung mit dem, angesichts der geringen Menge von Betäubungsmitteln, relativ geringen Strafverfolgungsinteresse

273 Zur Kritik siehe nur *Gleß*, NJW 2001, 3606 (3607); *Endriss*, in: Hanack/Hilger/Mehle/Widmaier (Hrsg.), FS für Peter Rieß, S. 65 (74 f.) jeweils m.w.N.

274 BVerfG NJW 2015, 1083; Die Möglichkeit einer solchen Abstufungslösung wird auch in BGH Urteil v. 10.06.2015, Az. 2 StR 97/14 zumindest nicht für alle Fälle ausgeschlossen.

275 BVerfG NJW 2015, 1083 (1084 m.w.N.).

276 BGH NStZ 2016, 52.

277 EGMR *„Furcht v. Germany“*, Urteil v. 23.10.2014, § 51.

278 Eingehend zur Abgrenzung EGMR *„Furcht v. Germany“*, Urteil v. 23.10.2014, § 49 ff.

279 Vgl. EGMR *„Teixeira de Castro v. Portugal“*, Urteil v. 09.06.1998, § 38.

dürfte folglich zu einem Beweisverwertungsverbot führen. Im Falle des „C“ ist demgegenüber angesichts der besonderen Intensität der Verletzung mit dem BGH sogar von einem Verfahrenshindernis auszugehen.

Im Ergebnis dürfte eine solche Abwägung jedoch aufgrund der hier vertretenen Maßgeblichkeit der deutschen Verfahrensordnung für die Bestimmung der Rechtmäßigkeit der Beweiserhebung und dem damit verbundenen hohen Schutzniveau ohnehin nur im Ausnahmefall in Betracht kommen.[280]

4) *Zusammenfassung: Leitfaden für die Verwertung*

Anhand der Ergebnisse der bisherigen Untersuchung lässt sich ein Leitfaden für die Frage der strafprozessualen Verwertbarkeit von selbstständig im Ausland erlangten Beweismitteln erstellen. So kann gewährleistet werden, dass alle Umstände der Beweiserhebung Berücksichtigung finden und am Ende ein als zuverlässig und fair anerkanntes Beweismittel zur Wahrheitsfindung herangezogen werden kann.

a) Erster Prüfungsschritt: Völkerrechtskonformität

Auf dieser Ebene sind zwei Problemkonstellationen zu berücksichtigen:

aa) Beweiserhebung unter Verletzung fremder Gebietshoheit[281]

Aus völkerrechtlicher Sicht ist ein Verwertungsverbot bei Beweiserhebung unter Verstoß gegen den Grundsatz der Gebietshoheit dort angezeigt, wo die Nichtverwertung geeignet ist, den ursprünglichen Zustand wiederherzustellen. Dies betrifft nur solche Beweismittel, deren eigenmächtige Mitnahme bereits eine Primärpflichtverletzung begründet.

Jenseits der völkerrechtlichen Begründung eines Beweisverwertungsverbotes bestimmt sich die Verwertbarkeit des Beweismittels nach der innerstaatlichen Dogmatik der unselbstständigen Beweisverwertungsverbote. Als Abwägungsfaktoren sind insbesondere die Schwere der aufzuklärenden Straftat, die Möglichkeit zur rechtshilfekonformen Beweiserhebung, die Bedeutung der Gebietsverletzung, das Bestehen eines Richtervorbehalts für die Eingriffsmaßnahme, das Verhalten des verletzten Staates und das Bestehen einer anderweitigen zwischenstaatlichen Kompensationsleistung heranzuziehen.

bb) Beweiserhebung unter Umgehung von Rechtshilfevoraussetzungen[282]

Bei der Umgehung von Rechtshilfevoraussetzungen führt regelmäßig der einseitige Verstoß zu einem völkerrechtlichen Beweisverwertungsverbot. Im Falle einer einvernehmlichen Nichteinhaltung von Rechtshilfevoraussetzungen bestimmt sich

280 Siehe insoweit auch *Schuster*, Verwertbarkeit, S. 81.
281 S. 245 ff.
282 S. 251 ff.

die Verwertbarkeit nach dem Gedanken des hypothetischen Ersatzeingriffs. Sofern hiernach die Beweismittel dem ersuchten Staat auch bei Vorliegen der jeweiligen Voraussetzungen des Rechtshilfevertrages übermittelt worden wären, kommt es nicht zu einem Verwertungsverbot.

b) Zweiter Prüfungsschritt: Einhaltung der Vorgaben des deutschen Rechts

Auf dieser Ebene ist nach der Quelle der Information zu unterscheiden. Die Frage nach der Einhaltung der Vorgaben des deutschen Rechts stellt sich sowohl für strafprozessual erlangte Informationen als auch für solche, die unter Geltung des Rechts der Nachrichtendienste oder der Polizei erlangt wurden.

aa) Nichteinhaltung der Vorgaben der StPO[283]

Bei Feststellung einer Kollisionslage zwischen *lex loci* und *lex fori*, führt die Nichteinhaltung deutschen Rechts, aufgrund der hier vertretenen Modifikation der *lex loci* um die strengeren Vorgaben der StPO, zur Rechtswidrigkeit der Beweiserhebung. Die Frage der Verwertbarkeit richtet sich dann nach der Systematik der unselbstständigen Beweisverwertungsverbote und erfordert folglich eine Abwägung im Hinblick auf die Schutzbedürftigkeit des Beschuldigten und dem Strafverfolgungsinteresse der Allgemeinheit. Hierbei sind insbesondere die Bedeutung des Rechtsverstoßes, die Möglichkeit eines rechtmäßigen hypothetischen Ersatzeingriffs sowie die Schwere der Tat zu berücksichtigen.

bb) Einhaltung Nachrichtendienstrecht bzw. Polizeirecht ausreichend?[284]

Erfolgt die Informationserhebung auf Grundlage der Eingriffsbefugnisse des Nachrichtendienstrechts oder des Polizeirechts, richtet sich die Verwertbarkeit im Strafprozess nach den Vorgaben des § 161 Abs. 2 StPO. Erforderlich ist demnach, dass die Maßnahme im Hinblick auf die in Rede stehende Tat abstrakt auch nach der StPO hätte angeordnet werden können. Weiterhin muss die Änderung der Zweckrichtung die Anforderungen des Verhältnismäßigkeitsgrundsatzes wahren. Letzteres bestimmt sich insbesondere anhand der Schwere der Tat.

c) Dritter Prüfungsschritt: Einhaltung der Vorgaben der lex loci[285]

Bei Einhaltung deutschen Verfahrensrechts müssen strengere Vorgaben der *lex loci* im Rahmen der Verwertungsentscheidung nur bedingt berücksichtigt werden. Ein Verwertungsverbot kommt allerdings in Betracht, wenn die Nichtverwertung notwendige Rechtsfolge des völkerrechtlichen Delikts oder das Ergebnis eines Abwägungsprozesses nach innerstaatlichem Verfahrensrecht ist. Als ein wichtiges

283 S. 254 ff.
284 S. 233 ff.
285 S. 259 ff.

Abwägungskriterium lässt sich die Unterscheidung zwischen Ermittlungsmaßnahmen mit und ohne Richtervorbehalt heranziehen.

d) Vierter Prüfungsschritt: Einhaltung der Garantien zum Schutz subjektiver Rechte[286]

Die Grundrechtsgewährleistungen des Beschuldigten sind zunächst völkerrechtsfreundlich auszulegen und gegebenenfalls in ihrer Reichweite zugunsten des Beschuldigten zu modifizieren. Bei Verletzung der hierdurch begründeten subjektiven Rechte kommt es jedoch nicht zu einem automatischen Verwertungsverbot, sondern zu einer Abwägung der Schutzbedürftigkeit des Betroffenen gegen das Verfolgungsinteresse der Allgemeinheit unter Berücksichtigung der Gewährleistung der Fairness des gesamten Verfahrens. Greift die Ermittlungsmaßnahme dagegen in den Kernbereich geschützter Lebensführung ein, kommt eine solche Abwägung nicht länger in Betracht, sondern es ist ein unselbstständiges Beweisverwertungsverbot anzunehmen.

B) Die sonstige Verwendung von Informationen

Neben der Verwertung von im Ausland erlangten Informationen als Beweise im Strafverfahren, kommen noch andere Verwendungsmöglichkeiten in Betracht.

Zu denken ist etwa an die Verwendung der Informationen zu gefahrenabwehrrechtlichen Zwecken. Dies bedarf einer Untersuchung im Hinblick auf die Fälle, in denen die Informationen ursprünglich zu nachrichtendienstlichen oder strafverfolgungsrechtlichen Zwecken erhoben wurden. Spiegelbildlich zu der bereits dargestellten Verwendung von nachrichtendienstlichen- bzw. polizeilichen Informationen zum Zwecke der Strafverfolgung[287], handelt es sich daher um die Fragen der Zulässigkeit und Reichweite einer Zweckänderung.

Weiterhin beschränken sich die Verwendungsmöglichkeiten regelmäßig nicht auf die Nutzung durch inländische Behörden, sondern es ist vielmehr auch eine Übermittlung von Informationen an ausländische Behörden denkbar. Insoweit sollen zwei Problemkreise näher betrachtet werden. Einerseits die möglichen Schwierigkeiten bei der Weitergabe von Informationen innerhalb einer GEG und andererseits die Rahmenbedingungen für eine Beteiligung deutscher Behörden am internationalen „*intelligence sharing*".

I) Verwendung von Informationen zu Gefahrenabwehrzwecken

Das primäre Ziel einer selbstständigen Informationsgewinnung im Ausland muss keinesfalls immer die Durchführung eines Strafverfahrens sein. Wenngleich die einschlägigen Rechtsgrundlagen im Bereich der internationalen Rechtshilfe in

---

286 S. 264 ff.

287 Siehe dazu bereits oben S. 233 ff.

Strafsachen freilich eine solche Einschränkung vorsehen[288], kommt der zu präventiv-polizeilichen Zwecken durchgeführte Einsatz neben vereinzelten vertraglichen Absprachen[289], regelmäßig auf der Grundlage von *ad hoc* Vereinbarungen zwischen den beteiligten Staaten in Betracht. Die nachrichtendienstliche Informationsgewinnung erfolgt demgegenüber ohnehin außerhalb von völkervertraglichen Regelungen oder sonstigen Absprachen.[290] Wurden nunmehr aber Informationen im Ausland nicht ausnahmsweise[291] primär zum Zwecke der Gefahrenabwehr, sondern zur Erfüllung nachrichtendienstlicher Aufgaben oder zur Durchführung eines Strafverfahrens erhoben, stellt sich die Frage, inwieweit eine Umwidmung dieser Informationen zulässig ist. Wie schon bei der umgekehrten Frage der Nutzung nachrichtendienstlicher oder präventiv-polizeilich erlangter Informationen zum Zwecke der Strafverfolgung, sind hierzu die Voraussetzungen und die Reichweite der jeweiligen Öffnungsklausel und der mit ihr korrespondierenden Verwendungsregelung zu untersuchen.

1) Verwendung von nachrichtendienstlichen Informationen

Das Nachrichtendienstrecht unterscheidet hinsichtlich der Befugnis zur Weitergabe nachrichtendienstlicher Informationen an andere Stellen nicht zwischen den jeweiligen Sekundärnutzungen.[292] Sofern die nachrichtendienstlich erlangten Informationen nicht zum Zwecke der Verhinderung von Staatsschutzdelikten erforderlich sind[293], unterliegt die Übermittlung an Polizeibehörden gemäß § 19 Abs. 1 S. 1 BVerfSchG[294] dem Ermessen der Nachrichtendienste.[295] Ausreichend ist demnach, dass die

288 Vgl. Art. 40 Abs. 1 SDÜ „(...) *im Rahmen eines Ermittlungsverfahrens* (...)"; Art. 14 Abs. 1 EU-RhÜbk „(...) *bei strafrechtlichen Ermittlungen* (...)"; Siehe zur strafrechtlichen Ausrichtung auch *Krüßmann*, in: Böse (Hrsg.), Europäisches Strafrecht, § 18 Rn. 31.

289 Vgl. Art. 15 Abs. 1, Art. 18 Abs. 1 PolV D-CH; Siehe hierzu auch *Cremer*, ZaöRV 2000, 103 (108 ff.); Vgl. zudem Art. 24 des Vertrags von Prüm bzw. Art. 17 Abs. 1 des Beschlusses 2008/615/JI des Rates v. 23.6.2008.

290 Zur Frage der Völkerrechtsmäßigkeit derartiger Maßnahmen siehe oben S. 134 ff.; Zum Einfluss auf die Verwertbarkeit im Strafverfahren siehe S. 245 ff.

291 Angesichts der nachwievor vergleichsweise spärlichen Regelungsdichte im Hinblick auf präventiv-polizeiliche Maßnahmen ist wohl davon auszugehen, dass die Mehrzahl der Auslandsermittlungen zum Zwecke der Strafverfolgung durchgeführt werden; Vgl. auch BMI (Hrsg.), Schengenerfahrungsbericht 2009, S. 31 f., wonach der Fokus der Zusammenarbeit im Bereich der Gefahrenabwehr auf der Bewältigung von Großlagen und Großveranstaltungen lag.

292 Vgl. §§ 19 Abs. 1, 20 Abs. 1 BVerfSchG; § 9 BNDG; § 11 MADG verweist wiederum auf die Vorgaben des BVerfSchG.

293 Vgl. § 20 Abs. 1 S. 1 BVerfSchG.

294 Vgl. auch § 9 Abs. 1 S.1 BNDG; § 11 Abs. 1 S. 1 MADG.

295 Ebenso *Soiné*, NStZ 2007, 247 (248); Anders dagegen wohl *Zöller*, in: Roggan/Kutscha (Hrsg.), Handbuch der inneren Sicherheit, S. 447 (500), der § 20 BVerfSchG

Übermittlung der Informationen an die Polizei zur Erfüllung nachrichtendienstlicher Aufgaben erforderlich ist oder die Polizei die Informationen zum Schutze der freiheitlich demokratischen Grundordnung oder sonst für Zwecke der öffentlichen Sicherheit benötigt. Wie schon bei der Übermittlung nachrichtendienstlicher Informationen an Strafverfolgungsbehörden, stellt das Nachrichtendienstrecht damit keine wesentlichen Hürden für die Umwidmung der jeweiligen Informationen auf.

Die Verwendung nachrichtendienstlich erlangter Informationen zum Zwecke der Gefahrenabwehr setzt jedoch zusätzlich das Vorliegen der Voraussetzungen der jeweiligen polizeirechtlichen Verwendungsklausel voraus.[296] Insoweit ist nach den meisten Landespolizeigesetzen allerdings lediglich erforderlich, dass die jeweilige Information mitunter zur Erfüllung der Aufgaben der Polizei benötigt wird und die einschlägigen Übermittlungsvorgaben des Nachrichtendienstrechts eingehalten wurden.[297] Das BKAG fordert in § 20 x das Bestehen tatsächlicher Anhaltspunkte für die Erforderlichkeit der Informationen zur Erfüllung der dem BKA nach § 4 a BKAG obliegenden Aufgabe der Terrorismusabwehr.[298] Die Verwendung von rechtmäßig durch die Nachrichtendienste erlangten Informationen zum Zwecke der Gefahrenabwehr bereitet somit keine größeren Schwierigkeiten.

Gerade im Falle der nachrichtendienstlichen Auslandstätigkeit sind die erlangten Informationen aufgrund der fehlenden Einwilligung des Gebietsstaates jedoch oftmals mit dem Makel der Völkerrechtswidrigkeit behaftet.[299] Es stellt sich somit die Frage, ob die Rechtmäßigkeit der nachrichtendienstlichen Informationserhebung zwingende Voraussetzung für deren präventiv-polizeiliche Verwendung ist. Zum Teil ist in den Polizeigesetzen die Verwendung von rechtswidrig erlangten Informationen ausdrücklich ausgeschlossen.[300] Allerdings setzt die Anwendbarkeit dieser Verwertungsverbote regelmäßig voraus, dass die rechtswidrige

---

als spezielle Befugnisnorm im Hinblick auf die Übermittlung an Polizeibehörden begreift, wonach folglich eine Übermittlung an die Polizei außerhalb des Bereichs der Staatsschutzdelikte generell nicht in Betracht kommt.

296 Eingehend zum Zweckbindungsgrundsatz und der daraus resultierenden Notwendigkeit einer gesetzlichen Verwendungsregelung *Zöller*, in: Roggan/Kutscha (Hrsg.), Handbuch der inneren Sicherheit, S. 447 (454 f.).

297 Vgl. § 44 Abs. 7 ASOG; § 45 Abs. 1 BbgPolG; Art. 42 Abs. 1 S. 1 BayPAG; § 30 Abs. 1 NWPolG; § 34 Abs. 6 S. 1 RhPfPOG; § 27 Abs. 5 SOG LSA; § 41 Abs. 7 S. 1 ThürPAG.

298 Allgemein kritisch im Hinblick auf die geringen Voraussetzungen einer Datenübermittlung und die Verlagerung der Erforderlichkeitsprüfung auf die Nachrichtendienste *Zöller*, in: Roggan/Kutscha (Hrsg.), Handbuch der inneren Sicherheit, S. 447 (454 f.); *Ders.* Informationssysteme und Vorfeldmaßnahmen, S. 56 ff.

299 Denkbar ist darüber hinaus auch, dass die jeweiligen Eingriffsvoraussetzungen des Nachrichtendienstrechts nicht eingehalten wurden.

300 Vgl. § 42 Abs. 1 ASOG; § 39 Abs. 1 BbgPolG; § 38 Abs. 1 S. 1 NdsSOG; § 24 Abs. 1 NWPolG; § 40 Abs. 1 ThürPAG.

Informationserhebung durch die Polizeibehörde selbst erfolgt ist.[301] Auf den hier vorliegenden Fall der Verwendung von rechtswidrig durch andere Behörden erlangte Informationen lassen sich diese Verwendungsregeln daher nicht ohne Weiteres übertragen.[302] Vielmehr ist die Frage der Verwertbarkeit rechtswidrig erlangter Informationen zum Zweck der Gefahrenabwehr anhand einer Abwägung zu bestimmen.[303] Demnach muss der aus Art. 20 Abs. 3 GG folgende Grundsatz der Gesetzmäßigkeit der Verwaltung ausnahmsweise dort zurückstehen, wo der Staat aufgrund seiner grundrechtlichen Schutzpflichten hinsichtlich elementarer Rechtsgüter wie Leben, Freiheit und körperliche Unversehrtheit zum unmittelbaren Handeln verpflichtet ist.[304] Dies dürfte jedenfalls dort regelmäßig der Fall sein, wo schon das Polizeirecht aufgrund der Schwere der drohenden Gefahr eine Übermittlungspflicht anordnet.[305] Unterhalb dieser Erheblichkeitsschwelle können rechtswidrig erlangte Informationen nur mittelbar als Spurenansatz für die Durchführung eigener präventiv-polizeilicher Maßnahmen herangezogen werden.[306] Insoweit steht die ursprüngliche Rechtswidrigkeit nicht entgegen, da ein neues Verfahren in Gang gesetzt wird, bei dem erneut alle Rechtmäßigkeitsanforderungen zu beachten sind.

Erhalten somit etwa die Nachrichtendienste unter Verletzung fremder Gebietshoheit Informationen über unmittelbar bevorstehende terroristische Gewalttaten, so sind sie zur Übermittlung dieser Informationen an die Polizei verpflichtet, und diese kann die erlangten Informationen unmittelbar verwerten. Wiegt dagegen die Rechtsverletzung schwerer, etwa weil die dem Schutze des Betroffenen dienenden Vorgaben des Nachrichtendienstrechts nicht eingehalten wurden, und sind die bedrohten Rechtsgüter weniger bedeutsam, wird man eine unmittelbare Verwendung der nachrichtendienstlichen Informationen verneinen müssen.[307]

---

301 Ausdrücklich etwa § 38 Abs. 1 S. 1 NdsSOG „(...) *Die Verwaltungsbehörden und die Polizei können die von ihnen im Rahmen der Aufgabenerfüllung nach diesem Gesetz rechtmäßig erhobenen personenbezogenen Daten* (...)“.

302 Vgl. aber § 42 Abs. 1 S. 2 ASOG, wonach die Beschränkung auf die Verwendung rechtmäßiger Informationen auch für von dritter Seite übermittelte Informationen gilt; a.A. wohl *Zöller*, in: Roggan/Kutscha (Hrsg.), Handbuch der inneren Sicherheit, S. 447 (504), der von einer Erstreckung der Verwendungsregeln auf nachrichtendienstlich erlangte Informationen ausgeht.

303 Siehe hierzu *Schenke*, Polizei- und Ordnungsrecht, Rn. 215 f.; *Zöller*, in: Roggan/Kutscha (Hrsg.), Handbuch der inneren Sicherheit, S. 447 (481 ff., 504).

304 Ebenso *Schenke*, a.a.O; *Zöller*, a.a.O., die allerdings zutreffend bei Eingreifen eines polizeirechtlichen Verwertungsverbotes von der Teilnichtigkeit der jeweiligen Norm ausgehen und daher eine Verwendung der rechtswidrigen Information als Spurenansatz für Gefahrenabwehrmaßnahmen folgern.

305 Vgl. etwa § 44 Abs. 7 S. 2 ASOG; § 27 Abs. 5 S. 2 SOG LSA; § 20 x S. 2 BKAG.

306 Vgl. *Zöller*, in: Roggan/Kutscha (Hrsg.), Handbuch der inneren Sicherheit, S. 447 (483).

307 *Schenke*, Polizei- und Ordnungsrecht, Rn. 215 f.

2) Verwendung von Strafverfolgungsinformationen

Ist die Polizei bereits selbst im Rahmen von Auslandsermittlungen tätig geworden, kann auf eine Übermittlung von Informationen von dritter Seite aus mitunter verzichtet werden. Hat die Polizei im Ausland eine strafprozessuale Ermittlungsmaßnahme zur Aufklärung einer Straftat durchgeführt und sollen die hieraus erlangten Informationen nunmehr etwa aufgrund einer plötzlichen Änderung der Sachlage zum Zwecke der Gefahrenabwehr verwendet werden, kommt eine Umwidmung in Betracht. Auch insoweit bedarf es des Vorliegens der Voraussetzungen einer strafprozessualen Öffnungsklausel[308] und einer polizeirechtlichen Verwendungsregelung.[309]

Aus Sicht der Strafprozessordnung ermöglicht die Generalermächtigung des § 481 Abs. 1 eine weitreichende Nutzung repressiv erlangter Informationen zu präventiven Zwecken.[310] Allerdings ergibt sich für besonders eingriffsintensive Maßnahmen, die nach der StPO nur beim Verdacht bestimmter Straftaten zulässig sind, eine Einschränkung der Möglichkeit zur Zweckänderung aus § 477 Abs. 2 S. 3 StPO.[311] Hiernach ist eine Nutzung der durch solche Maßnahmen erlangten Informationen zu präventiv-polizeilichen Zwecken ohne Einwilligung des Betroffenen nur zur Abwehr einer erheblichen Gefahr für die öffentliche Sicherheit zulässig. Wird diese Gefahrenschwelle nicht erreicht, bleibt allerdings eine Heranziehung der Strafverfolgungsinformationen als Spurenansatz für neue präventiv-polizeiliche Maßnahmen zulässig.[312] Diente die Ermittlungstätigkeit jedoch der Aufklärung einer Katalogtat, ermöglicht die strafprozessuale Öffnungsklausel eine umfassende Nutzung der Informationen zum Zwecke der Gefahrenabwehr.

Grundsätzlich hat die Reichweite der Öffnungsklausel noch keinen Einfluss auf die Reichweite der Verwendungsklausel.[313] Im Bereich der Verwendung von Informationen zu präventiv-polizeilichen Zwecken korrespondiert mit der generalklauselartigen Öffnungsklausel jedoch zugleich eine ebenso weitreichende Verwendungsklausel. So sehen die Polizeigesetze regelmäßig vor, dass repressiv

---

308 Das Erfordernis einer solchen Befugnisnorm ist aufgrund des durch die Umwidmung bewirkten erneuten Eingriffs in das Recht auf informationelle Selbstbestimmung unabhängig von dem Umstand, dass die Informationen ohnehin bereits bei der Polizei vorhanden sind, *Schmitt*, in: Meyer-Goßner/Schmitt, StPO, § 481 Rn. 1; *Wittig*, in: Graf (Hrsg.), Beck-OK StPO, § 481 Rn. 1.

309 *Zöller*, in: Roggan/Kutscha (Hrsg.), Handbuch der inneren Sicherheit, S. 447 (471).

310 *Gieg*, in: Hannich (Hrsg.), KK-StPO, § 481 Rn. 1.

311 Die Norm ist daher *lex specialis* im Verhältnis zu § 481 Abs. 1, *Puschke/Singelnstein*, NJW 2008, 113 (117); *Weßlau*, in: Wolter (Hrsg.), SK-StPO, § 477 Rn. 28; Siehe dagegen noch zur alten Rechtslage *Zöller*, in: Roggan/Kutscha (Hrsg.), Handbuch der inneren Sicherheit, S. 447 (472).

312 *Allgayer/Klein*, wistra 2010, 130 (132); *Schmitt*, in: Meyer-Goßner/Schmitt, StPO, § 477 Rn. 5a; *Zöller*, StraFo 2008, 15 (24); Kritisch *Weßlau*, in: Wolter (Hrsg.), SK-StPO, § 477 Rn 27.

313 Zur Reichweite des § 161 Abs. 2 StPO siehe oben S. 235 ff.

erlangte Informationen, die bereits dem Zugriff der Polizei unterliegen, ohne weitere Voraussetzungen zu Zwecken der Gefahrenabwehr verwendet werden können.[314] Zum Teil wird jedoch einschränkend gefordert, dass die Informationen rechtmäßig erlangt wurden und eine Erhebung auch auf Grundlage der polizeilichen Eingriffsgrundlagen möglich gewesen wäre.[315] Durch entsprechende Einschränkungen soll der Entstehung eines „Informationspools“ vorgebeugt werden, welcher durch die Möglichkeit eines unbeschränkten Zugriffs zum Zwecke der Gefahrenabwehr mitunter zu einer Abstufung des Schutzniveaus für den Betroffenen führen könnte.[316] Eine Beschränkung der Verwendungsmöglichkeit auf rechtmäßig erlangte Informationen ist wie schon bei den nachrichtendienstlichen Informationen[317] dort problematisch, wo die grundrechtlichen Schutzpflichten ein sofortiges Tätigwerden des Staates gebieten, um Schaden von hochrangigen Rechtsgütern abzuwenden. Sieht allerdings das einschlägige Polizeirecht ausdrücklich eine Beschränkung auf rechtmäßige Daten vor[318], ist eine verfassungskonforme Auslegung der Verwendungsregelungen nicht mehr möglich. Vielmehr ist in diesem Fall nach zutreffender Auffassung von der Teilnichtigkeit der Norm auszugehen und die rechtswidrig erlangte Information als Spurenansatz heranzuziehen.[319] Fehlt es an einer ausdrücklichen Beschränkung auf rechtmäßige Informationen, richtet sich die Verwertbarkeit zu Gefahrenabwehrzwecken nach einer Abwägung unter Berücksichtigung der Bedeutung des Rechtsverstoßes und der Schwere der drohenden Gefahr.

3) Ergebnis

Die präventiv-polizeiliche Verwendung von Informationen, die im Rahmen von Auslandsermittlungen zu nachrichtendienstlichen oder strafverfahrensrechtlichen Zwecken erhoben wurden, ist grundsätzlich in weiterem Umfang möglich, als die spiegelbildliche Verwertung von Informationen im Strafprozess. Das Nachrichtendienstrecht stellt die Übermittlung von Informationen an die Polizeibehörden, jenseits der Fälle der Aufklärung von Staatsschutzdelikten, in das Ermessen der Dienste. Die einschlägigen Verwendungsgrundlagen des Polizeirechts ermöglichen

---

314 Vgl. nur Art. 38 Abs. 2 S.1 BayPAG; § 42 Abs. 3 ASOG; § 24 Abs. S. 1 NWPolG; § 29 Abs. 2 BPolG.

315 Vgl. etwa ausdrücklich § 39 Abs. 3 S. 3 NdsSOG; Unklar dagegen, ob auch § 37 Abs. 2 S. 2 BWPolG auf die präventiv-polizeiliche Verwendung von Repressivdaten anzuwenden ist, siehe zum Streit *Zöller*, in: Roggan/Kutscha (Hrsg.), Handbuch der inneren Sicherheit, S. 447 (478) m.w.N.

316 Vgl. hierzu die Gesetzesbegründung der niedersächsischen Landesregierung Drs. 15/3810, S. 40.

317 S. 272 ff.

318 Vgl. etwa § 39 Abs. 3 S. 1 NdsSOG; § 39 Abs. 1 BbgPolG; § 36 b Abs. 5 S. 1 BremPolG.

319 *Schenke*, Polizei- und Ordnungsrecht, Rn. 215; *Zöller*, in: Roggan/Kutscha (Hrsg.), Handbuch der inneren Sicherheit, S. 447 (483).

sodann eine weitestgehend problemlose Heranziehung dieser Informationen zum Zwecke der Gefahrenabwehr. Im Hinblick auf die Verwendung strafprozessual erlangter Informationen findet sich demgegenüber eine wichtige Einschränkung in § 477 Abs. 2 S. 3 StPO, wonach eine Umwidmung nur zur Abwehr einer erheblichen Gefahr für die öffentliche Sicherheit zulässig ist.

Die präventiv-polizeiliche Verwendung von rechtswidrig erlangten Informationen muss dort möglich sein, wo schwerwiegende Schäden für bedeutsame Rechtsgüter drohen. Hier muss der Grundsatz der Gesetzmäßigkeit der Verwaltung ausnahmsweise zurücktreten.

II) Internationale Informationsteilung

Die von deutschen Behörden gewonnenen Informationen müssen nicht zwingend auf eine Verwendung in rein innerstaatlichen Verfahren beschränkt werden. Vielmehr spiegelt sich die stetig wachsende Bereitschaft der Staaten zur gemeinsamen Bekämpfung grenzüberschreitender Kriminalität und globaler Bedrohungslagen auch darin, dass Informationen untereinander geteilt werden.[320] Das Forum für eine solche Informationsteilung kann hierbei wie bei einer gemeinsamen Ermittlungsgruppe auf wenige Teilnehmer beschränkt sein und sich auf ein konkretes Verfahren in einem abgegrenzten geografischen Raum konzentrieren. Zu denken ist aber auch an ein wachsendes globales Forum, in dem Staaten untereinander etwa Informationen zur Bekämpfung des internationalen Terrorismus austauschen. Der weitere Ausbau eines solchen multinationalen Intelligence-Forums wird auch in Europa angesichts der fortbestehenden Terrorbedrohung vorangetrieben.[321] Sollen innerhalb derartiger Foren die Informationen deutscher Behörden an ausländische Stellen weitergegeben werden, ist dies im Hinblick auf die weitere Verwendung der Information oder die Notwendigkeit ihrer fortbestehenden Geheimhaltung nicht immer unproblematisch. Nachdem kurz die allgemeinen rechtlichen Vorgaben für den Informationsaustausch innerhalb der EU dargestellt wurden, soll die Problematik speziell anhand der praktischen Schwierigkeiten der Informationsteilung innerhalb einer GEG verdeutlicht werden. Sodann wird untersucht, welche Grenzen für die Beteiligung Deutschlands an einem multinationalen intelligence sharing bestehen.

1) Allgemeine Vorgaben für den Informationsaustausch innerhalb der EU

Die europäischen Bemühungen zur Schaffung eines effizienten Systems für den Austausch von Informationen zum Zwecke der Strafverfolgung und Gefahrenabwehr

---

320 Vgl. *Aldrich*, in: Jones/Menon/Weatherill (Hrsg.), The Oxford Handbook of the EU, S. 627 (629).

321 Siehe hierzu etwa die Gemeinsame Erklärung der europäischen Innenminister nach den Terroranschlägen von Paris im Januar 2015, abrufbar unter: http://www.bmi.bund.de/SharedDocs/Downloads/DE/Kurzmeldungen/gemeinsame-erklaerung.pdf?__blob=publicationFile (letzter Abruf: 30.1.2015).

stehen unter dem Leitgedanken des Grundsatzes der Verfügbarkeit von Informationen.[322] Ähnlich wie bei dem Grundsatz der gegenseitigen Anerkennung, sollen Instrumente zum Austausch von bereits vorhandenen Informationen geschaffen werden, die nicht mehr auf die traditionellen Verfahren von Ersuchen und Bewilligung zurückgreifen müssen.[323] Stattdessen soll der Zugang zu Informationen für ausländische Behörden vereinfacht und beschleunigt werden, indem diskriminierungsfreie Abrufungsverfahren eingerichtet werden.[324] Der Grundsatz der Verfügbarkeit von Informationen wird hierbei im Rahmen der entwickelten Rechtsinstrumente in unterschiedlicher Intensität umgesetzt.

a) Der Rahmenbeschlussvorschlag der Kommission

Am weitreichendsten war der Vorschlag der Kommission für einen Rahmenbeschluss des Rates über den Austausch von Informationen nach dem Grundsatz der Verfügbarkeit.[325] Dem Grundsatz der Gleichberechtigung folgend, sollten den jeweils zuständigen Behörden anderer Mitgliedstaaten umfassend Informationen zur Verfügung gestellt werden, auf welche diese unmittelbar hätten zugreifen können.[326] Der Vorschlag enthielt insbesondere keine Beschränkungen zur Zulässigkeit von Abfragen hinsichtlich bestimmter Straftaten und hätte eine Umsetzung des Grundsatzes der Verfügbarkeit von Informationen in Reinform bedeutet.[327] Das über diese Unbeschränktheit hinausgehende Fehlen hinreichender Bestimmungen zum Datenschutz führte schließlich zur ausdrücklichen Aufgabe des Vorschlages mit dem Inkrafttreten des Vertrags von Lissabon.[328]

b) Der Prümer Vertrag

Das Prümer Abkommen vom 27.5.2005[329] verfolgt eine weitaus beschränktere Umsetzung des Grundsatzes der Verfügbarkeit von Informationen. Anders als im Vorschlag der Kommission, ist der unmittelbare Informationszugriff ausländischer Behörden auf DNA-Analyse-Daten, elektronisch gespeicherte Fingerabdrücke und Kraftfahrzeughalterdaten beschränkt.[330] Zudem liefert die Abfrage lediglich eine Antwort auf die Frage nach der Existenz bestimmter Informationen in einem anderen Vertragsstaat. Die Übermittlung weitergehender Informationen erfordert dann ein entsprechendes Ersuchen im Wege der traditionellen Rechtshilfe.[331]

---

322 Eingehend *Böse*, Der Grundsatz der Verfügbarkeit von Informationen, S. 39 ff.
323 *Esser*, in: Böse (Hrsg.), Europäisches Strafrecht, § 19 Rn. 3.
324 Vgl. *Böse*, Der Grundsatz der Verfügbarkeit von Informationen, S. 17.
325 KOM(2005), 490 v. 12.10.2005.
326 *Meyer*, NStZ 2008, 188 (190 f.); *Zöller*, ZIS 2011, 64 (65).
327 *Zöller*, ZIS 2011, 64 (65).
328 *Esser*, in: Böse (Hrsg.), Europäisches Strafrecht, § 19 Rn. 45.
329 BGBl, 2006 II, S. 626.
330 *Böse*, Der Grundsatz der Verfügbarkeit von Informationen, S. 42 ff.
331 *Zöller*, ZIS 2011, 64 (66).

c) Der Rahmenbeschluss über die Vereinfachung des Informationsaustauschs[332]

Der Rahmenbeschluss über die Vereinfachung des Informationsaustauschs modifiziert den Grundsatz der Verfügbarkeit von Informationen. An die Stelle einer weitreichenden Abrufungsmöglichkeit für ausländische Behörden anderer Mitgliedstaaten tritt eine Verpflichtung zur Schaffung von gleichberechtigten Zugangsmöglichkeiten.[333] Nach Art. 3 des Rahmenbeschlusses muss ausländischen Behörden nach den gleichen Voraussetzungen Zugang zu vorhandenen Informationen gewährt werden wie innerstaatlichen Stellen. Grundlage für den Zugriff auf bereits vorhandene Informationen ist dabei ein entsprechendes Ersuchen einer zuständigen Strafverfolgungsbehörde.[334] Im Gegensatz zur traditionellen Rechtshilfe vereinfacht der Rahmenbeschluss den Informationsaustausch, da nach diesem eine unterschiedliche Behandlung von innerstaatlichen und (EU-) ausländischen Strafverfolgungsbehörden grundsätzlich[335] unzulässig ist.[336]

Die Umsetzung dieser Vorgaben findet sich nunmehr in den §§ 92 ff. IRG.[337]

2) Speziell: Informationsteilung innerhalb einer GEG

Primär entscheidender Faktor für den Erfolg einer gemeinsamen Ermittlungsgruppe ist das gegenseitige Vertrauen der beteiligten Mitglieder.[338] Nur dort, wo ein verantwortungsvoller Umgang mit sensiblen Informationen erwartet werden kann, ist eine Informationsteilung überhaupt möglich. Zugleich können jedoch auch rechtliche Faktoren, wie Unterschiede in den nationalen Rechtsordnungen oder Unklarheiten im Hinblick auf die Rechtsgrundlagen einen erheblichen Einfluss auf die Bereitschaft der GEG-Mitglieder zur Informationsteilung haben.[339] Solche „harten" Faktoren sind unabhängig vom grundsätzlich fortbestehenden gegenseitigen Vertrauen der beteiligten Ermittler zu beurteilen. Konkret geht es hierbei vor allem um die Fragen, inwieweit das nationale Recht geheimhaltungsbedürftige Informationen schützt und

---

332 Rahmenbeschluss 2006/960/JI des Rates über die Vereinfachung des Austauschs von Informationen und Erkenntnissen zwischen den Strafverfolgungsbehörden der Mitgliedstaaten der Europäischen Union v. 29.12.2006.

333 *Böse*, Der Grundsatz der Verfügbarkeit von Informationen, S. 40; *Meyer*, NStZ 2008, 188 (190 f.).

334 *Esser*, in: Böse (Hrsg.), Europäisches Strafrecht, § 19 Rn. 50 f.

335 Vgl. aber Ausnahmen in Art. 10 des Rahmenbeschlusses.

336 *Esser*, in: Böse (Hrsg.), Europäisches Strafrecht, § 19 Rn. 54.

337 Geändert bzw. eingefügt durch das zur Umsetzung des Rahmenbeschlusses erlassene Gesetz über die Vereinfachung des Austauschs von Informationen und Erkenntnissen zwischen den Strafverfolgungsbehörden der Mitgliedstaaten der Europäischen Union (EUStrfVerfG) vom 21.7.2012, BGBl. 2012 I, S. 1566.

338 *Rijken*, Utrecht Law Review 2006, 99 (116 f.).

339 Siehe im Überblick *Krüßmann*, in: Böse (Hrsg.), Europäisches Strafrecht, § 18 Rn. 27 ff.

zu welchen Zwecken eine übermittelte Information durch einen anderen Mitgliedstaat der GEG verwendet werden darf.

a) Gefahr der Offenlegung geheimhaltungsbedürftiger Informationen

aa) Problematik

Die Bildung einer gemeinsamen Ermittlungsgruppe kann für die Verfolgung bestimmter grenzüberschreitender Kriminalitätsstrukturen einen erheblichen Vorteil gegenüber der traditionellen Rechtshilfezusammenarbeit bedeuten, da insbesondere Informationen nicht erst aufgrund eines vorherigen Ersuchens übermittelt werden, sondern gemäß Art. 13 Abs. 9 EU-RhÜbk[340] unmittelbar zwischen den Mitgliedern der GEG geteilt werden können. Nach zutreffender Auffassung fallen unter die Norm hierbei nicht nur im Rahmen der Tätigkeit der GEG erlangte, sondern auch bereits bei den Mitgliedern vorhandene Informationen.[341] Hierfür spricht neben dem Wortlaut[342] die praktische Überlegung, dass unmittelbar durch gemeinsame Maßnahmen der GEG erlangte Informationen ohnehin im Regelfall keiner Übermittlung mehr bedürfen und Art. 13 Abs. 9 EU-RhÜbk damit bei Beschränkung auf gemeinsam erlangte Informationen keinerlei Bedeutung hätte.

Allerdings sieht Art. 13 Abs. 9 EU-RhÜbk nicht die Schaffung eines schrankenlosen Informationspools vor, sondern bindet die Zulässigkeit der Übermittlung ausdrücklich an die Einhaltung der jeweiligen nationalen Vorgaben. Dies kann insbesondere dort zu einer Einschränkung des Informationsaustausches führen, wo die Inhaber der Information an strengere Vorgaben im Hinblick auf deren Geheimhaltung oder den Datenschutz[343] gebunden sind, als die Empfänger. Klassisches Beispiel für diese Problematik sind die besonderen Schutzvorschriften in Großbritannien, die eine Offenlegung bestimmter geheimhaltungsbedürftiger Informationen im Zuge des gerichtlichen Verfahrens verhindern.[344] Aufgrund ihrer Verpflichtung zur Einhaltung der Vorgaben des nationalen Rechts, müssen die britischen Mitglieder

---

340 Vgl. auch die inhaltsgleiche Regelung in Art. 20 Abs. 9 ZP II EuRhÜbk; Zur deutschen Umsetzung vgl. § 93 Abs. 3 IRG.

341 Wie hier *Balcaen*, in: Rijken/Vermeulen (Hrsg.), Joint Investigation Teams, S. 85 (87); *Zurkinden*, Joint Investigation Teams, S. 176; a.A. *Riegel*, eucrim 2009, 99 (104).

342 Vgl. Art. 13 Abs. 9 EU-RhÜbk „(...) *Informationen, über die der das Mitglied entsendende Mitgliedstaat verfügt* (...)".

343 Speziell zum Datenschutz *Krüßmann*, in: Böse (Hrsg.), Europäisches Strafrecht, § 18 Rn. 29.

344 Grundlegend zu Voraussetzungen und Grenzen des sog. „disclosure process" im englischen Recht *Seabrooke/Sprack*, Criminal Evidence and Procedure, S. 226 ff.; Zur Praxis der sog. "Closed Material Proceedings" *Bigo/Carrera/Hernanz/Scherrer*, National security and secret evidence in legislation and before the courts: exploring the challenges, S. 21 ff.; Speziell zum Fall einer Britisch-Niederländischen GEG *Balcaen*, in: Rijken/Vermeulen (Hrsg.), Joint Investigation Teams, S. 85 (96 ff.); *Rijken*, Utrecht Law Review 2006, 99 (113 f.).

der GEG dafür Sorge tragen, dass derartige Schutzvorkehrungen nicht durch die Beteiligung an einer GEG ausgehebelt werden. Kommt allerdings durch die Verlagerung der GEG in das Gebiet eines anderen Mitgliedstaates über Art. 13 Abs. 3 lit. b EU-RhÜbk dessen Recht zur Anwendung, droht mitunter genau diese Gefahr. Dies ist insbesondere dort der Fall, wo das nationale Recht eine Einführung geheimer Beweismittel in das gerichtliche Verfahren nicht kennt, sondern im Grundsatz alle für die Verurteilung relevanten Informationen offengelegt werden müssen.[345] Die Geheimhaltung sensibler Informationen unterliegt dann letztlich der Entscheidung des Gerichts, ohne dass der übermittelnde Staat hierauf noch Einfluss nehmen könnte.[346]

bb) Lösungsmöglichkeiten

Um eine hierdurch hervorgerufene Verletzung nationaler Geheimhaltungsvorschriften von vornherein zu verhindern, wird die Informationsteilung im Hinblick auf sensible Informationen in der Praxis sehr restriktiv gehandhabt.[347] So werden etwa sensible Informationen aus einem Mitgliedstaat gar nicht übermittelt oder nur solche Mitglieder in die GEG entsandt, die ohnehin nur über eine beschränkte Kenntnis von derartig eingestuften Informationen verfügen.[348] Dort, wo eine Heranziehung geheimhaltungsbedürftiger Informationen aus einem Mitgliedstaat für den Erfolg der GEG unumgänglich ist, wird zum Teil Europol als Informationsmittler herangezogen.[349] In diesem Fall wird die jeweilige Information zunächst über die nationale Kontaktstelle zu Europol und von dort über die jeweilige Kontaktstelle des empfangenden Mitgliedstaates in die GEG geleitet. Diese Informationen werden dabei zuvor von Europol im Hinblick auf sensible Informationen gefiltert. Ein späterer Rückgriff auf die besonders sensiblen Informationen wird durch die diplomatische Immunität der Europol Beamten verhindert.[350] Allerdings wird hierbei durch die Einbeziehung der nationalen Kontaktstellen und von Europol ein komplexes Übermittlungsverfahren aufgebaut, welches gerade bei hoch flexiblen grenzüberschreitenden Kriminalitätsstrukturen die ursprünglich mit der Einrichtung einer GEG bezweckten Vorteile mitunter erheblich mindert.[351]

Es stellt sich daher die Frage, welche Alternativen sich bieten, um einerseits den Schutz nationaler Geheimhaltungsvorschriften zu gewährleisten und andererseits die Effektivität gemeinsamer Ermittlungsgruppen nicht über Gebühr zu beeinträchtigen.

---

345 Siehe zu den verschiedenen Systemen *Bigo/Carrera/Hernanz/Scherrer*, National security and secret evidence in legislation and before the courts: exploring the challenges, S. 26 ff.

346 *Balcaen*, in: Rijken/Vermeulen (Hrsg.), Joint Investigation Teams, S. 85 (98).

347 *Spapens*, EJCCLCJ 2011, 239 (252).

348 *Balcaen*, in: Rijken/Vermeulen (Hrsg.), Joint Investigation Teams, S. 85 (100).

349 *Balcaen*, a.a.O., S. 102; *Rijken*, Utrecht Law Review 2006, 99 (114).

350 *Balcaen*, a.a.O., S. 102.

351 *Balcaen*, a.a.O., S. 102 f.

Eine Lösungsmöglichkeit könnte etwa in der frühzeitigen Festlegung des späteren Verfahrensortes liegen. Hierzu wäre bereits im Rahmen der Errichtungsvereinbarung der GEG der Mitgliedstaat mit den strengsten Anforderungen an die Geheimhaltung sensibler Informationen als späterer Forumstaat zu wählen. Allerdings dürfte es aus praktischer Sicht oftmals sehr schwierig sein, den späteren Ermittlungsverlauf zu prognostizieren. Der Gerichtsort sollte jedoch zur Erleichterung der Durchführbarkeit des Verfahrens am Ort des Schwerpunkts der Ermittlungen liegen. Die frühzeitige Festlegung des Forumstaates dürfte daher wohl eher eine theoretische, als eine praxistaugliche Lösung darstellen.

Denkbar wäre ferner eine Heranziehung sensibler Informationen als Beweismittel für das durch die GEG verfolgte Strafverfahren gänzlich zu vermeiden. Stattdessen könnten die bereits in einem Mitgliedstaat vorhandenen geheimhaltungsbedürftigen Informationen als Spurenansatz für eigene Ermittlungsmaßnahmen der GEG dienen. Dies hätte den Vorteil, dass die bereits vorhandenen Informationen über Art. 13 Abs. 9 EU-RhÜbk für die Zwecke der GEG nutzbar gemacht werden könnten, ohne jedoch zugleich ihre Geheimhaltungsbedürftigkeit zu gefährden. Letzteres erfordert freilich eine hohe Sensibilität der GEG bei der Auswahl der passenden Ermittlungsmaßnahme. Es muss schließlich dafür gesorgt werden, dass von der gemeinsamen Maßnahme der GEG keine Rückschlüsse auf die geheimzuhaltende Informationsquelle gezogen werden kann. Allerdings ist bei dieser Lösung zu berücksichtigen, dass in vielen Mitgliedstaaten dem Verteidiger des Beschuldigten Einsicht in die Akten gewährt werden muss und eine Geheimhaltung der Informationsquelle nur im Ausnahmefall zulässig sein wird.[352]

cc) Ergebnis

Die Beschränkung des Verwendungszwecks im Hinblick auf sensible Informationen ist bereits im Rahmen der Errichtungsvereinbarung der GEG festzuhalten, um spätere Unklarheiten zu vermeiden.[353] Sofern eigene Ermittlungen der GEG dennoch zu einer Gefährdung des Geheimhaltungszwecks führen könnten, ist Europol als Informationsmittler einzuschalten. Führt auch dies nicht zur Gewährleistung des notwendigen Geheimhaltungsschutzes oder zu einer unerwünschten Minderung der Effektivität der GEG, bleibt als Alternative der Rückgriff auf das Mittel der Parallelermittlung. Hierzu wird keine gemeinsame Ermittlungsgruppe gegründet, sondern die beteiligten Staaten sprechen sich vielmehr lediglich bei der Durchführung ihrer nationalen Ermittlungen ab und tauschen in einem gewissen Umfang Informationen

---

352 Vgl. § 147 StPO; Siehe dagegen *Bigo/Carrera/Hernanz/Scherrer*, National security and secret evidence in legislation and before the courts: exploring the challenges, S. 22 ff. zum britischen System der „Special Advocates", die zwar auch in geheimhaltungsbedürfte Akten Einsicht nehmen dürfen, diese Kenntnisse aber nur in gefilterter Form weitergeben können.

353 Vgl. auch *Balcaen*, in: Rijken/Vermeulen (Hrsg.), Joint Investigation Teams, S. 85 (116).

aus.[354] Aufgrund der fortbestehenden Trennung der Ermittlungsverfahren entsteht nicht das Risiko einer Offenlegung geheimhaltungsbedürftiger Informationen im Rahmen eines Verfahrens in einem anderen Mitgliedstaat. Zugleich dürfte jedoch durch die Eigenständigkeit der Verfahren nicht immer das gleiche Effektivitätslevel wie bei einer GEG erreicht werden.

b) Reichweite der Informationsnutzung

Die Nutzung von Informationen aus der Ermittlungstätigkeit einer GEG richtet sich nach Art. 13 Abs. 10 EU-RhÜbk.[355] Hiernach können rechtmäßig erlangte Informationen zunächst ohne weitere Voraussetzungen für den mit der Bildung der GEG verfolgten Ermittlungszweck verwendet werden. Die Rechtmäßigkeit der Informationserhebung richtet sich hierbei aufgrund der durch Art. 13 Abs. 3 lit. b vorgesehenen Bindung an das Prinzip *locus regit actum* nach dem Recht des Gebietsstaates.[356] Eine Verwendung der Informationen zur Verfolgung anderer Straftaten ist bei Zustimmung des Gebietsstaates möglich, wobei diese nur in den Fällen der Beeinträchtigung bereits laufender strafrechtlicher Ermittlungen oder bei Eingreifen eines Grundes zur Verweigerung einer Rechtshilfeleistung versagt werden kann.[357] Unabhängig von der Zustimmung des Gebietsstaates ist eine Informationsverwendung zu präventiv-polizeilichen Zwecken möglich, wenn dies der Abwehr einer unmittelbaren und ernsthaften Gefahr für die öffentliche Sicherheit dient. Darüber hinaus können die Mitgliedstaaten jederzeit die Verwendung der Informationen zu anderen Zwecken vereinbaren.[358]

Unklar ist jedoch, inwieweit eine Verwendung von rechtswidrig erlangten Informationen möglich ist. Ausgangspunkt einer Beantwortung dieser Frage muss zunächst eine Einordnung der Regelung des Art. 13 Abs. 10 EU-RhÜbk in das Gesamtsystem der Vorgaben zur Verwertung von Auslandsbeweisen sein. Dieses unterscheidet zwischen völkerrechtlichen Vorgaben zur „Mitnahme“ von Informationen in ein mitgliedsstaatliches Verfahren[359] und nationalen Vorgaben des Strafprozessrechts

---

354 *Spapens*, EJCCLCJ 2011, 239 (255 f.).

355 Vgl. auch die inhaltsgleiche Regelung in Art. 20 Abs. 10 ZP II EuRhÜbk.

356 *Zurkinden*, Joint Investigation Teams, S. 181; Die hier zu prüfende Rechtmäßigkeit der Informationsgewinnung als völkerrechtliche Voraussetzung für die „Mitnahme“ der Information in ein mitgliedstaatliches Verfahren ist freilich von den Anforderungen an die Rechtmäßigkeit der Informationsgewinnung im späteren Verfahren zu unterscheiden; Siehe im Hinblick auf letzteres oben S. 254 ff.

357 Kritisch im Hinblick auf die Schwächung von Spezialitätsvorbehalten *Zurkinden*, Joint Investigation Teams, S. 182 f.

358 Dies ist letztlich Konsequenz der aus der staatlichen Souveränität folgenden Handlungsfreiheit der Mitgliedstaaten einer GEG, womit der Regelung des Art. 13 Abs. 10 lit. d EU-RhÜbk lediglich deklaratorische Wirkung zukommt.

359 Vgl. etwa Art. 39 Abs. 2 SDÜ; Art. 19 Abs. 7 Neapel II; Siehe hierzu auch *Gleß*, NStZ 2000, 57 (60 f.).

zur Verwertung von Informationen als Beweis im Strafverfahren.[360] Die Frage der Verwertbarkeit einer im Ausland erlangten Information als Beweis in einem Strafverfahren wird durch das Völkerrecht gerade nicht vorgegeben, sondern richtet sich ausschließlich nach den Regelungen der *lex fori*.[361]

Art. 13 Abs. 10 EU-RhÜbk regelt demgegenüber die Voraussetzungen, unter denen die Mitgliedstaaten einer GEG über Informationen verfügen können, die auf dem Gebiet eines anderen Mitgliedstaates unter Geltung der *lex loci* erhoben wurden. Die Norm stellt daher eine „Mitnahmeregelung" dar. Folglich betrifft die Frage der Verwertbarkeit von rechtswidrig erlangten Informationen nicht die Beurteilung nach nationalem Recht, sondern allein die Reichweite der Verfügungsbefugnis des Gebietsstaates, beziehungsweise umgekehrt ausgedrückt, der Mitnahmebefugnis des Forumstaates.[362] Unterliegen daher rechtswidrig erlangte Informationen nach Art. 13 Abs. 10 EU-RhÜbk der ausschließlichen Verfügungsbefugnis des Gebietsstaates, kommt es nicht zu einem automatischen Beweisverwertungsverbot, sondern es stellt sich im Rahmen des nationalen Verfahrens die Folgefrage der Verwertbarkeit von völkerrechtswidrig erlangten Informationen. Schließlich würde der Forumstaat durch die Verwertung der Informationen gegen ein völkerrechtliches „Mitnahmeverbot" verstoßen. Selbiges würde gelten, wenn rechtmäßig erlangte Informationen beispielsweise zur Abwehr einer lediglich einfachen Gefahr für die öffentliche Sicherheit oder ohne Zustimmung des Gebietsstaates[363] zur Verfolgung anderer Straftaten verwendet würden. Der Wortlaut von Art. 13 Abs. 10 EU-RhÜbk legt insoweit im Umkehrschluss nahe, dass der Gebietsstaat über rechtswidrig erlangte Informationen ein generelles Verfügungsrecht hat.[364] Hierfür spricht aus systematischer Sicht auch ein Blick auf die Regelung zu verdeckten Ermittlungen in Art. 14 EU-RhÜbk, wo ein Verfügungsrecht des Gebietsstaates gar nicht vorgesehen ist, da dieser in der Regel schon keinerlei Zugriffsmöglichkeit auf die selbstständig erlangten Informationen ausländischer Hoheitsträger hat. Im Rahmen der Ermittlungen durch eine GEG hat der Gebietsstaat demgegenüber aufgrund seiner durch Art. 13 Abs. 3 lit. a EU-Rhübk begründeten Leitungsbefugnis durchaus weitreichende Zugriffsmöglichkeiten auf die erlangten Informationen. Anders als bei der selbstständigen Ermittlungstätigkeit ausländischer Hoheitsträger,

---

360 Ebenso *Gleß/Schomburg*, in: Schomburg/Lagodny/Gleß/Hackner (Hrsg.), Internationale Rechtshilfe, Art. 13 EU-RhÜbk Rn. 11.

361 Zutreffend *Krüßmann*, in: Böse (Hrsg.), Europäisches Strafrecht, § 18 Rn. 30.

362 Vgl. *Gleß/Schomburg*, in: Schomburg/Lagodny/Gleß/Hackner (Hrsg.), Internationale Rechtshilfe, Art. 13 EU-RhÜbk Rn. 11.

363 Freilich unter der Voraussetzung, dass der Gebietsstaat seine Zustimmung überhaupt verweigern konnte.

364 Art. 13 Abs. 10 EU-RhÜbk lautet: „*Von einem Mitglied (...) rechtmäßig erlangte Informationen (...), dürfen für folgende Zwecke verwendet werden.*"; *Gleß/Schomburg*, in: Schomburg/Lagodny/Gleß/ Hackner (Hrsg.), Internationale Rechtshilfe, Art. 13 EU-RhÜbk Rn. 11.

wird die Ermittlungstätigkeit der GEG primär dem Gebietsstaat zugerechnet.[365] Die aus dieser Verantwortlichkeit für die Tätigkeit der GEG zu begründende Bindung an die *lex loci* und das Weisungsrecht des Gebietsstaates wären aber letztlich ein schwacher Schutz für die Interessen des Gebietsstaates an der Einhaltung seiner Rechtsordnung, wenn einmal erlangte Informationen dennoch ohne Weiteres von den Mitgliedern der GEG genutzt werden könnten. Wenn daher Art. 13 Abs. 10 EU-RhÜbk für rechtmäßig erlangte Informationen unter gewissen Voraussetzungen ein Verfügungsrecht des Gebietsstaates vorsieht, dürfte dies erst recht für rechtswidrig erlangte Informationen gelten. Das „Mitnahmeverbot" von rechtswidrig erlangten Informationen dient insoweit als Gewährleistungsinstrument zur Einhaltung der Vorgaben der *lex loci* durch die GEG. Dieser Schutz ist freilich dann nicht erforderlich, wenn der Gebietsstaat selbst einer Verwertung von rechtswidrig erlangten Informationen zustimmt.

Verstößt folglich eine Ermittlungsmaßnahme der GEG gegen die Vorgaben der *lex loci*, so können die hierdurch erlangten Informationen von den Mitgliedern der GEG nur mit Zustimmung des Gebietsstaates in einem nationalen Verfahren verwendet werden. Eine ohne die Zustimmung des Gebietsstaates „mitgenommene" Information ist daher mit dem Makel der Völkerrechtswidrigkeit behaftet. Widerspricht der Gebietsstaat der Verwertung dieser Information als Beweismittel in einem Strafverfahren, so ist ein völkerrechtliches Beweisverwertungsverbot anzunehmen.[366]

c) Ergebnis

Die Möglichkeit zur Teilung von Informationen im Rahmen einer GEG ist ein effektives Mittel zur Aufklärung und Verfolgung grenzüberschreitender Kriminalität.[367] Allerdings gilt es bei aller Effektivität und Flexibilität zugleich die Interessen der Mitgliedstaaten einer GEG im Hinblick auf Geheimhaltung und Verwendung bestimmter Informationen zu wahren. Hierzu ist es mitunter notwendig bereits bei Gründung der GEG Vorkehrungen zu treffen, die eine Offenlegung geheimhaltungsbedürftiger Informationen verhindern.[368] Für die Praxis ist zudem die Bindung an das Prinzip *locus regit actum*[369] in zweifacher Hinsicht von besonderer

365 Eingehend *Gleß*, NStZ 2000, 57 (61).

366 Siehe zu dieser Konstellation auch oben S. 249; Bei *Gleß/Schomburg*, in: Schomburg/Lagodny/Gleß/Hackner (Hrsg.), Internationale Rechtshilfe, Art. 13 EU-RhÜbk Rn. 11 bleibt dagegen unklar, inwiefern sich ein ausdrücklicher Widerspruch des Gebietsstaates aus die Beweisverwertung auswirkt.

367 BMI (Hrsg.), Schengenerfahrungsbericht 2009, S. 27 ff. zieht insoweit eine durchgehend positive Bilanz über die Beteiligung Deutschlands an gemeinsamen Ermittlungsgruppen.

368 Vgl. auch *Balcaen*, in: Rijken/Vermeulen (Hrsg.), Joint Investigation Teams, S. 85 (116).

369 Vgl. Art. 13 Abs. 3 lit. b EU-RhÜbk.

Bedeutung. Zunächst ist eine Einhaltung der Vorgaben der *lex loci* aus völkerrechtlicher Sicht zwingend erforderlich, da dem Gebietsstaat über Art. 13 Abs. 10 EU-RhÜbk ein Verfügungsrecht an den erlangten Informationen eingeräumt wird. So besteht im Hinblick auf die Verwendung rechtswidrig erlangter Informationen ein Zustimmungsvorbehalt des Gebietsstaates, dessen Nichteinhaltung zur Völkerrechtswidrigkeit der Erhebung führt und bei Widerspruch des Gebietsstaates ein Beweisverwertungsverbot nach sich zieht. Zugleich müssen die deutschen Beamten nach der hier vertretenen Modifikation des Prinzips *locus regit actum* auf eine Anwendung von mitunter strengeren Vorgaben des deutschen Rechts achten, wenn eine Verwertung der Informationen in einem deutschen Strafverfahren beabsichtigt ist.

3) Intelligence Sharing

Die jüngsten Terroranschläge von Paris 2015 und Brüssel 2016 haben gezeigt, dass die Bedrohung durch den internationalen islamistischen Terrorismus nach wie vor höchst akut ist. Zur effektiven Abwehr dieser Gefahr reichen die reaktiv ausgerichteten Instrumente der internationalen Rechtshilfe oftmals nicht aus, sondern es bedarf insbesondere eines Austausches nachrichtendienstlicher Informationen, um die jeweils nationalen Sicherheitsbehörden frühzeitig über eine aktuelle Bedrohungslage zu informieren.[370] Nach den Anschlägen von Paris bekräftigten die Innenminister der EU-Mitgliedstaaten ihren Willen zum Ausbau des *intelligence sharing* innerhalb der EU und mit internationalen Partnern.[371] Dies hat zur Folge, dass deutsche Nachrichtendienste ihre Informationen künftig noch intensiver mit den Nachrichtendiensten anderer Staaten teilen werden. Die Informationsgewinnung wird damit nicht nur durch ihre räumliche Verlagerung in das Ausland zunehmend internationalisiert, sondern eben auch durch die Ausweitung ihrer Verwendungsmöglichkeiten. Die für eine solche Übermittlung notwendige Rechtsgrundlage wird durch entsprechende Regelungen in den Nachrichtendienstgesetzen geschaffen.[372] Gemeinsame Voraussetzung für eine Übermittlung ist demnach, dass diese entweder zur Erfüllung der eigenen Aufgaben des Nachrichtendienstes oder zur Wahrung erheblicher Sicherheitsinteressen des Empfängers erforderlich ist. Ferner dürfen keine auswärtigen Belange der Bundesrepublik oder überwiegende schutzwürdige Interessen des Betroffenen der Übermittlung im Einzelfall entgegenstehen. Für

---

370 Eingehend zur Bedeutung nachrichtendienstlicher Kooperation siehe etwa *Aldrich*, The British Journal of Politics and International Relations 2009, 122; *Ders.*, in: Jones/Menon/Weatherill (Hrsg.), The Oxford Handbook of the EU, S. 627 ff.; *Müller-Wille*, Journal of Common Market Studies 2008, 49.

371 Gemeinsame Erklärung der europäischen Innenminister nach den Terroranschlägen von Paris im Januar 2015, abrufbar unter: http://www.bmi.bund.de/SharedDocs/Downloads /DE/Kurzmeldungen/ gemeinsame-erklaerung.pdf?__blob=publicationFile (letzter Abruf: 30.1.2015).

372 Vgl. § 19 Abs. 3 BVerfSchG; § 9 Abs. 2 BNDG; § 7a Abs. 1 G-10; § 11 Abs. 1 MADG.

eine Übermittlung sogenannter G-10-Daten[373] wird im Hinblick auf den Schutz der Interessen des Betroffenen insbesondere ein angemessenes Datenschutzniveau sowie eine mit grundlegenden rechtsstaatlichen Anforderungen vereinzubarende Verwendung im Empfängerstaat gefordert.[374] Letztere Beschränkung ergibt sich dabei bereits aus den grundrechtlichen Schutzpflichten und gilt daher für alle Formen der Datenübermittlung. Die Prüfung der Verhältnismäßigkeit ist der Entscheidung über die Übermittlung mithin immanent.[375] Besteht folglich die Gefahr, dass die Übermittlung von Informationen an einen ausländischen Dienst zu einem unverhältnismäßigen Eingriff in die Grundrechte des Betroffenen oder in absolut geschützte Rechtsgüter führt, so muss eine Übermittlung unterbleiben und kann auch nicht durch die Erheblichkeit der drohenden Gefahr gerechtfertigt werden.[376] Die Anforderungen an die Verhältnismäßigkeitsprüfung sind dabei umso höher, wenn die Informationen von der empfangenden Behörde zu anderen, als zu rein nachrichtendienstlichen Zwecken verwendet werden.[377]

Dies kann insbesondere dann problematisch werden, wenn zu vermuten ist, dass die übermittelten Informationen von dem Empfänger zur gezielten Tötung des Betroffenen verwendet werden.[378] Außerhalb einer bewaffneten Konfliktsituation wäre eine solche Tötung grundsätzlich menschenrechtswidrig und daher mit dem

---

373 § 7a Abs. 1 G-10 beschränkt die Übermittlung auf solche G-10-Daten, die Gefahren von internationalen terroristischen Anschlägen mit unmittelbarem Bezug zur BRD, der internationalen Verbreitung von Kriegswaffen und der international organisierten Schleuserkriminalität betreffen.

374 Zur diesbezüglichen Notwendigkeit einer Einzelfallabwägung siehe die Gesetzesbegründung BT-Drs. 16/509, S. 10; *Roggan*, Erläuterungen zum G-10-Gesetz, in: Das Deutsche Bundesrecht, § 7a Rn. 7; Siehe zudem *Huber*, in: Erbs/Kohlhaas (Hrsg.), Strafrechtliche Nebengesetze, 195. EL 2013, G-10-Gesetz, § 7a Rn. 2 im Hinblick auf die Beschränkung der Übermittlung an mit nachrichtendienstlichen Aufgaben betraute Behörden.

375 Vgl. hierzu auch *Zöller*, in: Roggan/Kutscha (Hrsg.), Handbuch der inneren Sicherheit, S. 447 (451 ff.).

376 *Roggan*, Erläuterungen zum G-10-Gesetz, in: Das Deutsche Bundesrecht, § 7a Rn. 7.

377 Zur Nutzung von nachrichtendienstlichen Informationen zum Zwecke der Gefahrenabwehr siehe oben S. 272 ff. oder zur Strafverfolgung siehe oben, S. 234 ff.

378 Zum Teil wurde eine gezielte Weitergabe von Informationen deutscher Nachrichtendienste über Terrorverdächtige an amerikanische Dienste vermutet, welche die Informationen sodann zur gezielten Tötung der Zielperson durch einen Drohnenangriff genutzt haben sollen. Siehe hierzu die zahlreichen Antworten der Bundesregierung auf Kleine Anfragen zur Rolle des BND bei der Tötung deutscher Staatsangehöriger durch die USA BT-Drs. 17/14276; BT-Drs. 17/13381; BT-Drs. 17/9533; BT-Drs. 17/8088; zum Sachverhalt zudem die Einstellungsverfügung des GBA vom 20.6.2013, NStZ 2013, 644; Vgl. zudem einen entsprechenden Bericht des *Spiegel* v. 30.12.2014, abrufbar unter: http://www.spiegel.de/politik /ausland/ taliban-jagd-in-afghanistan-deutschland-lieferte-daten-a-1010743.html (letzter Abruf: 7.2.2014).

Grundrechtsvorbehalt der Übermittlungsregelungen nicht zu vereinbaren. Erfolgt die Tötung dagegen im Zusammenhang eines internationalen oder nichtinternationalen bewaffneten Konflikts und richtet sich gegen eine Person, die nach humanitärem Völkerrecht jederzeit bekämpft werden darf und wahrt darüber hinaus die Anforderungen zum Schutze der Zivilbevölkerung und das Prinzip der Verhältnismäßigkeit, so wäre eine Informationsübermittlung indes mitunter zulässig.[379]

Globales *Intelligence Sharing* ist folglich zwar ein notwendiges und effektives Mittel zur Reaktion auf internationale Bedrohungslagen, darf aber zugleich nicht zu einer Aushöhlung des Schutzstandards des Grundgesetzes führen. Für die Praxis bedeutet dies, dass eine Informationsübermittlung stets nur zu solchen Zwecken erfolgen darf, die sich im Rahmen der verfassungsrechtlichen Ordnung des Grundgesetzes bewegen. Kann dies auch durch eine entsprechende Zweckbindung bei der Übermittlung nicht mit hinreichender Sicherheit gewährleistet werden, so muss eine Übermittlung unterbleiben.[380]

379 Im Einzelnen ist hier sehr viel umstritten. Eine Darstellung aller diesbezüglichen Fragestellungen würde über den Rahmen dieser Untersuchung hinausgehen. Verwiesen sei jedoch nochmals auf die Untersuchung des GBA in NStZ 2013, 644; Kritisch hierzu *Ambos*, NStZ 2013, 634; Allgemein zu der Problematik *Schaller*, in: Rudolf/Schaller, SWP-Studie „Targeted Killing“, S. 11 (14 ff.); Eingehend zur Einordnung des Status von Terrorverdächtigen nach humanitärem Völkerrecht *Kretzmer*, EJIL 2005, 171.

380 Vgl. § 7 a Abs. 1 S. 1 Nr. 2 HS 2 G-10.

Gesamtergebnis

1. Die einschlägigen Rechtsgrundlagen sehen eine selbstständige Ermittlungstätigkeit im Ausland sowohl für die drei deutschen Nachrichtendienste BfV, BND und MAD als auch für die verschiedenen Behörden der Polizei vor.
2. Die parallele Zuständigkeit von Nachrichtendiensten und Polizei wird umrahmt vom Trennungsgebot, welches Grenzen einer Zusammenarbeit festlegt.
   a) Aus organisationsrechtlicher Sicht verbietet das Trennungsgebot zunächst die Bildung einer „joint section" aus Beamten der Nachrichtendienste und der Polizei.
   b) Trotz wachsender Überschneidung von Zuständigkeitsbereichen, gilt weiterhin der Grundsatz: Nachrichtendienste klären auf, die Polizei wehrt ab und verfolgt.
   c) Das befugnisrechtliche Trennungsgebot begründet eine partielle Exklusivität von Ermittlungsmöglichkeiten. So haben nur Nachrichtendienste die Befugnis zur Vornahme von Ermittlungseingriffen im weiten Vorfeld von Verdacht und Gefahr. Der Polizei ist demgegenüber die Befugnis zur Vornahme von Ermittlungsmaßnahmen mit Zwangscharakter vorbehalten.
3. Das Rechtshilferecht entwickelt sich zunehmend von traditionellen, souveränitätsgeprägten Kooperationsinstrumenten zu Instrumenten der Grundsätze des gegenseitigen Vertrauens und der gegenseitigen Anerkennung. Letztere schaffen die Grundlage für neue Formen der transnationalen Strafverfolgung, welche eine unmittelbare und effektive Gewinnung von Informationen ermöglichen.
4. Zahlreiche Rechtsgrundlagen ermöglichen deutschen Behörden die Ermittlungstätigkeit auf dem Gebiet eines anderen Staates. Aufgrund fortbestehender Souveränitätsvorbehalte bestehen hierbei jedoch oftmals Regelungsdefizite im Hinblick auf Eilfallregelungen oder der konkreten Ausgestaltung von Ermittlungsmaßnahmen.
5. Jede Form der grenzüberschreitenden Informationsgewinnung ohne Einwilligung des Gebietsstaates führt zu einem Eingriff in die territoriale Souveränität, sofern die in Rede stehende Maßnahme den Behörden des Gebietsstaates vorbehalten ist.
6. Für die Vornahme von selbstständigen Ermittlungen auf dem Gebiet eines anderen Staates gilt das Prinzip *locus regit actum*. Dadurch kann es aufgrund der umfassenden Bindung deutscher Hoheitsträger an die Grundrechte und den Vorbehalt des Gesetzes zu einer Kollision mit den Vorgaben deutschen Verfahrensrechts kommen.
7. Kommt es zu einer Kollisionslage zwischen *lex loci* und *lex fori*, wird diese über die Anwendung eines Meistbegünstigungsprinzips aufgelöst. Hiernach werden

die im Einzelfall weniger strengen Befugnisse der *lex loci* um die strengeren Anforderungen der *lex fori* modifiziert.

8. Im Hinblick auf die Verwertung von im Ausland selbstständig erlangten Informationen als Beweis im Strafprozess gelten folgende Grundsätze:

a) Die Verletzung fremder Gebietshoheit führt nur dann zu einem völkerrechtlich begründeten Beweisverwertungsverbot, wenn durch die eigenmächtige Mitnahme des erlangten Beweismittels zugleich eine entsprechende Primärpflicht in Form eines Zustimmungsvorbehalts verletzt wurde.
Jenseits der völkerrechtlichen Begründung eines Beweisverwertungsverbotes bestimmt sich die Verwertbarkeit des Beweismittels nach der innerstaatlichen Dogmatik der unselbstständigen Beweisverwertungsverbote.
b) Die Nichteinhaltung deutschen Rechts führt zur Rechtswidrigkeit der Beweiserhebung. Die Frage der Verwertbarkeit richtet sich dann nach der Systematik der unselbstständigen Beweisverwertungsverbote.
c) Die Nichteinhaltung der Vorgaben der *lex loci* bei gleichzeitiger Einhaltung der *lex fori* muss im Rahmen der Verwertungsentscheidung nur bedingt berücksichtigt werden. Ein Verwertungsverbot kommt allerdings in Betracht, wenn die Nichtverwertung notwendige Rechtsfolge des völkerrechtlichen Delikts oder das Ergebnis eines Abwägungsprozesses nach innerstaatlichem Verfahrensrecht ist.
d) Die Verletzung subjektiver Rechte erfordert regelmäßig eine Abwägung der Schutzbedürftigkeit des Betroffenen gegen das Verfolgungsinteresse der Allgemeinheit. Bei Verletzung des Kernbereichs geschützter Lebensführung scheidet eine solche Abwägung demgegenüber aus und kommt zur Nichtverwertbarkeit der Informationen.

9. Die präventiv-polizeiliche Verwendung von Informationen, die im Rahmen von Auslandsermittlungen zu nachrichtendienstlichen oder strafverfahrensrechtlichen Zwecken erhoben wurden, ist grundsätzlich in weiterem Umfang möglich, als die spiegelbildliche Verwertung von Informationen im Strafprozess.

10. Der Austausch von nachrichtendienstlichen Informationen mit ausländischen Partnern unterliegt in vollem Umfang dem Vorbehalt des Grundgesetzes. Eine Informationsübermittlung darf daher stets nur zu solchen Zwecken erfolgen, die mit der verfassungsrechtlichen Ordnung des Grundgesetzes vereinbar ist.

Literaturverzeichnis

Abbühl, Anicee: Der Aufgabenwandel des Bundeskriminalamtes, Stuttgart 2010.

Ahlbrecht, Heiko: Die Europäische Ermittlungsanordnung – oder: EU-Durchsuchung leicht gemacht, in: Strafverteidiger (StV), 2013, S. 114 ff.

Ahlf, Ernst-Heinrich/*Daub*, Ingo/*Lersch*, Roland/*Störzer*, Hans Udo (Hrsg.): Bundeskriminalamtsgesetz, Stuttgart 2000.

Albert, Helmut: Das „Trennungsgebot" – ein für Polizei und Verfassungsschutz überholtes Entwicklungskonzept?, in: Zeitschrift für Rechtspolitik (ZRP), 1995, S. 105 ff.

Albrecht, Jan Philipp/*Janson*, Nils: Die Kontrolle des Europäischen Polizeiamtes durch das Europäische Parlament nach dem Vertrag von Lissabon und dem Europol-Beschluss, in: Europarecht (EuR), 2012, S. 230 ff.

Aldrich, Richard: US–European Intelligence Co-operation on Counter-Terrorism: Law Politics and Compulsion, in: The British Journal of Politics and International Relations, 2009, S. 122 ff.

Aldrich, Richard: Intelligence and the European Union, in: Jones, Erik/Menon, Anand/Weatherill, Stephen (Hrsg.): The Oxford Handbook of the European Union, Oxford 2012, S. 627 ff.

Allegrezza, Silvia: Critical Remarks on the Green Paper on Obtaining Evidence in Criminal Matters from one Member State to another and Securing its Admissibility, in: Zeitschrift für Internationale Strafrechtsdogmatik (ZIS), 2010, S. 569 ff.

Allgayer, Peter/*Klein*, Oliver: Verwendung und Verwertung von Zufallserkenntnissen, in: Zeitschrift für Wirtschafts- und Steuerstrafrecht (wistra), 2010, S. 130 ff.

Ambos, Kai: Transnationale Beweiserlangung – 10 Thesen zum Grünbuch der EU-Kommission „Erlangung verwertbarer Beweise in Strafsachen aus einem anderen Mitgliedstaat", in: Zeitschrift für Internationale Strafrechtsdogmatik (ZIS), 2010, S. 557 ff.

Ambos, Kai (Hrsg.): Europäisches Strafrecht post-Lissabon 2011.

Ambos, Kai: Einstellungsverfügung GBA vom 20. 6. 2013 zum Drohneneinsatz in Mir Ali/Pakistan am 4. 10. 2010 u. Tötung des dt. Staatsangehörigen B.E – Anmerkung zur „offenen Version" vom 23. 7. 2013, in: Neue Zeitschrift für Strafrecht (NStZ), 2013, S. 634 ff.

Ambos, Kai/*König*, Stefan/*Rackow*, Peter (Hrsg.), Rechtshilferecht in Strafsachen, Baden-Baden 2015.

Amelung, Knut: Informationsbeherrschungsrechte im Strafprozess, Berlin 1990.

Amelung, Knut: Zum Streit über die Grundlagen der Lehre von den Beweisverwertungsverboten, in: Schünemann, Bernd/Achenbach, Hans/Bottke, Wilfried/

Haffke, Bernhard/Rudolphi, Hans-Joachim (Hrsg.): Festschrift für Claus Roxin zum 70. Geburtstag, Berlin 2001, S. 1259 ff.

Amelung, Knut: Die Darstellung der Lehre von den Informationsbeherrschungsrechten im strafprozessualen Gutachten für den 67. DJT, in: Juristische Rundschau (JR), 2008, S. 327 f.

v. Arnauld, Andreas: Völkerrecht, 2. Aufl., Heidelberg 2012.

Arzt, Clemens: Antiterrordatei verfassungsgemäß – Trennungsgebot tot?, in: Neue Zeitschrift für Verwaltungsrecht (NVwZ), 2013, S. 1328 ff.

Bachmaier Winter, Lorena: European investigation order for obtaining evidence in the criminal proceedings, in: Zeitschrift für Internationale Strafrechtsdogmatik (ZIS), 2010, S. 580 ff.

Bäcker, Matthias: Terrorismusabwehr durch das Bundeskriminalamt, Berlin 2009.

Baldus, Manfred: Transnationales Polizeirecht, Baden-Baden 2001.

Bassioni, M. Cherif/*Nanda*, Ved P. (Hrsg.): A Treatise on International Criminal Law, Vol. II, Springfield 1973.

Baum, Gerhart/*Schantz*, Peter: Die Novelle des BKA-Gesetzes – Eine rechtspolitische und verfassungsrechtliche Kritik, in: Zeitschrift für Rechtspolitik (ZRP), 2008, S. 137 ff.

Baumann, Fritz-Achim: Verfassungsschutz und Polizei, in: Düwell, Franz Josef (Hrsg.): Anwalt des Rechtsstaates – Festschrift für Diether Posser zum 75. Geburtstag, Köln 1997, S. 299 ff.

Baumann, Karsten: Vernetzte Terrorismusbekämpfung oder Trennungsgebot? , in: Deutsches Verwaltungsblatt (DVBl), 2005, S. 798 ff.

Bendler, Wolfgang: Verteidigungsrechte im Konzept des vergemeinschafteten Ermittlungsverfahrens unter Führung der Europäischen Staatsanwaltschaft am Beispiel des Beweisrechts, in: Strafverteidiger (StV), 2003, S. 133 ff.

Bertrams, Michael: Aus der Rechtsprechung des OVG NRW zum Polizei-und Ordnungsrecht, in: Nordrhein-Westfälische Verwaltungsblätter, 2003, S. 289 ff.

Beulke, Werner: Beweiserhebungs- und Beweisverwertungsverbote im Spannungsfeld zwischen den Garantien des Rechtsstaates und der effektiven Bekämpfung von Kriminalität und Terrorismus, in: JURA, 2008, S. 653 ff.

Beulke, Werner: Strafprozessrecht, 12. Aufl., Heidelberg 2012.

Bianchi, Andrea: Human Rights and the Magic of Jus Cogens, in: European Journal of International Law (EJIL), 2008, S. 491 ff.

Bigo, Didier/*Carrera*, Sergio/*Hernanz*, Nicholas/*Scherrer*, Amadine: National security and secret evidence in legislation and before the courts: exploring the challenges.

Boister, Neil: An Introduction to Transnational Criminal Law, Oxford 2012.

Borgs-Maciejewski, Hermann/*Ebert*, Frank: Das Recht der Geheimdienste, Stuttgart 1986.

Böse, Martin: Das Prinzip der gegenseitigen Anerkennung in der transnationalen Strafrechtspflege in der EU, in: Momsen, Carsten/Bloy, René/Rackow, Peter (Hrsg.): Fragmentarisches Strafrecht, Frankfurt a. M. 2003, S. 233 ff.

Böse, Martin: Der Grundsatz „ne bis in idem" in der Europäischen Union (Art 54 SDÜ), in: Goltdammer's Archiv für Strafrecht (GA), 2003, S. 744 ff.

Böse, Martin: Der Grundsatz der Verfügbarkeit von Informationen in der strafrechtlichen Zusammenarbeit der Europäischen Union, Bonn 2007.

Böse, Martin: Der Grundsatz der gegenseitigen Anerkennung unter dem Vertrag von Lissabon, in: Ambos, Kai (Hrsg.): Europäisches Strafrecht post-Lissabon 2011, S. 57 ff.

Böse, Martin (Hrsg.): Europäisches Strafrecht – Mit polizeilicher Zusammenarbeit, Baden-Baden 2013.

Böse, Martin/*Meyer*, Frank/*Schneider*, Anne (Hrsg.): Conflicts of Jurisdiction in Criminal Matters in the European Union- Vol I, Baden-Baden 2013.

Brenner, Michael: Bundesnachrichtendienst im Rechtsstaat, Baden-Baden 1990.

Brissa, Enrico: Militärischer Auslandsgeheimdienst der Bundeswehr?, in: Die öffentliche Verwaltung (DÖV), 2011, S. 391 ff.

Brodowski, Dominik: Strafrechtsrelevante Entwicklungen in der Europäischen Union – ein Überblick, in: Zeitschrift für Internationale Strafrechtsdogmatik (ZIS), 2012, S. 558 ff.

Brodowski, Dominik: Strafrechtsrelevante Entwicklungen in der Europäischen Union – ein Überblick, in: Zeitschrift für Internationale Strafrechtsdogmatik (ZIS), 2013, S. 455 ff.

Brownlie, Ian: Principles of public international law, 7. Aufl., Oxford 2008.

Bruinsma, Monique/*Jacobs*, Menno/*Jans*, Mireille/*Moors*, Hans/*Spapens*, Toine/*Fijnaut*, Cyrille (Hrsg.): Grensoverschrijdend politiewerk in de Euregio Rijn-Maas-Noord, Amsterdam, Oxford 2010.

v. Bubnoff, Eckhart: Die Funktionsfähigkeit der vertraglichen Nacheileregelungen über die Grenzen und Ansätze für deren Verbesserung, in: Zeitschrift für Rechtspolitik (ZRP), 2000, S. 60 ff.

Buergenthal, Thomas: To Respect and to Ensure: State Obligations and Permissible Derogations, in: Henkin, Louis (Hrsg.): The International Bill of Rights, New York 1981, S. 73 ff.

Bundesamt für Verfassungsschutz (Hrsg.): Zusammenfassung der Ergebnisse des Reformprozesses im Bundesamt für Verfassungsschutz, Köln 2013.

Bundesamt für Verfassungsschutz (Hrsg.): Im Visier des Verfassungsschutzes – Der gläserne Bürger?, Köln 2013.

Bundeskriminalamt (Hrsg.): Kriminalitätsbekämpfung im zusammenwachsenden Europa, Neuwied 2000.

Bundeskriminalamt (Hrsg.): 60 Jahre Staatsschutz im Spannungsfeld zwischen Freiheit und Sicherheit 2011.

Bundeskriminalamt (Hrsg.): Bundeslagebild Organisierte Kriminalität 2012.

Bundesministerium des Inneren (Hrsg.): Verfassungsschutz und Rechtsstaat, Köln 1981.

Bundesministerium des Inneren (Hrsg.): Der erweiterte Schengenraum – eine Bilanz für Deutschland 2009.

Bundesministerium des Inneren (Hrsg.): Verfassungsschutzbericht 2012.

Bungert, Hartwin: Das Recht ausländischer Kapitalgesellschaften auf Gleichbehandlung im deutschen und US-amerikanischen Recht. Zugleich ein Beitrag zu einem internationalen Grundrechtskollisionsrecht, München 1994.

de Busser, Els: EU data protection in transatlantic cooperation in criminal matters Will the EU be serving its citizens an American meal?, in: Utrecht Law Review, 2010, S. 86 ff.

Capus, Nadja: Strafrecht und Souveränität. Das Erfordernis der beidseitigen Strafbarkeit in der internationalen Rechtshilfe in Strafsachen, Baden-Baden 2010.

Cassese, Antonio: The Nicaragua and Tadić Tests Revisited in Light of the ICJ Judgment on Genocide in Bosnia, in: European Journal of International Law (EJIL), 2007, S. 649 ff.

Cassese, Antonio/*Gaeta*, Paola: International Criminal Law, 3. Aufl., Oxford 2013.

Christl, Erik: Europäische Mindeststandards für Beschuldigtenrechte – Zur Umsetzung der EU-Richtlinien über Sprachmittlung und Information im Strafverfahren, in: Neue Zeitschrift für Strafrecht (NStZ), 2014, S. 376 ff.

Coen, Christoph: Ankauf und Verwertung deliktisch beschaffter Beweismittel in Steuerstrafverfahren aus völkerrechtlicher Sicht, in: Neue Zeitschrift für Strafrecht (NStZ), 2011, S. 433 ff.

Combacau, Jean/*Alland*, Denis: „Primary" and "secondary" rules in the law of State responsibility categorizing international obligations, in: Netherlands Yearbook of International Law (NYIL), 1985, S. 81 ff.

Cooper, Andrew/*Heine*, Jorge/*Thakur*, Ramesh (Hrsg.): The Oxford handbook of modern diplomacy, Oxford 2013.

Corten, Olivier: The law against war, Oxford 2010.

Crawford, James: State responsibility. The general part, Cambridge 2014.

Crawford, James/*Pellet*, Alain/*Olleson*, Simon (Hrsg.): The law of international responsibility, Oxford 2010.

Cremer, Hans-Joachim: Der grenzüberschreitende Einsatz von Polizeibeamten nach dem deutsch-schweizerischen Polizeivertrag: ein Vorbild für die Kooperation der Mitgliedstaaten der Europäischen Union auf dem Gebiet der

Verbrechensbekämpfung?, in: Zeitschrift für ausländisches öffentliches Recht und Völkerrecht (ZaöRV), 2000, S. 103 ff.

Delupis, Ingrid: Foreign Warships and Immunity for Espionage, in: American Journal of International Law (AJIL), 1984, S. 53 ff.

Denkowski, Charles: Das BKA im Wandel: Einst Zentralstelle, bald Bundeskriminalpolizei im Vorfeld terroristischer Gefahren – die Große Koalition leitet einen Paradigmenwechsel ein, in: Neue Kriminalpolitik, 2008, S. 82 ff.

Denkowski, Charles: Gesetz zur Abwehr von Gefahren des internationalen Terrorismus durch das BKA – Kritische Anmerkungen zum zweiten Referentenentwurf, in: Kriminalistik, 2008, S. 410 ff.

Denninger, Erhard: Die Trennung von Verfassungsschutz und Polizei und das Grundrecht auf informationelle Selbstbestimmung, in: Zeitschrift für Rechtspolitik (ZRP), 1981, S. 231 ff.

Denninger, Erhard/*Rachor*, Frederik (Hrsg.): Handbuch des Polizeirechts, 5. Aufl., München 2012.

Di Fabio, Udo: Gefahr, Vorsorge, Risiko – Die Gefahrenabwehr unter dem Einfluss des Vorsorgeprinzips, in: JURA, 1996, S. 566 ff.

Dinstein, Yoram: War, Aggression, and Self-Defence, 5. Aufl., Cambridge 2012.

Dölling, Dieter/*Duttge*, Gunnar/*Rössner*, Dieter (Hrsg.): Gesamtes Strafrecht, 3. Aufl., Baden-Baden 2013.

Dörr, Oliver/*Grote*, Rainer/*Marauhn*, Thilo (Hrsg.): Konkordanzkommentar zum europäischen und deutschen Grundrechtsschutz, 2. Aufl., Tübingen 2013.

Droste, Bernadette: Handbuch des Verfassungsschutzrechts, Stuttgart 2007.

Düwell, Franz Josef (Hrsg.): Anwalt des Rechtsstaates – Festschrift für Diether Posser zum 75. Geburtstag, Köln 1997.

Eeckhout, Piet: EU External Relations Law, 2. Aufl., Oxford 2011.

Emmerson, Ben: Report of the UN Special Rapporteur on the promotion and protection of human rights and fundamental freedoms while countering terrorism, UN-Doc. A/69/397 v. 23.09.2014.

Endriss, Rainer: Vom Fragerecht des Beschuldigten im Vorverfahren, in: Hanack, Ernst-Walter/Hilger, Hans/Mehle, Volkmar/Widmaier, Gunter (Hrsg.): Festschrift für Peter Riess zum 70. Geburtstag, Berlin 2002, S. 65 ff.

Erb, Volker/*Esser*, Robert/*Franke*, Ulrich/*Graalmann-Scheerer*, Kirsten/*Hilger*, Hans/*Ignor*, Alexander (Hrsg.): Löwe-Rosenberg StPO, 26. Aufl., Berlin 2007.

Erbežnik, Anže: The Principle of Mutual Recognition as a Utilitarian Solution, and the Way Forward, in: European Criminal Law Review (EuCLR), 2012, S. 3 ff.

Erbs, Georg/*Kohlhaas*, Max (Hrsg.): Strafrechtliche Nebengesetze, Loseblattsammlung, München 2015.

Eser, Albin/*Goydke*, Jürgen/*Maatz*, Kurt Rüdiger/*Meurer*, Dieter (Hrsg.): Strafverfahrensrecht in Theorie und Praxis. Festschrift für Lutz Meyer-Gossner zum 65. Geburtstag, München 2001.

Esser, Robert: Auf dem Weg zu einem europäischen Strafverfahrensrecht. Die Grundlagen im Spiegel der Rechtsprechung des Europäischen Gerichtshofs für Menschenrechte (EGMR) in Straßburg, Berlin 2002.

Esser, Robert: EGMR in Sachen Gäfgen v. Deutschland, in: Neue Zeitschrift für Strafrecht (NStZ), 2008, S. 657 ff.

European Criminal Policy Initiative: Manifest zum Europäischen Strafverfahrensrecht, in: Zeitschrift für Internationale Strafrechtsdogmatik (ZIS), 2013, S. 412 ff.

Evans, Malcolm: International Law, 4. Aufl., Oxford 2014.

Evers, Hans-Ulrich: Privatsphäre und Ämter für Verfassungsschutz, Berlin 1960.

Evers, Hans-Ulrich: Verfassungsschutz und Polizei, in: Bundesministerium des Inneren (Hrsg.): Verfassungsschutz und Rechtsstaat, Köln 1981, S. 65 ff.

Ewer, Wolfgang/*Thienel*, Tobias: Völker-, unions- und verfassungsrechtliche Aspekte des NSA-Datenskandals, in: Neue Juristische Wochenschrift (NJW), 2014, S. 30 ff.

Fijnaut, Cyrille: Police Co-operation and the Area of Freedom, Security and Justice, in: Walker, Neil (Hrsg.): Europe's Area of Freedom, Security and Justice, Oxford 2004, S. 241 ff.

Fischer, Thomas: Strafgesetzbuch und Nebengesetze, 61. Aufl., München 2014.

Fischer-Lescano, Andreas/*Tohidipur*, Timo: Europäisches Grenzkontrollregime. Rechtsrahmen der europäischen Grenzschutzagentur FRONTEX, in: Zeitschrift für ausländisches öffentliches Recht und Völkerrecht (ZaöRV), 2007, S. 1219 ff.

Fleck, Dieter (Hrsg.): Rechtsfragen der Terrorismusbekämpfung durch Streitkräfte, Baden-Baden 2004.

Fleck, Dieter: Individual and State Responsibility for Intelligence Gathering, in: Michigan Journal of International Law (MJIL), 2006, S. 687 ff.

Flore, Daniel: Le mandat d'arrêt européen : première mise en oeuvre d'un nouveau paradigme de la justice pénale européenn, in: Journal des tribunaux, 2002, S. 273 ff.

Forcese, Craig: Spies without Borders: International Law and Intelligence Collection, in: Journal of National Security Law & Policy, 2011, S. 179 ff.

Gane C./*Mackarel* M.: The Admissibility of Evidence Obtained from Abroad into Criminal Proceedings – The Interpretation of Mutual Legal Assistance Treaties and Use of Evidence Irregularly Obtained,, in: European Journal of Crime, Criminal Law and Criminal Justice (EJCCLCJ), 1996, S. 98 ff.

Gazeas, Nikolaos: Die Europäische Beweisanordnung – Ein weiterer Schritt in die falsche Richtung?, in: Zeitschrift für Rechtspolitik (ZRP), 2005, S. 18 ff.

Gazeas, Nikolaos: Übermittlung nachrichtendienstlicher Erkenntnisse an Strafverfolgungsbehörden, Berlin 2014.

Geiger, Hansjörg: Stellungnahme zum Entwurf eines Gesetzes zur Abwehr von Gefahren des internationalen Terrorismus durch das Bundeskriminalamt A-Drs. 16(4)460 H.

Gleß, Sabine: Zur Verwertung von Erkenntnissen aus verdeckten Ermittlungen im Ausland im inländischen Strafverfahren, in: Neue Zeitschrift für Strafrecht (NStZ), 2000, S. 57 ff.

Gleß, Sabine: Zur „Beweiswürdigungs-Lösung" des BGH, in: Neue Juristische Wochenschrift (NJW), 2001, S. 3606 f.

Gleß, Sabine: Die „Verkehrsfähigkeit von Beweisen" im Strafverfahren, in: Zeitschrift für die gesamte Strafrechtswissenschaft (ZStW), 2003, S. 131 ff.

Gleß, Sabine: Zum Prinzip der gegenseitigen Anerkennung, in: Zeitschrift für die gesamte Strafrechtswissenschaft (ZStW), 2004, S. 353 ff.

Gleß, Sabine: Beweisrechtsgrundsätze einer grenzüberschreitenden Strafverfolgung, Baden-Baden 2006.

Gleß, Sabine: Beweisverbote in Fällen mit Auslandsbezug, 2008, S. 317 ff.

Gleß, Sabine: Grenzüberschreitende Beweissammlung, in: Zeitschrift für die gesamte Strafrechtswissenschaft (ZStW), 2013, S. 573 ff.

Gleß, Sabine: OHN(E)MACHT – Abschied von der Fiktion einer Waffengleichheit gegenüber europäischer Strafverfolgung, in: Strafverteidiger (StV), 2013, S. 317 ff.

Gleß, Sabine/*Eymann*, Stephanie: Nachträgliches Verwertungsverbot und internationale Beweisrechtshilfe, in: Strafverteidiger (StV), 2008, S. 318 ff.

Gleß, Sabine/*Peters*, Anne: Verwertungsverbot bei Verletzung der Pflicht zur Belehrung nach Art. 36 WÜK, in: Strafverteidiger (StV), 2011, S. 369 ff.

Göres, Ulrich/*Kleinert*, Jens: Die Liechtensteinische Finanzaffäre – Steuer- und steuerstrafrechtliche Konsequenzen, in: Neue Juristische Wochenschrift (NJW), 2008, S. 1353 ff.

Götz, Volkmar: Innere Sicherheit, in: Kube, Hanno et al. (Hrsg.): Leitgedanken des Rechts. Festschrift für Paul Kirchhof zum 70. Geburtstag, Heidelberg 2013, S. 457 ff.

Grabenwarter, Christoph/*Pabel*, Katharina: Europäische Menschenrechtskonvention, 5. Aufl., München 2012.

Grabenwarter, Christoph: Androhung von Folter und faires Strafverfahren – Das (vorläufig) letzte Wort aus Straßburg, in: Neue Juristische Wochenschrift (NJW), 2010, S. 3128 ff.

Grabitz, Eberhard/*Hilf*, Meinhard/*Nettesheim*, Martin (Hrsg.): Das Recht der Europäischen Union, 53. Aufl., München 2014.

Graulich, Felix: Die Zusammenarbeit von Generalbundesanwalt und Bundeskriminalamt bei dem Vorgehen gegen den internationalen Terrorismus, Berlin 2013 (zitiert als: Graulich, Die Zusammenarbeit von GBA und BKA).

Griesbaum, Rainer: Zum Verhältnis von Strafverfolgung und Gefahrenabwehr vor dem Hintergrund der Bedrohung durch den internationalen islamistischen Terrorismus, in: Griesbaum, Rainer/Hannich, Rolf/Schnarr, Karl Heinz (Hrsg.): Strafrecht und Justizgewährung – Festschrift für Kay Nehm zum 65. Geburtstag, Berlin 2006, S. 127 ff.

Griesbaum, Rainer/*Hannich*, Rolf/*Schnarr*, Karl Heinz (Hrsg.): Strafrecht und Justizgewährung – Festschrift für Kay Nehm zum 65. Geburtstag, Berlin 2006.

Griesbaum, Rainer/ *Wallenta*, Frank: Strafverfolgung zur Verhinderung terroristischer Anschläge – Eine Bestandsaufnahme, in: Neue Zeitschrift für Strafrecht (NStZ), 2013, S. 369 ff.

Grünwald, Gerald: Beweisverbote und Verwertungsverbote im Strafverfahren, in: Juristen Zeitung (JZ), 1966, S. 489 ff.

Grützner, Heinrich/ *Pötz*, Paul-Günter/*Kreß*, Claus (Hrsg.): Internationaler Rechtshilfeverkehr in Strafsachen, Heidelberg.

Gusy, Christoph: Bundes- und Landeskompetenzen für den administrativen Verfassungsschutz, in: Bayerische Verwaltungsblätter, 1982, S. 201 ff.

Gusy, Christoph: Die Verwendung rechtmäßig erlangter Informationen durch die Nachrichtendienste, in: Neue Zeitschrift für Verwaltungsrecht (NVwZ), 1983, S. 322 ff.

Gusy, Christoph: Spionage im Völkerrecht, in: Neue Zeitschrift für Wehrrecht (NZWehrR), 1984, S. 187 ff.

Gusy, Christoph: Das verfassungsrechtliche Gebot der Trennung von Polizei und Nachrichtendiensten, in: Zeitschrift für Rechtspolitik (ZRP), 1987, S. 45 ff.

Gusy, Christoph: Das gesetzliche Trennungsgebot zwischen Polizei und Verfassungsschutz, in: Die Verwaltung, 1991, S. 467 ff.

Gusy, Christoph: Organisierte Kriminalität zwischen Polizei und Verfassungsschutz, in: Goltdammer‘s Archiv für Strafrecht (GA), 1999, S. 319 ff.

Gusy, Christoph: Grundrechte und Verfassungsschutz, Wiesbaden 2011.

Gusy, Christoph: Reform der Sicherheitsbehörden, in: Zeitschrift für Rechtspolitik (ZRP), 2012, S. 230 ff.

Gutedel, Ralph: Das System der BKA-Verbindungsbeamten, in: Kriminalistik, 1994, S. 231 ff.

Hackner, Thomas/*Schierholt*, Christian: Internationale Rechtshilfe in Strafsachen, 2. Aufl., München 2012.

Haedge, Karl-Ludwig: Das neue Nachrichtendienstrecht für die Bundesrepublik Deutschland. Ein Leitfaden mit Erläuterungen, Heidelberg 1998.

Hanack, Ernst-Walter/*Hilger*, Hans/*Mehle*, Volkmar/*Widmaier*, Gunter (Hrsg.): Festschrift für Peter Rieß zum 70. Geburtstag, Berlin 2002.

Hannich, Rolf (Hrsg.): Karlsruher Kommentar zur Strafprozessordnung, 7. Aufl., München 2013.

Hansalek, Erik: Die parlamentarische Kontrolle der Bundesregierung im Bereich der Nachrichtendienste, Frankfurt a. M. 2006.

Harings, Lothar: Grenzüberschreitende Zusammenarbeit der Polizei- und Zollverwaltung und Rechtsschutz in Deutschland, Berlin 1998.

Harfield, Clive/*Harfield*, Karen: Covert Investigation, 3. Aufl., Oxford 2012.

Hassemer, Winfried/*Kempf*, Eberhard/*Moccia*, Sergio (Hrsg.): In dubio pro libertate. Festschrift für Klaus Volk zum 65. Geburtstag, München 2009.

Hauck, Pierre: Heimliche Strafverfolgung und Schutz der Privatheit. Eine vergleichende und interdisziplinäre Analyse des deutschen und englischen Rechts unter Berücksichtigung der Strafverfolgung in der Europäischen Union und im Völkerstrafrecht, Tübingen 2014.

Hecker, Bernd: Europäisches Strafrecht, 4. Aufl., Heidelberg 2012.

Heesen, Dietrich/*Hönle*, Jürgen/*Peilert*, Andreas/*Martens*, Helgo (Hrsg.): Bundespolizeigesetz, Kommentar, Hilden 2012.

Heger, Martin: Europäische Beweissicherung – Perspektiven der strafrechtlichen Zusammenarbeit in Europa, in: Zeitschrift für Internationale Strafrechtsdogmatik (ZIS), 2010, S. 547 ff.

Heine, Günter: Beweisverbote und Völkerrecht: Die Affäre Liechtenstein in der Praxis, in: Online Zeitschrift für Höchstrichterliche Rechtsprechung zum Strafrecht (HRRS), 2009, S. 540 ff.

Heine, Günter: Der Fall Liechtenstein, insbesondere Frage der Beweisverwertung vor völkerrechtlichem Hintergrund auf dem Prüfstand des Strafrechts, in: v. Kunz, Peter/Herren, Dorothea/Cottier, Thomas/Matteotti, René (Hrsg.): Wirtschaftsrecht in Theorie und Praxis. Festschrift für Roland von Büren, Basel 2009, S. 917 ff.

Heine, Henriette: Die Rechtsstellung des Beschuldigten im Rahmen der Europäisierung des Strafverfahrens, Frankfurt a. M. 2009.

Heine, Sonja: Zur Verwertbarkeit von Aussagen im Ausland möglicherweise gefolterter Zeugen. Besprechung der El Haski-Entscheidung des EGMR , in: Neue Zeitschrift für Strafrecht (NStZ), 2013, S. 680 ff.

Heintschel-Heinegg, Bernd (Hrsg.): Beck'scher Online Kommentar zum StGB, 23. Aufl. 2013.

Heintzen, Markus: Auswärtige Beziehungen privater Verbände. Eine staatsrechtliche, insbesondere grundrechtskollisionsrechtliche Untersuchung, Berlin 1988.

Hendler, Reinhard/ *Ibler,* Martin/ *Soria,* José Martinez (Hrsg.): Für Sicherheit, für Europa: Festschrift für Volkmar Götz, Göttingen 2005.

Henkin, Louis (Hrsg.): The International Bill of Rights, New York 1981.

Herdegen, Matthias: Interpretation in International Law, in: Wolfrum, Rüdiger (Hrsg.): Max Planck Encyclopedia of Public International Law, Oxford.

Herdegen, Matthias: Die völkerrechtswidrige Entführung eines Beschuldigten als Strafverfolgungshindernis, in: Europäische Grundrechte Zeitschrift (EuGRZ), 1986, S. 1 ff.

Herdegen, Matthias: Völkerrecht, 12. Aufl., München 2013.

Herzberg, Rolf Dietrich (Hrsg.): Festschrift für Dietrich Oehler, Köln 1985.

Heydenreich, Carl: Die Europäische Ermittlungsanordnung, in: Strafverteidiger Forum (StraFo), 2012, S. 439 ff.

Hilger, Hans: Neues Strafverfahrensrecht durch das OrgKG, in: Neue Zeitschrift für Strafrecht (NStZ), 1992, S. 523 ff.

Hirsch, Alexander: Die Kontrolle der Nachrichtendienste, Berlin 1996.

Home Office UK (Hrsg.): Covert Human Intelligence Sources Code of Practice 2014.

Home Office UK (Hrsg.): Covert Surveillance and Property Interference Code of Practice 2014.

Hoven, Elisa: Die Grenzen des Anfangsverdachts – Gedanken zum Fall Edathy, in: Neue Zeitschrift für Strafrecht (NStZ), 2014, S. 361 ff.

Huber, Ernst Rudolf: Quellen zum Staatsrecht der Neuzeit – Band 2, Tübingen 1951.

Hummer, Waldemar: Der Vertrag von Prüm – „Schengen III"?, in: Europarecht (EuR), 2007, S. 517 ff.

Hund, Horst: Polizeiliches Effektivitätsdenken contra Rechtsstaat, in: Zeitschrift für Rechtspolitik (ZRP), 1991, S. 463 ff.

Hwang, Mungyu: Transnationale Strafverfolgung. Eine vergleichende Studie zur Rolle und zu den Aufgaben des deutschen Bundeskriminalamtes (BKA) und des Koreanischen Nationalen Polizeipräsidiums (KNP), Tübingen 2011.

Ignor, Alexander/ *Jahn,* Matthias: Der Staat kann auch anders – Die Schweizer Daten-CDs und das deutsche Strafrecht, in: Juristische Schulung (JuS), 2010, S. 390 ff.

Isensee, Josef/ *Kirchhof,* Paul (Hrsg.): Handbuch des Staatsrechts der Bundesrepublik Deutschland. Band V: Allgemeine Grundrechtslehren, Heidelberg 1992.

Jackson, John D./ *Summers,* Sarah: The internationalisation of criminal evidence. Beyond the common law and civil law traditions, Cambridge 2012.

Jäger, Christian: Beweisverwertung und Beweisverwertungsverbote im Strafprozess, München 2003.

Jahn, Matthias: Beweiserhebungs- und Beweisverwertungsverbote im Spannungsfeld zwischen den Garantien des Rechtsstaates und der effektiven Bekämpfung von Kriminalität und Terrorismus. Gutachten C für den 67. Deutschen Juristentag, München 2008.

Jahn, Matthias: Grundfragen und aktuelle Probleme der Beweisverwertung im Straf- und Steuerstrafverfahren, in: Jahn, Matthias/Kudlich, Hans/Streng, Franz (Hrsg.): Strafrechtspraxis und Reform. Festschrift für Heinz Stöckel zum 70. Geburtstag, Berlin 2010, S. 259 ff.

Jahnes, Ines: Initiativermittlungen im Bereich der Organisierten Kriminalität, Frankfurt a. M. 2010.

Jamnejad, Maziar/ *Wood*, Michael: The Principle of Non-intervention, in: Leiden Journal of International Law, 2009, S. 345 ff.

Jankowska-Gilberg, Magdalena: Extraterritorialität der Menschenrechte. Der Begriff der Jurisdiktion im Sinne von Art. 1 EMRK, Baden-Baden 2008.

Jarass, Hans: Charta der Grundrechte der Europäischen Union. Unter Einbeziehung der vom EuGH entwickelten Grundrechte, der Grundrechtsregelungen der Verträge und der EMRK; Kommentar, 2. Aufl., München 2013.

Joecks, Wolfgang/ *Miebach*, Klaus (Hrsg.): Münchener Kommentar zum Strafgesetzbuch, 2. Aufl., München 2012.

Jones, Erik/*Menon*, Anand/*Weatherill*, Stephen (Hrsg.): The Oxford handbook of the European Union, Oxford 2012.

Kaiser, Ingo: Zulässigkeit des Ankaufs deliktisch erlangter Steuerdaten, in: Neue Zeitschrift für Strafrecht (NStZ), 2011, S. 383 ff.

Kalkbrenner, Helmut: Amtshilfeproblematik im Verhältnis Polizei – Verfassungsschutz, in: Schreiber, Manfred (Hrsg.): Polizeilicher Eingriff und Grundrechte: Festschrift zum 70. Geburtstag von Rudolf Samper, Stuttgart/München/Hannover 1982, S. 69 ff.

Kämmerer, Jörn Axel (Hrsg.): An den Grenzen des Staates. Kolloquium zum 65. Geburtstag von Wolfgang Graf Vitzthum, Berlin, 2008.

Kanuck, Sean: Information Warfare: New Challenges for Public International Law, in: Harvard International Law Journal, 1996, S. 272 ff.

Kauffmann, Philipp: Die Affäre Liechtenstein und Schweiz in der Praxis – Zur Verwertbarkeit der angekauften Steuerdaten-CD im Strafverfahren, in: Juristische Arbeitsblätter (JA), 2010, S. 597 ff.

Kaufhold, Ann-Katrin: Gegenseitiges Vertrauen, in: Europarecht (EuR), 2012, S. 408 ff.

Kaufmann, Arthur/*Bemmann*, Günter/*Krauss*, Detlef/ *Volk*, Klaus (Hrsg.): Festschrift für Paul Bockelmann zum 70. Geburtstag 1979.

Keller, Rolf: Das Phänomen der vorbeugenden Bekämpfung von Straftaten, in: Neue Zeitschrift für Strafrecht (NStZ), 1990, S. 416 ff.

Kerner, Jürgen/*Stierle*, Claudia/*Tiedtke*, Jürgen: Kriminalitätsbekämpfung durch Behörden des Bundes, in: Kriminalistik, 2006, S. 292 ff.

Kindhäuser, Urs: Strafgesetzbuch, Lehr- und Praxiskommentar, 5. Aufl., Baden-Baden 2013.

Kish, John/*Turns*, David: International law and espionage, Den Haag 1995.

Klatt, Matthias: Positive Obligations under the European Convention on Human Rights, in: Zeitschrift für ausländisches öffentliches Recht und Völkerrecht (ZaöRV), 2011 (71), S. 691 ff.

Knauer, Christoph/*Kudlich*, Hans/*Schneider*, Hartmut (Hrsg.): Münchener Kommentar zur Strafprozessordnung, München 2014.

Kniesel, Michael: Gefahrenvorsorge, operatives Polizeirecht und Kriminalitätskontrolle, in: Schriftenreihe der Polizeiführungsakademie, 1996, S. 77 ff.

Köhler, Michael: Prozessrechtsverhältnis und Ermittlungseingriffe, in: Zeitschrift für die gesamte Strafrechtswissenschaft (ZStW), 1995, S. 10 ff.

Kölbel, Ralf: Zur Verwertbarkeit privat-deliktisch beschaffter Bankdaten – Ein Kommentar zur causa „Kieber", in: Neue Zeitschrift für Strafrecht (NStZ), 2008, S. 241 ff.

König, Marco: Trennung und Zusammenarbeit von Polizei und Nachrichtendiensten, Stuttgart 2005.

Korte, Guido (Hrsg.): Aspekte der nachrichtendienstlichen Sicherheitsarchitektur, Brühl 2005.

Korte, Guido/*Zoller*, Manfred (Hrsg.): Informationsgewinnung der Nachrichtendienste mit nachrichtendienstlichen Mitteln – Grenzen und Möglichkeiten der Informationsbeschaffung durch die Verfassungsschutzbehörden, Brühl 2001.

Kotzurek, Nathalie: Gegenseitige Anerkennung und Schutzgarantien bei der Europäischen Beweisanordnung, in: Zeitschrift für Internationale Strafrechtsdogmatik (ZIS), 2006, S. 123 ff.

Kretzmer, David: Targeted Killing of Suspected Terrorists: Extra-Judicial Executions or Legitimate Means of Defence?, in: European Journal of International Law (EJIL), 2005, S. 171 ff.

Krieger, Heike: Die Verantwortlichkeit Deutschlands nach der EMRK für seine Streitkräfte im Auslandseinsatz, in: Zeitschrift für ausländisches öffentliches Recht und Völkerrecht (ZaöRV), 2002, S. 669 ff.

Krieger, Heike: Die gerichtliche Kontrolle von militärischen Operationen, in: Fleck, Dieter (Hrsg.): Rechtsfragen der Terrorismusbekämpfung durch Streitkräfte, Baden-Baden 2004, S. 223 ff.

Krieger, Heike: A Conflict of Norms: The Relationship between Humanitarian Law and Human Rights Law in the ICRC Customary Law Study, in: Journal of Conflict and Security Law, 2006, S. 265 ff.

Krüger, Elmar: Der Gefahrbegriff im Polizei- und Ordnungsrecht, in: Juristische Schulung (JuS), 2013, S. 985 ff.

Krüger, Ralf: Verfassungsrechtliche Grundlagen polizeilicher V-Mann-Arbeit, in: Neue Juristische Wochenschrift (NJW), 1982, S. 855 ff.

Krüssmann, Thomas: Transnationales Strafprozessrecht, Baden-Baden 2009.

Kube, Hanno et al. (Hrsg.): Leitgedanken des Rechts. Festschrift für Paul Kirchhof zum 70. Geburtstag, Heidelberg 2013.

Kubica, Johann: Neuorganisation im Bundeskriminalamt bei der internationalen Zusammenarbeit, in: Kriminalistik, 2006, S. 167 ff.

Kugelmann, Dieter: Entwicklungstendenzen der Gewährleistung von Sicherheit in der Bundesrepublik Deutschland und der Europäischen Union, in: Würtenberger, Thomas/Gusy, Christoph/Lange, Hans-Jürgen (Hrsg.): Innere Sicherheit im europäischen Vergleich. Sicherheitsdenken, Sicherheitskonzepte und Sicherheitsarchitektur im Wandel, Münster 2012, S. 169 ff.

Kühne, Hans-Heine: Kriminalitätsbekämpfung durch innereuropäische Grenzkontrollen?, Berlin 1991.

Kunz, Peter V./*Herren*, Dorothea/*Cottier*, Thomas/*Matteotti*, René (Hrsg.): Wirtschaftsrecht in Theorie und Praxis – Festschrift für Roland von Büren, Basel 2009.

Lagodny, Otto: Grundrechte als Auslieferungs-Gegenrechte, in: Neue Juristische Wochenschrift (NJW), 1988, S. 2146 ff.

Lang, Kathrin Luise: Das Antiterrordateigesetz, Frankfurt a. M. 2011.

Laufhütte, Heinrich Wilhelm/*Rissing-van Saan*, Ruth/*Tiedemann*, Klaus (Hrsg.): Leipziger Kommentar Strafgesetzbuch, 12. Aufl., Berlin 2012.

Lenaerts, Koen: Die EU-Grundrechtecharta: Anwendbarkeit und Auslegung, in: Europarecht (EuR), 2012, S. 3 ff.

Ligeti, Katalin: Strafrecht und strafrechtliche Zusammenarbeit in der Europäischen Union, Berlin 2005.

Ligeti, Katalin/*Simonato*, Michele: The European Public Prosecutor's Office: Towards A Truly European Prosecution Service?, in: New Journal of European Criminal Law (NJECL), 2013, S. 7 ff.

Lilie, Hans/*Rudolph*, Bernd: Anmerkung zu BGH: Einsatz von Vertrauenspersonen der Polizei, in: Neue Zeitschrift für Strafrecht (NStZ), 1995, S. 514 ff.

Lisken, Hans: Polizei und Verfassungsschutz – Aspekte der gesetzlichen Zusammenarbeit, in: Neue Juristische Wochenschrift (NJW), 1982, S. 1481 ff.

Lorenz, Dirk: Der territoriale Anwendungsbereich der Grund- und Menschenrechte. Zugleich ein Beitrag zum Individualschutz in bewaffneten Konflikten, Berlin 2005.

Mann, Thomas/*Fontana*, Sina: Entwicklungslinien des Polizeirechts im 21. Jahrhundert, in: Juristische Arbeitsblätter (JA), 2013, S. 734 ff.

Mansdörfer, Marco: Das europäische Strafrecht nach dem Vertrag von Lissabon – oder: Europäisierung des Strafrechts unter nationalstaatlicher Mitverantwortung, in: Online Zeitschrift für Höchstrichterliche Rechtsprechung zum Strafrecht (HRRS), 2010, S. 11 ff.

Manske, Mirko: Das „Europol-Informations-System" (Europol-IS), in: Kriminalistik, 2001, S. 105 ff.

Masing, Johannes: Herausforderungen des Datenschutzes, in: Neue Juristische Wochenschrift (NJW), 2012, S. 2305 ff.

Maunz, Theodor/*Dürig*, Günter (Hrsg.): Kommentar zum Grundgesetz, Loseblatt, Stand: 2014.

Mavany, Markus: Die europäische Beweisanordnung und das Prinzip der gegenseitigen Anerkennung, Heidelberg 2012.

McDougal, Myres/*Lasswell*, Harold/*Reisman*, Michael: The Intelligence Function and World Public Order, in: Temple Law Quarterly, 1973, S. 365 ff.

Meron, Theodor: On a Hierarchy of International Human Rights, in: American Journal of International Law (AJIL), 1986, S. 1 ff.

Meron, Theodor: Extraterritoriality of Human Rights Treaties, in: American Journal of International Law (AJIL), 1995, S. 78 ff.

Merten, Detlef/*Papier*, Hans-Jürgen (Hrsg.): Handbuch der Grundrechte in Deutschland und Europa, Heidelberg 2006.

Meyer, Frank: Der Grundsatz der Verfügbarkeit, in: Neue Zeitschrift für Strafrecht (NStZ), 2008, S. 188 ff.

Meyer, Frank: Das Strafrecht im Raum der Freiheit, der Sicherheit und des Rechts, in: Europarecht (EuR), 2011, S. 169 ff.

Meyer, Jürgen (Hrsg.): Charta der Grundrechte der Europäischen Union, 4. Aufl., Baden-Baden 2014.

Meyer-Goßner, Lutz/*Schmitt*, Bertram (Hrsg.): Strafprozessordnung, 57. Aufl., München 2014.

Meyer-Ladewig, Jens (Hrsg.): Europäische Menschenrechtskonvention, 3. Aufl., Baden-Baden 2011.

Michalke, Regina/*Köberer*, Wolfgang/*Pauly*, Jürgen (Hrsg.): Festschrift für Rainer Hamm zum 65. Geburtstag, Berlin 2008.

Milanovic, Marco: Al-Skeini and Al-Jedda in Strasbourg, in: European Journal of International Law (EJIL), 2012, S. 121 ff.

Milanovic, Marko: Extraterritorial application of human rights treaties. Law, principles, and policy, Oxford 2011.

Mitsilegas, Valsamis: Transatlantic Counter-Terrorism Cooperation after Lisbon, in: Eucrim, 2010, S. 111 ff.

Mohr, Klaus: Internationale Polizeiliche Zusammenarbeit, in: Die Kriminalpolizei, Heft 2, 2005.

Möllers, Christoph: Polizeikontrollen ohne Gefahrverdacht Ratio und rechtliche Grenzen der neuen Vorsorgebefugnisse, in: Neue Zeitschrift für Verwaltungsrecht (NVwZ), 2000, S. 382 ff.

Momsen, Carsten/*Bloy*, René/*Rackow*, Peter (Hrsg.): Fragmentarisches Strafrecht, Frankfurt a. M. 2003.

Mössner, Jörg Manfred: Spionage und Immunität von Kriegsschiffen, in: Neue Juristische Wochenschrift (NJW), 1982, S. 1196 ff.

Möstl, Markus: Die staatliche Garantie für die öffentliche Sicherheit und Ordnung, Tübingen 2002.

Möstl, Markus: Die neue dogmatische Gestalt des Polizeirechts, in: Deutsches Verwaltungsblatt (DVBl), 2007, S. 581 ff.

Muckel, Stefan: Längerfristige Observation eines aus der Haft entlassenen Sexualstraftäters – Anmerkung zu VG Aachen, in: Juristische Arbeitsblätter (JA), 2011, S. 394 ff.

Müller, Peter/*Mueller*, Michael: Gegen Freund und Feind. Die Geschichte des BND, Berlin 2002.

Müller-Wille, Björn: The Effect of International Terrorism on EU Intelligence Co-operation, in: Journal of Common Market Studies, 2008, S. 49 ff.

v. Münch, Ingo/*Kunig*, Philip (Hrsg.): Grundgesetz Kommentar, 6. Aufl., München 2012.

Murphy, Sean: Contemporary Practice of the United States Relating to International Law, in: American Journal of International Law (AJIL), 2002, S. 237 ff.

Nagel, Karl-Friedrich: Beweisaufnahme im Ausland. Rechtsgrundlagen und Praxis der internationalen Rechtshilfe für deutsche Strafverfahren, Freiburg 1988.

Nehm, Kay: Das nachrichtendienstliche Trennungsgebot und die neue Sicherheitsarchitektur, in: Neue Juristische Wochenschrift (NJW), 2004, S. 3289 ff.

Nelles, Ursula: Europäisierung des Strafverfahrens – Strafprozessrecht für Europa?, in: Zeitschrift für die gesamte Strafrechtswissenschaft (ZStW), 1997, S. 727 ff.

Nestler, Cornelius: Europäisches Strafprozessrecht, in: Zeitschrift für die gesamte Strafrechtswissenschaft (ZStW), S. 332 ff.

Ohler, Christoph: Die Kollisionsordnung des allgemeinen Verwaltungsrechts, Tübingen 2005.

Orakhelashvili, Alexander: The Interaction between Human Rights and Humanitarian Law: Fragmentation, Conflict, Parallelism, or Convergence?, in: European Journal of International Law (EJIL), 2008, S. 161 ff.

Paeffgen, Hans-Ulrich: Zeugnisverweigerungsrechte und heimliche Informationserhebung, in: Hanack, Ernst-Walter/Hilger, Hans/Mehle, Volkmar/Widmaier, Gunter (Hrsg.): Festschrift für Peter Riess zum 70. Geburtstag, Berlin 2002, S. 413 ff.

Paeffgen, Hans-Ulrich/*Gärditz*, Klaus: Die föderale Seite des „Trennungsgebotes" oder: Art. 87 III, 73 GG und das G-10 Urteil, in: Kritische Vierteljahresschrift für Gesetzgebung und Rechtswissenschaft (KritV), 2000, S. 65 ff.

Papp, Andreas: Extraterritoriale Schutzpflichten, Berlin 2013.

Paul, Tobias: Unselbständige Beweisverwertungsverbote in der Rechtsprechung, in: Neue Zeitschrift für Strafrecht (NStZ), 2013, S. 489 ff.

Paulus, Andreas/*Müller*, Jörn: Konsularische Information vor deutschen Gerichten – Never Ending Story oder Happy End?, in: Strafverteidiger (StV), 2009, S. 495 ff.

Pawlik, Michael: Zur strafprozessualen Verwertbarkeit rechtswidrig erlangter ausländischer Bankdaten, in: Juristen Zeitung (JZ), 2010, S. 693 ff.

Perron, Walter: Auf dem Weg zu einem europäischen Ermittlungsverfahren?, in: Zeitschrift für die gesamte Strafrechtswissenschaft (ZStW), 2000, S. 202 ff.

Peters, Anne: Surveillance Without Borders? The Unlawfulness of the NSA-Panopticon, Blogbeitrag vom 1.11.2013, URL: http://www.ejiltalk.org/surveillance-without-borders-the-unlawfulness-of-the-nsa-panopticon-part-i/ (letzter Abruf: 7.12.2014).

Pieroth, Bodo/*Schlink*, Bernhard/*Kniesel*, Michael: Polizei- und Ordnungsrecht, 7. Aufl., München 2012.

Pitsch, Christoph: Strafprozessuale Beweisverbote, Hamburg 2009.

Plachta, Michael: Joint Investigation Teams – A New Form of International Cooperation in Criminal Matters, in: European Journal of Crime, Criminal Law and Criminal Justice (EJCCLCJ), 2005, S. 284 ff.

Pohl, Tobias: Vorbehalt und Anerkennung – Der Europäische Haftbefehl zwischen Grundgesetz und europäischem Primärrecht, Baden-Baden 2009.

Popp, Peter: Grundzüge der internationalen Rechtshilfe in Strafsachen, Basel 2000.

Puschke, Jens/*Singelnstein*, Tobias: Telekommunikationsüberwachung, Vorratsdatenspeicherung und (sonstige) heimliche Ermittlungsmaßnahmen der StPO nach der Neuregelung zum 1. 1. 2008, in: Neue Juristische Wochenschrift (NJW), 2008, S. 113 ff.

Rackow, Peter: Überlegungen zum EU-Rechtsrahmen grenzüberschreitender VE-Einsätze, in: Die Polizei, 2013, S. 305 ff.

Rebmann, Kurt: Die Zuständigkeit des Generalbundesanwalts zur Verfolgung terroristischer Straftaten, in: Neue Zeitschrift für Strafrecht (NStZ), 1986, S. 289 ff.

Rehbein, Mareike: Die Verwertbarkeit von nachrichtendienstlichen Erkenntnissen aus dem In- und Ausland im deutschen Strafprozess, Berlin 2011.

Riegel, Ralf: Gemeinsame Ermittlungsgruppen. Herausforderungen und Lösungen, in: Eucrim, 2009, S. 99 ff.

Rijken, Conny: Joint Investigation Teams: principles, practice, and problems Lessons learnt from the first efforts to establish a JIT, in: Utrecht Law Review, 2006, S. 99 ff.

Rijken, Conny/*Vermeulen*, Gert (Hrsg.): Joint Investigation Teams in the European Union, Den Haag 2006.

Roewer, Helmut: Trennung von Polizei und Verfassungsschutzbehörden, in: Deutsches Verwaltungsblatt (DVBl), 1986, S. 205 ff.

Roewer, Helmut: Nachrichtendienstrecht der Bundesrepublik Deutschland, Köln 1987.

Roewer, Helmut: Geschichtlicher Nachtrag zur Kontroverse um die Trennung von Polizei und Verfassungsschutzbehörden, in: Deutsches Verwaltungsblatt (DVBl), 1988, S. 666 ff.

Roger, Benjamin: Europäisierung des Strafverfahrens – oder nur der Strafverfolgung?, in: Goltdammer's Archiv für Strafrecht (GA), 2010, S. 27 ff.

Roggal, Klaus: Gegenwärtiger Stand und Entwicklungstendenzen der Lehre von den strafprozessualen Beweisverboten, in: Zeitschrift für die gesamte Strafrechtswissenschaft (ZStW), 1979, S. 1 ff.

Roggan, Fredrik: Das neue BKA-Gesetz – Zur weiteren Zentralisierung der deutschen Sicherheitsarchitektur, in: Neue Juristische Wochenschrift (NJW), 2009, S. 257 ff.

Roggan, Erläuterungen zum G-10-Gesetz, in: Das Deutsche Bundesrecht, Baden-Baden 2012.

Roggan, Fredrik/*Kutscha*, Martin: Handbuch zum Recht der inneren Sicherheit, 2. Aufl., Berlin 2006.

Rohlff, Daniel: Der Europäische Haftbefehl, Frankfurt a. M. 2003.

Rose, Frank Guido: Der Auslandszeuge im Beweisrecht des deutschen Strafprozesses. Rechtliche und empirische Aspekte unter besonderer Berücksichtigung der Änderungen durch das Rechtspflegeentlastungsgesetz 1993, Frankfurt a. M. 1999.

Rose-Stahl, Monika: Recht der Nachrichtendienste, 2. Aufl., Brühl 2006.

Roxin, Claus/*Schünemann*, Bernd: Strafverfahrensrecht, 28. Aufl., München 2014.

Rudolf, Peter/*Schaller*, Christian: Targeted Killing, SWP Studie 2012, URL: http://www.swp-berlin.org/fileadmin/contents/products/studien/2012_S01_rdf_slr.pdf (letzter Abruf: 23.02.2015).

Rudolphi, Hans-Joachim: Die Revisibilität von Verfahrensmängeln im Strafprozess, in: Monatsschrift für Deutsches Recht (MDR), 1970, S. 93 ff.

Sachs, Michael (Hrsg.): Grundgesetz Kommentar, 7. Aufl., München 2014.

Safferling, Christoph: Internationales Strafrecht. Strafanwendungsrecht – Europäisches Strafrecht – Völkerstrafrecht, Berlin 2011.

Salzwedel, Jürgen: Möglichkeiten und Grenzen einer rechtsstaatlichen Kontrolle des Verfassungsschutzes, in: Conrad, Hermann/Jahrreiß, Hermann/Mikat, Paul/Mosler, Hermann/Nipperdey, Hans Carl/Salzwedel, Jürgen (Hrsg.): Gedächtnisschrift Hans Peters, Berlin 1967, S. 756 ff.

Samson, Erich/*Dencker*, Friedrich/*Frisch*, Peter/*Frister*, Helmut/*Reiß*, Wolfram (Hrsg.): Festschrift für Gerald Grünwald zum 70. Geburtstag, Baden-Baden 1999.

Sandkuhl, Heide: Die Befugnisse von Nachrichtendiensten und Polizei – faktischer Tod dem Trennungsgebot? in: Michalke, Regina/Köberer, Wolfgang/Pauly, Jürgen (Hrsg.): Festschrift für Rainer Hamm zum 65. Geburtstag, Berlin 2008, S. 615 ff.

Satzger, Helmut: Internationales und Europäisches Strafrecht, 6. Aufl., Baden-Baden 2013.

Schädel, Peter: Die Bewilligung internationaler Rechtshilfe in Strafsachen in der Europäischen Union. Das Spannungsfeld von Nationalstaatlichkeit und Europäischer Integration, Baden-Baden 2005.

Schafranek, Frank Peter: Die Kompetenzverteilung zwischen Polizei- und Verfassungsschutzbehörden in der Bundesrepublik Deutschland, Maastricht 2000.

Schaller, Christian: Spies, in: Wolfrum, Rüdiger (Hrsg.): Max Planck Encyclopedia of Public International Law, Oxford.

Schaller, Werner: Das Verhältnis von EMRK und deutscher Rechtsordnung vor und nach dem Beitritt der EU zur EMRK, in: Europarecht (EuR), 2006, S. 656 ff.

Scheicher, Günther: Rote Armee Fraktion (RAF) Die Herausforderung für das Bundeskriminalamt als Zentrale Ermittlungsbehörde, in: BKA (Hrsg.): 60 Jahre Staatsschutz im Spannungsfeld zwischen Freiheit und Sicherheit 2011.

Scheidges, Rüdiger/*Szandar*, Alexander: Krieg der Dienste, in: Der Spiegel, Heft 29 v. 16.07.2001, S. 38 f.

Scheller, Susanne: Ermächtigungsgrundlagen für die internationale Rechts- und Amtshilfe zur Verbrechensbekämpfung. Konkretisierung des Gesetzesvorbehalts, Freiburg im Breisgau 1997.

Schenke, Wolf-Rüdiger: Öffentliche Sicherheit und Ordnung, in: Kube, Hanno et al. (Hrsg.): Leitgedanken des Rechts. Festschrift für Paul Kirchhof zum 70. Geburtstag, Heidelberg 2013, S. 807 ff.

Schenke, Wolf-Rüdiger: Polizei- und Ordnungsrecht, 8. Aufl., Heidelberg 2013.

Schierholt, Christian: Stellungnahme zum Grünbuch der Europäischen Kommission zur Erlangung verwertbarer Beweise in Strafverfahren aus einem anderen Mitgliedstaat, in: Zeitschrift für Internationale Strafrechtsdogmatik (ZIS), 2010, S. 567 f.

Schilling, Theodor: Internationaler Menschenrechtsschutz. Das Recht der EMRK und des IPbpR, 2. Aufl., Tübingen 2010.

Schneider, Christian: Beweisverbote aus dem Fair-Trial-Prinzip des Art. 6 EMRK, Hamburg 2013.

Schneider, Hartmut: Ausgewählte Rechtsprobleme des Einsatzes verdeckter Ermittler – Eine Zwischenbilanz -, in: Neue Zeitschrift für Strafrecht (NStZ), 2004, S. 359 ff.

Schneider, Jens-Peter: Informationssysteme als Bausteine des Europäischen Verwaltungsverbunds, in: Neue Zeitschrift für Verwaltungsrecht (NVwZ), 2012, S. 65 ff.

Schnorr v. Carolsfeld, Ludwig: Probleme des Internationalen Strafprozessrechts, in: Schroeder, Friedrich-Christian/Zipf, Heinz (Hrsg.): Festschrift für Reinhart Maurach zum 70. Geburtstag, Karlsruhe 1972, S. 615 ff.

Schöbener, Burkhard/*Knauff*, Matthias: Allgemeine Staatslehre, 2. Aufl., München 2012.

Schomburg, Wolfgang: Justizielle Zusammenarbeit im Bereich des Strafrechts in Europa: EURO-JUST neben Europol!, in: Zeitschrift für Rechtspolitik (ZRP), 1999, S. 237 ff.

Schomburg, Wolfgang: Are we on the Road to a European Law-Enforcement Area? International Cooperation in Criminal Matters. What Place for Justice?, in: European Journal of Crime, Criminal Law and Criminal Justice (EJCCLCJ), 2000, S. 51 ff.

Schomburg, Wolfgang/*Lagodny*, Otto: Verteidigung im international-arbeitsteiligen Strafverfahren, in: Neue Juristische Wochenschrift (NJW), 2012, S. 348 ff.

Schomburg, Wolfgang/*Lagodny*, Otto/*Gleß*, Sabine/*Hackner*, *Thomas* (Hrsg.): Internationale Rechtshilfe in Strafsachen, 5. Aufl., München 2012.

Schreiber, Manfred (Hrsg.): Polizeilicher Eingriff und Grundrechte: Festschrift zum 70. Geburtstag von Rudolf Samper, Stuttgart/München/Hannover 1982.

Schreiber, Wolfgang: Das Bundeskriminalamtgesetz vom 7. 7. 1997 – ein "überfälliges" Gesetz, in: Neue Juristische Wochenschrift (NJW), 1997, S. 2137 ff.

Schroeder, Friedrich-Christian/*Zipf*, Heinz (Hrsg.): Festschrift für Reinhart Maurach zum 70. Geburtstag, Karlsruhe 1972.

Schünemann, Bernd: Bürgerrechte ernst nehmen bei der Europäisierung des Strafverfahrens!, in: Strafverteidiger (StV), 2003, S. 116 ff.

Schünemann, Bernd: Europäischer Haftbefehl und EU-Verfassungsentwurf auf schiefer Ebene. Die Schranken des Grundgesetzes, in: Zeitschrift für Rechtspolitik (ZRP), 2003, S. 185 ff.

Schünemann, Bernd: Alternativentwurf Europäische Strafverfolgung, Köln 2004.

Schünemann, Bernd: Die Liechtensteiner Steueraffäre als Menetekel des Rechtsstaats, in: Neue Zeitschrift für Strafrecht (NStZ), 2008, S. 305 ff.

Schünemann, Bernd/*Achenbach*, Hans/*Bottke*, Wilfried/*Haffke*, Bernhard/*Rudolphi*, Hans-Joachim (Hrsg.): Festschrift für Claus Roxin zum 70. Geburtstag, Berlin 2001.

Schünemann, Bernd/*Roger*, Benjamin: Stellungnahme zum Grünbuch der EU-Kommission „Erlangung verwertbarer Beweise in Strafsachen aus einem anderen Mitgliedstaat", in: Zeitschrift für Internationale Strafrechtsdogmatik (ZIS), 2010, S. 92 ff.

Schuster, Frank Peter: Verwertbarkeit im Ausland gewonnener Beweise im deutschen Strafprozess, Berlin 2005.

Schuster, Frank Peter: Telekommunikationsüberwachung in grenzüberschreitenden Strafverfahren nach Inkrafttreten des EU-Rechtshilfeübereinkommens, in: Neue Zeitschrift für Strafrecht (NStZ), 2006, S. 657 ff.

Schwarzburg, Peter/*Hamdorf*, Kai: Brauchen wir ein EU-Finanz-Strafgesetzbuch? Materiell-rechtliche Folgerungen aus dem Vorschlag der EU-Kommission zur Schaffung einer Europäischen Staatsanwaltschaft, in: Neue Zeitschrift für Strafrecht (NStZ), 2002, S. 617 ff.

Schwarze, Jürgen (Hrsg.): EU-Kommentar, 3. Aufl., Baden-Baden 2012.

Schwörer, Andreas: Schranken grenzüberschreitender Beweisnutzung im Steuer – und Strafverfahren, in: Zeitschrift für Wirtschafts- und Steuerstrafrecht (wistra), 2009, S. 452 ff.

Scott, Roger: Territorially Intrusive Intelligence Collection and International Law, in: Air Force Review, 1999, S. 217 ff.

Seabrooke, Stephen/*Sprack*, John: Criminal Evidence and Procedure, 2. Aufl., London 1999.

Seibert-Fohr, Anja: Die völkerrechtliche Verantwortung des Staats für das Handeln von Privaten: Bedarf nach Neuorientierung?, in: Zeitschrift für ausländisches öffentliches Recht und Völkerrecht (ZaöRV), 2013, S. 37 ff.

Sieber, Ulrich: Ermittlungen in Sachen Liechtenstein – Fragen und erste Antworten, in: NJW, S. 881 ff.

Sieber, Ulrich: Bekämpfung des EG-Betrugs und Perspektiven der europäischen Amts- und Rechtshilfe, in: ZRP, 2000, S. 186 ff.

Sieber, Ulrich: Grenzen des Strafrechts, in: Zeitschrift für die gesamte Strafrechtswissenschaft (ZStW), Heft 119, 2007, S. 1 ff.

Sieber, Ulrich: Die Zukunft des Europäischen Strafrechts – Ein neuer Ansatz zu den Zielen und Modellen des europäischen Strafrechtssystems –, in: Zeitschrift für die gesamte Strafrechtswissenschaft (ZStW), 2009, S. 1 ff.

Sieber, Ulrich/*Satzger*, Helmut/*v. Heintschel-Heinegg*, Bernd (Hrsg.): Europäisches Strafrecht, Baden-Baden, München 2014.

Simma, Bruno/ *Volk*, Klaus: Der Spion, der in die Kälte kam. Zur BGH-Entscheidung über die Strafbarkeit der DDR-Spionage, in: Neue Juristische Wochenschrift (NJW), 1991, S. 871 ff.

Simon, Dirk: Präzeptoraler Sicherheitsstaat und Risikovorsorge, Frankfurt a. M. 2009.

Singelnstein, Tobias: Verwendungsregelungen zwischen Zweckbindungsgrundsatz und Verwertungsverboten, in: Zeitschrift für die gesamte Strafrechtswissenschaft (ZStW), 2008, S. 854 ff.

Singer, Wolfgang: Der polizeiliche Rechtshilfeverkehr mit dem Ausland, Frankfurt a. M. 1983.

Soiné, Michael: Die Aufklärung der Organisierten Kriminalität durch den Bundesnachrichtendienst, in: Die öffentliche Verwaltung (DÖV), 2006, S. 204 ff.

Soiné, Michael: Erkenntnisverwertung von Informanten und V-Personen der Nachrichtendienste in Strafverfahren, in: Neue Zeitschrift für Strafrecht (NStZ), 2007, S. 247 ff.

Soiné, Michael: Aufklärung der Organisierten Kriminalität – k(eine) Aufgabe für Nachrichtendienste?, in: Zeitschrift für Rechtspolitik (ZRP), 2008, S. 108 ff.

Soiné, Michael: Kriminalistische List im Ermittlungsverfahren, in: Neue Zeitschrift für Strafrecht (NStZ), 2010, S. 596 ff.

Soiné, Michael: Eingriffe in informationstechnische Systeme nach dem Polizeirecht des Bundes und der Länder, in: Neue Zeitschrift für Verwaltungsrecht (NVwZ), 2012, S. 1585 ff.

Soiné, Michael: Zulässigkeit und Grenzen heimlicher Informationsbeschaffung durch Vertrauensleute der Nachrichtendienste, in: Neue Zeitschrift für Strafrecht (NStZ), 2013, S. 83 ff.

Sommer, Ulrich: Die Verwertung von im Ausland gewonnenen Beweismitteln, in: Strafverteidiger Forum (StraFo), 2003, S. 351 ff.

Spapens, Toine: Joint Investigation Teams in the European Union: Art. 13 JITS and the Alternatives, in: European Journal of Crime, Criminal Law and Criminal Justice (EJCCLCJ), 2011, S. 239 ff.

Spatscheck, Rainer: Wird Gauner, wer mit Gaunern dealt? -Erkenntnisgewinnung und -verwertung in den Liechtenstein-Fällen 2008, in: Hassemer, Winfried/ Kempf, Eberhard/Moccia, Sergio (Hrsg.): In dubio pro libertate. Festschrift für Klaus Volk zum 65. Geburtstag, München 2009, S. 771 ff.

Spatscheck, Rainer/*Alvermann*, Jörg: Steuerfahndung ohne Grenzen? – Auslandsermittlungen im Steuer- und Steuerstrafverfahren, in: Internationales Steuerrecht (IStR), 2001, S. 33 ff.

Spencer, John: The Green Paper on obtaining evidence from one Member State to another and securing its admissibility: the Reaction of one British Lawyer, in: Zeitschrift für Internationale Strafrechtsdogmatik (ZIS), 2010, S. 602 ff.

Spernath, Valentin: Strafbarkeit und zivilrechtliche Nichtigkeit des Ankaufs von Bankdaten, in: Neue Zeitschrift für Strafrecht (NStZ), 2010, S. 307 ff.

Spriegel, Helmut/*Wiese*, Jörg: Theorie und Praxis der Rechtshilfegewährung durch die Schweiz bei Fiskaldelikten, in: Zeitschrift für Wirtschafts- und Steuerstrafrecht (wistra), 2000, S. 409 ff.

Stanger, Roland (Hrsg.): Essays on Espionage and International Law, Ohio 1962.

Stefanopoulou, Georgia: Der Rahmenbeschluss über die Europäische Beweisanordnung, in: Juristische Rundschau (JR), 2011, S. 54 ff.

Stelckens, Paul/*Bonk,* Heinz Joachim/*Sachs,* Michael (Hrsg.): Verwaltungsverfahrensgesetz, München 2014.

Stoltenberg, Klaus: Auslandseinsätze der Bundeswehr im menschenrechtlichen Niemandsland?, in: Zeitschrift für Rechtspolitik (ZRP), 2008, S. 111 ff.

Streinz, Rudolf (Hrsg.): EUV/AEUV, 2. Aufl., München.

Streiß, Christoph: Das Trennungsgebot zwischen Polizei und Nachrichtendiensten, Frankfurt a. M. 2011.

Strupp, Karl/*Schlochauer,* Hans-Jürgen (Hrsg.): Wörterbuch des Völkerrechts, 2. Aufl., Berlin 1962.

Sule, Satish: Spionage. Völkerrechtliche, nationalrechtliche und europarechtliche Bewertung staatlicher Spionagehandlungen unter besonderer Berücksichtigung der Wirtschaftsspionage, Baden-Baden 2006.

Talmon, Stefan: Die Geltung deutscher Rechtsvorschriften bei Auslandseinsätzen mit Zustimmung des Aufenthaltsstaates, in: Neue Zeitschrift für Wehrrecht (NZ-WehrR), 1997, S. 221 ff.

Talmon, Stefan: Der Anti-Terror-Kampf der USA und die Grundrechte, in: Kämmerer, Jörn Axel (Hrsg.): An den Grenzen des Staates. Kolloquium zum 65. Geburtstag von Wolfgang Graf Vitzthum, Berlin, Germany 2008, S. 75 ff.

Talmon, Stefan, Sachverständigengutachten NSA-Untersuchungsausschuss, abrufbar unter: https://www.bundestag.de/blob/282872/2b7b605da4c13cc2bc512c9c89 9953c1/ matasv-4–2 talmon-pdf-data.pdf (letzter Abruf: 14.10.2014).

Talmon, Stefan: Der Begriff der „Hoheitsgewalt“ in Zeiten der Überwachung des Internet- und Telekommunikationsverkehrs durch ausländische Nachrichtendienste, in: Juristen Zeitung (JZ), 2014, S. 783 ff.

Talmon, Stefan: Das Abhören der Kanzlerhandys und das Völkerrecht, in: Bonner Rechtsjournal (BRJ), 2014, S. 6 ff.

Tams, Christian: The Use of Force Against Terrorists, in: European Journal of International Law (EJIL), 2009, S. 359 ff.

Thiel, Markus: Polizei- und Ordnungsrecht, 2. Aufl., Baden-Baden 2014.

Thiele, Frank: Neue polizeiliche Aufgaben für den Zollfahndungsdienst, in: Kriminalistik, 2004, S. 178 ff.

Thien, Barbara: Zeugenvernehmung im Ausland: Zur Problematik der Verwertbarkeit im deutschen Prozess, Köln 1979.

Tiedemann, Klaus: Privatdienstliche Ermittlungen im Ausland – strafprozessuales Verwertungsverbot? , in: Kaufmann, Arthur/Bemmann, Günter/Krauss, Detlef/Volk, Klaus (Hrsg.): Festschrift für Paul Bockelmann zum 70. Geburtstag 1979, S. 819 ff.

Triffterer, Otto: Gedächtnisschrift für Theo Vogler, Heidelberg 2004.

Trüg, Gerson/*Habetha*, Jörg: Die Liechtensteiner Steueraffäre – Strafverfolgung durch Begehung von Straftaten?, in: NJW, 2008, S. 887 ff.

Valerius, Brian: Internationaler Terrorismus und nationales Strafanwendungsrecht. Zugleich Besprechung von BGH, Beschluss vom 15.12.2009, in: Goltdammer's Archiv für Strafrecht (GA), 2011, S. 696 ff.

Vashakmadze, Mindia: Secrecy vs. openness: counterterrorism and the role of the German Federal Constitutional Court, in: Cole, David/Fabbrini, Federico/Vedaschi, Arianna (Hrsg.): Secrecy, National Security and the Vindication of Constitutional Law, Cheltenham 2013.

Vedder, Christoph: Die Außenbeziehungen der EU und die Mitgliedstaaten: Kompetenzen, gemischte Abkommen, völkerrechtliche Verantwortlichkeit und Wirkungen des Völkerrechts, in: Europarecht (EuR) – Beiheft, Heft 3, 2007, S. 57 ff.

Vervaele, John (Hrsg.): European evidence warrant. Transnational judicial inquiries in the EU, Antwerpen 2005.

Vitzthum, Wolfgang/*Proelß*, Alexander (Hrsg.): Völkerrecht, 6. Aufl., Berlin 2013.

Vogel, Joachim: Licht und Schatten im Alternativ-Entwurf Europäische Strafverfolgung, in: Zeitschrift für die gesamte Strafrechtswissenschaft (ZStW), 2004, S. 400 ff.

Vogel, Joachim/*Norouzi*, Ali: Europäisches „ne bis in idem", in: Juristische Schulung (JuS), 2003, S. 1059 ff.

Vogler, Theo: Strafprozessuale Wirkungen völkerrechtswidriger Entführungen von Straftätern aus dem Ausland, in: Herzberg, Rolf Dietrich (Hrsg.): Festschrift für Dietrich Oehler, Köln 1985, S. 379 ff.

Vogler, Theo: Der Schutz der Menschenrechte bei der internationalen Zusammenarbeit in Strafsachen, in: Zeitschrift für die gesamte Strafrechtswissenschaft (ZStW), 1993, S. 3 ff.

Voßkuhle, Andreas: Grundwissen – Öffentliches Recht: Der Grundsatz des Vorbehalts des Gesetzes, in: Juristische Schulung (JuS), 2007, S. 118 f.

Wabnitz, Heinz-Bernd/*Janovsky*, Thomas (Hrsg.): Handbuch des Wirtschafts- und Steuerstrafrechts, 4. Aufl., München 2014.

Walker, Neil (Hrsg.): Europe's Area of Freedom, Security and Justice, Oxford 2004.

Walsh, James: Intelligence-Sharing in the European Union: Institutions are not enough, in: Journal of Common Market Studies, 2006, S. 625 ff.

Walther, Susanne: Zur Verwertbarkeit von Niederschriften über im Ausland anonym vernommene Zeugen, in: Strafverteidiger (StV), 1992, S. 561 ff.

Wamers, Paul/*Fehn*, Bernd Josef (Hrsg.): Handbuch Zollfahndung, Köln 2006.

Weisser, Niclas-Frederic: Das Gemeinsame Terrorismusabwehrzentrum (GTAZ) – Rechtsprobleme, Rechtsform und Rechtsgrundlage, in: Neue Zeitschrift für Verwaltungsrecht (NVwZ), 2011, S. 142 ff.

Weßlau, Edda: Vorfeldermittlungen. Probleme der Legalisierung „vorbeugender Verbrechensbekämpfung“ aus strafprozeßrechtlicher Sicht, Berlin 1989.

Wittling, Klaus: Die Bedrohung durch den islamistischen Terrorismus – Neue Bekämpfungsansätze, in: BKA (Hrsg.): 60 Jahre Staatsschutz im Spannungsfeld zwischen Freiheit und Sicherheit 2011.

Wolff, Heinrich Amadeus: Die Grenzverschiebung von polizeilicher und nachrichtendienstlicher Sicherheitsgewährleistung, in: Die öffentliche Verwaltung (DÖV), 2009, S. 597 ff.

Wolfrum, Rüdiger (Hrsg.): Max Planck Encyclopedia of Public International Law, Oxford.

Wouters, Jan/*Nollkaemper*, André/*de Wet*, Erika (Hrsg.): The Europeanisation of international law. The status of international law in the EU and its member states, Cambridge 2008.

Würtenberger, Thomas/*Gusy*, Christoph/*Lange*, Hans-Jürgen (Hrsg.): Innere Sicherheit im europäischen Vergleich. Sicherheitsdenken, Sicherheitskonzepte und Sicherheitsarchitektur im Wandel, Münster 2012.

Yousif, Muna: Die extraterritoriale Geltung der Grundrechte bei der Ausübung deutscher Staatsgewalt im Ausland, Frankfurt a. M. 2007.

Zachert, Hans-Ludwig: Historie des BKA – Von den Gründungsjahren zur Gegenwart, in: BKA (Hrsg.): 60 Jahre Staatsschutz im Spannungsfeld zwischen Freiheit und Sicherheit 2011.

Zähle, Kai: Originäre und übertragene Aufgaben der Polizei, in: Juristische Schulung (JuS), 2014, S. 315 ff.

Zeder, Fritz: Europastrafrecht, Vertrag von Lissabon und Stockholmer Programm: Mehr Grundrechtsschutz?, in: Europarecht (EuR), 2012, S. 34 ff.

Zehetgruber, Christoph: Anmerkung zu BGH NZWiSt 2013, 458, in: Neue Zeitschrift für Wirtschafts-, Steuer- und Unternehmensstrafrecht (NZWiSt), 2013, S. 464 ff.

Zehetgruber, Christoph: Zur Unvereinbarkeit von § 329 Abs. 1 S. 1 StPO mit der EMRK, in: Onlinezeitschrift für Höchstrichterliche Rechtsprechung im Strafrecht (HRRS), 2013, S. 397 ff.

Zerbes, Ingeborg: Fragmentiertes Strafverfahren. Beweiserhebung und Beweisverwertung nach dem Verordnungsentwurf zur Europäischen Staatsanwaltschaft, in: Zeitschrift für Internationale Strafrechtsdogmatik (ZIS), 2015, S. 145 ff.

Zimmermann, Andreas: Grundrechtseingriffe durch deutsche Streitkräfte im Ausland und das Grundgesetz, in: Zeitschrift für Rechtspolitik (ZRP), 2012, S. 116 ff.

Zimmermann, Frank/*Glaser*, Sanja/*Motz*, Andreas: Mutual Recognition and its Implications for the Gathering of Evidence in Criminal proceedings: a Critical Analysis of the Initiative for a European Investigation Order, in: European Criminal Law Review (EuCLR), 2011, S. 56 ff.

Zöller, Mark: Der Rechtsrahmen der Nachrichtendienste bei der „Bekämpfung" des internationalen Terrorismus, in: Neue Zeitschrift für Strafrecht (NStZ), 2007, S. 763 ff.

Zöller, Mark: Heimlichkeit als System, in: Strafverteidiger Forum (StraFo), 2008, S. 15 ff.

Zöller, Mark: Terrorismusstrafrecht. Ein Handbuch, Heidelberg, Hamburg 2009.

Zöller, Mark: Der Austausch von Strafverfolgungsdaten zwischen den Mitgliedstaaten der Europäischen Union, in: Zeitschrift für Internationale Strafrechtsdogmatik (ZIS), 2011, S. 64 ff.

Zurkinden, Nadine: Joint Investigation Teams. Chancen und Grenzen von gemeinsamen Ermittlungsgruppen in der Schweiz, Europa und den USA, Berlin 2013.

www.ingramcontent.com/pod-product-compliance
Ingram Content Group UK Ltd.
Pitfield, Milton Keynes, MK11 3LW, UK
UKHW021916290926
8980IPUK00015B/1290

9 783631 679227